# 징용공 문제,
# 일본의 역사인식을 말한다

일본은 왜 한국 대법원 판결을 받아들일 수 없는가

朝鮮人戦時労働の実態

The Reality of the Mobilization of Koreans During World War II
by Nishioka Tsutomu, Nagatani Ryosuke, Katsuoka Kanji,
Wada Mamoru, Okajima Minoru

Copyright © Nishioka Tsutomu, Nagatani Ryosuke, Katsuoka Kanji,
Wada Mamoru, Okajima Minoru 2021
Korean translation copyright © Mediawatch Publishing, Inc., 2023
All Rights Reserved.
Original Japanese edition published by
NATIONAL CONGRESS OF INDUSTRIAL HERITAGE
All Rights Reserved.
Korean edition is published by arrangement with Nishioka Tsutomu.

이 책의 한국어판 저작권은 저자와의 독점계약으로 미디어워치에 있습니다.
저작권법에 의해 한국 내에서 보호를 받는 저작물이므로 무단전재와 무단복제를 금합니다.

# 징용공 문제,
# 일본의 역사인식을
# 말한다

일본은 왜 한국 대법원 판결을 받아들일 수 없는가

朝鮮人戦時労働の実態

니시오카 쓰토무 外 지음
이우연 外 옮김

미디어워치

**일러두기**

- 이 책은 한일간 역사인식 쟁점과 관련하여 일본의 관점과 입장을 일단 있는 그대로 소개하기 위한 목적으로 기획되었다. 이에 일본식 표현 등도 한국식으로 고치지 않고 최대한 원문 그대로 번역하였다.

- 본문에서 반복해서 언급되는 '내지內地'라는 용어는 과거 일본제국에서 일본열도의 본토에 해당하는 혼슈, 시코쿠, 규슈, 홋카이도, 오키나와 그 부속도서를 가리키는 용어로, 당시 식민지였던 조선, 대만과 구분되는 용어다. 본문에서 쓰는 '일본'이라는 표현도 대부분 경우에는 조선에서 출발한 노동자의 도착지로서의 '내지'를 가리킨다.

- 역시 본문에서 반복해서 언급되는 '신닛테츠스미킨新日鉄住金', 한국 이름으로 '신일철주금'은 태평양전쟁기의 '닛폰세이데츠日本製鉄', 한국 이름으로 '일본제철'을 모태로 한다. '신닛테츠스미킨'은 2019년도에 다시 '닛폰세이데츠日本製鉄'로 사명을 변경했다. 본문에서 '신닛테츠스미킨'과 '닛폰세이데츠'가 혼용되지만 같은 대상을 지칭한다.

- 본문의 『반일 종족주의』, 『반일 종족주의와의 투쟁』를 포함한 한국어 문헌 인용 내용은 일본어 번역 내용을 다시 한국어로 재번역하지 않고 대부분 한국어 원문 원본의 내용을 그대로 사용한 것이다. 본문의 『반일 종족주의』, 『반일 종족주의와의 투쟁』의 페이지 번호도 원문의 일본어 번역본 페이지 번호가 아니라 한국어 원본의 페이지 번호로 표기하였다.

추천사

　이 책은 2021년 일본의 산업유산국민회의産業遺産国民会議가 출간한 『조선인 전시 노동의 실태朝鮮人戦時労働の実態』라는 책의 번역서이다. 번역과 출간을 담당한 미디어워치 출판사는 원저에 없는 사도금산佐渡金山에 관한 논문 2편을 추가하여 이번 한국어판에서는 『징용공 문제, 일본의 역사인식을 말한다』라는 새로운 제목을 달았다. 총 10편의 논문은 일본의 역사인식문제연구회를 중심으로 활동하는 연구자와 법률가에 의해 집필되었다. 동 연구회는 2016년 니시오카 쓰토무西岡力 교수의 주도로 결성되었다. 니시오카 교수가 10편의 논문 가운데 5편을 집필한 것만 봐도 알 수 있듯이, 이번 책도 사실상 그의 주도로 기획과 편집이 이루어졌다. 니시오카 교수는 우리 한국인에게 친숙한 연구자이다. 그가 집필하거나 편집한 책이 이미 세 권이나 미디어워치 출판사에 의해 번역서로 출간되어 있기 때문이다.

니시오카 교수는 일본군 위안부의 실체를 밝히는 노력으로 일본에서도 널리 알려진 연구자이다. 그는 위안부 성노예설을 비판하다가 당초에 그 학설을 제기한 어느 좌파 변호사와 좌파 기자로부터 각각 명예훼손의 혐의로 소송을 제기당했는데, 그 재판들에서 결국 모두 승리하였다. 이후 일본에서 위안부 성노예설은 자취를 감추었다. 또한 그는 일본의 유력 일간지 중의 하나인「아사히신문」을 상대로 위안부 문제와 관련한 오보의 정정을 요구하는 투쟁을 벌여 역시 승리하였다. 사건의 발단은 어느 경박한 거짓말쟁이가 책을 팔아먹을 욕심에서 전시기 제주도에서 약 200명의 여인을 위안부로 납치, 연행했다고 거짓 고백을 한 데 있었다. 1990년대 초「아사히신문」은 이 거짓말을 검증도 하지 않은 채 보도함으로써 위안부 강제연행설을 널리 유포하였다. 니시오카 교수는 그 책임을 집요하게 추궁하여 결국 2014년에「아사히신문」이 오보였음을 공개적으로 인정, 사과하고 관련 기사를 삭제하게 하는 데 주도적인 역할을 하였다. 이후 위안부 강제연행설은 일본에서 자취를 감추었다. 이같은 그의 활동과 업적은 한국어로 번역된 그의 책『한국 정부와 언론이 말하지 않는 위안부 문제의 진실』(미디어워치, 2021년)에 자세히 소개되어 있다.

중일·태평양전쟁기에 많은 한국인이 일본으로 건너가 공장, 광산, 토목공사장에서 노동을 하였다. 그에 관해서도 우리 한국인은 노예노동이니 강제연행이니 하는 피해의식에 사로잡혀 있다. 이 역시 위안부 강제연행설만큼이나 근거가 없는 황당한 주장이다. 그에 관해서도 역시 니시오카 교수가 지은 책으로 한국에 번역 출간된 『날조한, 징용공 없는 징용공 문제』(미디어워치, 2020년)를 참조할 수 있다. 나 역시 동료 연구자들과 함께 노예노동이라는 황당한 주장에 대해 비판해 왔다. 2019년에 출간된 『반일 종족주의』(미래사)와 그를 뒤이은 『반일 종족주의와의 투쟁』(미래사)이 그것이다.

이번에 미디어워치가 새로운 번역서를 출간하면서 원제목 "조선인 전시노동의 실태"와 아주 상이한 "징용공 문제, 일본의 역사인식을 말한다"로 제목을 단 의도는 심상치 않아 보인다. 그 부제는 "일본은 왜 한국 대법원 판결을 받아들일 수 없는가"이다. 책의 서문에서 니시오카 교수는 이 책의 진짜 주제는 "2018년 10월 한국 대법원이 내린 전시 노동자 판결에 대한 비판"이라고 밝히고 있다. 책에는 일본의 두 법률가가 쓴 논문이 실려 있다. 제4장 '일본에서의 징용공 재판과 한국 대법원의 판결'과 제6장 '한국 대법원 '징용공' 판결 – 한국 사법의 역사적 오점 –'이 그것이다. 이 두 논문이 이 책의 핵심이다.

2018년 한국의 대법원은 과거 구 일본제철日本製鐵에서 노무勞務 했던 네 사람의 한국인이 보상을 요구하며 제기한 소송의 최종심에서, 동 회사를 잇는 신일철주금新日鐵住金에 1억 원씩의 위자료를 지급하라고 판시하였다. 대법원은 이 위자료의 성격을 두고, 위 네 사람과 구 일본제철 사이에 있을 미불임금이나 예금과 같은 민사적 청구권에 대한 보상이 아니라, 불법적인 식민지 지배와 침략전쟁을 위한 반인도적 불법행위에 따른 정신적 피해에 대한 보상이라고 하였다.

이같은 한국 대법원의 판결은 일본 사회에 큰 충격을 주었다. 1965년 양국 사이에 어렵게 맺어진 국교정상화를 위한 기본조약이나 청구권협정을 사실상 부정하는 내용이기 때문이다. 판결문 그대로라면 1965년의 조약과 협정은 파기된 것이나 다를 바 없다. 대법원이 그런 엄청난 판결을 내림에 있어서 주요 근거가 된 것은 1948년에 제정된 이 나라의 헌법이었다. 헌법 전문은 대한민국은 1919년에 일어난 3·1운동의 정신을 계승한 나라라고 하였다. 대법원은 이를 근거로 1919~1945년간 일제의 한반도 지배는 불법이라고 판정하였다. 일본의 두 법률가는 어떻게 해서 1948년에 제정된 헌법을 소급 적용하여 이전 역사의 불법성을 판시할 수 있느냐며 놀라움을 숨기지 않고 있다.

  나는 이 번역서의 추천사를 의뢰받고 특별히 이 두 법률 전문가의 논문을 정독하였다. 그런 가운데 심한 당혹감과 수치심을 느꼈다. 두 일본 법률가는 점잖은 어투로 한국 대법원 판결의 문제점을 지적하고 있지만, 법률에 비전문인 내가 보기에도 그 지적된 법리의 모순은 심각하기 그지없다. 독립하여 건국을 한 지는 76년, 또 일본과 국교를 맺은 지는 59년이 지나서 이제와 과거 일본의 한반도 지배를 불법이라고 하다니. 그런 변변찮은 이야기를 해온 양국의 지식인 그룹이 없지는 않았다. 그렇다고 이 나라 국가체제를 지키는 최후의 보루라 할 대법원마저 그런 경박한 언설에 현혹될 수 있는가. 보다 적극적으로 지적하자면, 이 나라 대법관들은 1965년에 성립한 양국 간의 기본조약을 부정함으로써 이 나라의 국가체제와 그것의 안정과 번영을 지지해 온 국제체제를 해체할 요량으로 저 같은 판결을 내렸다고도 말할 수 있다. 이러한 판결의 배경에는 역사와 법에 대한 타성적인 무지와 무책임을 특질로 하는 이 나라의 저급한 정신문화가 있다.

독자들은 이 책에서 그러한 이 나라 정신문화의 실태를 읽을 수 있을 것이다. 우리 정부가 두 차례나 배상을 시행했음에도 기어코 몇 푼어치의 미불금을 받아내겠다고 식민지 모국까지 가서 소송을 벌인 이들의 저급한 물질주의나, 그들이 거짓 증언을 하도록 사실상 뒤에서 사주를 한 이 나라 학계·언론계·시민사회계 등의 타락한 민족주의나, 무엇보다도 이런 저급한 물질주의와 타락한 민족주의를 거르지 못하고 오히려 국가적으로 공식화를 해버린 이 나라 대법관들의 시대착오적 반일 선전포고는 우리를 절망케 한다.

그렇지만 절망은 새로운 소망의 디딤돌이다. 역사는 늘 그러한 반등을 통해 전진해 왔다. 이 책은 우리 한국인들을 새로운 역사로 이끌 자양분이 될 터이다.

2024년 3월

이승만학당 교장 이영훈

발간의 말

## 시리즈 구 조선반도 출신 노동자 문제를 생각한다

2015년 7월, 독일 본Bonn에서 열린 유네스코UNESCO 세계유산위원회는, '일본 메이지明治 시대 산업혁명 유산으로서의 제철, 제강, 조선, 석탄 산업'과 관련하여 일본의 8개 현과 11개 시에 입지하고 있는 자산 총 23개를 '하나의 세계 유산 가치를 보유하는 유산'으로 등록했습니다.

19세기 중반의 일본은 서양의 과학 기술 정보가 한정적이었던 당시에 동양의 한 나라로서, 개국開國과 함께 서양의 산업 기술을 받아들였습니다. 그렇게 메이지 사회 변혁의 큰 아픔을 극복하고 반세기 만에 산업 시스템을 구축해서 공업 국가의 토대를 만들었던 것입니다. 이 자산군資産群은 '막부 말기'부터 '메이지 후기'에 걸쳐 중공업(제철, 제강, 조선, 석탄 산업)에서의 일본의 급속한 산업화 과정을 증언하고 있습니다.

하지만, 일본 정부가 이러한 메이지 산업혁명의 자산을 세계 유산으로 등록하려는 과정에서 한국 정부는 저 자산군 속에서 제2차 세계대전 중에 구 조선반도 출신 노동자가 혹독한 환경에 놓여 일했었다며 등록을 강하게 반대했습니다. 또한 2018년 10월에는 일본의 최고재판소에 해당하는 한국의 대법원이 과거 일본의 조선 통치를 '불법'으로 판단했습니다. 아울러 불법행위에 대한 위자료는 1965년 일한기본조약과 일한청구권협정에서 청산됐던 청구권에 포함되지 않는다고 하면서 신닛테츠스미킨新日鐵住金(신일철주금), 현 닛폰세이데츠日本製鐵(일본제철)에 소송을 제기한 구 조선반도 출신 노동자에게 승소 판결을 내렸습니다.

일반재단법인 산업유산국민회의는 관련 사태에 대응하여 전쟁 전, 중, 후의 사업 현장에서 일했던 분들의 노동이나 생활에 관한 증언과 1차 사료를 수집했습니다. 그리고, 이 문제에 관해서 지금까지 많은 연구가 있었지만, 특히 세계 유산 등록을 계기로 일한日韓 문제 전문가와 지식인의 조언을 얻어서 '시리즈 구 조선반도 출신 노동자 문제를 생각한다シリーズ 旧朝鮮半島出身労働者問題を考える'를 발행하기로 했습니다.

발행을 준비하면서 우리는 한국 대법원의 판결을 일한기본조약이나 청구권협정 내용과 대조하여 어떤 문제가 있는지를 살폈고, 구 조선반도 출신 노동자의 고용 상황이나 노동 실태는 어땠는지 전쟁 당시의 사정을 아는 분들의 증언도 포함하여 포괄적이면서도 체계적으로 1차 정보를 조사했습니다. 그리고 실증적 조사 분석을 토대로 해서 각 분야의 전문가들이 전해준 정보를 집약했습니다. 일한관계의 패러다임이 계속 변화하고 있는 현재 상황에서 객관적이면서도 적절한 1차 정보를 근거로 구 조선반도 출신 노동자에 관한 문제를 종합적으로 검증하는 것이야말로 양국이 진정한 관계를 구축하는 데 있어 중요하다고 생각합니다.

앞으로의 일한관계를 위해서, 더 나아가서는 현재의 관련 재판을 위해서도, 또 일본이 국제적인 자리에서의 발신력을 강화해나가기 위해서도 이 시리즈가 도움이 되기를 바랍니다.

2021년 3월
일반재단법인 산업유산국민회의 사무이사 가토 고코 加藤康子

시작하며

## 이 책의 주제와 내용
〔한국어판〕

이 책은 △ 총론總論 '조선인 강제연행 프로파간다', △ 1부 '조선인 전시戰時 노동의 실태', △ 2부 '전쟁 후의 전개(1) 일본', △ 3부 '전쟁 후의 전개(2) 한국', △ 4부 '사도금산에서의 조선인 전시戰時 노동 실태', △ '특별게재 – 한국 영화 '군함도'의 심각한 사실 날조와 그 무서운 동기', △ '권말자료'로 구성되어 있다.

『징용공 문제, 일본의 역사인식을 말한다 – 일본은 왜 한국 대법원 판결을 받아들일 수 없는가』(책의 원제는 『조선인 전시 노동의 실태朝鮮人戰時労働の実態』이다. – 옮긴이)라고 제목을 붙인 이 책의 진짜 주제는 2018년 10월 한국 대법원이 내린 전시 노동자 판결에 대한 비판이다. 총론, 각론, 특별게재 논문 총 10편의 필자들은 모두가 한국 대법원의 판결이 1965년의 국교정상화 이후 많은 사람들이 노력해서 구축해온 일본과 한국의 우호관계를 크게 해친다는 위기감을 공유했다.

한국 대법원 판결을 비판하기 위해서는 역사학의 관점은 물론, 법 해석의 관점이 중심이 되어야 한다. 그래서 이 책에서는 한국의 현대사는 물론 일한日韓관계를 깊이 연구해온 니시오카 쓰토무西岡力가 총편집을 맡았다. 그리고 역사를 전문으로 하는 학자 두 사람과 이 분야의 소송 내용에 정통한 변호사 두 사람이 각론의 필자를 맡았다.

편집자인 니시오카 쓰토무는 한국과 북조선에 대한 지역 연구를 전공했으며 1977년 한국에 유학한 이후 일한관계, 특히 위안부 문제와 전시戰時 노동자 문제에 관해 꾸준히 연구해왔다. 2018년의 한국 대법원 판결에 강한 위기감을 느끼고 2019년 4월에 『날조된 징용공 문제でっちあげの徴用工問題』(소시샤草思社)(한국에서는 미디어워치 출판사가 『날조한, 징용공 없는 징용공 문제』라는 제목으로 2020년 12월에 번역 발간했다. - 옮긴이)를 발표했다. 본서에서 니시오카 쓰토무가 집필한 부분은 『날조된 징용공 문제』의 내용을 좀 더 발전시킨 것이다.

니시오카 쓰토무 외의 필자에 대해서 소개하겠다. 목차 순서대로, 나가타니 료스케長谷亮介는 일본 근현대사를 전공했으며 일본 호세이法政대학교에서 박사학위를 취득한 의욕적인 연구자다. 현재는 일본 역사인식문제연구회歷史認識問題研究会의 연구원으로 전시 노동자 문제와 난징사건 등에 관하여 실증적 연구를 활발하게 진행하고 있다.

카츠오카 칸지勝岡寬次는 일본사日本史와 관련 저명한 학자로, 일본 교육사를 전공했으며 메이세이明星대학교 전후교육사연구센터에서 연구 활동을 하고 있다. 일본 역사인식문제연구회의 사무국장을 맡고 있으며 이 연구회의 정기 간행물 「역사인식문제연구歷史認識問題硏究」에 일본에서의 전시 노동자 문제 연구와 운동의 역사에 관해 치밀하게 검증한 논문을 발표하고 있다.

또한 니시오카 쓰토무는 역사인식문제연구회의 회장이며 최근 들어 카츠오카 칸지, 나가타니 료스케와 함께 이 연구회에서 조선인 전시 노동자 문제에 대해 집중적으로 연구해왔다. 이 책에도 그 연구 성과의 일부가 반영되었다.

와다 마모루和田衛는 도쿄지검 검사, 일본 법무성 송무국부 검사를 거쳐 변호사가 되어 기업 법무, 컴플라이언스(준법감시)를 주요 업무로 하고 있다. 전시 노동자 문제에 관해서는 1945년 일본 아키타秋田현 오다테大館시에서 있었던 '하나오카 사건花岡事件'(태평양전쟁 시기 일본에서 있었던 중국인 노무자들의 집단 봉기와 봉기 진압 과정에서 빚어진 사상 사건이다. - 옮긴이)과 관련하여 1990년대에 이뤄진 송사의 기업 측 소송대리인으로 참여, 중국인 전시 노동 소송으로는 일본 최초로 화해 해결에 관여한 경험이 있다. 이후로도 와다 마모루는 전시 노동자 문제에 대해서 깊은 관심을 갖고 있다.

오카지마 미노루岡島實는 변호사로서, 전 일본변호사연합회 인권옹호위원회 부위원장 출신이다. 최근 몇 년 동안 일한日韓 역사 문제를 비롯한 여러 가지 문제로 실증적인 논문과 날카로운 논평을 꾸준히 발표해왔다. 전시 노동자 문제의 경우 2020년 일본국사학회 학회지인 「일본국사학日本國史學」 제15호에 '한국 대법원 '징용공' 판결과 통치 불법론'이라는 제목의 실증 연구 논문을 발표했다. 또한 그가 일본 측의 고문이 되어 2019년 12월 23일, 일본과 한국 양국 변호사들에 의한 '1965년 일한청구권협정 존중을 바라는 일한법률가 공동성명'을 발표한 일도 이 문제와 관련해서 주목받기도 했다(권말자료에 수록).

다음으로 목차에 따라 각 필자들이 쓴 논문의 개요를 소개하겠다.

니시오카 쓰토무가 쓴 총론, '조선인 강제연행 프로파간다'에서는 이 책이 전체적으로 주장하는 한국 대법원 판결에 대한 비판의 주요 논점을 '조선인 강제연행 프로파간다'라는 관점으로 정리한 것이다.

'조선인 강제연행 프로파간다'란, 제2차 세계대전 당시 조선인 전시 동원에 대해서 당시 일본이 공권력으로 수많은 조선인들을 연행해서 노예노동을 시켰다고 단정하는 캠페인이다. 이는 1960년대에 북조선과 가까운 재일조선인학자들이 '강제연행'이라는 용어를 새로이 만들면서부터 시작되었는데, 일본인과 재일조선인으로 구성된 학자, 기자, 변호사, 활동가들이 이 캠페인을 계속 확산시켜 결국 1980년대부터 1990년대에 걸쳐 일본 학계와 언론을 지배하게 됐다. 그런 활동이 한국으로 번져서 한국의 학계와 언론까지 지배하여 한국 정부의 공식 역사관이 되었고, 2018년 10월에 일본과 한국의 국교정상화 틀조차 부정하는 한국 대법원 판결을 만들어냈다. '조선인 강제연행 프로파간다'란, 이 일련의 과정을 나타내는 말이다.

1부 '조선인 전시戰時 노동의 실태'에서는 1939년부터 1945년에 걸쳐서 이루어진 조선인 노동자 전시 동원의 실태에 관하여 통계와 자료를 근거로 해서 논의했다.

먼저 니시오카 쓰토무의 논문, '통계로 살펴본 전시戰時 노동의 실태'는, 조선총독부, 일본 후생성, 내무성 등의 여러 통계를 사용해서 전시 동원 기간에 무슨 일이 일어났는지를 살펴본 논문이다. 이로써 '조선인 강제연행 프로파간다'의 거짓을 폭로하는 수많은 통계적 사실이 확인되었다. 예를 들면, 동원 기간 6년 동안 합계 240만 명의 조선인이 일본 내지로 도항渡航했는데, 그중 전시 동원은 25퍼센트, 나머지 75퍼센트는 '자발적 도항자'였다는 것이다.

나가타니 료스케의 논문, '조선인 전시戰時 노동자의 노동 현장 실태 – '강제연행'과 '노예노동'은 역사적 사실인가?'는, '조선인 강제연행 프로파간다'의 창시자라고 할 수 있는 박경식朴慶植의 책 『조선인 강제연행의 기록朝鮮人強制連行の記録』(미라이샤未来社, 1965년) (한국에서는 같은 제목으로 고즈원 출판사가 2009년에 번역 출간했다. – 옮긴이)은 물론, 박경식의 후계자인 도노무라 마사루外村大 등의 저서가 불리한 자료는 의도적으로 무시하며 편향적인 논의를 담고 있다는 점을 자료에 입각하여 비판하고 있는 논문이다. 특히 「특고월보特高月報」에 실린 조선인 노동자에 관한 기술을 체계적으로 분석하여 노예노동과는 거리가 먼 실태를 확인한 점에 주목한다.

2부 '전쟁 후의 전개(1) 일본'에서는 '조선인 강제연행 프로파간다'를 만들어낸 전후 일본의 상황을 분석했다.

카츠오카 칸지의 논문, '조선인·중국인 '강제연행' 운동사'는 「아사히신문」의 데이터베이스를 활용해서 조선인 강제연행과 관련된 기사가 1980년대 후반에 활발하게 보도되었으며 특히 1990년과 1991년에 폭발적으로 보도된 점을 밝혀냈다. 그 다음에는 전시 노동에 관한 전후 일본의 문헌을 조사했는데, 관련 문헌이 2018년 9월 단계까지 1,357점이 있었지만 그중 '강제연행', '강제노동'의 입장이 아닌 것은 고작 109점, 12분의 1에 지나지 않았다는 충격적인 사실을 밝혀냈다. 일본에서 조선인 강제연행과 관련한 이러한 연구 상황은 1965년에 발표된 박경식의 『조선인 강제연행의 기록』에서 시작되었으며 1970년대 재일본조선인총연합회(조총련)가 주도한 '조선인 강제연행 진상조사단朝鮮人强制連行陳狀調査團'의 활동으로 확산되었다. 관련 연구 상황은 조선인 강제연행 진상조사단의 활동을 이어받은 일본인 좌파 학자와 활동가들이 1990년대 이후 일본 전역에서 조사 활동을 끊임없이 활발하게 벌였던 결과로도 성립했다. 카츠오카 칸지의 논문은 이를 개관한 후에, 박경식의 후계자인 김영달, 야마다 쇼지山田昭次, 도노무라 마사루, 다케우치 야스토竹内康人 등은 물론, 일본에서 관련 재판을 처음으로 기획한 다카기 겐이치高木健一 변호사가 맡은 역할을 비판적으로 분석했다. 이런 연구사 및 활동사 연구는 지금까지 없었기에 매우 귀중하다.

와다 마모루의 논문, '일본에서의 징용공 재판과 한국 대법원 판결'에서는 앞서 일본에서의 관련 재판 과정을 결정지었다고 할 수 있는, 중국인 노동자들이 제기했던 니시마쓰西松건설 소송의 최고재판소 판결을 소개했다. 2008년에 일본 최고재판소는 1972년의 일중日中공동성명에 따라 이 소송에 있어 원고들의 "실체적 권리 자체가 아니라 재판상 청구권이 소멸했다"고 판단했다. 이 판단은 다른 조선인 노동자들이 제기한 재판에서도 똑같이 적용되어 일본에서 그들이 일으킨 재판은 전부 청구가 기각되었다. 그리고 '닛폰코칸日本鋼管 강제노동 소송', '미쓰비시三菱중공업 나가사키長崎조선소 징용공 소송', '도쿄아사이토東京麻絲방적 조선인 여자근로정신대 소송', '닛폰세이데쓰日本製鉄 징용공 소송', '미쓰비시 나고야名古屋 정신대 소송', '미쓰비시 히로시마広島 징용공 손해배상 청구 항소 사건', '후지코시不二越 2차 소송'의 개요를 소개한다. 마지막으로 한국 대법원 판결을 일본에서의 그간의 재판 경위에 입각하여 비판적으로 검토했다. 특히 '일본 통치 불법론' 판결을, 법령의 소급 적용이라는 관점에서 치밀하게 비판하는 부분에서 배워야 할 점이 많다.

3부 '전쟁 후의 전개(2) 한국'에서는 '조선인 강제연행 프로파간다'가 한국으로 번져가는 과정을 분석했다.

<u>니시오카 쓰토무의 논문, '일한조약에서의 외교적 해결, 한국 정부의 보상, 한국에서의 재판</u>'은 1965년 국교정상화에서의 외교적 해결과 이를 이어받아 한국 정부가 실시한 보상에 관해서 자세히 소개한 뒤, 그 틀을 부수는 움직임인 '조선인 강제연행 프로파간다'와 '일본 통치 불법론'이 일본에서 시작되어 한국으로 번져나가는 과정을 개

관했다.

 오카지마 미노루의 논문, '한국 대법원 '징용공' 판결 – 한국 사법의 역사적 오점'은 앞의 와다 마모루의 논문과는 반대 방향으로, 즉 한국 대법원 판결의 문제점을 지적한 후 이런 결과를 만들어낸 일본과 한국 양국의 움직임을 분석했다. 이 두 변호사의 논문들을 읽어보면 한국 대법원 판결의 심각한 문제점을 더욱 다각적으로 이해할 수 있다. 오카지마 미노루의 논문은 대법원 판결의 기초에 '일본 통치 불법론'이 있다는 점을 지적했는데, 그러한 역사인식이 한국 대법원 판결에 의해 한국 사회에 확립되었다고 지적하면서 결과적으로 '일본 불법 통치 도그마'가 성립했다고 분석한다. 또한 '일본 통치 불법론'은 오히려 일본에서 먼저 형성되었다고 하면서, 일한조약 반대운동, 전후 보상 소송, 위안부 문제에 있어서의 고노 요헤이河野洋平 담화, 2010년의 '일한 지식인 공동성명'에 이르는 활동을 개관한다.

 이번 한국어판에 추가된 4부 '사도금산에서의 조선인 전시戰時 노동 실태'는 최근 새롭게 일본과 한국 사이 역사인식 갈등의 쟁점이 된 사도금산佐渡金山 문제를 다뤘다.

 니시오카 쓰토무의 논문, '조선인 전시戰時 노동과 사도금산', 그리고 나가타니 료스케의 논문, '사도금산佐渡金山에서의 조선인 전시戰時 노동의 실태'는 사도금산에서의 조선인 전시 노동 실태가 정확히 어떠했는지를 분석했다. 문재인 정부 시절인 2021년 12월 한국 외교부는 "(일본 정부가) 강제노역 피해 현장인 '사도광산'을 세계유산으로 등재 추진키로 한 데 대해 매우 개탄스러우며, 이를 즉각 철회할 것을 촉구한다"는 입장을 밝힌 바 있다. 일본과 한국의 좌파 학자들, 그리고 한국 언론은 대부분 사도금산에서 조선인 노동자들이 강제연행·강제노동에 시달렸다고 주장하며 사도금산을 유네스코 세계유산에 등재하려면 그 피해 실태도 같이 전시하라고 주장하고 있다. 한편, 일본 정부는 2021년 4월 27일 "'모집', '관 알선' 및 '징용'에 의한 노무에 대해서는 모두 강제노동에 관한 조약상의 강제노동에는 해당하지 않는 것으로 보고 있으며, 이들을 '강제노동'으로 표현하는 것은 적절하지 않다"고 각의결정閣議決定(내각회의 결정)을 내렸다. 니시오카 쓰토무와 나가타니 료스케의 논문은 1차 자료를 이용해 일본 정부의 공식 견해대로 사도금산의 조선인 전시 동원 실태는 강제연행·강제노동 따위가 아니었음을 논증했다.

또한 이번 한국어판에서는 니시오카 쓰토무의 논문 '한국 영화 '군함도'의 심각한 사실 날조와 그 무서운 동기'도 특별게재했다. 니시오카 쓰토무는 이 영화의 내용이 역사적 사실과 얼마나 동떨어진 황당한 내용이었는지를 논한 뒤, 거기에 숨겨져 있는, 대한민국의 정통성까지 뿌리부터 뒤집으려고 하는 반한사관을 폭로했다.

권말에는 관계 자료를 첨부했다. 기본적인 조약, 협정, 부속 의사록 등과 청구권협정 및 그 후의 한국 정부 대응을 이해하는 데 필요한 한국 측 문서에 더해서, 최근의 논의에서 거의 언급되지 않는 한국인 재산과 권리를 소멸시킨 일본의 법률을 수록했다. 또한 한국 정부가 작성한 조선인 전시 노동자를 고용했던 일본 기업 리스트 2종(현재 기업 275개 사 리스트, 현재는 존재하지 않는 기업을 포함한 1,246개 사 리스트)도 실었다. 이 두 리스트는 일본에서 좀처럼 볼 수 없는 귀중한 리스트다. 한국어판에서는 한국 대법원 판결의 기반이 된 한국병합 100주년 지식인 공동성명도 추가로 수록했다. 그리고 이에 반박하는 취지의 입장문들인 유엔 인권이사회 제출 이우연 낙성대경제연구소 연구위원의 의견서, 2019년과 2020년의 일본과 한국 법률가/지식인 공동성명, 2023년 3.1절 맞이 한국 지식인 공동성명도 역시 같이 수록했다.

당연히 필자들의 역사인식과 일한관계에 대한 생각은 다들 조금씩 다르다. 용어에서도 '징용공', '식민 지배'라는 말을 사용하는 이도 있으며 이를 피해서 '전시 노동자', '일본의 통치'라는 말을 사용하는 이도 있다. 또한 이 책의 편집자인 니시오카 쓰토무는 조선인 노동자의 전시 동원 방법은 모집, 관 알선, 징용이 있었기 때문에 이 전체를 나타내는 말로는 '징용공'이 아니라 '전시 노동자'가 어울린다고 생각한다. 참고로 일본 정부 또한 2018년 11월부터 '징용공'이라는 말을 쓰지 않으며 '구 조선반도 출신 노동자'를 사용하고 있다. 하지만 일본에서 시작된 '조선인 강제연행 프로파간다'가 한국의 대법원 판결을 만들어내고, 그 결과 일본과 한국의 우호관계가 크나큰 타격을 입었다는 점에 대한 위기감은 필자들이 공유하고 있다. 편집자로서 전문가 다섯 분과 함께 이 책을 정리할 수 있어서 매우 영광스럽게 생각한다. 한편, 본문 중 인명에는 경칭을 전부 생략했다는 점도 밝혀둔다.

　마지막으로 이 책을 기획 및 출판한 일반재단법인 산업유산국민회의 전무이사이자 산업유산정보센터장 가토 고코加藤康子 씨, 그리고 편집을 담당해준 하야시 다쓰로林 建朗 씨에게 고마움을 전하고 싶다.

2024년 3월 (한국어판)
2021년 2월 (일본어판)

니시오카 쓰토무西岡力

## 목차

**추천사** … 5
**발간의 말**_ 시리즈 구 조선반도 출신 노동자 문제를 생각하다 … 10
**시작하며**_ 이 책의 주제와 내용 [한국어판] … 13

## 총론總論

### 조선인 강제연행 프로파간다 _ 니시오카 쓰토무

**문제의 소재** … 32
1. '조선인 강제연행 프로파간다'란 무엇인가 … 35
2. 당시 전시 동원은 합법 … 40
3. 일본의 연구와 운동이 한국으로 번졌다 … 43
4. 일본과 한국에서 진실 세력의 반격이 시작되다 … 46
5. 진정한 일한日韓 우호를 실현하기 위하여 … 48

# 1부 조선인 전시戰時 노동의 실태

## 1장_ 통계로 살펴본 전시戰時 노동의 실태 _니시오카 쓰토무

1_ 전시 동원 정책은 실패 …55

2_ 동원 계획 전의 상황, 도항 억제 정책 …60

3_ 동원 1기(1939-1941년) - '모집' …75

4_ 동원 2기(1942-1945년) - '관 알선', '징용' …79

## 2장_ 조선인 전시戰時 노동자의 노동 현장 실태 - '강제연행'과 '노예노동'은 역사적 사실인가?
_나가타니 료스케

**들어가며** …94

1_ '강제연행'과 '노예노동'은 사실이 아니다 … 96

2_ 잘못된 자료 인용이 오해를 키웠다 … 107

3_ 「특고월보」에서 보이는 조선인 노동자의 실태 … 115

4_ 조선인 노동자의 도망 … 122

5_ 1차 자료가 보여주는 조선인 노동자의 대우 … 128

**결론에 대신하여** … 135

## 2부 전쟁 후의 전개(1) - 일본

### 3장_ 조선인·중국인 '강제연행' 운동사_ 카츠오카 칸지

**들어가며** … 141

1_ 중국인·조선인 '강제연행' 문제의 기원 … 141

2_ 조선인·중국인 '강제연행'에 관한 문헌 목록과 분류 카테고리의 문제 … 146

3_ '강제연행'을 널리 퍼뜨린 사람들 … 149

4_ 박경식의 후계자들 - ① 김영달, ② 야마다 소지, 도노무라 마사루 … 157

5_ 전후 보상 문제와 '강제연행' - 다카기 겐이치 변호사가 수행한 역할 … 164

6_ '통치 불법론'과 2018년의 한국 대법원 판결 … 170

7_ 박경식의 후계자들 - ③ 다케우치 야스토 … 172

8_ 『반일 종족주의』, 『반일 종족주의와의 투쟁』의 출현이 제기한 의문 … 178

9_ '증언'에 관한 문제 - 중국인 '강제연행'으로 보는 '노동자 사냥' … 181

### 4장_ 일본에서의 징용공 재판과 한국 대법원 판결_ 와다 마모루

**들어가며** … 191

1_ 일본에서의 강제연행 등 재판의 흐름에 관하여 … 195

2_ 조선인 강제연행·강제노동 소송에 관한 일본에서의 재판 … 200

3_ 한국 대법원 판결에 관하여 … 215

4_ 일한청구권협정에 관하여 … 223

## 3부 전쟁 후의 전개(2) - 한국

### 5장_ 일한조약에서의 외교 해결, 한국 정부의 보상, 한국에서의 재판 _니시오카 쓰토무

1_ 1965년의 조약, 협정에 따른 외교적 해결 … 237

2_ 한국 정부가 실시한 보상 … 258

3_ 한국에서의 전시 노동자 재판 … 265

### 6장_ 한국 대법원 '징용공' 판결 – 한국 사법의 역사적 오점 _오카지마 미노루

**들어가며** … 286

1_ 한국 대법원 판결이 야기한, 심각하고 중대한 문제 … 287

2_ 한국 대법원 판결에 이르는 일본에서의 움직임 … 293

3_ 한국 대법원 판결에 이르는 한국에서의 움직임 … 307

4_ 판결 후의 움직임과 앞으로의 과제 … 310

# 4부 사도금산에서의 조선인 전시戰時 노동 실태

## 7장 _ 조선인 전시戰時 노동과 사도금산 _ 니시오카 쓰토무

1_ 조선인 전시 노동의 전체상 … 319

2_ 사도금산의 조선인 전시 노동 … 322

3_ 니가타현과 아이카와마치의 '강제연행' 기술에 대하여 … 332

4_ 히로세 테이조의 '강제노동설'에 대한 반론 … 336

5_ 한국의 전문가, 정혜경의 '강제노동'설에 대한 반론 … 345

6_ 일시 좌절된 사도금산 유네스코 등록 … 363

## 8장 _ 사도금산佐渡金山에서의 조선인 전시戰時 노동의 실태
_ 나가타니 료스케

1_ 사도금산에 관한 1차 사료 … 368

2_ 선행 연구의 내용 … 369

3_ 선행 연구의 내용 정리와 1차 사료의 확인 … 371

4_ 갱내 작업에 대한 배치와 규폐 발병률 … 373

5_ 1차 사료에 기재된 조선인 노동자의 모습 … 376

## 특별게재
- 한국 영화 '군함도'의 심각한 사실 날조와 그 무서운 동기 … 379

## 권말자료 … 400
1. 일본과의 평화조약(샌프란시스코 평화조약) - 1951년 9월 8일
2. 1951년 1차 일한회담이 개최되자 한국 정부가 일본 측에 곧바로 제시한 8항목의 '대일 청구권 요강'(이른바 '8항목 요구') - 1951년 10월
3. 일한 예비 교섭에서 두 수석 대표간에 대략 의견 일치를 본 청구권 문제 해결 방식(이른바 '오히라-김' 요해了解) - 1962년
4. 일본과 대한민국 간의 기본 관계에 관한 조약(일한기본조약) - 1965년 6월 22일
5. 재산 및 청구권에 관한 문제 해결과 경제 협력에 관한 일본과 대한민국 간의 협정(일한청구권협정) - 1965년 6월 22일
6. 대한민국과 일본국간의 재산 및 청구권에 관한 문제의 해결과 경제협력에 관한 협정에 대한 합의의사록(I) - 1965년 6월 22일
7. 재산 및 청구권에 관한 문제 해결과 경제협력에 관한 일본과 대한민국 간의 협정 2조 실시에 따른 대한민국 등의 재산권에 대한 조치에 관한 법률 - 1965년 12월 17일
8. 한일회담 문서공개 후속대책 관련 민관공동위원회 개최에 관한 국무조정실 보도자료 (국무조정실은 국무총리 직속기관이다.) - 2005년 8월 26일
9. 한국 정부가 작성한 '전범 기업' 275개 사 실명 리스트
10. 한국 정부가 동원을 확인하여 작성한 일본 기업 리스트
11. 한국병합 100년에 즈음한 한일 지식인 공동성명 - 2010년 5월 10일
12. [유엔 인권이사회 제출] 전시기 일본으로 동원된 조선인 노동자 문제에 대한 이우연 박사의 의견서 - 2019년 7월 2일
13. 1965년 한일청구권협정의 존중을 요구하는 한·일 법률가 공동성명 - 2019년 12월 23일
14. 한일/일한 법률가 공동성명 1주년 기념 심포지엄 성명 - 2020년 12월 25일
15. 3.1절 맞이 한국 지식인 공동성명 '윤석열 정권은 일본과의 역사분쟁 중단을 선언하라' - 2023년 3월 1일

## 색인 … 463

# 총론 總論

## 조선인 강제연행 프로파간다

니시오카 쓰토무 西岡力

## 문제의 소재

　현재(2021년) 일한日韓관계는 국교정상화 이후 가장 좋지 않다고 평가되고 있다. 그 큰 원인은 한국 사법부의 국제법을 위반한 두 판결 때문이다. 그 두 판결은 한국 대법원의 2018년 10월 30일 전시 노동자 판결과, 한국 서울중앙지방법원의 2021년 1월 8일 위안부 판결이다.

　전자는 일본 기업에 대하여 전시戰時 노동자들에게 위자료로 1억 원(일본 엔화로 약 1천만 엔)씩 지급을 명령했고, 후자는 일본 정부에 대하여 옛 위안부에게 역시 위자료로 1억 원씩 지급하라고 명령했다. 전자의 경우 이미 일본 기업의 한국 내 재산이 부당하게 압류되어 있다. 후자도 일본 정부는 재판이 시작된 것 자체를 국제법 위반으로 파악하여 애초 재판에 임하지도 않았고 당연히 항소도 하지 않았기 때문에 일본 정부의 한국 내 재산이 압류될 수 있는 사태가 임박했다.

　일본이 조선을 병합하고 통치한 기간은 1910년 9월부터 1945년 8월까지 35년이다. 일본이 연합국에 패전한 결과, 일본의 통치가 끝난 후 이미 통치 기간의 두 배가 넘는 75년이 지났다. 또 13년 남짓한 긴 외교 협상의 결과 1965년에 일본과 한국 양국이 대등한 나라로서 국교를 정상화했고, 그 이후부터 헤아려 봐도 이미 과거 일본 통치 기간보다 20년이 더 넘는 55년이 흘렀다. 그런데도 한국에서는 수많은 국민들이 여전히 일본의 통치 기간에 있었던 사건에 대한 보상이 충분하지 않다고 생각하고 있다. 그런 배경이 있었기에 앞서 언급했듯이 한국 법원은 국제법을 위반한 두 개의 판결을 당당하게 내린 것이다.

왜 이런 일이 일어나는 것일까? 위안부 문제의 경우 2015년에 필자는 이 책의 공동집필자인 카츠오카 칸지勝岡寬次를 비롯한 뜻있는 학자 여섯 사람과 함께 '아사히신문의 '위안부 보도'에 대한 독립검증위원회朝日新聞「慰安婦報道」に対する独立検証委員会'를 조직하여 조사 연구를 실시했고, 이를 보고서로 정리했다(이 보고서 내용 전체는 한국에서도 미디어워치 출판사에 의해 『[자료집] 한국 정부와 언론이 말하지 않는 위안부 문제의 진실』이라는 제목으로 2021년에 번역 출간됐다. - 옮긴이). 그 보고서에서 우리는 위안부 문제가 이렇게까지 확대되고 악화된 원인으로 「아사히신문」의 '1992년 1월 강제연행 프로파간다'를 지목하고 다음과 같이 주장했다.

> 아사히는 1980년대부터 위안부 문제로 일본을 규탄하는 보도를 시작하고, 1991년부터 1992년 1월까지 요시다 세이지吉田淸治 증언, 여자정신대 제도, 위안부 증언, "군 개입" 문서 등에 대해서 갖가지 허위 보도를 하고, 결과적으로 "일본군이 여자정신대의 이름으로 조선 여성을 위안부로 만들기 위해 강제연행했다"는 사실무근의 프로파간다를 안팎으로 확산시켰다.
>
> 우리는 이것을 '92년 1월 강제연행 프로파간다'라고 이름 붙

였다. 아사히의 가장 큰 문제는 이 프로파간다를 2014년 8월 단계까지 명확하게 취소, 정정하지 않고 방치한 채, 문제의 본질이 광의(넓은 의미)의 강제성, 여성의 인권이라는 등의 궤변을 늘어놓으며 일본과 선인들의 명예를 계속 훼손해 온 것이다. (역사인식문제연구회 '아사히신문 '위안부 보도'에 대한 독립검증위원회 보고서', 역사인식문제연구회 홈페이지(http://harc.tokyo), 2016년 11월)

전시 노동자 문제의 확대와 악화에도 위안부 문제와 동일한 종류의 '강제연행 프로파간다'가 있었다.

이 책에서는 전시 노동자 문제에 초점을 맞춰서 이 문제의 전문가인 학자와 변호사가 다양한 관점에서 이를 입체적으로 해명했다. 역사적 사실, 일본에서의 연구·운동·재판, 한국에서의 일한협정에 따른 외교적 처리, 두 번의 정부 보상, 국제법을 위반한 대법원 판결 등에 대해서도 거론했다.

여기에서는 그러한 논의를 근거로 하여, 70여 년 전에 일어났던 일에 대해서 왜 이제와서 일본 기업이 재산을 압류당하는 국제법 위반이라는 이상異常 사태가 일어났는지 '조선인 강제연행 프로파간다'라는 관점에서 논하고자 한다.

# 1 '조선인 강제연행 프로파간다'란 무엇인가

'조선인 강제연행 프로파간다'란 무엇인가? 1960년대에 일한日韓 국교정상화에 반대하는 북조선과 연결된 재일조선인 학자 박경식 등은 과거 전쟁 중에 조선인 노동자를 일본 내지內地로 동원한 것에 대하여 '강제연행'이라는 용어를 만들어냈다. 그들은 일본이 공권력을 휘둘러 수많은 조선인을 연행해서 노예노동을 시켰다고 주장하는 캠페인을 벌이기 시작했다. 이런 캠페인을 수많은 일본인과 재일조선인으로 구성된 학자, 기자, 변호사, 활동가가 계속 확대해 펼쳐나갔다. 이 허위를 근거로 하는 캠페인이 바로 '조선인 강제연행 프로파간다'이다.

이 프로파간다에 더해서 좌파 학자 와다 하루키和田春樹 등이 1980년대부터 일본의 조선 통치 불법론을 주장하며 이를 인정하도록 일본 정부에 강요하는 운동을 시작했다. 이 두 가지가 한국으로 번져서 2005년 노무현 정권의 일한청구권협정 재검토 작업, 2012년 한국 대법원의 일본 통치 불법론을 근거로 한 전시 노동자 재판 환송 판결에 이어 문재인 정권에서 2018년 10월에 문제의 대법원 판결을 만들어냈다. 박경식 등은 1965년 일한日韓 국교정상화를 저지하는 데는 실패했지만 그 후 50여 년이 지나서 그들이 불을 지른 '전시 노동자 강제연행 프로파간다'는 일본과 한국의 관계를 최악의 상태로 몰아넣었다.

먼저 역사적 사실을 확인해 두겠다. 전시 동원 계획은 그 많은 인

파를 전쟁 수행에 필요한 탄광, 광산, 공사 현장, 군수공장에 보내려고 한 것이지, 박경식이 주장하는 노예사냥과 같은 연행, 그리고 '다코베야タコ部屋'('문어집'이라는 뜻으로, 가혹한 조건에서 자신의 노동력을 팔며 살았던 과거 일본의 노동자가 처한 환경을 문어가 제 손발을 뜯어 먹고 살아남는 모습에 비유하여 일컫는 용어다. - 옮긴이)에서의 노예노동과는 거리가 멀었다.

1939년에 국가총동원법에 의거하여 '조선인 내지 이송 계획'이 수립되었다. 전쟁을 수행하려면 군을 뒷받침하는 경제 기반을 정비해야 한다. 특히 일본의 성인 남성은 대부분이 병사로 소집되었던 가운데, 징병이 전쟁 말기까지 실시되지 않았던 조선에서 내지의 탄광, 광산, 군사시설 공사, 무기 등의 군수공장에 노동자를 보내는 것은 전쟁 수행에 필수적인 사업이었다. 그 사업소들은 모두 민간이 경영했다. 이송된 조선인 노동자는 원칙적으로 2년을 계약하고 상대적으로 높은 임금을 받으며 노동에 종사했다. 관이 주도하는 집단 취직 사업과 다름없었다.

이 책의 1부 1장 니시오카 쓰토무의 논문에서도 자세히 밝힌 바, 이 내지로의 이송은 공권력을 통한, 노예사냥처럼 강제로 실시한, 이른바 강제연행 따위로 이뤄진 일이 아니었다. 강제연행이 사실이 아님을 보여주는 가장 큰 근거는 통계 숫자다. 동원 기간 6년 동안 60만 명이 내지의 사업소로 이송되었으나 같은 기간에 그 세 배인 180만 명의 조선인이 자신의 뜻으로 내지에 건너왔다. 계획에 따른 동원은 25퍼센트 뿐이고, 오히려 그 세 배인 75퍼센트가 자발적으로 바다를 건너왔다는 것이다. 게다가 동원된 조선인 노동자도 계약 기간 2년이 끝나기 전에 약 40퍼센트가 도주해서 (조선으로 돌아가지 않고) 일본 내지에서 보다 조건이 좋은 직장으로 자리를 옮겼다.

 그 결과, 전쟁이 끝났을 때 내지의 조선인 인구가 무려 약 2백 만 명이었다. 그중 16퍼센트인 32만 명은 동원 현장에서 일했던 전시 노동자였고, 6퍼센트인 11만 명은 내지에 있던 군인, 군무원이었다. 이들은 전시 동원 대상자로 그 합계는 22퍼센트인 43만 명이다. 나머지 78퍼센트인 170만 명은 전시 동원과 무관하게 자발적 타관벌이出稼ぎ(일본어로 데카세기でかせぎ라고 표기하며, 소득이 낮고 취업처가 적은 지역에 거주하는 이가, 소득이 높고 취업처도 많은 지역으로 단신單身으로 이동하여 취업하는 것을 말한다. - 옮긴이)를 하러 온 사람들과 그 가족이었다.

 강조하거니와 동원 기간의 모든 도항자의 25퍼센트, 종전 시 재일조선인의 16퍼센트만이 동원 대상자였을 뿐이며 그 이외 나머지는 자발적으로 바다를 건너왔거나 타관벌이를 하러 온 사람들이었다. 조선에서 내지로 수많은 노동자들이 돈을 벌기 위해 건너왔다. 당시 일본 정부는 이들을 질서있게 전쟁 수행에 필요한 사업소로 배치하고 싶었지만, 통제에 실패했다. 이것이 전시 동원의 전체상이다.

 이러한 전시 동원을 일부 일본 학자들이 지금도 '강제연행'이라고 하는데, 2장의 나가타니 료스케長谷亮介의 논문에서 상세히 논증했듯이, 그들은 자료를 매우 자의적으로 다룬다. 자신들에게 유리한 부분만을 강조하며, 학문적으로 불성실하기에 같은 자료에 기재되어 있는, '강제연행'을 부정하는 사실관계에 대해서는 언급하지 않는다.

도노무라 마사루外村大는 2012년에 출판한 자신의 저서에 『조선인 강제연행朝鮮人强制連行』이라는 제목을 붙였다. 이는 '강제연행 프로파간다'가 지금도 확대 재생산되고 있다는 사실을 상징적으로 나타낸다. 도노무라 마사루는 전쟁 당시 관계자의 몇몇 논문, 조사 보고, 그리고 좌담회 등에서 얻은 증언을 근거로 제시했는데, 역시나 자신에게 불리한 자료는 무시하고서 의견을 내세웠다.

1장 니시오카 쓰토무의 논문 내용에 따르면 1942년부터 1945년까지 내지로 건너온 사람은 약 131만 명이며 그중 동원된 사람은 약 48만 명, 자발적으로 온 사람은 약 83만 명으로 동원된 사람은 전체의 37퍼센트였다. 즉 조선의 농촌에서 일손 부족 현상이 일어났다고 하지만 그 이유는 수많은 가난한 조선 농민이 높은 임금에 끌려서 자발적으로 내지로 건너왔기 때문이다.

도노무라 마사루가 강제연행의 근거로 인용한 전쟁 당시 동원 관계자 좌담회('조선 노무의 결전 기여력' 「다이리쿠도요게이자이大陸東洋經濟(대륙동양경제)」 제2호, 1943년 12월 1일)를 살펴보더라도, 나가타니 료스케의 논문이 또한 밝히고 있듯이, 당시 동원 담당자는 조선인 노동자를 확보하는 일보다는 동원된 노동자의 노동 의욕이 낮아서 즉시 도망하는 것 때문에 고민했다.

도노무라 마사루는 동원된 노동자에게 2년 계약이 끝났을 때 귀향하지 못하게 하고 계약 연장을 강요했다고 주장하면서 홋카이도 도립노동과학연구소北海道道立勞働科學硏究所가 전쟁 후에 실시한 조사를 토대로 한 좌담회를 그 근거로 내세웠다. 하지만 나가타니 료스케의 논문은, 같은 좌담회의 내용 중에서 계약이 만료됐을 때 귀향을 희망한 노동자를 회사가 여비를 부담해 조선으로 되돌려 보냈음에도 불구하고 가족만 고향으로 돌아가고 노동자 자신은 돌아가는 길에 도망하여 내지의 다른 곳에서 일했다는 사례도 거론됐음을 소개했다. 도노무라 마사루는 자기 주장에 불리한 내용은 무시한 것이다.

나가타니 료스케의 논문에서는 당시 스미토모住友광업 우타시나이歌志內탄광이 계약 만료된 조선인 노동자에게 귀향에 필요한 여비를 지불하면서 작성한 서류를 자세히 소개했다. 그 서류에 따르면 1942년 8월에 계약이 만료된 노동자가 32명이었는데, 그중 25명이 귀향하고 6명이 계약을 갱신하고, 1명이 치료받는 중이었다. 대부분은 회사가 여비까지 부담해가면서 귀향시켰다.

나가타니 료스케의 논문에서는 지금까지 경찰이 탄압을 했다는 증거로만 사용되었던 「특고월보」의 조선인 관련 기술을 분석해서 노예노동과는 본질적으로 다른 실태를 폭로했다. 이를 봐도 전시에 동원된 대부분의 조선인은 당시의 일본인과는 달리 대동아전쟁을 자신들의 전쟁으로 생각해서 싸우려는 의지가 약했다는 사실을 알 수 있다. 전시 동원을 그저 타관벌이出稼ぎ의 기회로 인식한 모습이었다. 일본의 조선 통치는 동화 정책을 기본으로 했지만 35년이라는 통치 기간으로는 그때까지 전혀 다른 역사를 살아온 조선 민족을 황국 신민으로 동화시키기란 불가능했다.

## 2 당시 전시 동원은 합법

전시 동원은 당시의 법체계 속에서 합법적으로 이뤄졌다. 3부 5장 니시오카 쓰토무의 논문에서 설명하듯이 1965년에 일본과 한국 양국은 기본조약과 청구권협정 등을 맺어 국교를 정상화했다. 일본은 무상 3억 달러, 유상 2억 달러의 자금을 한국에 제공하기로 약속했고 그에 따라 양국은 청구권 문제를 "완전히 그리고 최종적으로 해결"(청구권협정 제2조)했다.

당시 일본의 외화 보유고는 18억 달러였기 때문에 일본도 그 부담은 컸으며 자금은 10년에 걸쳐 한국에 제공되었다. 일본은 청구권협정 발효와 함께 1965년 12월 17일에 새로운 법률 '대한민국의 재산권에 대한 조치법'(약칭, 정식 법률명은 〈권말자료 7〉)을 제정해서 한국과 한국인이 일본에 보유한 재산이나 채권 등을 전부 소멸시켰다.

일본에서는 일본 국내로 돌아올 때 가지고 오지 못한 일본인 개인들의 한국 내 재산에 대해서 보상을 받지 못한 점에 불만의 목소리가 컸다. 이에 대하여 일본 정부는 청구권협정으로 포기한 것은 외교보호권뿐이며 일본 국민이 보유하는 개인 청구권은 남아 있으니 헌법에 규정된 재산권 침해가 아니라는 입장을 밝혔다.

한국 정부는 일본으로부터 받은 청구권자금을 인프라 투자에 효율적으로 사용해서 '한강의 기적'이라고 불리는 고도경제성장의 주춧돌로 삼았다. 한편 1974년에 '대일 민간 청구권 보상에 대한 법률'을 제정해서 청구권자금을 사용해 개인 보상을 실시했다. 동원된 노동자의 경우, 사망자는 유족에게 30만 원이 지급되었고 미지급 임금과 예금 등은 물가지수에 맞춰(1엔 = 30원) 청산했다.

그러나 2부 3장 카츠오카 칸지의 논문에서 상세히 기록하고 있듯이, 일본과 한국의 국교정상화에 반대하는, 북조선에 우호적인 학자와 활동가 등이 전시기 당시에는 존재하지도 않았던 '강제연행'이라는 정치적 용어를 사용해서 전시 동원을 일본의 죄악으로 고발하기 시작했다. '조선인 강제연행 프로파간다'가 시작된 것이다.

그 움직임은 먼저 일본에서 활발해졌고 조사 연구가 운동으로 나아가게 되었다. 그 연구 성과를 토대로 일본의 변호사들이 한국까지 방문해 소송 제기를 위해 원고를 찾으러 다녔으며, 결국 일본에서 재판을 벌였다. 그와 병행하여 일본의 일부 학자들과 문화인들은 일본 정부를 대상으로 일본의 조선 통치까지도 불법으로 판단케 하려는 정치 운동을 시작했다.

4장 와다 마모루和田衞의 논문은 일본에서 열린 관련 재판에 대하여 상세하게 설명했다. 당연하게도 일본에서 열린 재판에서는 조선 통치 불법론이 수용되지 않았고 노동자에 대한, 위법적인 가혹한 처우가 있었는지 그 여부 등이 쟁점이 되었다. 일본에서 열린 재판은 최종적으로 원고가 전부 패소했다.

와다 마모루의 논문과 3부 6장의 오카지마 미노루岡島実의 논문이 지적하듯이, 일본에서의 전시 노동 판결 과정을 결정한 것은 2008년 중국인 동원과 관련된 니시마쓰西松건설에 대한 최고재판소의 판결이었다. 일본 최고재판소의 판결은 전쟁 배상 청구를 포기한 1972년 일중日中공동성명에 따라 개인이 청구권을 근거로 해서 소를 제기하거나 청구할 수 없게 되었다고 했다. 이 판단이 조선인 전시 노동 판결에서도 적용되어 원고 패소가 이어졌다.

하지만 '강제연행'론을 근거로 하는 편향된 연구가 축적된 영향도 있어서 일부 판결에서는 기업 측의 불법행위가 있었다는 주장이 인정되었다. 이를테면 문제의 2018년 10월 한국 대법원 판결의 원고들이 일본에서 먼저 제기한 재판에서 오사카지방재판소는, 와다 마모루의 논문도 소개하고 있듯이, "원고들은 임금의 일부를 받았지만 구체적인 금액도 알지 못했고 잔액은 강제적으로 저금되었다", "실질적으로 강제노동에 해당하며 위법이라고 해야 한다"라고 판시하였다. 그러나 한국의 연구자가 닛폰세이데츠日本製鉄(일본제철)의 노무 자료를 조사해서 쓴 치밀한 실증 논문(이우연 '일하고도 임금을 못 받았다는 거짓말', 이영훈 편 『반일 종족주의와의 투쟁』[미래사, 2020년])의 내용에서 원고 네 사람은 월급 100엔에서 120엔의 임금을 정상적으로 지급받은 사실이 확인되었다. 당시 일본 이등병의 월급은 6엔에서 7엔, 사망 사금賜金은 150엔이었다.

나가타니 료스케의 논문은 수많은 노동자들이 강제연행되었다고 거짓 증언을 하는 배경과 관련해, 일본의 변호사들이 소송에서 이기면 거액의 배상금을 받을 수 있다고 부추겼기 때문이라고 하는 한국인 저널리스트의 의견도 소개하고 있다. 한편, 1장 니시오카 쓰토무의 논문에서 소개한, '조선인 강제연행 프로파간다'와는 정확히 반대되는 내용의 옛 징용공의 수기는 관련 재판이 일어나기 이전에 작성된 것이므로 신빙성이 크다.

## 3 일본의 연구와 운동이 한국으로 번졌다

일본에서의 연구와 운동이 한국으로 번진 결과, 노무현 정권은 민관공동위원회를 만들어서 1965년 조약과 협정으로 과거 청산이 완전히 끝났다는 한국 정부의 기존 입장을 재검토했다. 그리고 2005년 8월에 위안부 문제 등의 '반인도적 불법행위'는 '청구권협정 범위 외'라고 하는 새로운 정부 견해를 확립했다. 한편, 전시 노동자 문제는 청구권협정 범위 내로 판단해서 한국 정부가 두 번째 개인 보상을 실시했다. 과거 청산을 조약에 따라 실시하고, 또한 체결한 조약은 사법을 포함한 국가 전체를 구속한다는 국제법의 원칙을 한국 정부가 공식적으로 깨뜨린 것이다. 오카지마 미노루岡島実의 논문에서는 위원회의 이러한 견해에 의해 '일본 통치 불법론'이 단순한 역사인식을 뛰어넘어 한국 정부의 공식 역사관이 되었다고 지적한다.

5장 니시오카 쓰토무의 논문에서 말하는 바와 같이, 2010년에는 '일본 통치 불법론'을 일본 정부가 인정해야 한다는 '한국 병합 100년 일한지식인 공동성명'이 와다 하루키 등의 주도로 발표됐다. 그들은 같은 해에 발표된 간 나오토菅直人 수상의 일한日韓병합 100주년 담화에 '일본 통치 불법론'을 포함시키는 것을 정치적 목표로 삼았지만 실패했다. 그러나 수많은 일본 지식인들이 '일본 통치 불법론'에 찬성했고 그 악영향이 2년 후에 한국 대법원에서 나타났다.

2012년에 대법원은 한국 사법사에서 처음으로 '일본 통치 불법론'을 채용하여 전시 노동 재판에서 하급심의 원고 패소 판결을 파기환송했다. 이 환송 판결의 연장선상에 바로 2018년 10월의 대법원 판결이 있다.

대법원 판결은 '징용'에 따른 임금 및 보상금 미지급을 인정한 것이 아니라 '일본 정부의 불법적인 식민지 지배 및 침략 전쟁의 수행과 직결된 반인도적인 불법행위'에 따른 피해에 대한 위자료 청구권을 인정한 것이었다. 오카지마 미노루는 논문에서 그 중대한 문제점으로 4가지를 지적했다.

첫째, 일한기본조약, 일한청구권협정을 근거로 하는 전후 일한우호, 일한협력 관계를 근본적으로 파괴했다.

둘째, 법이론적으로 생각하면, 상속인을 포함하면 현재 모든 한국 국민들이 어떤 '피해'를 주장하면서 일본에 위자료를 청구할 수 있는 여지가 생겼다.

셋째, 이와 같은 주장이 다른 나라에서도 나오기 시작하면 전후 국제 질서 전체가 흔들린다.

넷째, "일본의 조선반도(한반도) 통치는 불법이고 반인도적인 식민 지배였다"고 하는 특정한 역사관을 사법부가 판결하는 형태로 공권적으로 확정하는 의미를 갖는다.

위에서 살펴본 것처럼 1960년대 북조선과 가까운 일부 재일조선인과 일본인이 시작한 '조선인 강제연행 프로파간다'가 먼저 일본 내부에서 학계와 매스컴을 지배했으며, 이를 근거로 일본의 변호사와 활동가가 일본에서 재판을 시작했다. 그것이 한국으로 번져 한국의 학계와 매스컴을 지배해 한국 정부의 공식 역사관이 되었고, 결국 1965년 국교정상화의 법적 틀을 무너뜨리는 사법 판결을 이끌어냈다. 이 책은 그것이 일본에서 시작되는 경위를 밝혔다.

바로 그러한 이유로, 일본과 한국 사이의 진정한 우호를 실현하려면 허위로 점철된 '조선인 강제연행 프로파간다'와 싸우는 수밖에 없다. 다행히 한국에서도 같은 문제의식을 갖고 행동에 나선 학자, 변호사, 활동가들이 있다.

문제의 대법원 판결에 심각한 위기감을 느낀 이영훈을 비롯한 용기 있는 연구자들이 2019년에 『반일 종족주의』를 한국에서 출판했다. 그 프롤로그에서 이영훈은 한국을 '거짓말의 나라'라고 단정하며 대법원 판결을 그 전형적인 사례로 거론했다.

> 대법원의 판결문은 해당 사건의 '기본적 사실관계'에 대한 서술로 시작하고 있습니다. 그 부분을 읽은 저의 소감은 한마디로 "이건 거짓말이야"라는 것이었습니다. [중략] 대법원은 원고들의 주장이 사실인지 여부를 검증하지 않았습니다. 판결문에서 그런 흔적을 찾을 수 없습니다. 저는 우리의 고매하신 대법관들에게 묻습니다. "거짓말일 가능성이 큰 주장을 검증하지 않은 재판은 과연 유효한 것인가." (『반일 종족주의』[미래사, 2019년], pp.16-17)

이영훈은 그 거짓말, 즉 이 책이 말하고자 하는 '조선인 강제연행 프로파간다'가 일본에서 시작됐다는 사실을 『반일 종족주의』의 속편인 『반일 종족주의와의 투쟁』 에필로그에서 다음과 같이 지적했다.

> 당초 그들(원고들)이 벌인 일본에서의 소송은 일본의 이른바 '양심적' 지식인에 의해 기획하고 지원되었습니다. 오늘날 양국 관계가 이토록 위태로워진 데에는 그들(일본의 이른바 '양심적 지식인')의 '양심'이 큰 역할을 하였습니다. 그들의 '양심'은 결국 한국인의 '비양심'을 조장하였습니다. 그들의 '양심'을 뒤집으면 거기엔 2등 민족 한국인을 끝까지 보살펴야 한다는 오만한 자세가 자리 잡고 있음을 쉽게 간파할 수 있습니다.(『반일 종족주의와의 투쟁』[미래사, 2020년], p.427)

## 4 일본과 한국에서 진실 세력의 반격이 시작되다

이상과 같이 살펴본 '조선인 강제연행 프로파간다'에 대해서 최근 역사의 진실에 입각한 반격이 시작되고 있다. 2018년 10월 한국 대법원 판결에 대해 아베 신조 정권은 국제법 위반이라고 항의하면서 일본 기업의 재산이 침해되는 사태가 벌어진다면 한국에 대한 제재도 불사하겠다는 자세를 보였다.

필자도 2019년 3월에 한국 대법원 판결을 국제법, 역사적 사실, 일

한관계사 등의 측면에서 전면적으로 비판하는 책 『날조된 징용공 문제でっちあげの徵用工問題』(소시샤)를 상재上梓했다.

2019년 7월에는 앞서 언급한 바와 같이 전시 노동자에 대한 강제연행·강제노동설을 비판하는 이우연의 실증 논문이 수록된 『반일 종족주의』가 한국에서 출간돼 11만 부가 팔려 베스트셀러에 올랐다.

2021년 4월에는 스가 요시히데 내각이 "'모집', '관 알선' 및 '징용'에 의한 노무에 대해서는 모두 강제노동에 관한 조약상의 강제노동에는 해당하지 않는 것으로 보고 있으며, 이들을 '강제노동'으로 표현하는 것은 적절하지 않다"는 각의결정을 내렸다.

같은 해 12월 28일 일본 문화청 문화심의회는 사도금산을 유네스코 세계유산 등재 추천 후보로 선정했다. 그러자 같은 날 한국 외교부는 "(일본 정부가) 강제노역 피해 현장인 '사도광산'을 세계유산으로 등재 추진키로 한 데 대해 매우 개탄스러우며, 이를 즉각 철회할 것을 촉구한다"고 논평을 발표했다. 한국 언론도 연일 강제노동설에 입각하여 일본 정부를 비판하는 캠페인을 벌였다. 그런 가운데 2022년 1월 28일 기시다 후미오 수상은 사도금산의 유네스코 세계유산 등재 신청을 결정했고, 하야시 요시마사 외무상은 한국 측의 항의에 대해 "일본 측으로서는 (이러한 항의를) 전혀 받아들일 수 없다는 점을 한국 측에 강하게 말했다"고 밝혔다.

조선인 전시노동을 둘러싼 또다른 쟁점으로 사도금산 유네스코 세계유산 등재 문제가 부각됐다. 이에 필자가 회장으로 있는 역사인식문제연구회는 2022년 1월 26일에 히라이 에이이치 편저 『사도광산사佐渡鉱山史』에서 조선인 노동자에 관한 부분을 찍은 사진을 입수하여 공개했다. 이 책 한국어판에 수록된 7장과 8장의 논문들에서 니시오카 쓰토무와 나가타니 료스케는 『사도광산사』를 비롯한 1차 사료를 통해 한국 정부와 언론이 주장하는 사도금산에서의 조선인 강제노동설은 역사적 사실이 아님을 논증했다.

## 5 진정한 일한日韓 우호를 실현하기 위하여

거짓말과 싸우는 한국의 지식인들은 현재 일본과의 대화 협력을 진심으로 바라고 있다.

2020년 12월에는, 이 책과 똑같은 문제의식으로 '조선인 강제연행 프로파간다'를 비판한 책 『날조된 징용공 문제でっちあげの徴用工問題』(소시샤, 2019년)의 한국어 번역서 『날조한, 징용공 없는 징용공 문제』(미디어워치)가 한국에서 출간되었다.

이 책이 출간된 직후 한국에서 여러 보수 유튜브 채널이 이를 호의적으로 언급해주었다. 등록된 시청자 수가 67만 명인 펜앤드마이크TV도 그중 하나다. 펜앤드마이크TV에서는 1월 12일에 「월간조선」의 특종 기자로 유명하며 역시 『반일 종족주의』의 공동 저자인 저널리스트 김용삼이 위 책의 번역자인 낙성대경제연구소 연구위원 이우연과 약 1시간 동안 책을 소개하는 대담 방송을 방영했다. 그 방송에서는 다음과 같은 대화가 있었다.

**김용삼** '진짜 한국인들 해도해도 너무 하는 것 아니냐.' 정부도 그렇고 대법원도 그렇고 집단적인 무슨 일종의 정신질환을 앓고 있는 게 아닌가 하는 생각이 들 정도로… 히스토리컬 팩트, 즉 역사적 사실과는 전혀 관련이 없는 일종의 허상에 근거해서 (2018년 10월 전시 노동자) 판결이 나왔는데 이걸 우리는 어떻게 하면 될는지. [중략] 저는 이 니시오카 선생의 책을 읽으면서 정말 뭐라고 할까요. 고통스럽더라고요. 우리는 이 정도밖에 안 되는 나라인가? 한국의 집단 지성은 이 정도로 쓰레기통 밖에 안 되는 상황인가?

**이우연** [중략] 2년 전이었으면 이런 책을 번역했다면 그냥 … 매장당하고 말았을텐데 지금은 많이 다르지 않습니까? 이 책이 총서 시리즈인데 세계 자유·보수 총서, 제1권입니다. 우리도 이제 비로소 일본의 자유 우파들과 교류를 하고 토론하고 연대를 하고 그래야 한다고 생각해서 이 책을 번역하게 됐습니다.

**김용삼** [중략] 이제 우리는 정상 국가가 되어야 하지 않습니까. 사실에 있지도 않은 것을 근거로 해서 대법원까지 이런 식의 판결을 하면 대한민국의 지성은 없다고 봐야 되지 않겠어요? 양심도 없는 것이고 정의도 없는 것이고. 이런 짓을, 어떻게 대한민국 정부와 대법원이, 그 알량한 몇 명의 좌익 지식인들에 현혹되어서, 이런 짓을 하느냐 이거죠. [중략]

**이우연** [중략] (당장 정권을 교체하는 것도 중요하지만) 국민적인 정신 개조 운동이 필요합니다. 그러기 위한 유력한 방법 중에 하나가 일본의 우파 지식인들, 대표적인 자유 우파 지식인들과 교류하고 토론하며 연대하는 것입니다. [중략]

**김용삼** [중략] 이 책은 일본의 진짜 양심적 지식인이 한국인들의 양심과 지성에 호소하는 책이에요. 가슴에 화살처럼 꽂히는 내용으로 가득차 있습니다. 이런 책을 통해서 우리는 징용공 문제가 무엇이고, 또 앞으로 어떤 파장을 우리에게 일으킬 것인지, (징용공 문제를 주장하고 있는) 한국 대법원과 한국 정부와 한국의 좌익이 얼마나 공부를 안 하고 무식하며 거짓말쟁이인지 우리가 깨달아야 할 것 같습니다.

진실 위에 우호가 있다. 일본에서 시작된 거짓말인 '조선인 강제연행 프로파간다'야말로 일본과 한국 양국 우호의 적이다. '조선인 강제연행 프로파간다'와의 싸움에 이 책이 도움을 줄 수 있기를 강력하게 희망한다.

# 1부

## 조선인 전시戰時 노동의 실태

1장

## 통계로 살펴본 전시戰時 노동의 실태

니시오카 쓰토무西岡力

# 1 전시 동원 정책은 실패

이 장에서는 통계로 살펴본 조선인 전시戰時 노동의 실태를 논하고자 한다.

먼저 이 장의 결론부터 미리 말하겠다.

1939년부터 1945년까지 실시된 조선인 노동자 전시 동원의 본질은, 높은 임금을 바라며 내지(사할린과 남양(말레이, 필리핀군도)을 포함)로 건너와 건설 현장 등에서 일하려고 하는 수많은 노동자들의 흐름을 통제하여 상대적으로 인기가 없지만 전쟁 수행을 위해 꼭 필요한 탄광, 금속 광산 등에 이들을 동원하려는 정책이었다는 것이다. 그러나 이 정책은 내지로 건너온 조선인의 일부만 통제할 수 있었고, 결과적으로 실패했다.

## 종전시 재일조선인의 80퍼센트는 타관벌이出稼ぎ를 하러 온 사람들과 그 가족

1945년 8월, 전쟁이 끝났을 때 재일조선인(사할린, 남양 등을 제외한 내지의 조선인, 이하도 같음)의 상황부터 살펴보겠다. 당시 재일조선인 인구는 2백만 명이었다. 전시 동원은 그중 43만 명(노동자 32만 명, 군인 군무원 11만 명)에 불과했다(〈도표 1〉). 이는 재일조선인 인구 전체의 약 20퍼센트에 지나지 않는다. 나머지 80퍼센트는 자발적으로 타관벌이出稼ぎ를 하러 온 사람들과 그 가족이었다. 강조하거니와, 전쟁이 끝났을 당시에 재일조선인의 20퍼센트만 통제할 수 있었다.

〈도표 1〉 종전 시의 내지 조선인

| 전시 동원 | 타관벌이 이주 |
|---|---|
| 43만 명 | 157만 명 |
| 22% | 78% |
| 200만 명 ||

〈도표 2〉 전시 동원 기간의 내지 도항자

| 전시 동원 | 자발적 도항자 |
|---|---|
| 60만 명 | 180만 명 |
| 25% | 75% |
| 240만 명 ||

〈도표 3〉 1기 (1939-1941년) '모집' 기간의 내지 도항자

| 전시 동원 | 자발적 도항자 |
|---|---|
| 13만 명 | 94만 명 |
| 12% | 88% |
| 107만 명 ||

〈도표 4〉 2기 (1942-1945년) '관 알선', '징용' 기간의 내지 도항자

| 전시 동원 | 자발적 도항자 |
|---|---|
| 48만 명 | 83만 명 |
| 37% | 63% |
| 131만 명 ||

## 내지로 도항한 사람들의 75퍼센트가
## 타관벌이를 하러 온 사람들

다음으로 조선에서 내지로 건너온 사람들의 흐름을 살펴보겠다. '조선인 내지 이송 계획'은 1938년에 성립한 국가총동원법을 근거로 해서 1939년 9월에 시작됐다. 전쟁이 끝날 때까지 약 60만 명(일본 내

무성 통계, 이하 같음)의 전시 노동자를 조선에서 내지로 동원했다. 그런데 같은 시기에 조선에서 내지로 자발적으로 도항(여행)한 사람들이 약 180만 명이나 되었다(〈도표 2〉). 전체적으로 도항자 합계는 약 240만 명이었다. 그 중 전시 동원은 25퍼센트에 불과했다. 다시 한번 강조하겠는데, 조선에서 내지로 건너온 사람들 중에 25퍼센트만 통제할 수 있었다.

### 동원 시기 구분, 1기 '모집' / 2기 '관 알선', '징용'

동원 시기는 두 개로 구분할 수 있다. 1기는 1939년 9월부터 1942년 1월까지의 '모집' 시기다. 일본 후생성이 허가한 탄광, 광산, 토목건축, 기타 사업주가 조선총독부가 지정한 지역에서 노동자를 모집했다. 동원자는 13만 명, 같은 시기에 자발적으로 도항한 사람은 94만 명, 도항자 합계는 107만 명이었다. 동원자는 전체 도항자의 12퍼센트에 불과했다(〈도표 3〉).

2기는 1942년 2월부터 1945년 3월까지의 '관 알선', '징용' 시기다. 1942년 2월부터 시작된 '관 알선'은 조선총독부가 각 시, 군 등에 동원 수를 할당하고 이를 민간 기업에 인도하는 형식이었다. 1944년 9월부터 조선에서도 법적 강제력을 동반하는 '징용'이 시작되었다. 1945년 3월, 전황의 악화로 관부연락선關釜連絡船(시모노세키와 부산을 오가는 연락선)이 운항을 거의 멈췄기 때문에 징용도 끝났다. 2기의 동원자는 48만 명, 같은 시기에 자발적으로 도항한 사람은 83만 명, 도항자 합계 131만 명이었다. 동원자는 전체의 37퍼센트였다(〈도표 4〉).

## 동원자의 40퍼센트가 계약이 끝나기 전에 다른 직장으로 도망

게다가 동원한 조선인 노동자 중 약 40퍼센트가 2년 계약이 끝나기를 기다리지 않고 도망했다. 대부분은 '자유노동자'가 되어 내지의 다른 직장에서 일했다.

일본 후생성 통계에 따르면 1945년 3월 말 현재, 조선에서 동원한 노동자는 총 59만 명이며 그중에서 동원한 사업소에서 일하고 있는 사람은 29만 명, 49퍼센트였다. 나머지는 도망친 사람이 22만 명으로 37퍼센트, 기간이 만료되어 귀환한 사람이 5만 명으로 8퍼센트, 불량송환자가 1만 6천 명으로 3퍼센트, 기타 9천 명으로 1.5퍼센트였다(〈도표 5〉).

'모집'뿐만 아니라 '관 알선', '징용'에 따른 동원에서도 동원된 곳은 주로 탄광이나 광산, 군수공장 등 민간 기업이었으며 원칙적으로 2년 계약이었다. 내지에서는 많은 일본인 남성들이 징병되어 노동력이 크게 부족했다. 그래서 브로커가 조선인 노동자를 다른 직장에 알선하는 일이 빈번히 발생했다. 동원된 탄광이나 광산은 임금은 괜찮았지만 농민 출신이 대부분인 조선인 노동자에게 지하에서의 작업은 익숙하지 않았고 다른 직장으로 도망치는 사람들이 속출했다. 그중에는 관 알선이나 징용을 이용해서 한 푼도 들이지 않고 내지로 건너와 사업소에 도착하기 전이나 도착하자마자 브로커와 결탁하여 도망하는 사례도 있었다. 〈도표 5〉에서 볼 수 있듯이 동원한 조선인 노동자의 약 40퍼센트가 계약 기간이 끝나기를 기다리지 않고 도망했다.

전시 동원 기간에 240만 명이 조선에서 내지로 건너왔다. 상대적으로 높은 임금을 바라며 타관벌이를 하려는 사람들이었다. 마치 눈사태와 같은 움직임이었다. 일본 정부는 이 사람들의 움직임을 통제하고 비교적 인기가 없었던 탄광, 광산, 군수공장 등에 노동자를 보내려고 했다. 〈표 2〉에서 볼 수 있듯이 조선인 중 56퍼센트가 탄광이나 광산에 동원되었다. 그것이 전시 동원 정책의 본질이다.

〈도표 5〉 1945년 3월 말의 동원 상황

| 동원된 사업장에서 노동<br>29만 명<br>49% | 도망<br>22만 명<br>37% | 기간 만료 귀환자<br>5만 명<br>8% | 불량송환자<br>1.6만 명<br>3% | 기타<br>0.9만 명<br>1.5% |
|---|---|---|---|---|
| 59만 명 ||||| 

〈표 1〉 '이입자'의 1945년 3월 말 상황

| | |
|---|---|
| 1945년 3월 말,<br>사업장에 있는 자 | 288,488명 |
| 1945년 3월 말,<br>도망자<br>기간 만료 귀환자<br>불량송환자<br>기타 | 222,225명<br>52,108명<br>15,801명<br>8,904명 |
| 계 | 587,526명 |

일본 후생성 통계에 따른다. 모리타 요시오森田芳夫 『숫자가 말하는 재일한국·조선인의 역사数字が語る在日韓国·朝鮮人の歴史』 175쪽의 표를 토대로 니시오카 쓰토무가 작성했다.

〈표 2〉 조선인이 동원된 기업(1939-1945년)

| 탄광 | 342,620 | 47% |
|---|---|---|
| 광산 | 67,350 | 9% |
| 토목건축 | 108,644 | 15% |
| 공장 외 | 206,073 | 28% |
| 계 | 724,687 | |

『일본인의 해외 활동에 관한 역사적 조사日本人の海外活動に関する歴史の調査』(일본 오쿠라쇼(대장성) 관리국, 1947년 말 탈고, 1950년 7월까지 전권 인쇄) 통권 10권 조선편 제9합본 '21장 전쟁과 조선 통치'의 '조선인 노동자 대対 일본 동원 숫자 조사'에 따른다.

하지만 전시 동원 계획대로 동원된 사람은 도항자 중 25퍼센트인 65만 명뿐이었고, 내지로 건너온 후 2년의 계약 기간이 끝나기 전에 37퍼센트가 사업장에서 도망하여 다른 직장에서 일하는 상황이었다. 그래서 종전시, 동원 현장에 있던 조선인 노동자는 당시 재일조선인 200만 명의 15퍼센트인 30만 명에 불과했다. 따라서 타관벌이를 위해 내지로 향하는 눈사태와 같은 움직임을 전쟁 수행을 위해 효율적으로 활용하려고 한 전시 동원 정책은 결과적으로 실패했다고 할 수 있겠다. 이상이 이 절의 결론이다.

## 2 동원 계획 전의 상황, 도항 억제 정책

### 모리타 요시오森田芳夫의 업적

통계를 사용해서 상황을 자세히 살펴보겠다.

제도적으로 말하자면 이른바 '조선인 강제연행'이란 1939년에 국가총동원법을 토대로 작성한 '조선인 내지 이송 계획'에 따라 조선인 노동자를 조선에서 내지로 이송한 일을 말한다.

'조선인 내지 이송 계획'에 관해서는 모리타 요시오森田芳夫의 실증적인 연구가 있다. 모리타 요시오는 법무성과 외무성의 사무관으로 재일조선인에 관한 실증적인 조사 연구에서 공식 통계를 구사한 중요한 연구들을 발표했다. 그의 논문은 정치적인 입장 차이를 넘어서 현재까지도 수많은 연구자들의 필독 문헌이다.

모리타 요시오는 1992년에 사망하여 대부분의 연구 업적이 잡지

논문 형태로만 남아있었는데, 사망 후 1996년에 그의 주요 논문들이 단행본 『숫자가 말하는 재일한국·조선인의 역사数字が語る 在日韓国·朝鮮人の歷史』(아카시쇼텐明石書店, 이하 『숫자』라고 한다)라는 이름으로 출간됐다.

이 장에서는 위 책에서 인용한 통계 등을 사용해 전시 동원의 실태에 접근한다.

## 동원 시기에 120만이 증가한 재일조선인 인구

먼저 전시 동원을 시작하기 전의 시대 상황부터 살펴보겠다.

일본이 조선을 병합하기 직전인 1909년 말 일본 내지의 재일조선인 인구는 790명 정도에 지나지 않았다(『일본제국통계연감』). 그러다가 〈표 3〉에 나타나 있듯이 병합한 지 10년 후인 1920년에는 그 인구가 약 3만 명, 또 10년 후인 1930년에는 약 30만 명으로 급증했다. 1910년 일한병합 이후 29년째인 1938년 말에는 일본 내지의 조선인 인구는 799,878명, 약 80만 명에 달했다.

그렇다면 1945년 8월에 재일조선인 인구는 몇 명이었을까? 정확한 통계는 존재하지 않는다. 모리타 요시오는 다음과 같이 추정했다.

1944년 말 일본 내지의 조선인 인구는 1,911,409명(사할린 제외)이며 1945년이 되자 공습 때문에 조선으로 피난한 사람이 많아서 5월까지의 통계에서는 내지로 건너온 사람보다 조선으로 돌아간 사람이 1만여 명이 더 많았다. 그 후에는 연락

선도 끊겨서 자연증가를 고려하고, 군인 수를 더하면 종전 시 2백만 명 전후였다.(『숫자』, p.157)

전시 동원을 시작하기 전 해인 1938년 말에 이미 조선인 80만 명이 내지로 건너와 있었다. 또 1945년 8월에 그 수는 약 2백만 명으로 늘어났다. 그렇다면 그 차이인 120만 명이 전시 동원으로 내지에 끌려온 인구인가?

⟨표 3⟩ 재일조선인 인구의 추이                    1911-1960년 7월   단위 : 명

| 연도 | 인구 | 연도 | 인구 | 연도 | 인구 |
|---|---|---|---|---|---|
| 1911 | 2,527 | 1926 | 143,798 | 1940 | 1,190,444 |
| 1912 | 3,171 | 1927 | 165,286 |  | (1,241,178) |
| 1913 | 3,635 | 1928 | 238,102 | 1941 | 1,469,230 |
| 1914 | 3,542 | 1929 | 275,206 | 1942 | 1,625,054 |
| 1915 | 3,917 | 1930 | 298,091 | 1943 | 1,882,456 |
| 1916 | 5,624 |  | (418,989) | 1944 | 1,936,843 |
| 1917 | 14,502 | 1931 | 311,247 | — | — |
| 1918 | 22,411 | 1932 | 390,543 | 1953 | 556,090 |
| 1919 | 26,605 | 1933 | 456,217 | 1954 | 564,849 |
| 1920 | 30,189 | 1934 | 537,695 | 1955 | 577,682 |
|  | (40,755) | 1935 | 625,678 | 1956 | 576,646 |
| 1921 | 38,651 | 1936 | 690,501 | 1957 | 601,769 |
| 1922 | 59,722 | 1937 | 735,689 | 1958 | 611,085 |
| 1923 | 80,415 | 1938 | 799,878 | 1959 | 618,840 |
| 1924 | 118,152 | 1939 | 961,591 | 1960 | 596,755 |
| 1925 | 129,870 |  |  |  |  |

모리타 요시오 『숫자가 말하는 재일한국·조선인의 역사』 33쪽의 표를 토대로 니시오카 쓰토무가 작성. 1911년부터 1944년까지는 내무성 통계에 따른다. 1953년부터 1960년까지는 외국인 등록에 따른다. ( )는 국세조사 통계에 따른다. 1954년, 1956년, 1959년은 9월 말 수치(연말이 아닌 이유는 대량으로 등록 전환한 시기에 해당하기 때문). 1960년은 7월 말의 수치. 1945년부터 1952년까지는 국세조사, 외국인 등록 통계가 있지만 정확하지 않아서 기재하지 않았다.

앞에서 말했듯이 그런 시각은 잘못된 것이다. 종전 당시 동원 현장에 있던 조선인 노무자는 322,890명이었다(1945년 10월, 제88회 일본 임시국회에 제출한 '대동아전쟁 종전에 관한 자료'에 실린 후생성 '대동아전쟁에서의 노동 상황', 『숫자』, p.68).

전쟁이 끝났을 당시 동원 노무자 통계에 포함되지 않은 조선인 군인, 군무원이 내지에 112,718명이 있었다. 군인이 48,933명(육군 41,448명, 해군 7,485명), 군무원이 63,785명(육군 19,232명, 해군 44,553명)이다(귀환원호청引揚援護庁 조사). 이를 합하면 435,608명이며 종전 시 재일조선인 인구 2백만 명 중 약 80퍼센트는 전시 동원의 통제 밖에서 자신들의 뜻대로 일본에 살았던 인구라는 뜻이다.

지금까지 이러한 역사의 진실이 그다지 알려지지 않았다. 이 숫자가 의미하는 점을 이해하려면 먼저 전시 동원을 시작하기 이전 조선인 일본 도항의 실태를 이해해야 한다.

### 통치 시대를 걸쳐서 계속 증가한 재일조선인

일본 통치 시대 35년 동안, 특히 1921년부터 전쟁이 끝날 때까지 25년 동안은 조선반도에서 일본 내지로 많은 사람들이 이주했다. 1923년 9월 간토関東대지진으로 유언비어가 돌면서 재일조선인들이 자경단의 손에 살해당하는 참혹한 사건이 일어났음에도 불구하고, 재일조선인 인구는 1922년 말 6만 명, 대지진이 일어난 해인 1923년 말에는 8만 명, 이듬해 1924년 말에는 12만 명으로 계속 급증했고 조선에서 유입되는 인구는 멈추지 않고 계속 늘어났다.

이러한 이주의 대부분은 타관벌이를 하러 온 노동자와 그 가족이었다. 모리타 요시오는 다음과 같이 서술했다.

> 재일조선인의 일본 이주는 일반적인 해외 이민처럼 온 가족이 지정된 이주처에 정착하는 것이 아니라 타관벌이 노무자로서 일본 내지로 건너와 여러 직장과 거주지를 전전해가며 점점 생활 기반을 개척하는 것이었다. 그리고 나중에는 가족을 불러들이고 끊임없이 조선의 고향을 왕복하는 식이었다. 그래서 통계상으로는 해마다 도항자 수에 가까운 귀환자 수를 볼 수 있다.(『숫자』, p.65)

사실 본 논문의 뒤에서도 서술하는 바와 같이, 이 타관벌이 이주는 전시 동원 시기에도 그치지 않았고 오히려 급증했다. 이를 이해하기 위해서라도 전시 동원 이전에 조선에서 내지로 타관벌이를 하러 이주한 사람들의 큰 흐름이 있었다는 점을 확인해두겠다.

### 왜 내지로 건너왔는가?

이 거대한 타관벌이出稼ぎ 이주는 왜 일어났을까? 모리타 요시오는 그 원인으로 다음의 세 가지를 들었다(모리타 요시오『재일조선인 처우의 추이와 현상在日朝鮮人処遇の推移と現状』[호무켄슈쇼法務研修所, 1955년], p.1, 이하『처우』라고 한다).

1) 일본 통치하에서 조선인 인구가 특이할 정도로 증가했다.

일본 통치 기간에 조선인 인구가 확실히 급증했다. 일본이 통치를 시작한 1910년에는 1,300만 명이었는데, 전쟁이 끝났을 때는 2,900만 명 이상까지 늘어났다. 조선에 2,500만 명, 일본에 200만 명, 만주, 화베이(중국 북부 지역)가 200만 명, 소련 지역 10만 명이었다. 일본 통치 기간 중에 2.3배가 늘어난 것으로, 1,600만 명이라는 새 인구가 생겼다.

2) 이렇게 증가된 인구의 주체였던 남조선 농민의 생활 궁핍이 심각해지면서 경작지와 분리된 농업 노무자가 많아졌다.

농업인구는 병합 당시부터 1942년까지 약 700만 명이 증가했으며, 남조선의 농업인구는 1942년에 약 1,200만 명이었다. 1930년 조선총독부의 통계에 따르면 조선 농민 총 가구수의 48퍼센트가 보릿고개를 겪는 춘궁春窮농가(가을에 수확한 곡물을 겨울이 지나면서 모두 소비해 봄이 되면 곤란해지는 농가)였다.

3) 당시 일본 내지의 경제사회가 이러한 노동력을 필요로 했다.

당시 내지에 수많은 타관벌이 이주를 받아들이는 노동력 수요가 있었다. 내지의 도시, 광산, 공장에 일자리가 있어서 여비만 준비하면 먹고 살 수 있었다. 거리가 가까운 만큼 조선과 내지 사이를 자주 왕복할 수 있었고, 1925년 이후 왕복 모두 해마다 10만 명을 넘었다.

일본어가 미숙한 조선인 농민들이 일본으로 건너오면서 일본 사회와 여러 가지 마찰이 일어났다. 또한 일본 내지의 경기가 나빠질 때는 일본인 노동자가 직업을 빼앗기는 일도 발생했다. 이 때문에 일본 정부는 행정 조치로 매우 엄격한 도항 제한을 실시했다.

## 1934년 도항 제한 각의결정

전시 동원을 시작하기 5년 전인 1934년 10월 30일에 '조선인 이주 대책의 건'으로 다음과 같은 각의결정閣議決定(내각회의 결정)이 내려졌다(『처우』p.43).

조선 남부지방은 인구가 과밀하여, 생활이 궁박한 자가 다수 존재하며, 이로 인하여 남선南鮮 지방민으로서 내지로 도항하는 자가 최근 극도로 다수가 되어, 그렇지 않아도 심각한 내지인의 실업 및 취업난을 더욱 심화시킬 뿐만 아니라, 종래부터 내지에 거주하는 조선인의 실업을 더욱 심화시키고 있으며, 또 이에 따른 조선인 관계 각종 범죄, 셋집 분쟁 기타의 제반 문제를 야기하고. 내지인과 조선인 간의 사건을 빈번화시켜 내선융화內鮮融和를 저해할 뿐만 아니라, 치안상으로도 우려할만한 사태가 발생하고 있다. 이에 대해서는 조선 및 내지를 통하여, 적절한 대책을 강구할 필요가 있다. 즉, 조선인을 조선 내에 안주시키는 것과 인구가 조밀稠密한 지방 인민을 만주로 이주하게 하고, 동시에 <u>내지 도항을 더욱 감소시키는 일이 긴요하다</u>. 그러나 이러한 방책은, 내지, 조선 전반의 이익을 위해서 일체화하여 이를 실시하는 것이 필요하며 재정이 허락하는 범위에서 다음 요목要目에서 내세우는 사항을 실시하기로 한다.(밑줄은 인용자. 이하 같음)

내지 도항 감소의 구체적인 대책은 그 다음에 언급하는 대책 중 세 번째 항목으로 다음과 같이 결정했다.

> 3. 조선인의 내지 도항을 더욱 더 감소시켜야 한다.
> 1 조선에서 내지로 도항하려는 열의를 억제할 것.
> 2 조선에서의 현지 도항 저지를 더욱 더 강화할 것.
> 3 밀항 단속을 더욱 더 엄중히 할 것.
> 4 내지의 고용주를 타이르고, 조선에서 새로이 노동자를 고용하는 것을 삼가고, 내지에 거주하는 조선인 또는 내지인을 고용하도록 권고할 것.(『처우』, p.44)

이 각의결정이 내려질 당시, 조선인 노동자로서 내지로 도항하기를 희망하는 사람은 거주지의 관할 경찰서나 경찰관 주재소에서 부산 수상경찰서에 제출할 소개장(도항증명서)을 받아야 했다. 그 소개장은 일반적으로 호적등본의 여백에 써줬다. 조선총독부가 규정한 도항 허가 조건은, 취직처가 확실하고, 여비 외에 10엔 이상의 여윳돈을 소지해야 한다. 또한 상습적 아편 복용자가 아니어야 하며, 노동 브로커에 의한 모집의 경우가 아니어야 했다(『처우』, pp.32-33).

1941년, 도쿄 공립초등학교 교사의 첫 월급이 50-60엔, 1930년 도쿄와 오사카간의 철도 요금이 8엔(3등), 1932년 경성(서울)과 부산 간의 철도 요금이 7엔(3등)이었다.

## 총독부의 도항 저지 정책

조선총독부의 통계에 따르면 출발지, 즉 조선내 거주지에서 도항을 막은 것은 1933년부터 1938년까지 6년 동안이며 727,094명에 달했다. 또한 지역에서 절차를 마쳐도 부산 등 출발 항구에서 증명서와 같은 소정의 조건을 마련하지 못해서 도항을 저지당한 노무자와 가족은 1925년부터 1937년까지 13년 동안 163,761명이었다(〈표 4〉).

〈표 4〉 조선인 노무자의 일본 내지 도항 저지    1925년 10월–1938년

| 연도 | 출발 항구 저지(명) | 출발 지역(명) | |
|---|---|---|---|
| | | 신청 | 저지 |
| 총 수 | 163,761 | — | 727,094 |
| 1925 | 3,774 | — | — |
| 1926 | 21,407 | — | — |
| 1927 | 58,296 | — | — |
| 1928 | 47,297 | — | — |
| 1929 | 9,405 | — | — |
| 1930 | 2,566 | — | — |
| 1931 | 3,995 | — | — |
| 1932 | 2,980 | — | — |
| 1933 | 3,396 | 300,053 | 169,121 |
| 1934 | 4,317 | 294,947 | 188,600 |
| 1935 | 3,227 | 200,656 | 135,528 |
| 1936 | 1,610 | 161,477 | 87,070 |
| 1937 | 1,491 | 130,430 | 71,559 |
| 1938 | — | — | 75,216 |

조선총독부 경무국 '최근의 조선 치안 상황' 1933년판, 1938년판에 의한다. 출발 항구에서의 도항만류는 1925년부터 1930년까지는 부산, 1931년부터 1938년까지는 부산, 여수, 목포, 청진항의 통계다. 1925년의 수치는 10월부터 12월까지다. 출발지에서의 신청과 저지는 조선내 각 도에서의 보고 숫자를 집계했으며, 노동자와 그 가족을 포함해 신청에 대한 처분 완결 후에 재신청한 경우에는 숫자가 중복된다. 모리타 요시오 『숫자』 74쪽의 표를 토대로 니시오카 쓰토무가 작성했다. 또한 출발 항구에서 저지당한 사람 수는 모리타 요시오의 표에서는 총 163,760명이라고 했는데, 여기서는 정확한 합계 숫자로 수정했다.

통계가 존재하는 1933년부터 1937년까지 5년 동안 1,087,563명이 도항 신청서를 제출했으며(재신청 포함), 약 60퍼센트에 해당하는 651,878명이 허가를 받지 못했다. 도항 승인율은 40퍼센트였다. 이 엄격한 선별은 앞에서 설명한 각의결정에 따른 것이다.

### '부정 도항자' 2만 명을 내지에서 조선으로 강제송환

정식 절차를 밟지 않은 부정 도항도 끊이지 않았다.

내지에서는 부정 도항자를 단속해서 조선으로 송환하는 등 조치를 취했다. 〈표 5〉의 내무성 통계에 따르면 1930년부터 1942년까지 13년 동안 내지에서 발견된 부정 도항자는 39,482명, 조선으로 송환된 사람은 33,535명에 이르렀다.

〈표 5〉 '부정 도항'과 조선 송환    1930년-42년 단위 : 명

|  | 부정 도항 발견 | 조선으로 송환 |  | 부정 도항 발견 | 조선으로 송환 |
|---|---|---|---|---|---|
| 1930 | 418 | 210 | 1939 | 7,400 | 6,895 |
| 1931 | 783 | 509 | 1940 | 5,885 | 4,870 |
| 1932 | 1,277 | 943 | 1941 | 4,705 | 3,784 |
| 1933 | 1,560 | 1,339 | 1942 | 4,810 | 3,701 |
| 1934 | 2,297 | 1,801 | 1939-42년 합계 | 22,800 | 19,250 |
| 1935 | 1,781 | 1,652 | | | |
| 1936 | 1,887 | 1,691 | | | |
| 1937 | 2,322 | 2,050 | 총수 | 39,482 | 33,535 |
| 1938 | 4,357 | 4,090 | | | |

내무성 경보국 '사회운동의 상황' 각 연도에 따른다. 1930년, 1931년은 1월부터 11월까지의 수치. 모리타 요시오 『숫자』 75쪽의 표를 토대로 니시오카 쓰토무가 작성.

특히 주목해야 할 점은, 전시 동원을 시작한 1939년부터 1942년까지 4년 동안 부정 도항으로 적발된 사람이 22,800명(13년간 전체의 58퍼센트), 송환자가 19,250명(전체의 57퍼센트)이었다는 점이다. 13년 중 전시 동원 중인 4년간(1939년부터 1941년까지는 '모집', 1942년은 '관알선') 부정 도항이 급증했고, 적발자 전체의 60퍼센트를 차지했다는 점에 주목해야 한다.

일본 정부는 전시 동원을 실시한 약 8년 중 통계가 존재하는 1939년부터 1942년까지 4년 간에, 조선인 부정 도항자 약 2만 명을 조선으로 강제송환했다. 같은 시기에 조선에서 억지로 노동자를 연행했다면 왜 2만 명이나 돌려보냈는지 설명할 수 없다. 이런 일들은 당시 상식이었지만 모두 잊혀졌다. 여기에 전시 동원의 실태를 알 수 있는 열쇠가 있다.

'부정 도항'의 방법은 내무성이 1930년부터 1942년까지 조사한 내용에 따르면, △ 브로커에게 돈을 내고 소형선 등으로 밀항, △ 도항증명서 위조, △ 내지인으로 가장, △ 선원이나 어부로 도항해서 도망 등이었다(『숫자』, p.66). 앞에서 설명한 대로 전시 동원을 시작한 후에도 동원 대상자로 가장해서 '부정 도항'을 하는 이가 꽤 많았다고 한다.

### 사용하는 통계 숫자

지금까지는 전시 동원을 실시하기 전의 상황을 살펴봤다. 이를 전제로 해서 전시 동원의 실태를 검토하겠다.

1938년 4월에 국가총동원법이 성립하고, 1939년 7월에는 국민징용령이 내지에서 시행됐으나 조선에서는 시행되지 않았다. 같은 시기에 기획원, 후생성이 국민 동원 계획을 세웠고 그 안에 조선인 노동자의 내지 이송 문제도 포함되었다.

이송은 3단계로 나눠서 실시되었다.

1939년 9월부터 '모집' 형식의 이송이 시작되었다. 후생성이 인가한 탄광, 광산, 토목건축, 기타 공장의 사업자들이 조선총독부가 지정한 지역에서 노동자를 모집했다. 모집에 응한 노동자는 사업자의 인솔 하에 집단적으로 내지에 건너갔다. 앞에서 살펴본 경찰서에서 밟는 절차는 사업주가 대행했으며 도항 비용도 사업주가 부담했다.

1942년 2월부터는 '관 알선' 형식으로 이송되었다. 조선총독부가 각 시, 군 등에 동원 수를 할당해서 시나 군의 관공서가 노동자를 모집하고 이를 사업자에게 인도했다.

1944년 9월부터는 조선에서도 '징용'을 시작했다. 국가총동원법을 근거로 하는 법적 강제력이 있는 동원이다. 따르지 않는 경우에 징역 등의 처벌을 받았다.

내지로 동원된 조선인 전시 노동자의 수에 관한 통계는 여러 가지가 있지만 여기서는 비교적 오랜 기간의 통계가 남아있는 ① 조선총독부, ② 후생성, ③ 내무성의 통계를 사용해 논의한다.

모리타 요시오가 『숫자』에서 소개하지 않았지만, 여기에서는 네 번째로 오쿠라쇼(대장성)가 전쟁이 끝난 직후 정부 내 자료를 사용해 정리한 『일본인의 해외 활동에 관한 역사적 조사 日本人の海外活動に関す

る歷史的調査』에 있는 통계도 이용한다. 이는 ①을 토대로 한 것 같지만 출처에 관해 명확히 기재되어 있지 않다. 또 내지만이 아니라 사할린과 남양까지 포함한 통계이므로 다른 통계와 단순 비교할 수 없다.

또한 예산 집행과 관계가 있는 ①, ②, ④는 4월부터 이듬해 3월까지를 구분하는 연도별 통계다. 한편, 치안기관인 ③은 1월부터 12월까지를 1년으로 하는 통계다.

이처럼 서로 다른 네 가지 통계를 사용하는 앞으로의 논의는 대략적인 경향을 알기 위한 것임을 미리 밝혀 두겠다.

인원수를 비교하면 보내는 쪽인 ①과 이를 근거로 하는 ④가 많고, 받아들이는 쪽인 ②, ③이 작다. 보내는 쪽의 숫자가 받아들이는 쪽의 숫자보다 매우 많은 것은 중간에 도망친 사람이 상당했음을 반영한다.

동원 대상자로 가장해서 '부정 도항'을 하는 사람이 많았다고 한다. 구체적으로는 ① 동원 대상자가 도항을 중지할 때 합의하여 호적등본을 넘겨받는다, ② 인원 점호 때 동원 대상자가 자리에 없으면 대신 대답하고 섞여 들어간다, ③ 지인의 호적등본을 넘겨받는다, ④ 인솔자의 틈을 살펴 섞여 들어간다. 동원되는 집단이 내지에 도착하면 틈을 노려서 도망쳤다고 한다(『처우』, p.38).

받아들이는 쪽에서는 ② 후생성의 숫자가 ③ 내무성의 숫자보다 많다. 후생성은 동원 사업에서 조선인을 받아들이는 주체였으므로, 사업장 도착 시점의 인원수를 파악하는 데 비해 내무성은 동원 노동자를 치안 대상으로 봤기 때문에 사업소에 도착하자마자 도망친 사람을 숫자에 포함시키지 않았을 가능성이 있다.

## 총 동원 수는 63만 5천여 명

먼저 일본 내지로 동원된 조선인 전시 노동자의 총 인원수를 살펴보겠다(〈표 6〉). ①은 1944년, 1945년의 숫자가 없으므로 총수가 없다. ②는 1945년 4월부터 6월까지의 수를 6천 명으로 추정하고 총 수를 657,684명이라고 판단했다. ③은 1945년 3월 말까지 604,429명이라고 판단했다. ④는 ①에 없는 1944년과 1945년의 숫

〈표6〉 조선인 전시 동원에 관한 통계    단위 : 명

| | ① 조선총독부<br>통계·연도<br>(4월부터<br>이듬해 3월) | ② 후생성<br>통계·연도<br>(4월부터<br>이듬해 3월) | ③ 내무성<br>통계·역연<br>(1월부터 12월) | ④ 오쿠라쇼 조사<br>(사할린, 남양 포함)<br>·연도<br>(4월부터 이듬해 3월) | 1959년<br>입국관리백서 |
|---|---|---|---|---|---|
| 1939 | 49,819 | 38,700 | | 53,120 | |
| 1940 | 55,979 | 54,044 | * 126,092<br>(1939–1941<br>합계) | 59,398 | |
| 1941 | 63,866 | 53,492 | | 67,098 | |
| 1942 | 111,823 | 112,007 | 122,429 | 119,821 | |
| 1943 | 124,286 | 122,237 | 117,943 | 128,296 | |
| 1944 | — | 280,304 | 185,210 | 286,432 | |
| 1945 | — | 6,000 (추정) | 52,755 | 10,622 | |
| 총 인원수 | — | 667,684 | 604,429 | 724,787 | 635,000 |

내무성 통계의 1945년은 1월부터 3월까지. 조선총독부 통계는 제86회 제국의회예산 설명자료(우방협회 『태평양전쟁 하의 조선(5)』에 따른다. 후생성 통계는 미국 전략폭격조사단 '전시 일본의 생활수준과 인력 활용'(1947년 1월)을 인용한 후생성 근로국 통계, 내무성 통계는 '사회운동의 상황' 및 내무성 자료에 따른다. 오쿠라쇼 조사는 『일본인의 해외 활동에 관한 역사적 조사』(오쿠라쇼 관리국, 1947년 말 탈고, 1950년 7월까지 전 권 인쇄) 통권 10권 조선편 제9분책 '21장 전쟁과 조선 통치'의 '조선인 노동자 대 일본 동원 숫자 조사'에 따른다. 『숫자』 75쪽의 표 등을 토대로 니시오카 쓰토무가 작성.

자가 있는데, 사할린과 남양으로 동원한 사람들을 포함한 총수로 724,787명이라고 판단했다.

또한 전쟁이 끝난 뒤인 1959년에 법무성 입국관리국은 63만 5천여 명이라는 견해를 공표했다(법무성 입국관리국 '출입국 관리와 그 실태' 1959년 5월). 입국관리백서를 집필할 때 정부가 공개하지 않은 여러 통계도 당연히 참고했을 것이므로 이 63만 5천여 명이 조선에서 내지로 동원된 조선인 노동자 총수에 가장 가까운 숫자라고 할 수 있지 않을까?

다음으로, 같은 시기에 내지로 도항한 조선인 전체 인원수를 살펴보겠다. 〈표 7〉에 나와 있듯이 내무성 통계에 따르면 전시 동원 기간

〈표 7〉 전시 노동자戰時勞動者 수와 내지 도항자 수     단위 : 명

|  | 전시 노무자 | 내지 도항자 | 비율 |
|---|---|---|---|
| 1939 |  | 316,424 |  |
| 1940 |  | 385,822 |  |
| 1941 |  | 368,416 |  |
| 소계 | 126,092 | 1,070,662 | 11% |
| 1942 | 122,429 | 381,673 |  |
| 1943 | 117,943 | 401,059 |  |
| 1944 | 185,210 | 403,737 |  |
| 1945 | 52,755 | 121,101 |  |
| 소계 | 478,337 | 1,307,570 | 37% |
| 합계 | 604,429 | 2,378,232 | 25% |

전시 노동자 수, 내지 도항자 수는 내무성 통계에 따른다. 1939년부터 1941년까지의 전시 노동자는 불명. 1945년 전시 노동자 수는 1월부터 3월까지. 1945의 내지 도항자 수는 1월부터 5월까지. 모리타 요시오 『숫자』에 실린 내무성 통계를 사용해 니시오카 쓰토무가 작성.

인 1939년부터 1945년까지 약 240만 명이 조선에서 내지로 건너왔다. 다시 말해 피동원자가 약 60만 명이므로 그 세 배인 180만 명이 자신의 뜻으로 동원 이외의 방법을 통해 내지로 건너온 것이다.

## 3 동원 1기(1939-1941년) - '모집'

먼저 1기 모집 시기인 1939년부터 1941년까지의 상황을 살펴보겠다. 1938년 4월 국가총동원법을 공포하고 전쟁에 필요한 물자와 노동력의 계획적인 동원을 본격화했다. 이듬해 1939년 내지에서는 '국민징용령'을 실시하며 대대적으로 노동자를 동원했는데, 조선에서는 징용령을 시행하지 않고 1939년 9월부터 '모집' 형식으로 노동자를 동원하기 시작했다.

### 각의결정의 예외로 시작된 전시 동원

결정 과정은 모리타 요시오에 따르면 다음과 같았다. 1939년 4월, 후생성 직업부와 기획원이 동원을 제안했다. 내무성 경보국, 척무성 관리국, 후생성 사회국과의 협의를 거쳐 같은 해 6월 후생성 직업부가 척무성을 통해 조선총독부와 절충한 결과, 7월 28일에 내무성과 후생성의 차관 연명으로 1934년 10월 각의결정의 예외로서 조선인 노무자를 이입하는 방침과 이를 기반으로 하는 모집 요강을 발표했다. 총독부도 9월 1일에 정무총감의 이름으로 '조선인 노무자 모집 및 도항 취급 요강'을 발표했다(『처우』, p.17).

여기서 "1934년 10월 각의결정의 예외로서 조선인 노무자를 이입하는 방침[중략]"을 발표했다고 한 점에 주목해야 한다. 방치하면 수많은 조선인들이 타관벌이를 목적으로 눈사태처럼 내지를 향해 자발적으로 도항할 것이기 때문에 이를 억제하려는 정책이 '1934년 10월 각의결정'이었다는 점은 앞에서 설명한 대로다. 국가총동원법을 근거로 하는 전시 조선인 노동자 동원은 이 각의결정의 예외로 시작되었다. 게다가 문을 한 번 열자 동원이라는 통제 밖에서 그전까지 막아왔던 내지로의 타관벌이 도항이 대량으로 발생했다.

### '모집'은 전체 도항자의 10퍼센트에 불과

'모집'을 통한 동원으로 돌아가자. 앞에서도 설명했지만, 전쟁 수행에 필요한 탄광, 광산 등의 사업주가 후생성의 인가와 조선총독부의 허가를 받아 총독부가 지정하는 지역에서 노동자를 모집했다. 모집한 노동자는 고용주 또는 그 대리인이 인솔하여 집단적으로 도항하여 취업했다. '모집'을 통해 도항할 때는, 지금까지 개인이 자발적으로 도항할 때 거주지에서 도항증명서를 발급받고 출발 항구에서 개개인이 조사받아야 하는 어려움이 크게 줄어들었다.

'모집'을 통한 동원은 1942년 1월까지 이어졌는데 월별 통계가 존재하지 않아서 1942년 1월의 숫자는 무시하고 모집 시기의 동원 통계를 검토하겠다. 〈표 8〉에서 1939년부터 1941년까지 3년 동안의 통계를 참조하기 바란다.

피동원자 수는 내무성 통계에서 12만 6천 명이었다. 한편 내지 도항 총수는 107만 명이나 됐다. 피동원자의 비율은 11퍼센트에 불과했다. 바꿔 말하면 94만 명이 동원 계획 밖에서 개별적으로 도항했다는 것이다.

이 시기의 동원 계획 수는 3년 합계 25만 5천 명, 달성율은 49퍼센트였다. 내지에서는 젊은 일꾼들이 하나하나 징병되어 인력 부족이 심각해지고 육체노동의 임금이 상승했다. 한편, 조선에서는 징병이나 징용이 적용되지 않아서 젊은 남성 노동력이 많이 남아 있었다. 그들은 높은 임금을 바라며 물이 높은 곳에서 낮은 곳으로 흐르듯이 내지로 향했다. 이것이 3년 만에 107만 명이 훨씬 넘는 내지 도항자가 만들어진 이유였다.

거대한 인파의 이동이 발생했다. 그중에서 전시 동원이라는 통제의 틀 안에 있던 사람은 얼마 되지 않았다. 내지 도항 총수의 10퍼센트만이 동원에 의한 이동이었다. 동원 외에 자발적 도항, 즉 타관벌이를 위한 거대한 인파의 흐름이 발생했다.

그런 의미에서 '모집' 시기에 내지로 도항한 조선인을 군사 산업에 우선적으로 배치하려고 한 동원 계획은 성공했다고 하기 어렵다.

### 부정 도항의 수단으로 동원을 이용

앞에서 설명한 대로 부정 도항의 방법으로서 동원 대상자로 가장假裝하는 사람도 있었다. 도항 수단으로 '모집'에 참가하여 내지에 도착하자마자 도망친 사람들이다. 1939년 단계에서 이미 다음과 같은 보고가 있었다.

응모를 내지 도항의 수단으로 삼은 사람이 있으며 이들은 갱내 작업에 공포를 느끼는 자들과 마찬가지로 도주했다. [중략] 또한 이주 조선인 중에는 다른 사람을 대신해서 건너온 사람이 있었다. [후략] (내무성 경보국 보안과 '모집에 의한 조선 노동자의 상황' 1939년, 박경식 편『재일조선인 관계 자료 집성』[산이치쇼보三一書房, 1976년], 제4권 수록, p.1,220)

'모집' 단계에서 조선인이 동원을 꺼린 이유는, 내무성의 문서에도 나와 있듯이 다수의 조선인 노동자들이 탄광이나 금속광산 등 지하 갱내에서 일하는 것을 싫어했다는 점 때문이다. 그들은 대부분이 농민 출신이었기에 규율이 엄격하고 지하에서 작업하는 탄광, 광산을 싫어했을 것이다.

뒤에서 다루겠지만 당시 내지에는 조선인 우두머리가 책임지고 관리하는 건설현장의 일용직 일자리가 어디에나 있었다. 시기가 조금 다르지만 1945년 10월 시점의 내지 토목건축사업에서 조선인 노동자는 전시 동원 노동자가 22,500명인데 대하여 '자유노무자'가 145,949명, 합계 166,449명이라는 기록이 남아있다. 여기서 말하는 '자유노무자'란 동원 외 도항자, 동원에서 도망친 사람 등을 의미하는, 당시 사용되던 용어다. '동원 1 대 자유 7'의 비율이다(『중국 조선노무 대책 위원회 활동 기록』[일본건설공업회日本建設工業会, 1947년], 박경식 편『조선문제자료총서 제1집朝鮮問題資料叢書第一集』[아시아문제연구소アジア問題研究所, 1981년]에 복각되었다).

도망에 관해서는 관 알선, 징용 시기를 검토할 때 다시 한번 자세히 논의하겠다.

## 4 동원 2기(1942-1945년) - '관 알선', '징용'

### '관 알선' 동원에서도 40퍼센트가 도망

다음으로 2기 '관 알선'과 '징용' 시기인 1942년부터 1945년까지의 상황을 살펴보겠다.

1942년 2월부터 총독부의 행정기관이 전면에 나서는 '관 알선' 방식으로 동원이 시작됐다. 앞에서 살펴봤듯이 이는 모집 시기에 전시 동원 밖에서 거대한 노동력이 내지로 흘러드는 상황을 바꾸려는 정책이었다. 통제를 좀 더 강화해서 전쟁 수행에 필요한 부문에 우선적으로 조선인을 보내려고 했다.

탄광이나 금속광산, 토목건축업, 군수공장 등의 사업주가 총독부에 필요로 하는 인원을 신청하고 총독부가 도道에, 도는 그 밑의 행정 단위인 군·면에 할당하여 동원했다. 모집 포스터를 도·면사무소에 붙여서 희망자를 모집했는데 관리와 경찰, 지역 유력자가 적극적으로 동원 활동을 실시했다.

1944년 9월부터는 법적 강제력이 있는 '징용'이 조선에서도 시작됐다. 1945년 3월 말에는 조선과 내지 사이의 연락선이 거의 끊겨서 사실상 전시 동원은 중단되었다. 1940년 4월 19일 차관회의에서 "반도인 노무자의 신규 내지 소집은 특수한 사정이 있는 경우를 제외하고 원칙적으로 당분간 보류하도록 할 것"이라는 항목을 포함하는 '내지 외 대륙간 인원 이동 지도 조정에 관한 건'이 결정되어 4월 20일 각의에 보고되었다(『숫자』, p.68).

'모집'에 비해 공권력 개입이 강한 '관 알선'과 '징용' 시기의 동원에서도 도항하고 싶지 않은 사람을 억지로 데려온 일은 상대적으로 적었다. 대부분은 전시 동원 이외의 형태로 개별적으로 도항하려는 타관벌이 목적의 노동자를 전쟁 수행에 반드시 필요한 탄광 등 인기가 없는 직장에 보냈다고 추정할 수 있는데, 실태는 앞으로 연구를 계속해야 한다.

〈표 7〉의 숫자를 검토하겠다. 동원 수는 내무성 통계의 1942년부터 1945년 3월까지의 숫자로 478,337명, 약 48만 명이다(1945년 8월까지의 숫자가 있는 후생성 통계에서는 520,548 명, 약 52만 명이다).

내지 도항 총수는 1,307,570명, 약 131만 명이나 됐다. 동원된 이의 비중은 '모집' 시기보다 올라갔지만 그래도 37퍼센트, 약 4할이었다. 약 81만 명, 60퍼센트 이상이 동원 계획 밖에서 개별적으로 도항한 자발적 도항자였다.

이 시기의 동원 계획 수는 3년 합계 65만 2천 명이었다. 달성율은 74퍼센트, 약 4분의 3까지 올라갔다.

### 관 알선과 징용의 내역

그러면 '관 알선'과 '징용'의 내역은 어땠을까? 조선에서 내지로의 '징용'을 통한 노동동원은 1944년 9월부터 1945년 3월까지 실시됐다. 받아들이는 쪽인 내무성 통계에서는 1944년 1월부터 12월의 합계와 1945년 1월부터 3월까지의 동원 수는 알 수 있지만, 그중 징용에 의한 동원의 총 인원수는 알 수 없다. 후생성 통계도 1944년 4월부터 1945년 3월까지의 숫자는 알 수 있지만 거기에도 관 알선과 징용, 양쪽이 포함되어 있다. 게다가 징용을 시작한 후에도 일부에서 관 알선을 계속한 것처럼 볼 수 있는 자료도 있기 때문에, 시기만으로 숫자를 확정하기는 어렵다.

'관 알선'과 '징용'의 동원 수를 나타내는 통계가 딱 하나 있다. 〈표 6〉의 ④ 오쿠라쇼(대장성)의 조사 보고서 중에 포함된 통계다. 전쟁이 끝난 직후부터 오쿠라쇼에서는 평화조약 체결을 위한 협상에 유용하게 쓰기 위해서 재외재산조사회를 만들어 일본국가와 일본인의 재외재산에 관한 조사를 정력적으로 진행하여 전 37권의 『일본인의 해외활동에 관한 역사적 조사』(오쿠라쇼 관리국, 1947년 말 탈고, 1950년 7월까지 전권 인쇄)를 간행했다. 통권 10권 조선편 제9합본 '21장 전쟁과 조선 통치' 중에 조선인 동원에 관한 다양한 통계를 알 수 있는 표가 일곱 장이 실려 있다. 그 숫자의 출처는 명확하지 않지만 다른 통계와 비교하면 송출 측인 조선총독부의 지금까지 밝혀지지 않은 내부 자료를 기초로 작성된 것임을 알 수 있다.

일곱 매의 표 중에는 동원 기간 중 각 연도의 동원 수를 나타내는 '조선인 노무자 대 일본 동원 수 조사'라는 표(p.82)가 있으며 이 장의 〈표 6〉에서 그 숫자를 인용했다. 그리고 지금 여기서 논의하는 '관 알선'과 '징용'의 동원 수를 나타내는 통계로는 1941년부터 1945년까지 4년 동안의 징용에 따른 동원 수를 나타내는 '국민징용 실시 상황'이라는 표(p.83)와, 1942년부터 1945년까지 3년 동안의 '관 알선'과 '징용'의 동원 수를 나타내는 '1942년, 1943년, 1944년, 3년간 조선에서의 노무 동원 수'라는 표(p.86)가 있다. 거기에서 내지로 동원한 숫자만 골라내서 만든 것이 〈표 8〉이다. 그런데 이 숫자는 조선총독부의 다른 통계와 마찬가지로 사할린으로 동원된 수가 포함되어 있다고 생각된다(남양의 숫자는 별도로 표기했기 때문에 포함되지 않는다). 보내는 쪽의 숫자는 중간에 도망친 사람도 포함하는데 '관 알선' 327,013명, '징용' 222,082명이다. 또 1944년 9월 이전의 '징용'은 군 요원 등을 위해서 예외적으로 실시했는데 여기에는 그 숫자도 포함된다. 따라서 내지로 노동동원한 '징용'은 그들을 제외하고 약 20만 명이라고 추정된다.

 이 4년 동안은 일정 정도의 통제가 취해진 동원이 실현되었던 것으로 보인다. 모집 시기의 3년과 좋은 대조를 보여준다.

〈표 8〉 관 알선과 징용 내역

| | 관 알선 | 징용 |
|---|---|---|
| 1941년도 | | 4,895 |
| 1942년도 | 115,815 | 3,871 |
| 1943년도 | 125,955 | 2,341 |
| 1944년도 | 85,243 | 201,189 |
| 1945년도 | | 9,786 |
| 계 | 327,013 | 222,082 |

『일본인의 해외 활동에 관한 역사적 조사』 '21장 전쟁과 조선 통치'에 수록된 표 '국민징용 실시 상황'과, '1942, 1943, 1944년 3년 동안 조선에서의 노무동원 수'를 토대로 니시오카 쓰토무가 작성

## 동원자의 40퍼센트가 계약 종료 전에 도망

그러나 실제로는 이 기간에도 전시 동원은 계획대로 진행되지 않았다. 그 이유는 관 알선으로 취로就勞한 사람 중 다수가 계약 기간 중에 도주해서 '자유노무자'가 되어 공사 현장의 날품팔이 등으로 이직한 데다, 2년 계약이 끝난 사람들도 사업주의 희망대로 재계약에 응하지 않고 역시 '자유노무자'가 되었기 때문이다. 이에 대해 자세한 내용을 알 수 있는 후생성 통계를 앞서 〈표 1〉에 정리했다.

이 후생성 통계에 따르면 1945년 3월 말 기준으로 사업장 수, 즉 전시 동원 사업소에서 일하는 사람 수는 288,488명이다.

전시 동원자 합계가 587,562명, 도망자가 37퍼센트인 222,225명에 달했다. 그 외에도 기간 만료 귀환자 52,197명, 불량송환자 15,801명, 기타 8,904명이었다.

먼저 총 동원자 수 중 1945년 3월 시점에 동원된 곳에서 일하고 있던 사람을 제외한 수가 299,038명, 약 30만 명이다. 결국 절반 이상이 1945년 3월에는 동원된 곳에서 벗어났다는 뜻이다. 구속력이 약한 점이 여기에서도 드러난다.

그리고 30만 명 중 기간 만료 귀환자는 고작 52,108명, 17퍼센트뿐이었다. 계약 기간 중에 도망친 사람은 222,228명으로 동원된 곳에서 떠난 사람의 75퍼센트나 된다. 또 동원된 곳에 있던 사람과 합한 1945년 3월 말의 총 동원자 수에서 보면, 도망자는 38%, 약 4할이라는 놀랄 만한 비율이 된다. 그들은 대부분이 '자유노무자'가 되어 내지에서 대우가 더 좋은 직장으로 옮겨서 타관벌이를 계속했다.

평균 40퍼센트가 도망쳤다. 이에 대해 '다코베야タコ部屋'와 같은 가혹한 대우로 혹독한 노동을 시켰기 때문이라고 흔히 설명한다. 하지만 대부분의 도망자는 조선으로 돌아가지 않고 다른 직장에서 일했다. 앞에서 말했듯이 전시 동원자인 척 행세하며 내지로 건너오자마자 도망쳐서 브로커가 미리 소개해준 다른 직장으로 옮기는 사람도 있었다.

도망을 방지하기 위해서 모집한 노동자는 50명에서 200명의 대隊로 편성해서 대장 외 간부를 정해서 통제하고 단체로 인솔하여 도항했다. 대 편성은 탄광 등에 취업한 후에도 유지하여 각종 훈련을 실시했다.

### 60퍼센트가 관 알선을 이용해 도망을 생각했다!

그러나 실상은 동원된 탄광에서 일할 의지가 없는 사람, 즉 도항의 수단으로 관 알선을 이용하고, 내지에 도착하면 틈을 노려 도망치려고 생각한 사람이 60퍼센트였다는, 다음과 같은 놀랄 만한 조사 결과도 남아있다. 노동과학연구소労働科学研究所에 의해 이루어진 '탄광에서의 반도인 노무자'라는 제목의 조사는 1942년 1월 초순부터 2주 동안 후쿠오카현 치쿠호탄전筑豊炭田에서 실시됐다. 그 퇴직 사정의 항목을 소개하겠다(박경식 편 『재일조선인 관계 자료 집성在日朝鮮人関係資料集成』[산이치쇼보, 1976년] 제5권).

또한 인용문 중 서두에 "1939년 10월의 이주 반도인 도항 허가"라는 표현이 있다. 이를 보면 당시 1939년부터 시작된 '모집'을, 그전까지는 제한적이었던 조선인의 내지 취업을 위한 도항이 허가된 것으로 이해하고 있음을 알 수 있다. 그만큼 타관벌이 도항을 하고 싶어 하는 희망자가 많았던 것이다.

1939년 10월의 이주 반도인 도항 허가 이후 1941년 말까지 E탄광[조사 대상인 탄광 6군데 중 한 곳. 지방재벌 경영. 전부터 조선인 노동자를 받아들였다]에 이주 도항한 반도인은 약 3,000명인데, 1941년 말 재적자 수는 1,222명이며 퇴직자는 1,778명 즉 퇴직률은 59.26퍼센트다. 또 제1회 이주 도항자는 96명이지만 계약 기간인 2년 동안 재적한 사람은 36명뿐이고 다른 60명은 퇴직했다. 즉 62.5퍼센트의 퇴직률이다.

이에 관해 조사 대상 탄광 노무 당국자와 의견을 교환했는데, 다음과 같은 원인에 의한다고 추정된다.

1) 편승 도항자가 많고(60퍼센트 정도는 그럴 것이라고 추정한다) 이들이 도항 수단으로 광산에 와서 즉시 퇴직하기에 이른다. 즉 현재 반도에서 내지로 타관벌이를 하러 오려고 이 '이주'에 응모해 도항한다. 그 결과, 내지 탄갱에서 돈벌이를 할 의지가 없는 사람도 도항 비용을 회사가 부담하는 '관비관허 여행'을 이용하는 사람이 많은 것이다. 이것이 퇴직률이 높은 가장 유력한 원인이라고 본다. 이는 조사 탄광 당국 전부에 의해 확인되었다.

2) 소위 유혹이 많은 것. 사람을 모으는 것을 업으로 하는 자

의 빼내기가 격심하다는 것. 이는 소위 유혹에 넘어가는 노무자 측에 대한 사용자 측 준비의 부족 및 탄광에서의 노무자 채용방식이 구식이라는 것, 특히 이주허가에 대한 수요가 단지 탄갱 및 토건업에만 한정되지 않고 또 이들 산업의 내부의 수요가 왕성함에도 불구하고 현실에서 허가가 할당되는 경우, 그 허가 할당이 중점적으로 (일부 탄갱 및 토건업 등에 – 옮긴이) 허가되어, 허가에서 탈락한 사업장이나 수요와 허가의 사이에 큰 간격이 있는 사업장이 많은 결과로 인해 이들 극심한 수요를 희망하는 사업장 측이 도항을 완료한 노동력을 마치 하나의 '노동력 공급원'처럼 간주하여 이에 영향을 미치고 있다는 것 등으로 나누어 이 '유혹'을 설명하고 있다. (pp.773-774)

## 도망의 7가지 이유

이 조사는 관 알선을 막 시작한 시기에 실시됐는데, 관 알선이 3년째에 들어선 1944년 1월에도 똑같은 취지의 보고가 전문잡지 「사회정책시보社会政策時報」에 실렸다(오노데라 데쓰시로小野寺哲四郎 '탄갱에서의 노무 사정', 제280호, 1944년 1월, 협조회協調会).

조선인 노무 문제 전문가로 인정받는 오노데라 데쓰시로는 도망의 원인으로 다음의 7가지를 들었다. ① 외부로부터의 유혹, ② 당초부터 도주를 예정, ③ 갱내 작업 혐오, ④ 임금 불평, ⑤ 식량 부족, ⑥ 규율생활 혐오, ⑦ 관 알선의 무리한 동원. 오노데라 데쓰시로는 이

중 ①에 대해서 "도망친 사람의 절반은 이 때문"이라고 단정하면서 "노동 시장에서 반도인 노무자 한 명의 시가는 30엔에서 50엔이라고 세상에서 공연히 말한다"고 기술했다. 브로커가 동원 노동자를 빼내 30엔에서 50엔을 받았다는 것이다. 그 정도로 수요가 있었다.

1944년 9월, 전황이 악화되고 공습 위험이 있는 내지로 도항을 희망하는 사람이 줄어드는 가운데 조선에서는 군무원에 한해 1941년부터 적용한 징용령을 전면적으로 발령했다.

또한 이미 내지로 건너와 동원 현장에 있던 노동자들에게도 그 곳에서 징용령이 적용되고 어떻게든 도망을 막으려고 했다.

하지만 전쟁이 끝났을 때 동원 현장에 있던 사람은 동원자 수의 절반 이하인 32만 명이라는 보고가 있으며, 이를 고려하면 법적 강제력을 갖는 징용령도 그다지 효과를 발휘할 수 없었음을 알 수 있다.

### 도망한 징용공의 수기

도망의 실태를 파악하기 위해서 도망을 경험한 조선인 징용공의 수기를 소개한다.

1945년 3월 오사카부大阪府 미나미가와구치군南河內郡 나가노초長野町(현 가와치나가노河內長野시)의 요도시吉年 가인주철공장可鏻鑄鉄工場에 징용된 가네야마 쇼엔金山正掮(창씨개명한 것인데 한국명은 김정연이었을 것이다. - 옮긴이)이 같은 해 7월에 도망해서 도쿄건설현장 함바에서 '자유노무자'로 일하다가 9월에 다시 나가노초長野町로 돌아와 경찰의 취조를 받고 그곳에서 쓴 수기다.

이 수기는, 1945년 9월 18일자로 나가노초 경찰서에서 오사카부 경찰국장, 치안부장, 특고 제2과장에게 제출한 '도망하는 집단 이입 반도 징용공원의 행동에 관한 건'이라는 제목의 공문서 중에 포함되어 있으며, 박경식 편 『재일조선인 관계 자료 집성』 제5권(산이치쇼보, 1976년)에도 게재됐다. 도망친 동기는 같은 징용공인 대장 신노 다이리쓰神農大律(창씨개명한 조선인)와의 싸움이었다.

나는 조선에서도 상당히 유복한 가정에서 성장했기 때문에 처음에는 도망한다는 생각이 추호도 없었습니다만, 점차 고향이 그리워졌을 뿐만 아니라, 대장이었던 신노 다이리쓰와 매일 말다툼을 했고, 결국 다툼 끝에 서로 치고받은 것도 대여섯번에 달했고, 게다가 대장 쪽에는 좋든 싫든 회사의 간부도 응원하기 때문에, 더이상 배길 수 없어졌고. [중략] 나와 최안석崔安石이 도망할 것을 결심하여 약속하고 둘이서 (1945년 - 필자) 7월 28일 점심밥을 먹은 뒤 기숙사를 벗어나 나가노長野역에서 아베노바시阿部野橋로 나간 바, 공습을 만나 조토센城東線 교바시京橋에서 하차하여, 게이한京阪 전차로 저녁에 교토에 도착했습니다.
나는 소지한 돈이 250엔 정도여서 침실에서 자고 식사 없이 방값으로만 12엔을 지불했습니다. (p.50) (구두점과 한자의 토를 붙였다. 이하 같음. - 니시오카 쓰토무)

1945년 3월, 오사카부 미나미가와치군 나가노초의 요도시 가인 주철공장은 가네야마 쇼엔을 포함한 조선인 41명을 징용공으로 받아들였는데, 8월 15일까지 5개월 만에 38퍼센트에 해당하는 15명이 도망했다. 앞에서 소개한 통계에서 봤듯이 이 시기의 도주율 평균이 38퍼센트이기 때문에 그야말로 평균적인 숫자였고, 마음만 먹으면 언제든지 도망할 수 있었다.

취조 자료에서는 이 공장에서 가네야마 쇼엔의 월급이 얼마인지 상세히 다루지 않았지만, 약 5개월 일한 후 도주할 때 현금 250엔을 가지고 있었으므로 제법 큰 금액이었을 것이다.

### 막걸리와 소고기가 있었던 조선인 우두머리의 함바

그는 7월 29일에 암표로 교토역을 출발해 나고야에서 주오센中央線을 경유하여 31일 오후 2시에 도쿄의 다치카와역에서 내렸다. 역을 내리자마자 조선인을 만나서 함바를 소개받았다.

> 개찰구를 나오자 한 조선인을 만나서 이 근처에 함바는 없는가 하고 묻자 그 사람은 전남 해남군 출생에 김해金海라고 하는 사람이었고, [중략] 니시타마군 오고우치무라의 함바로 가라고 가르쳐 주었습니다.
> 그 함바로 가자 우두머리는 경남 출생의 아라이新井라는 사람이었는데, 이 사람에게, 우리들은 이재자罹災者로 공습을 피해 왔습니다, 잘 부탁합니다, 라고 말하자 우리를 진심으로 받아

줄 뿐만 아니라, 바로 저녁밥을 주었습니다. [중략]
밥을 먹자 담배 '히카리\*'를 5개씩 줬고, 그 함바는 모두 8명이고, 다음날 8월 1일은 피곤해서 함바에서 쉬고 있는데 점심 무렵 우두머리 아라이가 막걸리를 갖고 와서 건네주며 얼마든지 마시라고 하여 고맙게 마셨습니다.(p.51)

곧 함바를 찾아서 일급 15엔에 취직했다. 저녁식사, 담배, 술 접대까지 받은 점에서 당시 노동자가 얼마나 부족했는지 알 수 있다.
함바에서의 작업도 힘들지 않았다.

8월 2일, 현장으로 가는데 도중에 현장의 한 사람이, 너희 두 사람은 이리로 오라고 하면서 산속으로 데리고 갔습니다. 거기에서는 큰 굴을 파고 있었고, 그 가까이에 판자가 많이 있어서 그것을 아래까지 운반하라고 하여 11시경까지 운반을 마치고 시내로 가서 목욕을 하고 돌아와 오후는 놀았습니다만, 이만큼의 일을 하고 하루 15엔이 되었습니다.
8월 3일, 함바에서 1리里(일본에서 1리는 약 4km다. - 옮긴이) 정도 떨어진 현장으로 또 갔는데 큰 터널이 있고 육군 초병이 서 있었습니다. 그런 터널을 네 개 빠져 나갔는데 똑같이 터널 안에서 비행기를 제작하고 있었고, 그곳에서도 운반을 조금 돕고 15엔이 되었습니다. (p.51)

아침부터 오전 11시까지 반나절 일하고 15엔을 받았다. 다음날 4일은 또 일을 쉬고 도쿄 구경을 하러 나갔다. 자유로웠던 것이다. 그리고 가와사키에서 후추 근처에 갔다가 다카하타야마에서 다른 조선인 우두머리의 함바를 발견하고 그쪽으로 옮겼다. 일은 방공호 파기였다. 일급 20엔으로 대우가 좋아진다.

> 이 함바는 반도인 노동자가 3백 명 가량밖에 없지만 유령 인구 1천 5백 명가량을 날조하고 있어서 그래서 배급이 아주 풍부하여 배불리 밥을 해줬는데, 식사는 콩뿐이었고 쌀은 거의 없었습니다. 그것은 배급 쌀을 모두 횡령해서 돈을 벌기 때문이고, 그곳의 반도半島 취사 담당자는 2개월에 10만 엔이나 모았다는 것을 듣고 놀랐습니다.
> 이 외에 평균 5일에 한번 가량으로 소를 몰래 도살했는데, 이 소는 한 마리에 2,500엔에 사서 그 고기를 함바 사람들에게 팔았고, 돈이 없는 사람은 안 먹지만, 좋은 급료를 받고 있기 때문에 돈이 있고 몰래 계속 고기를 사먹기 때문에 소 한 마리로 이익을 아주 많이 보고, 가죽만으로도 1,000엔에 팔리는 것이었습니다. (p.52)

1945년 8월, 전쟁이 끝나기 직전에 조선인 우두머리의 합숙소에서는 탁주를 마시며 소고기를 먹었다. 말 그대로 목숨 걸고 총력전을 펼친 일본인에 비해서 아무리 내선일체화를 강조해도 상당수 조선인에게 그 전쟁은 어차피 남의 일이었을 것이다. 그렇기 때문에 전시 동원 계획은 잘 이뤄지지 않았다.

'관 알선'과 '징용'으로 강제력이 매우 강한 동원을 실시한 2기에도 도항 후 4할 가까이 도망을 했던 사실을 미루어 본다면, 수많은 타관벌이 노동자들을 탄광 등으로 보내는 흐름을 만들려고 한 동원 계획은 사실상 실패했다고 할 수 있다.

**2장**

▼

**조선인 전시戰時 노동자의 노동 현장 실태
- '강제연행'과 '노예노동'은 역사적 사실인가?**

나가타니 료스케長谷亮介

## 들어가며

근래 들어와 일본의 신문과 텔레비전이 일본과 한국 사이에 가로놓인 '징용공' 문제를 언급하는 일이 많아졌다. 2018년 10월 30일에 한국 대법원이 신닛테츠스미킨新日鐵住金(신일철주금), 현 닛폰세이데츠日本製鐵(일본제철)를 가리켜 전시 중에 조선에서 내지로 건너와 일했던 조선인 옛 노동자에게 1인당 위자료 약 1천만 엔을 낼 것을 명령하는 판결을 내렸다. 이로써 이른바 '징용공' 문제에 대해서 일본 미디어가 적극적으로 보도하기 시작했다.

다만 일본에서는 일부 미디어를 제외하고는 이 문제를 '징용공 문제'라고 소개하고 있다. '징용공'이란 제2차 세계대전 중에 일본 정부가 법적인 구속력을 갖고 전쟁 수행에 필요한 산업(주로 탄광)에 취로就勞시킨 사람들을 말한다. 대상은 일본 국민이며 당시에는 조선반도 역시 일본령이었기 때문에 조선인도 일본인으로 취급됐다. 징용할 때는 영장이 보내져, 전시 법규에 의해 취로가 의무화되어 있었다. 그러나 신닛테츠스미킨(신일철주금) 재판의 원고 4명은 징용령이 발령되기 전에 자신들의 의지로 일본에 건너왔음이 확인됐다. 따라서 이들은 '징용공'이라고 할 수 없다. 정확하게 표현하자면 '조선인 전시戰時 노동자'다.

애초에 당시 조선인들이 징용이 된 기간은 매우 짧았다. 조선인이 노동자로서 내지에 건너올 때 세 개의 단계가 있었다. 1939년 9월부터 '모집' 형식으로 시작해서 1942년 2월부터는 '관 알선', 1944년

9월부터가 '징용' 단계이므로 '징용공' 문제를 다룬다면 일본의 종전까지 1년도 채 안 되는 기간이다. 또한 1945년 3월 이후에는 미군의 공습이 심해져서 일본과 조선반도 사이의 도항이 사실상 봉쇄됐다. 따라서 조선인에 대해 '징용'이 실시된 기간은 7개월 정도였던 것이다. 그런데도 왜 수많은 미디어들은 신닛테츠스미킨의 원고들을 '옛 징용공'이라고 부르며, 일본 측에 문제가 있는 것처럼 설명하는 것일까?

이는 일본의 조선반도 통치(1910년의 한국병합 이후) 자체가 '사기, 폭력에 의한 지배'였다고 오랫동안 인식돼 왔기 때문이다. 2005년에 일본에서 발족한 '강제동원진상규명네트워크強制動員真相究明ネットワーク'는 1939년의 모집 시기부터 "'황민화'라는 노예화 정책 아래에서의 강제적인 연행이며 '인도人道에 대한 죄'에 해당한다"(다케우치 야스토竹內康人 편저『전시 조선인 강제노동 조사 자료집 2 - 명부, 미지급금, 동원수, 유골, 과거 청산戰時朝鮮人強制労働調査資料集2 - 名簿・未払い金・動員数・遺骨・過去清算』[고베학생청년센터출판부, 2012년], p.212)면서 일본의 유책有責을 주장하고 있다. 즉 그들은 조선인이 1939년부터 1944년까지 일관하여 일본에 억지로 끌려와 노예처럼 일해야 했었다고 생각하며, 이를 총칭해서 '징용공 문제'라고 표현하고 있는 것이다. 이 논리에 입각해 역사적 사실에 반해서 '징용' 시기와는 다른 신닛테츠스미킨의 원고들도 피해자로 보고 '옛 징용공'이라고 부르는 것이다.

이런 인식은 일본에서 오랫동안 '상식'으로 받아들여졌다. 최초로 조선인에 대한 '강제연행'을 주장한 사람은 박경식이다. 그는 1965년에 『조선인 강제연행의 기록朝鮮人強制連行の記録』이라는 책을 출판해서 '강제연행'과 '노예노동'을 확립했다. 즉 일본이 "강권적인 구속"(p.51)을 발동해서 조선인을 "노예사냥처럼 연행했다"(p.71)는 것과 "일본인 노무 감독의 채찍으로 맞아가며"(p.127) 중노동을 했고 임금은 "일본인 노동자의 절반 정도"(p.84)밖에 받지 못했다는 것을 강조한 것이다.

신닛테츠스미킨 재판의 원고인 한국인 네 사람은 '강제연행'과 '노예노동'을 당했다고 소송을 제기했다. 그들과 그들을 지원하는 사람들은 전시 중의 일본은 조선인의 인권을 무시하며 노예적으로 노동을 시켰으니 오늘날의 일본이 인도人道의 문제로 책임을 지고 배상을 해야 된다고 생각하고 있다.

## 1 '강제연행'과 '노예노동'은 사실이 아니다

### 선행 연구의 결함

박경식의 '강제연행'과 '노예노동'은 진실이 아니라는 것이 밝혀지고 있다. 좀 더 정확하게 표현하자면, 박경식과 강제동원진상규명네트워크에 속한 사람들은 자신들에게 유리한 자료만 사용했으며 학술적인 논의가 미성숙未成熟했다. 그 증거로, 최근 들어 한국인 학자에 의해서도 『조선인 강제연행의 기록』에서 소개된 자료 중에 자의적인 인용이 보인다는 지적이 나왔다.

2017년에 한국의 낙성대경제연구소의 연구위원인 이우연이 '전시

기 일본에 노무동원된 조선인광부(석탄, 금속)의 임금과 민족간 격차 戰時期日本へ労務動員された朝鮮人鉱夫(石炭, 金属)の賃金と民族間の格差'(「에너지사 연구 - 석탄을 중심으로 32」 규슈대학교 부속도서관 부설 기록자료관 산업경제자료부문, 2017년)(이 논문은 한국에서는 2016년에 학술지 「경제사학」에서 '전시기戰時期(1937-1945) 일본으로 노무동원된 조선인 탄炭·광부鑛夫의 임금과 민족 간 격차'라는 제목으로 먼저 발표된 바 있다. - 옮김이)라는 제목의 논문을 통해 이같이 밝혔다.

박경식은 『조선인 강제연행의 기록』에서 홋카이도 모 탄광의 일본인과 조선인의 임금 분포표를 이용해 조선인 광부가 일본인 광부보다 임금이 적기 때문에 조선인을 차별하는 임금 격차가 있었다고 주장했다. 그러나 같은 자료에는 일본인과 조선인의 작업 근속 연수표도 존재한다는 것을 이우연이 발견했다. 이 표를 살펴보면 일본인 광부가 조선인 광부보다 전체적으로 상기간 근무한 사실을 알 수 있다. 즉 박경식이 인용한 임금 분포표의 격차는, 근속 기간에 기초한 작업 능률을 반영한 것이지 민족차별에 따른 격차가 아니었던 것이다.

이우연의 이 지적을 통해 일본의 연구자들이 오랫동안 박경식의 저서를 비판없이 받아들이고 충분한 자료 검증을 해오지 않았음이 분명해졌다. 원래대로라면 일본인 연구자가 솔선하여 이우연이 지적한 것과 같은 반론을 제시해야 했었다. 일본 국내에서 관련 학술적인 논의가 제대로 이루어지지 않았다는 증거이다. 지금도 박경식의 주장에 따른 내용으로 '강제연행'과 '노예노동'을 주창하는 일본인 연구자들이 많다.

그러나, 앞에서도 필자가 말했듯이 박경식의 주장을 긍정하는 사람들은 자신들에게 유리한 자료밖에는 인용하지 않고 있다.

애초에 '강제연행'의 구체적인 정의가 애매해지고 있다. '징용'이라는 말 자체가 강제성을 포함하기 때문에 징용으로 고향에서 끌려온 것을 '강제연행'이라고 한다면 이는 일본인에게도 적용된다. 당시의 조선인은 일본인으로 취급되었다. 징용이란 전시 동원이며 전시 동원이란 전쟁 법규에 따른 합법적인 행위다. '징용당했으니 강제연행이다'라는 논리는 성립하지 않는다.

이 점에 대해서는 한국 측에서도 문제가 제기됐다. 한국에서는 '강제연행'과 거의 같은 의미로 '강제징용'이라는 말이 사용되고 있으나, 이우연은 법적 강제력을 전제로 한 '징용'이라는 말에 일부러 '강제'라는 말을 붙인 이유는 '징용'으로 '노예처럼 끌려갔다'는 노예사냥 이미지를 덧칠하기 위함이라고 분석했다(이영훈 편저 『반일 종족주의와의 투쟁』[미래사, 2020년]).

도쿄대학교 대학원 교수인 도노무라 마사루外村大는 2012년에 출판한 『조선인 강제연행朝鮮人强制連行』(한국에서는 뿌리와이파리 출판사에서 김철 교수의 번역으로 2018년에 같은 제목으로 한국어판이 출간됐다. - 옮긴이)에서 '강제공출'이라는 말을 사용했다. 도노무라 마사루는 관 알선이 시작되는 1942년 무렵부터 조선반도에서는 농업면에서 인력이 부족해지고 일본은 조선 농민을 물리적 폭력 또는 심리적 압박을 통해 일본에 억지로 데려왔다고 주장했다. 그 논거로「조선노무朝鮮労務」1942년 2월호와 10월호에 게재된 나카타니 타다하루中谷忠治의 논문을 예로 들었다.

　도노무라 마사루는 조선반도에서 일손 부족이 일어났다고 단정적으로 말하며 의견을 진행하고 있으나, 당시부터 이 문제에 관해서 일손이 부족하지 않았다는 주장도 나오고 있었다. 도노무라 마사루도 인용하고 있는 「다이리쿠도요게이자이大陸東洋経済」에서도 당시 닛폰세이데츠(일본제철) 노무과장인 스즈키 슌이치鈴木舜一가 '외국인 노동력의 여러 문제'(「다이리쿠도요게이자이」 제3호, 1943년 12월 15일 발행)에서 노동력 부족이 아니라 노동력 공출 방법의 문제라고 분석하고 있다.

　또한 「다이리쿠도요게이자이」 제6호(1944년 2월 15일 발행)의 '조선 농촌의 소요 노동량, 노무 추출력에 대한 시산'에서는 "도道에 따라서는 노동력의 절대적 부족을 일으키는 곳도 있다"고 하면서도, 노동력을 조선 농촌에서 추출하는 것은 식량 증산을 저촉하지 않으면서도 가능하다고 분석했다. 이처럼 도노무라 마사루의 주장을 부정하는 조선반도의 노동력 부족 부정설은 당시에도 많이 존재했었던 것이다.

　1943년도에 일본으로 송출된 조선인 수는 조선총독부 자료에서는, 계획한 인원수를 초과한 103.6퍼센트(124,290명)라는 충족률이 기록되어 있다(도노무라 마사루 『조선인 강제연행』, p.142). 도노무라 마사루는 이를 일본이 국가를 내세워 조선인을 강제적으로 데려온 결과의 반영이라고 생각한 모양인데, 받아들이는 쪽인 내무성 통계를 보면 같은 해 1월부터 12월까지 조선에서 일본으로 도항한 사람은 총

40만 명을 넘는다(니시오카 쓰토무 1장 논문 참조). 이 시기 동원자 수(약 12만 명)의 약 세 배 가량의 조선인들이 자신의 의지로 일본에 건너왔던 것이다. 도노무라 마사루가 주장하는 농촌에서의 인력 부족설은 이 자료에 의해 파탄破綻을 맞는다.

## '징용'은 '폭력적인 동원'이 아니다

또한 '강제연행' 관계자의 말을 인용해서 폭력적으로 동원하는 모습을 소개하는 경우도 있다. 하지만, 문제는 이러한 상황이 당시의 조선반도에서 얼마나 일반적이었냐는 것이다. 오히려 당시 일본인 노무 담당자들이 머리를 숙이고 조선인 전시 동원을 간청했음을 보여주는 자료도 남아있는데 이 점은 뒤에서 설명하겠다. 상반되는 자료가 존재하는 이상 '강제연행' 관계자의 말은 개별적 사건을 나타낼 뿐이며, 조선반도 전체로 보면 조선인에 대한 전시 동원은 법률의 범위 안에서 이뤄졌다는 가능성도 근거로 해서 논의를 진행해야 한다.

도노무라 마사루는 1942년 무렵부터의 노무 동원이 '강제공출'인 점을 정무총감도 공연한 사실로 인정했다고 지적한다. 근거 중 하나로 1943년 11월에 열린 도요게이자이신포샤東洋経済新報社의 좌담회에서 조선총독부 후생국 노무과 다하라 미노루田原実의 "반강제적으로 실행하고 있습니다"라는 발언을 인용했다(도노무라 마사루『조선인 강제연행』, p.144)

그러나 이 좌담회의 내용을 살펴 보면 다하라 미노루의 말이 도노무라 마사루가 말하는 폭력성이나 심리적 압박을 동반한 '강제공출'

을 가리키는지 의문이 든다. 다하라 미노루의 발언은 「다이리쿠도요게이자이」 제2호(1943년 12월 1일 발행)의 '조선 노무의 결전 기여력'에 수록되어 있다.

좌담회는 조선이 향후 노무 공출 측면에서 일본의 전력에 기여할 전망을 논의했다. 여기서 다하라 미노루는 기존의 공장, 광산에서 노동하는 조선인의 충족 상황은 90퍼센트가 자연 유입이며 나머지 10퍼센트가 알선이나 소개였다고 설명한다. 하지만 모집이 어려워져서 관 알선으로 충족하는 부분이 매우 늘어났다고 설명하는 동시에 관 알선 시스템이 빈약하다는 점을 다하라 미노루는 지적했다.

다하라 미노루는 관 알선을 통한 노무자의 준비가 매우 곤란하여 "어쩔 수 없이 반강제적으로 실행하고 있습니다"라고 발언했다. 말의 앞뒤를 확인하면 다하라 미노루가 "반강제적으로 실행한다는" 것은 빈약한 관 알선이라는 시스템을 활성화한다는 것이다. 그 뒤에 이어지는 "반강제적인 공출"이라는 말도 조선인을 물리적 폭력 또는 심리적 압박으로 억지로(반강제적으로) 일본으로 데려온 것을 가리키는지는 알 수 없다.

눈여겨봐야 할 점은, 이 좌담회 참가자들은 조선인 노동자의 확보를 고민했던 것이 아니라는 점이다. 그들이 문제로 삼은 것은 관 알선으로 온 조선인 노동자는 별로 근면하지 못하며 즉시 도망친다는 것이었다.

조선무연탄朝鮮無煙炭 노무주임인 이마자토 신조今里新蔵는 노무자를 모집하기보다 이동(도망) 방지에 힘을 쏟고 있다고 말한다. 좌담회 멤버의 공통적인 인식으로서 관 알선으로 데려온 조선인은 노동 의사가 없는 사람이 많다는 생각이 있었다. 일본질소비료日本窒素肥料 총무과장인 이케다 유타카池田 饒는 그런 사람들을 머릿수만 모아봐야 쓸모없다고 단언하며 결국 징용을 통해서 공장이 그 징용 노무자 각각에게 일할 의사를 불어넣는 것이 요긴하다고 말했다.

가네보鐘紡 후생과 조선 출장소장 벳차쿠 카츠히사바別役雄久馬는 조선인 노동자를 지도하는 담당자는 바른 복장을 하고 손톱도 깨끗이 자르고 수염도 기르지 않는 사람이어야 한다고 말했다. 이런 이야기에서 알 수 있듯이, 좌담회 멤버는 '징용'이라는 말을 '조선인을 억지로 일본에 데려와 일을 시킨다'는 의미로 사용한 것이 아니라, '노동 의사가 없는 조선인에게 의욕을 갖도록 하기 위한 방법'이라는 의미로 사용하고 있다. 일본 기업에 있어 무엇보다도 중요한 것은 조선인 노동자에게 장기간 열심히 일하게 해서 생산량을 높이는 것이었다. 좌담회에서는 그 점을 절실히 고민하고 있음을 알 수 있다. 따라서 그들에게는 조선인을 폭력적으로 일본에 데려온다는 생각은 없었다.

조선토건협회朝鮮土建協会 이사 모리 다케히코森武彦는 "저희 쪽에 관이 알선해준 12, 13만 명은 대부분 징용에 가까운 행정상의 강력한 권유로 나왔습니다"라고 발언했다. 이 발언에서 도노무라 마사루는 "이 단계[1943년]에서 조선에서 요원을 확보하는 일은 본인의 의사와는 상관없이 진행됐고 징용과 그 실태는 다르지 않다고 간주되었다"(도노무라 마사루『조선인 강제연행』, p.148)라고 말한다.

그러나 앞에서의 발언 후에 모리 다케히코도 조선인 노동자의 이동(도주) 문제를 언급했다. 토건 관련에서도 30퍼센트에서 40퍼센트의 조선인 노동자가 직장에서 뛰쳐나왔으며 그 해(1943년)에 들어 특히 더 많다고 지적했다.

도노무라 마사루가 언급한 모리 다케히코의 발언은 좌담회 기사에서 "문제는 양보다 질"이라는 표제로 다뤄지고 있다. 즉 조선인 노동자의 노동력 개선에 초점을 맞춘 것이 분명하다. 징용이라면 관 알선과 달리 법적인 구속력을 갖기 때문에 도주를 막을 수 있고 조선인 노동자에 대한 지도에도 진지해져서 가동률도 개선될지 모른다고 좌담회 멤버들은 생각했던 것이다. 이를 보면 일본의 업자는 조선인 노동자에게 강요를 할 수 없는 입장에 있었다는 사실도 알 수 있다. 모리 다케히코의 이 발언은 관 알선이 대단한 강제력을 가질 수 없었다는 사실의 증거가 되지 않을까?

### 증언의 문제점

그렇다면 실제로 과거에 일본으로 와서 일했다고 하는 오늘날 한국인들의 증언은 어떨까? 그들은 일본에 억지로 끌려갔다고 종종 증언하고 있다. 그러나 역사학이라는 학문에서는 증언이 그 자체로 역사적 사실을 증명하는 근거가 될 수는 없다. 증언 내용을 뒷받침하는 무엇인가를 제시할 필요가 있다.

신닛테츠스미킨 재판의 원고 네 사람은 "강제로 연행당했다", "임금을 부당하게 착취당했다"고 했다. 하지만 실제로는 징용이 아니라 모집과 관 알선에 자신의 의지로 응했다. 임금 착취 문제에 관해서도 이우연이 반론하고 있다. 당시 일본 기업의 자료가 남아있고, 그 자료를 보면 급료가 정상적으로 지급된 것을 알 수 있으며, 종전終戰 당시 어수선한 가운데 저금을 인출하지 못하고 조선반도로 돌아갔다는 것이 진상일 것이라고 설명한다(이영훈 편저 『반일 종족주의와의 투쟁』).

이렇게 종전 직후 혼란에 의해 발생한 미지급 임금 등은, 1965년 일한청구권협정에서 '피징용 한국인의 미수금, 보상금 및 기타 청구권 변제 청구'로 해결했다. 이 속에는 '징용에 따른 정신적 피해에 대한 위자료'도 포함되어 있으며 개별 청구에 대해서가 아니라 일본 정부가 한국 정부에 일괄적으로 무상 3억 달러를 건넸다. 즉 이 문제는 이미 끝난 일이다.

정말로 '강제연행'은 없었을까? 일본 내에서도 한국인의 증언집이 발행되었으며 억지로 끌려갔다는 증언이 다수 존재한다. 논픽션 작가인 최석영 씨(한일문화비평가로서 한국에서도 미디어비평지 「미디어워치」 등을 통해 한국 언론의 반일 보도 문제점을 지적해왔다. 한국에서 출간된 저서로는 2010년도에 인물과사상 출판사에서 나온 『김치 애국주의 - 언론의 이유 없는 반일』이 있다. - 옮긴이)는 이렇듯 한국인의 증언 수집에서는 배상이나 보상 등 금전적 이익 추구를 목적으로 하는 사람들의 증언을 경계해야 한다고 지적한다. 또한 특정 대상을 비판하기 위해서 수집된 증언도 마찬가지라고 말한다.

최석영은 일례로 조선인 징용 노동자였던 윤 노인에 대한 인터뷰를 소개했다. 같은 마을에서 같은 시기에 청년 여러 명이 일본으로 일하러 떠났는데, 윤 노인의 증언만 다른 사람들과 크게 달랐다고 한다.

다른 사람들은 억지로 끌려가서 임금도 받지 못하고 노예처럼 생활했다고 증언했으나, 윤 노인은 일본에서 대우도 좋았고 좋은 경험을 했다고 말했다.

윤 노인의 이런 증언을 들은 사람들(김정미, 사이토 히데하루斉藤日出治, 사토 마사토佐藤正人)은 자신들에게 불리한 증언이 나오자 고압적인 태도를 보였다. "왜 당신만 다르다고 하는가?"라고 하면서 윤 노인을 추궁하고 그의 증언 내용을 받아들이려고 하지 않았다(최석영 『한국 '반일 페이크'의 병리학(韓国「反日フェイク」の病理学)』[쇼가쿠칸신쇼小学館新書, 2019년], 4장).

이러한 증언 수집에는 일본의 이른바 인권 변호사들이 나섰는데, 그들은 한국 국내의 징용 경험자들에게 소송에서 이기면 거액의 배상금을 받을 수 있다고 선동을 하여 일본 기업을 상대로 하는 소송을 준비했다고 한다. 이런 배경을 고찰하면, 역시나 증언을 증거로 다루는 데는 큰 위험성이 있는 것이다.

### '강제연행'을 부정하는 1차 자료

그렇다면 전시戰時 중에 작성된 자료, 즉 1차 자료 중에 조선인에 대한 '강제연행'을 보여주는 것은 없을까? 일본에서는 박경식의 서적이 발행된 후 그 당시의 일본 기업과 정부, 경찰이 작성한 자료를 '강제연행'이나 '노예노동'의 증거로 수집해 자료집이 출판되었다.

그러나 이런 자료집에 수록된 자료를 신중하게 읽어보면 그들이 말하는 증거는 반드시 '강제연행'이나 '노예노동'의 증거일 수 없다는 사실을 알 수 있다. 이를테면 1943년에 홋카이도의 소라치空知광업소 노무과가 작성한 '이입 반도인 연행 주의사항'(오자와 유사쿠小沢有作 편 『근대 민중의 기록 10 재일조선인近代民衆の記録10 在日朝鮮人』[신진부츠 오라이샤新人物往来社, 1978년])을 예로 들 수 있다.

제목에 '연행'이라고 되어 있어서 조선인을 '강제연행'한 증거라고 생각할 수도 있겠다. 그러나 이 문서를 자세히 읽어보면 다음과 같이 쓰여 있다. 가령, "2 현지 및 조선에 있을 때의 주의사항" 속에서 "조선에 있을 때 인솔자는 행동을 신중히 하고", "타사는 물론 다른 광업소에서 파견자와 비교하여 뒤진다고 인정되는 일이 없도록 특히 주의해야 한다"(p.505)라는 내용도 있다.

즉 조선반도에서 조선인을 노동력으로서 일본으로 데려올 때는 정중하게 대하라고 주의를 촉구하고 있는 것이다. 자료를 작성한 연도로 생각해본다고 해도 당시는 관 알선 시기이기 때문에 자사의 노무 동원이 열악하다는 소문이 퍼지면 그 후에 동원이 어려워질 것이 명백하다. 그렇지 않아도 탄광은 인기가 없는 곳이므로 소라치광업소는 신중하고 정중하게 조선인을 동원하도록 유의했을 것이다.

이 문서에서 사용한 "연행"이라는 말은 어디까지나 "연락 수송자의 행동"의 줄임말이며, 연락 수송 책임자는 회사를 대표하므로 회사의 체면을 구기는 일이 없도록 항상 주의해야 한다고 명기해 놓았다. 현지에서는 반드시 사진을 첨부한 호적 초본을 수령해서 준비한 흰 천에 명부와 똑같은 번호와 이름을 적어서 각자에게 실과 바늘을 주고 오른쪽 가슴 부분에 꿰매게 하는 지시가 있다. 정말로 조선인을 억지로 일본에 연행하려고 생각했다면 그런 귀찮은 일은 제쳐두고 당장 일본까지 데리고 오면 그만이다. 도노무라 마사루가 '강제연행'의 근거 중 하나로 보는, 조선총독부 기관지 「경성일보」의 전 사장인 가마다 사와이치로鎌田澤一郎의 "잠든 틈을 노리거나 논밭에서 일하는 사람을 트럭에 태워서 일본 내지의 탄광으로 보낸다"(도노무라 마사루 『조선인 강제연행』, p.220)는 증언에 대해서, 이런 일이 당시 조선반도에서 얼마나 일반적이었는지 필자가 의심하는 이유가 여기에 있다. 참고로 가마다 사와이치로는 저러한 증언 바로 뒤에 조선인 하급 관리가 상사의 눈치를 살펴서 한 일이라고 증언 바로 뒤에 썼다. 다시 말해 '조선인이 조선인을 강제로 연행했다'는 말이다.

## 2 잘못된 자료 인용이 오해를 키웠다

### 도노무라 마사루의 잘못된 자료 해설

앞에서 소개한 '이입 반도인 연행 주의사항'이라는 자료는 지금까지 일본에서는 거의 주목받지 못했다. 오늘날에 이르기까지 일본에서 조선인 전시 노동자 문제('징용공' 문제)를 다룰 때는 일본이 조선인의 인권을 유린했다고 하는 자료나 증언만 비판없이 채용됐다고 할 수 있다. '강제연행'이나 '노예노동'을 부정하는 1차 자료도 많이 존재하지만 지금껏 무시되어 왔다.

또한 자료가 보여주는 내용과 전혀 다르게 해설을 해서 오해를 확대하는 경우도 있다. 도노무라 마사루의 『조선인 강제연행』에서는 일본으로 온 조선인 노동자는 기업 측과 맺은 계약 기간이 만료되어도 귀향을 허락받지 못했다고 해설했다. 탄광에서 일하는 조선인 노동자는 2년 간의 노동 계약을 맺고 기간이 끝나면 조선반도로 돌아가거나 계약을 갱신해서 계속 일하거나 둘 중 하나를 선택할 수 있다. 하지만 실제로는 조선인에게 선택의 자유 따위는 없고 강제적으로 계약을 갱신하여 고향으로 돌아가지 못했다고 도노무라 마사루는 주장한다. 조선인 노동자의 '노예노동'을 강조하는 해설임이 명백하다.

이를 증명한다고 하는 자료로 도노무라 마사루는 『석탄 광업 광부 충족 사정의 변천石炭鉱業の鉱員充足事情の変遷』(홋카이도 도립노동과학연구소, 1958년 3월 25일 발행)에 실린 좌담회 내용을 인용했다. 홋카이도 도립노동과학연구소가 전쟁 후에 실시한 청취 조사에서 "계약 기간은 2년이고 그 일이 끝나면 고향으로 돌아갔습니까?"라는 질문에 광업소 사람이 (강요를 암시하듯이) "갱신했습니다. 본인의 희망에 따라서. (웃음)", "갱신이라고 강하게 말하는 겁니다"라고 대답했다. 이를 두고 도노무라 마사루는 대부분 강요로 계약 갱신이 되었다고 봐야 할 것이라고 결론내렸다(도노무라 마사루 『조선인 강제연행』, p.156).

하지만 필자가 『석탄 광업 광부 충족 사정의 변천』을 확인해 보니 도노무라 마사루의 해설과 정반대되는 내용을 기술해놓은 사실이 판명됐다. 도노무라 마사루가 인용한 부분의 바로 뒤에 모시리茂尻광업소의 직원이 조선인 가족을 조선반도로 돌려보내는 이야기가 나온다. 여비는 회사가 부담했고, 귀로 중에 들린 오사카나 교토에서 조선인의 남편만이 도망쳤다는 것도 명기돼 있다. 도망친 남편은 오사카인가 교토에서 또 돈을 번 후 돌아갔다고 한다. 결국은 불법 체류다. 도노무라 마사루가 인용한 자료는 최종적으로 조선으로 돌아간 사실을 보여주기 때문에 이는 중대한 사실오인이다.

계약 갱신을 둘러싸고 조선인 노동자와 일본인 노무자가 쟁의를 일으킨 사례도 분명 존재하기는 한다. 다음에 소개할 「특고월보」에는 일본 기업이 조선인 노동자에게 충분히 설명하지 않고 계약을 갱신한 탓에 분쟁이 일어난 사실이 기록되어 있다.

그러나 계약대로 조선인 노동자를 귀향시킨 사실을 보여주는 자료는 많이 남아있다. 당시 일본 기업이 작성한 자료를 수록한 『전시하 강제연행 극비 자료집戰時下強制連行極秘資料集』(나가사와 시게루長澤 秀 편, 료쿠인쇼보綠蔭書房, 1996년) 전 4권이 좋은 예일 것이다.

1942년 8월 28일에 스미토모住友 우타시나이광업소에서 작성된 '계약 기간 만료 반도 광부에 대한 귀향 여비 지급에 관한 건'에는 계약 만료자 32명(귀향자 25명, 계약 갱신자 6명, 공상公傷 치료 중 1명)의 귀향에 드는 여비를 지급하겠다는 취지가 기록되어 있다. 귀선자帰鮮者 25명에 관해서는 명부도 작성되어 있으며, 이를 〈사진1〉로 게재한다.

또한 이리야마사이탄入山採炭 주식회사 갱무소에서 1942년 4월 4일에 작성된 '제2차 이입 반도인 만기자 처우의 건 품의'도 귀향 문제에 관한 문서다. 1940년도에 이입한 조선인 노동자(이입했을 때는 248명, 문서 작성 시에는 180명) 중 계약을 갱신하지 않고 조선으로 돌아가는 것을 선택한 '영구 귀선자'가 78명이었다. 선물비로 15엔과 여비를 회사 측이 노동자에게 지급하고 있다. 계약을 갱신해서 일시적으로 귀향한 후 일본으로 돌아와 노동을 계속하는 '일시 귀선자'는 25명이며 1년 재계약을 맺고 한 달 동안 귀향했다고 되어있다. 선물비 25엔이 지급되고 왕복 여비의 실비도 지급됐다(p.305).

여비뿐만 아니라 선물비까지 받는 조선인 노동자들이 정말로 '노예노동'을 했을까? 그들의 대우를 생각하면 노예라는 표현은 적절하지 않다고 생각된다. 결론부터 말해서 조선인 노동자들은 귀향할 수 있었다. 재계약자에게는 보장금報獎金(우타시나이에서는 1년 갱신하고 귀향하지 않는 사람은 102엔, 일시 귀선자에게는 25엔)을 주고 선물비와 왕복 여비까지 지급했다(p.169). 도노무라 마사루는 계약의 강제적 갱신을 문제삼았는데 갱신자보다 귀선자가 더 많았다는 자료가 확인된 이상, 전국적으로 강제적인 계약 갱신이 이루어졌다고 보는 것은 불가능하다.

또한 우타시나이의 재계약자 중에서 일시 귀향을 하지 않은 사람에게는 102엔이나 되는 돈이 지급되었다. 일시 귀선자에게 주는 여비나 도시락값의 실비를 더했기 때문이라고 생각된다. 〈사진 2〉는 계약 갱신자 명부이며 조선인 반장은 보장금을 50퍼센트나 올려서 받았다는 사실도 알 수 있다. 강제적으로 계약을 갱신할 수 없었기 때문에 금전적인 인센티브를 줘서 재계약자를 늘리려고 기업이 노력했던 것이다.

게다가 재계약시 보장금을 받은 채로 일본에 돌아오지 않은 조선인 노동자가 많다는 사실이 『노동과학연구소 보고 1부 공업 노동 및 노무 관리 제8권 반도 노무자 근로 상황에 관한 조사 보고』(노동과학연구소, 1943년)의 127쪽과 142쪽에 기록되어 있다.

실제로 닛소日曹 데시오天塩광업소 사업주 대리는 데시오 경찰서장에게 '모집 반도인 노무자 도주 수색원'이라는 서한(1944년 2월 6일자)을 제출했다. 재계약 장려금 100엔을 들고 도주했다고 쓰여있다(나가사와 시게루 편『전시하 강제연행 극비 자료집』제1권, p.321).

조선인 노동자가 일방적으로 계약을 파기하고 당당하게 돈을 사취詐取한 사례가 있었다는 사실을 '강제연행'이나 '노예노동'을 주장하는 사람들은 어떻게 생각할까?

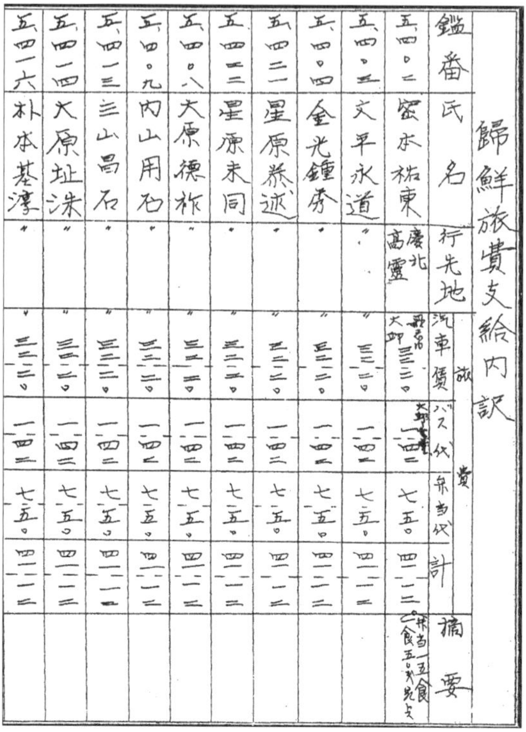

歸鮮旅費支給内訳

| 鑛番 | 氏名 | 行先地 | 旅費 汽車賃 | バス代 | 弁当代 | 計 | 摘要 |
|---|---|---|---|---|---|---|---|
| 五、四〇二 | 安本祐東 | 慶北高靈 | 大邱 三三・二〇 | 大邱 一・四二 | 七・五〇 | 四二・一二 | 弁当一五食 一食五〇銭見込 |
| 五、四〇三 | 文平永道 | 〃 | 〃 三三・二〇 | 一・四二 | 七・五〇 | 四二・一二 | |
| 五、四〇四 | 金光鍾秀 | 〃 | 〃 三三・二〇 | 一・四二 | 七・五〇 | 四二・一二 | |
| 五、四二一 | 星原燕述 | 〃 | 〃 三三・二〇 | 一・四二 | 七・五〇 | 四二・一二 | |
| 五、四二二 | 星原末同 | 〃 | 〃 三三・二〇 | 一・四二 | 七・五〇 | 四二・一二 | |
| 五、四〇八 | 大原德祚 | 〃 | 〃 三三・二〇 | 一・四二 | 七・五〇 | 四二・一二 | |
| 五、四〇九 | 内山用石 | 〃 | 〃 三三・二〇 | 一・四二 | 七・五〇 | 四二・一二 | |
| 五、四一三 | 三山昌石 | 〃 | 〃 三三・二〇 | 一・四二 | 七・五〇 | 四二・一二 | |
| 五、四一四 | 大原址洙 | 〃 | 〃 三三・二〇 | 一・四二 | 七・五〇 | 四二・一二 | |
| 五、四一六 | 朴本基淳 | 〃 | 〃 三三・二〇 | 一・四二 | 七・五〇 | 四二・一二 | |

**〈사진 1〉 귀향 여비 지급 내역**
스미토모 우타시나이광업소, 1942년 8월 28일(나가사와 시게루 편 『전시하 강제연행 극비 자료집』 제3권, p.220).

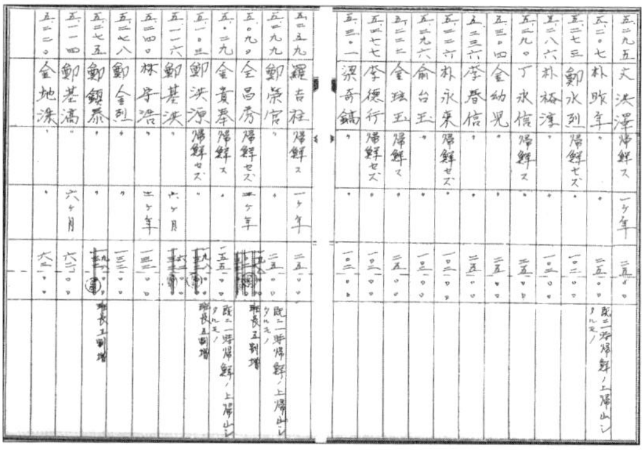

**〈사진 2〉 계약 기간 연장 반도 광부에 대한 특별 급여금 지급의 건**
조선인 반장은 50퍼센트 높은 198엔을 받았음을 알 수 있다. 스미토모 우타시나이광업소. 작성년도 기재 없음(나가사와 시게루 편 『전시하 강제연행 극비 자료집』 제3권, p.170).

### 머리 숙여 부탁하는 일본인

또한 도노무라 마사루가 재계약을 강요한 사실을 증명하기 위해서 사용한 자료인 『석탄 광업 광부 충족 사정의 변천』에는 '강제공출'을 부정하는 내용이 기재되어 있다. 이를 보더라도 앞에서 필자가 주장한 바 있는, 박경식의 설을 긍정하는 사람들은 본인에게 유리한 자료만 사용한다는 것을 알 수 있다. 즉, 그들은 자료에서 '강제연행'이나 '노예노동'을 부정하는 근거, 자신들에게 불리한 부분은 무시하는 것이다. 현업계現業係 직원인 오토사카 도라오乙坂虎夫의 말에 따르면 면사무소와 주재소에 가서 "그야말로 삼배구배三拜九拜하고"(p.16) 홋카이도에서 가져온 선물을 들고 주재소의 순사에게 머리를 숙이며 몇 월 며칠 출발 예정이니 잘 부탁한다고 했다고 한다.

오토사카 도라오는 현지에 가면 마치 선거처럼, 일본어의 반도 알아듣지 못할 것 같은 사람들에게 머리를 숙이며 면에 할당된 인원수를 받아내는 일이 매우 힘들다고 이야기했다. 그는 당시 조선인 동원의 모습을 다음과 같이 말하고 있다.

> 조선의 부락으로 갈 때는 이미 마을에 몇 명이 있는지는 모두 파악하고 있었다고 한다. 조선의 시골로 담당자 두 명 정도가 가서 면사무소 노무 담당자와 주재駐在를 불러서 밤새 철저하게 간청을 한다. "홋카이도에서는 모집하러 오지 않았어"라는 식의 말이 돌아버리면 그것으로 끝이기에, 홋카이도의 토산품을 들고 가서 어떻게든 모집하려고 한다. 탄광은 전

쟁의 원료탄原料炭이라고 설명할 수밖에 없으며 술자리를 마련해 설득한다. 이것도 한 번만으로는 안되고 두세 번을 반복해야 한다.

간신히 할당을 결정해도 문제는 해결되지 않는다. 일본으로 건너올 의사가 없는 마을 사람도 많기 때문에 주재가 처음에는 "어때, 가볼래?"라고 권유하다가도, 나중에는 "너 이번에 징용 나온거니까 가라"하는 식이 된다. 그렇게 해도 "도저히 나는 갈 수 없다"는 식으로 조선어로 입씨름을 한다. 결국 순사는 마지막에는 "도망치든 말든 상관없어. 가기만 해, 잘 도망치면 너한테 이득이야"라고 난처해진 나머지 그렇게 말한다.(p.18)

100명을 모집해도 절반 정도는 도망치므로 여러 번 가야만 한다. 그래서 이 경우에 조선의 면사무소나 주재는 표정이 좋지 않게 된다. 또한 노동자가 나중에 뿔뿔이 흩어질 경우 일본의 업자는 조선의 마을을 찾아와서 그들을 놓치게 된 일을 사과하지만, 조선의 업자는 도망칠 것 같은 사람을 알선한 것이 되어 난처하다고 말했다고 한다. 이는 앞에서 소개한 「다이리쿠도요게이자이」 제2호의 좌담회에서 다하라 미노루가 한 말이다(p.15). 이 점에서 관 알선이나 징용은 조선인 업자도 실시했음을 알 수 있다.

도노무라 마사루는 오토사카 도라오가 말한 노무 동원 내용을 『조선인 강제연행』에서는 전혀 소개하지 않았다. 자료 선별은 글을 쓰는 집필자의 판단에 달린 것이기는 하지만, 도노무라 마사루가 주장하는 '강제공출'과는 정반대되는 자료를 검증 재료로 삼지 않은 이유는 무엇일까? 자신에게 불리한 내용이었기 때문에 채용하지 않은 것이 아닐까?

## 3 「특고월보」에서 보이는 조선인 노동자의 실태

### 정사精査하지 않은 1차 자료

조선인 노동자의 귀향 문제에 대해서도 자료를 제대로 조사했다면 "일본 기업의 강요에 의해 계약이 갱신됐고 귀향이 허락되지 않았다"는 말은 틀렸음이 즉시 판명됐을 것이다. 서두에서 소개한 임금 문제와 마찬가지로 1차 자료에 대한 자세한 조사를 게을리한 탓에 잘못된 조선인 노동자 이미지가 형성되어 버린 사례라고 할 수 있다.

정말로 조선인 노동자는 노예노동자였을까? 지금이야말로 1차 자료를 재조사해야 할 때다. 그 실마리로 필자는 「특고월보」라는 자료에 초점을 맞췄다. 「특고월보」는 지금까지 조선인의 '노예노동' 증거 중 하나로 인정돼 다양한 자료집에 수록되어 왔다. 예를 들면 박경식 편 『재일조선인 관계 자료 집성在日朝鮮人関係資料集成』(산이치쇼보, 1975-1976년) 전 5권, 전후보상문제연구회 편 『전후 보상 문제 자료집戰後補償問題資料集』(전후보상문제연구회, 1990-1994년) 전 11집, 나가사와 시게루 편 『전시하 강제연행 극비 자료집』 등이다.

일본의 내무성 경보국 보안과가 정리한 「특고월보」에는 일본의 탄광 등에서 일한 조선인 노동자가 일으킨 쟁의爭議 내용이 많이 기록되어 있다. 조선인의 일본 도항으로 정식 허가받은 모집 도항은 1939년 9월에 시작된 사실을 근거로, 필자는 1939년 1월부터 열람이 가능한 1944년 11월까지 기록된 쟁의 사건의 내용 전체를 조사했다.

필자의 조사에서는 「특고월보」에 실린 쟁의 사건의 총수가 403건이었는데, 조선인 노동자에게 잘못이 있다고 생각되는 사건은 179건이 확인됐다. 일본인 노동자 및 일본 기업 측에 잘못이 있다고 생각되는 사건은 98건, 원인을 판별하기 어려운 사건은 126건이었다. 따라서 일본인보다 조선인 쪽에 원인으로 일어난 쟁의 사건이 더 많았던 것이다. 도노무라 마사루도 『조선인 강제연행』에서 「특고월보」를 소개했는데, 조선인 노동자가 일으킨 사건에 대해서는 언급하지 않았다. 구체적인 쟁의 사례로 일본인 노무 담당 직원의 구타, 기업 측이 병에 걸린 조선인 노동자에게 제재를 가해서 죽음에 이르게 한 일에 동료가 항의했다고 볼 수 있는 사건만 소개하고 있다. 일본의 폭력적인 노무 관리가 쟁의의 원인이 된 몇 가지 사례가 있다고 도노무라 마사루는 말하면서도 조선인 노동자의 폭력은 언급하지 않는다(도노무라 마사루 『조선인 강제연행』, p.65). 도노무라 마사루는 2020년 12월 18일에 발행된 「슈칸긴요비週刊金曜日」 1309호에서도 「특고월보」를 인용했는데, 조선인 노동자가 일으킨 사건은 전혀 해설하지 않았다.

앞서 소개한 수치는 어디까지나 필자의 판단에 따라 정리한 것이다. 세부적인 내용은 앞으로의 논의를 통해 수정될 수도 있겠지만,

「특고월보」에 기재되어 있는 내용에서 당시 조선인 노동자의 폭력적인 측면이 부각된 것은 부정할 수 없는 사실이다. 「특고월보」에는 조선인 노동자들이 쟁의 소식을 듣고 현장에 모였다가 주위에 동조하여 소동을 키운 사건이 많이 기록돼 있다. 그때 유리창이나 전등 등의 기물을 파괴하는 행위도 일으켰다.

### 조선인 노동자의 폭력 사건

일례로 「특고월보」 1943년 1월의 야마구치山口현 오노다小野田시의 오하마大濱 탄광에서 일어난 사건을 소개하겠다. 조선인 노동자에게 1인당 약 400리터의 세이슈淸酒를 배급했더니 일부 사람들이 몹시 취해서 술을 더 달라고 요구했다. 사무소가 거절하자 흥분해서 동료를 선동해 사무소에 난입하여 유리창과 난로를 부쉈다.

단순한 기물 손괴뿐만 아니라 집단으로 폭행을 한 사건 기록도 많이 남아있다. 「특고월보」 1943년 7월 가라후토樺太(사할린) 오도마리군大泊郡 오도마리초大泊町의 사사키조佐々木組에서 일어난 한 사건에서는, 조선인 노무 담당자가 무단으로 외출해서 일본인 관리인으로부터 주의를 받았다. 그러나 주의를 받은 일에 격분한 이 노무 담당자는 소속대원을 사주해 이 관리인에게 상해를 가한 뒤 사무소 기물을 파괴했다. 참여한 조선인은 70명에 달했다.

이러한 기록을 보면 얼마나 '노예노동'과 거리가 먼지 알 수 있을 것이다. 도노무라 마사루는 이러한 다툼에 경찰이 관여했으며 직장에서 일어난 노사 분쟁도 포함해서 조선인이 어떤 문제를 일으킨 경우에는 언제든지 탄압할 수 있는 체제를 구축해 놓았다고 말했다(도노무라 마사루『조선인 강제연행』, p.52).

그러나 1939년부터 1944년까지「특고월보」에서는 일본의 경찰이 조선인 노동자에 대하여 취한 조치는 '엄중 경고·훈계', '엄격한 타이름', '중재', '설득', '위로'이며 폭력으로 탄압한 기록은 거의 찾아볼 수 없다.

스미토모住友광업 우타시나이광업부가 작성한 문서에는 '분쟁이 일어날 경우 그 원인 및 처치'라는 항목을 마련해서 조선인 노동자가 분쟁을 일으켰을 때는 경찰 당국과 연락해서 말로 타이르고 훈계하도록 명기하고 있다. 다만 사건 주동자와 선동분자에 한해서는 상당한 기간 동안 경찰에 구류해서 처분한다고 되어 있다(나가사와 시게루 편『전시하 강제연행 극비 자료집』제2권, p.101).

그 뿐만 아니라 조선인 노동자가 경찰관에게 폭행을 가한 사건도 여럿 확인할 수 있다. 일례로 1943년 5월 후쿠오카현 가호嘉穂군 닛테쓰후타세日鉄二瀬광업소 우루노潤野탄광에서 일어난 분쟁 사건을 소개해보겠다. 숙소로 돌아가던 조선인 노무자 세 사람이 만취한 상태로 길바닥에서 큰 소리로 노래를 해서 관할서 순사가 주의를 줬지만 이들 세 명은 이 순사를 폭행하고 도주한다. 순사는 부근 부락민의 도움을 얻어 이들을 추적했고, 조선인 기숙사 앞에서 한 사람을 검속檢束하려 했으나, 갱내 회관에서 영화를 보던 동료 조선인 65명이 이 소리를 듣고 몰려와서 순사와 부락민을 습격했고, 부락민 4명에게 중경상을 입혔다. 후쿠오카현은 조선인 53명을 서에 검속하여 진압하고 그 중심 분자를 상해죄로 취조했다.

조선인 노동자가 집단으로 일본인 경찰관을 폭행한 일은 결코 보기 드문 일이 아니었다. 1944년 11월의 「특고월보」 60쪽에는 경찰의 소감이 실려 있었는데 당초에는 사소한 일로 발생한 분쟁이 발전해서 "결국 경찰관에 대한 집단 폭행을 감행"하기에 이른 사건이 발생했다고 기록되어 있다.

필자가 조사한 바로는 1939년 무렵은 경찰의 설득에 따라 쟁의 문제가 당일에 해결된 사례가 많았다. 그러나 1942년 무렵부터 경찰의 설득에 응하지 않고 다시 폭동을 일으키는 사례가 증가한 듯 하다. 단순히 건수가 증가했을 뿐만 아니라 폭력성이 증가하는 경향도 보인다.

종전이 가까워짐에 따라 일본인 노동자는 줄어들고 조선인 노동자는 증가했다. 인원수에서 유리해진 조선인 노동자는 더욱 대담하게 행동할 수 있게 되었을 것이다. 일본인 경찰관은 조선인 노동자에게 폭행을 당해도 폭력에 의한 진압은 하지 않고 대부분의 경우에는 설득하고 달래는 데 힘썼다.

### 조선인 노동자의 강간 사건

또 놀랄 만한 일로 「특고월보」에는 조선인 노동자에 의한 불륜 사건이 '시국 범죄'로서 적지 않은 사례가 소개되어 있다. 그중에는 강간 사건으로 기록된 것도 있으며 이는 탄광에서도 발생했다.

「특고월보」 1940년 7월분에서는 홋카이도 미쓰비시 비바이美唄광업소의 숙소 안에서 남편이 출정出征 중인 부녀자(남편은 이 탄광의 광부)와 조선인 노동자가 불륜을 저지른 사건을 소개하고 있다. 이 여성이 통역을 담당하는 조선인과 밀담을 나누는 것을 질투한 조선인 노동자는 밥을 짓는 중에 방문해서 질투심에 눈이 먼 나머지 취사용 식칼로 이 여성의 복부를 찔러서 즉사시켰다. 그대로 통역 담당 조선인도 살해하려고 했지만 미수에 그치고 도망쳐서 관할서가 수색한 결과 산속에서 발견해 검거했다고 한다.

1943년 3월분에서는 '이입 조선인 노동자의 풍기 문제'로 후쿠시마현 이와키石城군 이와키磐城탄광 주식회사 광업소 외 세 군데의 사례가 소개되어 있다. 그 내용에 따르면 그 시점에 이입 조선인 노동자는 4,179명이었으며, 휴일에 인근의 요릿집에서 유흥을 즐기려고 했는데 집요함과 불결함 때문에 유흥을 거부당한 적이 있었다고 한다. 그 일로 일본인 부녀자를 대상으로 추행을 계획하거나 출정자 아내와 불륜 관계를 맺는 일이 있었고 그 외 일본인 부녀자와의 부정 사건이나 강간 사건 등이 모두 적지 않게 일어나는 상황이라고 명기되어 있다.

그 시기 표면에 드러난 사례(1939년 10월부터 1942년 8월까지) 중 13건을 검토하면 강간 2건(고소 사건으로 번진 것은 1건), 출정자 아내와의 간통 3건(고소 사건으로 번진 것 2건, 징역에 처한 것 1건), 과부와의 부정 3건, 기혼 부녀자와의 부정 4건, 미혼 부녀자와의 부정 1건이었다고 한다.

이러한 풍기 문제는 남자와 같은 직장에서 일하는 부녀자가 존재했기 때문인데, 교태를 부려서 환심을 사거나 불우한 과부에게 금품을 주고 동정하는 것처럼 가장하고 농락해서 결국 동거에 이르는 사례 등이 증가하는 경향에 있다고 기록되어 있다. 일본인 여성에게 금품을 선물로 줬다는 것은 조선인 노동자가 상당한 액수의 급료를 벌고 있었다는 것을 증명하는 것이 아닐까? 후쿠시마현 특고과에서는 그들의 동향을 감시하며 지도 단속을 강화하는 한편, 일본인 부녀자의 소행에도 유의하며 모든 불화를 미연에 방지하기 위해 힘껏 노력 중이라고 했다.

1944년 2월분에는 강간 사건이 소개되어 있다. 이입 조선인 노무자가 출정자 아내와 알고 지내다 불륜 관계를 강요하지만 이 아내는 거절했다. 탄광의 공휴일을 이용해 이 아내를 영화 관람에 불러냈고 돌아가는 길에 휴게소에서 쉬던 중 갑자기 이 여성을 넘어뜨리고 강제로 불륜관계를 맺었고, 그 후 십여 차례에 걸쳐서 불륜을 계속 저질렀고 결국 이 아내는 임신했다고 한다. 관할 경찰서는 그 인물을 검거해 취조한 결과 전시 형사 특별법 제17조 위반으로 관할 검사국으로 송국送局했다.

'노예노동'의 증거로 오랫동안 소개되어온 「특고월보」이지만, 조선인 노동자가 일으킨 불륜 사건이나 강간 사건은 지금까지 주목되지 않았다. 제대로 읽으면 조선인 노동자가 피해자가 아니라 가해자였던 측면도 볼 수 있는 것이다.

# 4 조선인 노동자의 도망

### 도망의 이유

도노무라 마사루는 1940년 8월에 실시된 어느 일본 재벌 기업 그룹의 노무 담당자 좌담회에서 조선인 노동자에 대해 주택 주위에 보초 같은 사람을 세우거나 경우에 따라서는 철조망을 쳐서 엄중히 관리했다는 발언이 있었다고 지적하고 있다. 이를 통해 1940년이라는 노무 동원 초기 단계부터 인권을 무시하는 감시, 관리가 대기업에서도 실시되었다고 도노무라 마사루는 강조하고 있다(도노무라 마사루 『조선인 강제연행』, p.64).

보초나 철조망은 도망 방지의 일환이다. 도노무라 마사루는 탄광 노동에 대한 공포나 대우에 대한 불만 때문에 조선인 노동자가 도주하는 사례가 많았다고 분석하고 있다. 조선 농민에게 일본의 직장(탄광)은 매력적인 것이 아니었으며, 열악한 직장이라는 정보가 꽤 침투해 있었다는 고찰을 하고 있다(p.150).

그러나 도노무라 마사루의 고찰에는 중요한 관점이 빠져있다. 첫째로 노무 동원을 이용해 일본에 오려고 계획한 조선인이 있었다는 점이다(1장 니시오카 논문 참조). 1940년도 스미토모광업 우타시나이 광업부 '이입 반도 광부 가동의 실정 및 장래에 이입할 수 있는 전망에 관한 보고'에서는 단순히 일본 도항 수단으로 탄광 모집에 응모하는 사람들이 있음을 문제시 하고 있다(나가사와 시게루 편『전시하 강제연행 극비 자료집』제2권, p.9).

이는 2년의 노동 계약을 끝내기 전에 탄광에서 도주하여 임금이나 노동 환경이 더 좋은 직장으로 이동하는 것이다.

마찬가지로 1942년 6월, 홋카이도 경찰부 특별고등과의 문서에서는 도항 허용자의 씨명을 사칭해서 도항하는 사람을 상당수 발견함에 따라 주의하고 있다고 기록하고 있다. 또 조선인 노무자의 경향으로 대부분은 당초부터 정착해서 일할 의사가 없고 계획적인 행동으로 인정할 수 있는 사람이 많기 때문에 매우 주의해야 한다고 기록해 놓았다(나가사와 시게루 편『전시하 강제연행 극비 자료집』제1권, p.5).

실제로「특고월보」의 데이터에서는 도망의 가장 큰 이유가 1940년 8월부터 '선동권유', 즉 다른 직장에서 권유받아서 이직하기 위한 도주로 되어 있다. 2위가 '갱내 작업(갱도에 들어가 석탄을 캐는 일)에 대한 공포', 3위가 '계획적 도항(처음부터 도망을 계획한 도항)'이다. '선동 권유'와 '계획적 도항'은 조선에서 출발하는 시점에 도망을 계획했느냐의 여부에 차이가 있으며 최종적인 동기와 행동은 같다. 조선으로 돌아간 것이 아니라 일본 내에서 이직한 것이다. 또 2위 '갱내 작업에 대한 공포' 사례에서도 목적지(이직처)가 있었기 때문에 도망쳤다고 생각하면 상당 부분이 '선동 권유'와 겹치지 않았을까 생각된다.

'갱내 작업에 대한 공포'라는 사정도「특고월보」를 보면 반드시 '열악한 노동 환경'에 기인하는 것은 아닌 사례를 여기저기서 볼 수 있다. 예를 들면 1938년 11월 8일 홋카이도 소라치군 우타시나이무라 스미토모 우타시나이광업소에서 일어난 쟁의에 대하여 다음과 같은 기록이 있다. 김유식이 반장인 것을 핑계삼아 갱내 작업을 꺼린다고 하면서 "나는 이제 와서 갱내에 들어가 노동을 해야 할 정도라면 그냥 조선으로 돌아가겠다"고 회사 측에 말한 것이다(박경식 편 『재일조선인 관계 자료 집성』[산이치쇼보, 1976년] 제4권, p.1,125). 같은 해 10월 23일, 이와미자와岩見沢 신호로나이新幌内광업소에서는 이영미, 김진필이 갱내 작업에 공포를 느끼고 입갱入坑을 거부했다.

일본 노동과학연구소의 조사에 따르면 처음 취업한 조선인에게 편한 일을 시키면 그 후에는 위험한 일(석탄 캐기 등)은 하고 싶지 않아 했다고 한다('반도 노무자 근로 상황에 관한 조사 보고', p.44).

이런 사례를 보면 단지 '갱내 작업은 위험하다고 하니까, 들어가고 싶지 않다'는 생각 때문에 갱내에 들어가기를 거부했던 것으로 생각된다. 확실히 위험이 따르는 일이지만 그것으로 '열악한 노동 환경'이라고 정의하기에는 무리가 있을 것이다. '갱내 작업에 대한 공포'와 그와 비슷한 요소가 포함되며 갱내 작업은 위험이 따르기 때문에 하고 싶지 않다고 생각하여 도주에 이르는 사례도 있다고 생각하는 편이 나을 것이다.

또한, 일본 기업의 자료를 조사해보며 외출을 인정해주는 것을 역이용한 조선인 노동자의 과감한 도망이 확인된다. 1941년 3월 19일자 홋카이도 데시오군 도요토미무라의 닛소 데시오광업소장이 삿포로 광산감독국, 왓카나이稚内 국민직업지도소, 데시오 경찰서에 보낸 편지에는 다음과 같은 글이 쓰여 있다. 조선인 노동자가 병 때문에 휴양한다고 하면서 3월 15일에 도요토미온천으로 향했는데 돌아와야 하는 날짜가 지났음에도 아직까지 돌아오지 않는 것을 보니 도주한 것이 아닌가, 라는 것이다. 또한 도망친 것 같다는 노동자는 30엔을 갖고 있었다고 한다(나가사와 시게루 편 『전시하 강제연행 극비 자료집』 제1권, p.208).

또한 닛소 데시오광업소장이 삿포로 광산감독국, 데시오 경찰서에 보낸 편지(1941년 12월 3일자)에서는 10월 24일 오전 10시 무렵에 도요토미 시내에 장을 보러 간다며 외출한 뒤 돌아오지 않는 조선인 노동자가 있었다는 것이 보고되었다. 노동자는 70엔 정도를 갖고 있었다고 한다(p.295).

조선인 노동자의 도주는 1939년 모집 도항 시부터 문제가 되었다. 모집 노무자 중에서 일시 귀향하는 사람의 수가 증가하는 시기가 있는데 어머니나 가족의 병이 위독하다며 일시 귀선歸鮮한 후 기간이 지나도 돌아오지 않는다는 보고서가 올라와 있다. 회사로부터의 조회에도 아무런 대답도 하지 않고 미리 가족과 상의해서 구실을 만들어 귀향을 계획한 것이 아닐까, 하고 회사 측은 추측했다. 이 방법(가족의 위독)을 사용하면 쉽게 귀향을 구실로 현장을 떠날 수 있다고 생각하는 사람이 있는 것 같다고 하는 기업 측의 고뇌를 엿볼 수 있다(p.231).

몇 년 후에는 한층 더 규모가 큰 도망이 발생했다. 닛소 데시오광업소 사업대리인이 1943년 7월 18일에 작성한, '도주 반도인 노무자 인도방법 청원'에 기록되어 있는 사건을 소개하겠다.

알선으로 들어온 닛소 데시오광업소 광부가 1942년 8월에 도주했다가 발견됐는데, 같은 해 9월에 다시 도주해서 단노구미丹野組의 취사부로 취로 중인 것을 발견했다. 닛소 데시오광업소 사람을 파견해서 거래 협상을 했지만 계약 기간이 끝나지 않았다며 단노구미는 인도를 거부했다. 닛소 데시오광업소는 조선인 노동자가 도주한 죄를 너그럽게 넘긴 것이 원인으로, 도주자를 다시 유발하게 될 것이라고 경계하고 있다. 나중에 단노구미로 도주한 조선인 노동자가 몰래 닛소 데시오광업소 광부에게 수차례 연락해서 몇 사람을 더 이동시킨 사건이 발생했다(p.320).

### 조선인 노동자의 염치없는 도망

「특고월보」에도 조선인 노동자의 집단 도망이 기록되어 있다. 1942년 11월분에 도야마현富山県 니가와군新川郡 미치시타촌道下村 닛폰카바이트 주식회사 어유魚油공장에서 일하던 조선인 노무자(총 93명) 중에서 대장, 반장 등 15명이 집단 도주 계획의 주모자가 되어 서로 연락하며 대원을 선동하고 뜻을 모으는 데 분주했으나 도야마현 특고과에 탐지됐다.

취조 결과, 구체적인 선동 권유 협의 내용이 판명됐다. 이곳에서 도주해 자유노동자가 되면 일당 5엔은 보통이고 장소에 따라서는 10엔도 받을 수 있다. 도주하려면 적어도 각자 5엔 이상을 준비해야 하므로 저금을 찾아서 미리 갖고 있어야 한다. 매달 27일이 정산일이니 그 전날인 26일은 지도원이 '내일은 정산일이니까 도망치지 않는다'고 생각하므로 26일이 절호의 도주일이다. 만약에 26일에 결행하지 못할 경우에는 정산일 다음날에 도주해야 한다. 이 경우 지도원은 '대원이 저금도 했고 송금도 했으니 도망칠 일은 없다'고 생각하기 때문이다. 도주하는 도중에 경관에게 잡혀도 경관은 우리를 절대 죽이지 않으니 조금도 걱정할 필요 없다. 길어야 한 달 안에 본적지로 송환되는 것이 고작, 이라는 이야기다.

이 자료를 통해 조선인 노동자가 자유롭게 도망 사건을 일으켰음을 알 수 있다. 경찰에게 잡혀도 죽을 염려가 없고 조선반도로 송환될 뿐이라는 말이 흥미롭다. 다시 말해 도주의 목적은 조선으로 돌아가는 것이 아니라 일본의 다른 직장으로 옮기는 것이다. 또 일본의 경찰이 폭력을 휘두르지 않는다는 사실을 조선인 노동자 자신이 이해하고 있었던 것이다.

도망의 이유로 가장 많은 것은 다른 직장으로의 이직이었다. 탄광 노동에 대한 공포와 대우에 대한 불만, 열악한 노동 환경에 따른 것이 아니었다. 도노무라 마사루는 보초나 철조망을 조선인에 대한 인권 침해라고 설명했는데, 일본 노동과학연구소의 조사에 따르면 1941년 시점에서 2년의 노동 계약 기간이 끝나기 전에 탄광에서 도주하는 조선인 노동자가 놀랄만큼 많았다는 사실이 판명됐다. 곳에 따라서는 계약 기간 만료 전의 도망, 퇴사가 60퍼센트에 달할 정도였다. 결국 조선인 노동자에 대한 감시는 많은 인원이 도망가지 못하도록 하기 위한 일본 기업의 대책이었다.

일본 노동과학연구소의 조사에서는 직장의 구매부에서 구입한 일용품을 되팔아서 도주 자금으로 삼은 사람이 있었다는 보고도 나와 있다. 그래서 이전에는 조선인 노동자의 물품 구입에 간섭하지 않던 광업소도 2천 엔이 넘는 물품은 허가제로 하는 등 구매를 간섭하며 필요한 물건만 구입하게 했다고 한다('반도 노무자 근로 상황에 관한 조사 보고', p.154). 급료일에는 현금으로 10엔 이상 주지 않고 나머지는 저금, 송금하게 했다.

## 5 1차 자료가 보여주는 조선인 노동자의 대우

### 일본 기업의 노력

마지막으로 『전시하 강제연행 극비 자료집』에 수록된, 일본 기업이 작성한 자료를 소개하며 당시 조선인 노동자의 대우를 고찰하기로 한다.

도노무라 마사루는 조선인 노동자들은 일반 일본인 민중에게도 따뜻한 대응을 받았다고는 하기 어렵고, 반대로 그들은 경계해야 할 이질적인 존재로 취급되었다고 주장한다(도노무라 마사루 『조선인 강제연행』, p.98).

그러나 일본 기업은 조선인 노동자가 조금이라도 환경에 잘 적응할 수 있도록 여러모로 배려했다. 스미토모광업 우타시나이광업부에서는 1940년도 시점에서 무료 공동욕장을 마련했다. 복리 시설에 관해서는, 회사 직영 병원을 완비하여 약값은 시가의 3분의 1이며 종업원은 무료로 진찰을 받을 수 있었다. 요양소도 설치되고 태양등 욕실, 약탕 욕장, 일광욕실, 요양실을 전무 무료로 사용할 수 있었다고 한다

(나가사와 시게루 편 『전시하 강제연행 극비 자료집』 제2권, p.23).

마찬가지로 1940년 8월 25일자 문서에서는 오락이나 위안으로 탁구, 철봉 설비 외에 바둑판, 장기판, 라디오, 축음기, 소설, 잡지류를 갖췄다고 기술되어 있다. 때로는 영화회 또는 아마추어 연예회를 개최했으며(〈사진 3〉, 〈사진 4〉 참조) 반도인 전용 요정이 교외에 열려서 티켓 제도로 이용하게 했다고 한다(p.100). 그밖에도 이발실을 마련해서 위생에 관해서는 특히 가능한 최대한의 설비를 마련하여 가정적인 환경을 제공하려고 하는 일본 기업의 노력을 엿볼 수 있다.

비슷한 것을 닛소 데시오광업소의 문서에서도 확인할 수 있다. 1944년 8월 '이입 반도 노무자 취급 요강'에서는 조선 장기, 조선 악

〈사진 3〉 '반도 광부 위안 영화회 개최의 건'
포스터에 한글을 사용했다. 스미토모 신新우타시나이광업소와 우타시나이광업소. 제작연도는 기재되지 않았다(나가사와 시게루 편 『전시하 강제연행 극비 자료집』 제3권, p.156).

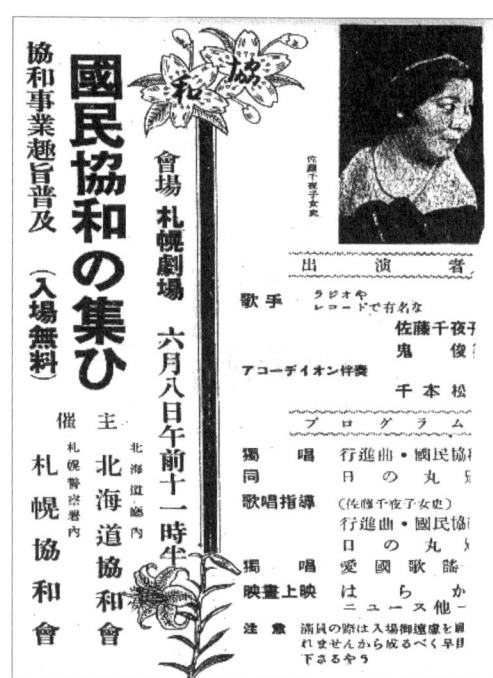

〈사진 4〉 협화회協和会 주최 반도 전사 위안회 개최의 건
스미토모 신新우타시나이광업소와 소라치광업소 공동 주최. 1942년 6월 2일(나가사와 시게루 편 『전시하 강제연행 극비 자료집』 제3권, p.181).

기, 라디오, 신문 등을 상비했으며 때로는 영화회, 초보자 연주회 등을 열며 조선인 노동자를 위안했다. 반도인 전용 요정도 있었고 공휴일에는 근처에 온천탕이 있어서 그곳에서 휴양할 수 있었다(p.177).

일본이 조선인 노동자를 노예처럼 부렸다고 한다면 왜 이 정도로 알찬 설비를 마련했을까? 그들은 도노무라 마사루가 지적하는 "경계해야 하는 이질적 존재"로서가 아니라 조선반도에서 바다를 건너와 준 귀중한 노동력이었던 것이다. 그들이 일본으로 건너오지 않았다면 일본은 전쟁을 계속하기 위한 연료와 부품을 생산하지 못하게 된다. 일본 기업은 전시 하의 산업 상황을 이해하고 있었기 때문에 조

| 內地語 | 半島語 | 內地語 | 半島語 | 內地語 | 半島語 |
|---|---|---|---|---|---|
| 發破 | ナンポ | トメ.坊主 | トンヴア | ス コ | |
| ノコ(鋸) | ト | 鑢ハシ | モツケン | タ ガ ネ | |
| 矢 木 | ズグナム | 火 藥 | ヤ | クサビ(楔) | 等ニ相違ス |
| レ ー ル | チョーン | 水 | ム ル | パツキング | ル語ナシ |
| 寸法木 | ハ ガ リ | | | ネ ツ ブ ル | |
| ホ ー ス | コ モ | | | ガウセ(レール)) | |
| ト ロ | クルマ | | | スコツプ | |
| 枠 | ト メ | | | カツチヤ | |
| 常 用 語 ||||||
| 搜 檢 | クムサハンダ | 待ツテ來イ | カヂユオーソ | 乘 レ | タ ラ |
| 通行禁止 | カヌアンデンダ | 仕事始メ | イールヘーラ | 醉 リ ヨ | ニ ク テ |
| 係 負 | カンドン | 仕事止メ | コマンテユーチヤ | 歸イテ來イ | オ ン ラ |
| 現 場 | イールカン | 行 ケ | カ グ ラ | 引ツパラ | デエンギラ |
| 賃 金 | トンブーリ | 退 メ | テユトオンナ | 離 セ | マルヘーラ |
| 坑內係員 | クールカンドン | 集 レ | モ トンナ | 閑 ケ | ムルパーラ |
| 公 休 日 | ノンダ | アンチヘ行ケ | チユレカタテ | グスグスンナ | セギヘーラ |
| 煙草喫ムナ | タンベブーナ | 危 イ | ウツテユルダ | 一生懸命セヨ | プチレヘーラ |
| 風呂ニ入レ | モンカンヘーラ | 此處掃レ | ユゲバラ | 休 メ | ノ ラ |
| 鹽 登 | ペムモグラ | 切 レ | カ ー ヨ ラ | 蒸プセヨ | チユレヘーラ |
| 便 所 | チユンチヤン | スダ諸レ | ウルモンテ | 前 ヘ | チユテオンナ |
| 水 マケ | ムルテユーラ | 一杯ニナツタガ | ハングルマデタ | 押 セ | ミルラ |
| 取ツテクレ | テユグトコ | 此處ヘ來イ | ユゲオンナ | 後 ヘ | テオーカラ |

〈사진 5〉 훈련, 지도
'톱', '통행금지' 등에 대응하는 조선어를 일람표로 만들었다. 우타시나이광업부. 1939년 9월 26일
(나가사와 시게루 편『전시하 강제연행 극비 자료집』제2권, p.63).

선인 노동자의 환경을 마련해 생산성을 높여 주길 바랐던 것이다.

스미토모광업 우타시나이광업부는 조선인 노동자들이 도착하면 직원은 가능한 한 사업소 앞에 나와 맞이하고, 과자를 나눠줬다. 일본어에 익숙하지 않은 사람을 위해서 필요사항은 반도어(〈사진 5〉 참조)로 게시판에 게시했다(나가사와 시게루 편『전시하 강제연행 극비 자료집』제2권, p.62).

닛소 데시오광업소에서도 조선인 노동자가 도착할 때는 일본인 대표 노무 관계 담당 광부가 맞이하며 회식이나 간담회를 열었다는

기록이 남아있다(p.277). 도노무라 마사루도 거대 탄광에서는 유명한 가수와 조선인 극단을 초대한 위문 공연을 했다고 인정하고 있다. 그러나 동원된 조선인은 폭력을 동반한 억압적인 관리였다고 증언한다. 도노무라 마사루는 최종적인 평가로서 복리후생이나 안전대책, 임금을 비롯한 노동조건의 개선을 도모해서 노동력을 모으고 숙련된 노동자를 잔류시키는 시책을 일본 측은 펼치지 않았다고 단언하고 있으나(도노무라 마사루『조선인 강제연행』, p.226), 이는 앞서 살펴본 사실에 반한다고밖에 할 수 없다.

### 조선인 노동자 가족에 대한 대응

또한 일본 기업이 조선반도에 두고 온 노동자의 가족에 대응한 방법도 자료로 남아있다. 도노무라 마사루는『조선인 강제연행』에서 조선인의 노무 동원 결과 조선반도에 남은 가족이 난처한 사태에 빠졌다고 설명하고 있다.

예를 들면 내무성 관리국의 조선반도 지방행정 상황 조사에서 1944년 6월에 출장한 직원이 노무 동원 실정을 기록했다. 거기에 일본으로 간 노동자 가족의 어려운 상황이 묘사돼 있다. 동원된 노동자 급여의 송금은 "도주 방지책으로서 저금의 반강제적 실시와 사실상 지출 금지 등의 대책이 있어서" 충분히 이뤄지지 않았다고 기록되어 있었다. 경상북도에 사는 63세 여성이 자식으로부터 연락도 없고 돈도 못받고 있다는 보고도 있었다(도노무라 마사루『조선인 강제연행』, pp.181-182).

다만 도노무라 마사루가 인용한 자료는 1944년 6월이었는데 그와는 반대의 사실을 증명하는 자료도 있다. 일본 석탄통제회石炭統制会 동부지부 문서 중에는 '기간 만료 이입 조선인 노무자 지도 요령'이라는 자료가 있다. 작성 연월이 적혀 있지는 않지만 1945년도 문서 속에 담겨 있던 점에서 미루어 1945년에 작성했다고 추정한다. 이 요령에는 다음과 같은 문장이 있다.

> 사업주로부터 노무자에게 지급해야 하는 별거수당, 가족수당 지급 및 조선반도 내 가족에 대한 송금을 확보하기 위해 조선노무동원원호회에서 조처해야 한다. 조선반도에 있는 노무자의 가족에 대한 생활비 송금을 확보하기 위해 일정 금액을 조선 내 가족에게 조선노무동원원호회에서 대체 지급할 것.(나가사와 시게루 편 『전시하 강제연행 극비 자료집』 제4권, p.225)

전쟁 상황이 악화되고 조선반도로 돈을 보내기 어려워진 것에 대한 대응책으로 생각할 수 있다. 일본 석탄통제회 동부지부가 발행한 자료에 입각해서 본다면, 이러한 대책은 일부 광업소만 실시한 것이 아니라 일본의 탄광회사 전체에서 이뤄졌다고 판단해야 할 것이다.

실제로 일본 석탄통제회 홋카이도 지부장이 닛소 데시오탄광의 탄광장에게 보낸 편지가 남아있다. 1945년 7월 24일자 '기간 연장 이입 조선인 노무자의 조선 내 가족 위문에 관한 건'에서는 업자가 지급한 조선인 노동자 가족에 대한 위문금을 빨리 송금하도록 지시하는 내용이 담겨 있다. 위문금은 한 가족당 2백 엔으로 하며 1945년 4월부터 6월 중에 계약 기간을 연장한 노동자의 가족이 대상이었다(제1권, p.356).

일본의 탄광회사는 송금을 추천했다. 『석탄 광업 광부 충족 사정의 변천』의 20쪽에서는 모시리광업소 노무과의 오오타 후미오太田文雄 총무계장이 송금은 회사에서 강제적으로 시켰다고 말하고 있다. 당시 송금액은 50엔에서 80엔 정도까지였으며 고향에 송금하는 것이 그 광산의 선전도 되었다고 한다. 직접 가족에게 송금하는 것이 아니라 면장 앞으로 보내서 당신의 아들이 보내온 돈이라고 하며 가족에게 건네줌으로써 선전이 된 모양이다.

오오타 후미오의 말은 여러 가지 자료로 입증할 수 있다. 예를 들면 스미토모광업 우타시나이광업부에서 1940년 8월 15일에 작성한 된 '이주 조선인 노동자에 관한 조사 개요'에 다음과 같은 지시가 나와있다. 즉 저금 및 송금은 최대한 장려하고 특히 부양가족이 있는 사람에게는 될 수 있는 한 송금하게 했다. 저금은 규약規約 저금으로, 수입의 5퍼센트를 매달 공제하는 것을 원칙으로 한다고 되어 있다(제2권, p.39).

조선에 조사하러 간 내무성 관리국 직원은 송금이 제대로 이뤄지지 않았다고 보고하고 있다. 반강제적인 저금과 사실상 지출 금지를 이유로 들었는데, 적어도 송금 자체를 장려했기 때문에 회사가 의도적으로 송금을 방해했다고 생각하기는 어렵다. 자식에게서 연락도 없고 송금도 받지 못한 63세의 조선인 여성의 경우에는 일본에서 일하는 조선인 노동자에게 개인적인 문제가 있었을 수도 있다.

도노무라 마사루의 주장과는 반대로 노동자 가족이 부유해졌다는 이야기도 있다. 모시리광업소의 오토사카 도라오乙坂虎夫는 일을 잘하는 사람은 2년 정도 만에 가족이 '양반' 부자가 되었다고 발언하고 있다. 당시 조선에서는 송아지가 한 마리에 50엔 정도였다. 이를 다른 사람에게 한 달 정도 빌려주고 대여금을 받으면 부자가 될 수 있다. 순직자는 당시 2,500엔에서 3,000엔 정도를 받았으며, 면장은 그 금액 중에서 일부를 소를 구입하는 데 쓸 것을 권했다. 당시 소를 가진 농가는 거의 없었기 때문에 다른 사람에게 임대해주는 소를 구입하는 것을 추천했다고 한다(『석탄 광업 광부 충족 사정의 변천』, p.20).

아무튼 조선반도의 노동자 가족에게 보내는 송금 지원 지시가 대대적으로 내려진 이상, 도노무라 마사루가 주장하는, 남겨진 가족들의 곤궁 문제는 재고찰할 필요가 있을 것이다.

그밖에도 다양한 문서가 수록되어 있는데, 이러한 자료들이 도노무라 마사루에 의해 전시하 강제연행의 증거로서 소개되고 있는 것이다. 이래서는 조선인 전시 노동자에 관한 문제를 올바르게 인식할 수 없다.

## 6 결론에 대신하여

이상, 일본에서 오랫동안 '상식'으로 받아들여져 왔던 조선인 '강제연행'과 '노예노동'이라는 학설의 근거가 얼마나 취약한지를 설명했다. 근본적인 원인은 박경식이 1965년에 출판한 『조선인 강제연행의 기록』에 대하여 일본인 연구자가 오늘날에 이르기까지 학술적으로 검증을 하지 않았기 때문일 것이다.

박경식의 주장을 비판없이 받아들이고 전시 중에 일본이 조선인의 인권을 유린한 듯한 자료만 참조해 '강제연행'과 '노예노동'에 불리한 자료는 모조리 은폐해 왔다. 그 여파가 2018년 한국 대법원 판결로 이어져 일본과 한국 사이에 불화를 가져왔다.

그들은 '강제연행'과 '노예노동'을 부정하는 자료를 강제연행, 노예노동의 증거로 삼아 자료집에 수록하고 있다. 자료가 보여주는 내용과는 정반대로 해설해서 잘못된 조선인 전시 노동자상을 현대인에게 심어왔던 것이다. 이 글에서는 '강제연행'이나 '노예노동'의 증거로 기존에 소개되어온 「특고월보」에 그런 설을 부정하는 기술이 많다는 것을 밝혀냈다.

1939년부터 시작하는 조선인의 일본 도항은 인도人道 문제와는 관계가 없다. 1944년부터 시작한 징용은 전시 동원이며 전시 법규로 인정된 행위다. 그러나 일본 기업이 당시 작성한 동원에 관한 지시서 중에 조선인을 정중히 대하라는 취지를 기록한 문서가 확인된 이상, 폭력을 동반하는 노동 동원이 일반적이었다고 생각하는 것은 경솔하다. 또 관련 증언에 관해서는 최석영이 지적하듯이 증언자나 듣는 사람의 사회적 배경과 동기까지 확인해서 신중하게 다뤄야 한다. 필요하면 증언 내용도 검증해야 할 것이다.

조선인 노동자를 맞이한 일본 기업은 그들이 타국에서도 쾌적하게 지낼 수 있도록 복리후생과 시설을 준비했다. 폭력으로 조선인 노동자를 억압한 것이 아니라, 경우에 따라서는 오히려 조선인 노동자야말로 폭력 사건을 일으킬 때가 있었다. 1차 자료를 자세히 조사하면 그 점은 명백하다.

일본의 수많은 미디어가 보도하는 '징용공' 문제, 즉 조선인 전시 노동자 문제는 과거의 한쪽에 치우친 학설에 기반해서 다뤄지고 있는 것이 대부분이다. 하지만 조선인에 대한 '강제연행'과 '노예노동'이란, 결국 학술적 근거가 부족하고 역사적 사실이라고 볼 수 없다는 점을 많은 일본인들은 인식해야만 한다. 또한 일본의 연구자들은 과거의 자료를 다시 문제 삼아서 자료 내용을 재검증해야만 한다.

# 2부

## 전쟁 후의 전개(1) – 일본

## 3장
▼

**조선인·중국인 '강제연행' 운동사**

카츠오카 칸지 勝岡寬次

## 들어가며

'강제연행'이라는 용어를 지금이야 예사롭게 사용하지만, 이 용어는 전시戰時 중에는 없던 용어라고 해도 좋다.

따라서 '강제연행'이라는 용어의 출처, 그리고 이 용어를 사용하기 시작한 경위에 관해서 그 자체가 연구 대상일 수 있겠지만, 여기서는 조선인·중국인 노동자의 전시 노무 동원을 둘러싼 역사인식 문제에 얽힌 '강제연행'이라는 용어가 전쟁이 끝난 후 어느 시점에서 부상하여, 또 어떻게 일본 국민 각층에 침투했는지 그 점을 밝히고자 한다. 그런 의미에서 이 논문이 대상으로 하는 '강제연행' 문제의 기원이란, 운동사적인 관점에서 본 기원이지 전시 징용을 언제, 어떤 형태로 시작했는가 하는 의미의 '기원'은 아니다. 또한 위안부 '강제연행' 용어의 기원에 관해서는 이미 수많은 선행 연구로 밝혀진 부분이 있어서(예를 들어, 하타 이쿠히코秦郁彦『위안부와 전쟁터의 성慰安婦と戦場の性』[신초샤新潮社, 1999년])(한국에서는 2022년도에 미디어워치 출판사에 의해 같은 제목으로 한국어판이 번역 출간되었다. - 옮긴이) 기본적으로 이 논문에서는 다루지 않는 것을 양해해주기 바란다.

## 1 중국인·조선인 '강제연행' 문제의 기원

'강제연행'이라는 용어가 전시 중에 사용된 '징용'이라는 용어를 대신하게 된 것은 대체 언제부터인가.

이에 관해서는 재일 한국계 학자인 정대균鄭大均의 선행 연구가 있다(『재일·강제연행의 신화在日·強制連行の神話』[분슌신쇼文春新書, 2004년]). 그 내용에 따르면 '중국인 강제연행'에 관한 논의는 이미 1950년대 중반부터 있었다고 하는데, '조선인 강제연행'이라는 용어가 처음 출현한 것은 잡지 「세카이世界」의 1960년 9월호에 실린 후지시마 우다이藤島宇内의 기사 '조선과 일본인 – 극동의 긴장과 일·미 제국주의'에서라고 한다. 후지시마 우다이는 이 기사에서 같은 해 5월호의 「세카이」에 게재된 '전시하에서의 중국인 강제연행 기록'에 대해 다루면서 "강제연행은 중국인에 대해서만 이뤄진 것이 아니라 조선인에게 더 큰 규모로 장기간에 걸쳐서 이뤄진 범죄"라고 썼다.

따라서 '강제연행'이라는 용어가 탄생한 것은 1950년대 후반, 또는 1960년 전후라는 뜻인데, 조선인에 한해서 말하자면 역사인식 문제로서 '조선인 강제연행'의 기원은 1965년에 박경식이 쓴 『조선인 강제연행의 기록』이라는 책일 것이다. '강제연행'을 운동으로 추진하는 사람들에게는 이 책이 일종의 '바이블'이며 오늘날에도 '금자탑'으로 높이 평가를 받고 있다.

그러나 이 책 때문에 즉시 '강제연행'이라는 역사인식이 일반화된 것은 아니다. 정대균에 따르면, "마침내 1980년대에 들어서 일본의 대중매체가 제2차 세계대전 중 일본의 국가 범죄를 말하고 재일 한국인에 대한 차별 문제를 말하게 되자 '강제연행'이라는 용어가 갑자기 대중화된 것이다. [중략] 그 길잡이 역할을 담당한 사람 중에는 좌파 계열의 사람들이 포함되며 '강제연행'이라는 용어를 널리 퍼뜨린

것은 그들이다."(정대균『재일·강제연행의 신화在日·强制連行の神話』, p.120)

그래서 이 점을「아사히신문」의 데이터베이스로 확인하고자 '강제연행' 키워드가「아사히신문」의 기사 중에 어느 정도의 빈도로 나타나는지를 조사해보았다. 하지만 '강제연행'이라고 해도 중국인의 경우도 있는가 하면 조선인의 경우도 있고 또 나중에는 위안부 '강제연행'을 가리키는 경우도 있다. 따라서 각각의 기사를 세 가지로 분류해서 목록을 만든 것이 〈표 1〉이다.

다만 기사 수가 방대해서 표제로 판별할 수 있는 것 외에 여기서는 일일이 기사 내용까지 살펴보고 분류하지 않았다. 따라서 수치는 정확하지 않지만 대체적인 경향이라는 점에서 이해하기 바란다. 또한 조사 시기도 '강제연행' 문제의 '기원'을 찾는 의미에서 여기에서는 1950년부터 1999년까지 50년으로 한정했다.

이 표에서 먼저 말할 수 있는 것은 1950년대부터 1970년대까지 30년 동안 '강제연행'은 매스컴상에서 거의 무시할 수 있는 수준으로밖에 보도가 이뤄지지 않았다는 점이다(위의 표에서는 1950년대에 전체가 빈칸이기 때문에 기재를 생략했다). 조선인 '강제연행'이 빈번하게 보도되기 시작한 것은 1980년대 중반 이후이며 폭발적으로 보도되기 시작한 것은 1990년부터 1991년에 걸쳐서의 일이다.

위안부 '강제연행'의 보도는 1990년 이전에는 거의 0에 가깝다는 사실도 알 수 있다.「아사히신문」의 위안부 보도를 독자적인 입장에서 검증한 '독립검증위원회'는「아사히신문」의 '위안부' 기사를 분석해서 이를 '1992년 1월 강제연행 프로파간다'라고 명명한 바 있는데

(독립검증위원회의 보고서는 일본 역사인식문제연구회歷史認識問題研究会 홈페이지(http://harc.tokyo)를 참조하기 바란다.)(한국어 번역판은 『[자료집] 한국 정부와 언론이 말하지 않는 위안부 문제의 진실』[미디어워치, 2021년]이 있다. - 옮긴이), '강제연행' 기사를 분석해봐도 〈표 1〉과 같이 그때까지 0에 가까운 숫자였던 위안부 '강제연행' 기사가 1991년부터 1992년에 걸쳐서 단번에 늘어난 것을 알 수 있다.

또한 중국인 '강제연행'에 관해서는 조선인 '강제연행'보다 보도량이 훨씬 적다는 사실도 알 수 있다. '강제연행' 기사의 보도량 합계로 비교하면 '중국인 : 조선인 : 위안부 = 1 : 4 : 1'이라고 할 수 있을 것이다.

그러나 정대균도 지적했듯이 '강제연행'이라는 용어 자체는 조선인에 대한 '강제연행' 문제보다 중국인에 대한 '강제연행' 문제에서 먼저 사용됐다.

이는 400명이 넘는 희생자를 냈다고 하는 아키타현 '하나오카 사건花岡事件'(태평양전쟁 막바지인 1945년 6월 30일 하나오카 광산에서 중국인 노무자들이 가혹한 노동 조건을 참지 못하고 집단 봉기를 했는데, 중국인 노무자 986명 중 400명 이상이 봉기 이전부터의 가혹한 노동과 기아, 그리고 봉기 진압 과정에서 목숨을 잃었다고 알려진 사건이다. - 옮긴이)에 대한 보도로 일찍이 시작됐으며, 중국 측도 1953년 2월에 '중국인 포로 순국선열 위령 실행 위원회'를 발족시키고 중국 전국 각지에서의 조사를 근거로 1960년부터 1961년에 일찍이 『중국인 강제연행 사건에 관한 보고서』 전 3편으로 정리한 것에서도 나타난다.

이처럼 50년대부터 60년대 초에 걸쳐 중국인 '강제연행'이 역사 인식 문제로 가장 먼저 부상했는데, 1960년대가 되자 일한협상에 따라 조선인 '강제연행'에도 초점이 맞춰지기 시작한다. 잡지 「세카이」 1960년 5월호에 실린 '전시하에서의 중국인 강제연행의 기록'은 앞에서 말한 『중국인 강제연행 사건에 관한 보고서』 제3편 '강제연행 및 순국 상황'의 다이제스트판이지만 박경식은 이에 자극을 받아서 조선인 '강제연행'에 대한 연구에 나서기 시작한 것이다.

　　그가 처음에 쓴 책은 『태평양전쟁 중의 조선인 노동자 강제연행에 대해서太平洋戰爭中における朝鮮人勞働者の强制連行について』(1962년)라는 소책자인데, 그 3년 후 일한기본조약 조인調印 직전인 1965년 5월에 『조선인 강제연행의 기록』을 출판한 만큼, '강제연행' 문제의 '기원'은 중국인에 대한 것은 1960년 전후, 조선인에 대한 것은 1965년 전후라고 생각하는 것이 타당할 것이다.

〈표 1〉「아사히신문」으로 보는 '강제연행'(중국인, 조선인, 위안부) 사용 빈도의 시간에 따른 변화(어림수)

| 연 | 60 | 61 | 62 | 63 | 64 | 65 | 66 | 67 | 68 | 69 | 70 | 71 | 72 | 73 | 74 | 75 | 76 | 77 | 78 | 79 |
|---|---|---|---|---|---|---|---|---|---|---|---|---|---|---|---|---|---|---|---|---|
| 중 | 1 | | | | | | | | | | | 1 | 2 | | | | 1 | | | |
| 조 | | | | | 1 | | | | | | | | | 2 | 1 | 8 | | | | |
| 위 | | | | | | | | | | | | | | | | | | | | |

| 연 | 80 | 81 | 82 | 83 | 84 | 85 | 86 | 87 | 88 | 89 | 90 | 91 | 92 | 93 | 94 | 95 | 96 | 97 | 98 | 99 | 계 |
|---|---|---|---|---|---|---|---|---|---|---|---|---|---|---|---|---|---|---|---|---|---|
| 중 | | | 1 | | | 2 | | 3 | 3 | 5 | 23 | 13 | 10 | 21 | 39 | 37 | 15 | 36 | 37 | 46 | 296 |
| 조 | | 1 | 2 | 4 | 11 | 17 | 23 | 14 | 34 | 66 | 1 | 178 | 98 | 59 | 73 | 109 | 57 | 76 | 76 | 45 | 1081 |
| 위 | | | 1 | | | | 1 | | 1 | 3 | 24 | 24 | 64 | 19 | 10 | 8 | 25 | 59 | 9 | 8 | 229 |

## 2 조선인·중국인 '강제연행'에 관한 문헌 목록과 분류 카테고리의 문제

필자가 「역사인식문제연구」 제2호 및 제3호에 두 번에 걸쳐 게재한 바 있는 '조선인·중국인 강제연행에 관한 문헌목록'(이하 '강제연행' 문헌목록으로 줄인다. 분량 관계로 이 문헌목록은 이 책에 수록하지 않았다)은 이 주제에 대해 다음의 8가지 카테고리로 분류했다(괄호 안은 문헌 수).

    1 자료, 자료집(62)

    2 증언, 증언집(67)

    3 운동단체 기록, 자료(44)

    4 전시 징용 일반('강제연행', '강제노동'과는 입장을 달리하는 문헌)(109)

    5 '강제연행', '강제노동' 일반(83)

    6 조선인 '강제연행'(445)

  a 조선인 '강제연행' 일반(416)

  b 사할린 잔류 한국, 조선인(21)

  c 군함도(하시마)(8)

    7 중국인 '강제연행'(176)

  a 중국인 '강제연행' 일반(117)

  b 하나오카 사건(43)

c 중국귀환자연락회 관계자(16)

　　8 전후 보상, 전후 보상 재판(371)

　　이상 총 1,357건

　이중 카테고리 3은 당초 만들지 않았는데 '조선인 강제연행 진상 조사단'이라는 조총련(재일조선인 총연합회)이 만든 단체가 정리한 자료집과 기록이 많았기에 이것은 이대로 정리하는 편이 좋겠다 싶어서 처음부터 독립시킨 것이다.

　또한 카테고리 4는 보수파의 문헌, 즉 '강제연행', '강제노동'과는 입장을 달리하는 문헌을 '전시 징용 일반'으로 분류했다. 각 카테고리 모두 좌파의 문헌이 압도적으로 우세하므로 보수파의 문헌을 이런 형태로 다른 카테고리로 정리하지 않으면 묻혀버려서 소재도 확실히 알지 못할 우려가 있기 때문에 독립적인 카테고리로 마련한 것이다.

　그래서 필자가 조사한 문헌은 전부 1,357건에 달했지만(6개월 정도에 걸쳐서 조사했지만 모든 문헌을 망라하는 데 이르지는 못했으며 조사 종료 시점[2018년] 이후의 문헌은 조사하지 않았다) 이중에서 카테고리 4에 속하는 '강제연행', '강제노동'과는 입장을 달리하는 문헌은 109건에 불과했다. 보수파의 문헌은 문헌 전체의 12분의 1밖에 안된다는 뜻이다.

　여기서 조선인의 '강제연행'(징용)에 관한 문헌의 전체적 경향을 대강 살펴보면 1950년대부터 1960년대에 걸쳐서는 이 문제의 전문가인 모리타 요시오森田芳夫의 문헌이 시선을 끈다. 정대균에 따르면 '강제연행'파의 '바이블'이라고 평가되는 박경식의 『조선인 강제연행의 기록』(1965년)은 모리타 요시오의 저서에 대한 '안티테제'로 제출한 것이며 "모리타 요시오가 재일 1세의 대부분은 '타관벌이를 하러 온 사람'이며 더 나은 생활을 위해서 조선의 고향을 떠난 것이라고 말한 데 대해 박경식은 '조선인은 스스로 원해서 일본에 건너온 것이 아니었다'며 강제연행론을 제시했다"고 한다(정대균 『재일·강제연행의 신화』, p.135).

그후 1970년대부터 1980년대에 걸쳐서는 '강제연행'파의 독무대가 되었고 비판파의 문헌은 전혀 존재하지 않는다고 해도 좋을만한 상태가 이어졌다. 이처럼 박경식이 '강제연행'론을 제기한 1965년 이후 4반세기가 흐르는 동안 이에 대한 명확한 비판은 나타나지 않았다.

'강제연행' 비판파의 문헌은 사할린 한국인 귀환 운동에 종사한 아라이 사와코新井佐和子가 자신의 체험을 통해 조선인의 '강제연행'은 있을 수 없다고 하면서 1990년대 이후 잡지 「겐다이코리아現代コリア」에서 논진論陣을 펼친 것이 처음이다. 2000년대에 들어서자 여기에 니시오카 쓰토무와 정대균도 가세하여 오늘날에 이르렀다.

비교적 최근의 활동으로 특필해야 하는 것은 한국인 학자 중에도 '강제연행'을 명확하게 부정하는 움직임이 나타났다는 점이다. 이영훈 전 서울대학교 경제학부 교수와 이우연 낙성대경제연구소 연구위원이 그 중심 멤버이며, 이영훈의 편저 『반일 종족주의』, 『반일 종족주의와의 투쟁』은 한국과 일본에서 동시에 베스트셀러에 올랐다(후술).

반대로 일본 보수파의 문헌에서 특히 허술한 것이 중국인 '강제연행'에 대한 비판 문헌이다. 필자가 작성한 문헌 목록으로 확인하는 한, 다나베 토시오田辺敏雄의 문헌밖엔 존재하지 않는다. '강제연행'파의 중국인 '강제연행'에 관한 문헌은 176건이 있는데, 그에 비해 다나베 토시오의 문헌은 11건밖에 없으며, 일본 보수파의 '강제연행'에 대한 비판은, "당랑거철螳螂拒轍"과 같이 고립무원의 싸움을 강요당하고 있는 실정이다.

좌파의 문헌에 수적으로도 압도당하고 있는 것은 전후 보상 재판 문제도 마찬가지다. 좌파의 문헌은 이것만으로도 370건 이상인 것에 비해 보수파의 문헌은 16건에 불과하다. 단순히 문헌량만으로 봐도 양쪽은 23대 1이라는 압도적인 차이가 있으며 이래서는 처음부터 승부가 되지 않는다.

## 3 '강제연행'을 널리 퍼뜨린 사람들

### '조선인 강제연행 진상조사단'이란 무엇인가?

다음으로 운동사적인 관점에서는 '조선인 강제연행 진상조사단朝鮮人强制連行陳狀調査團'(이하 '진상조사단'으로 줄인다)을 어떻게 평가해야 할 것인가 하는 문제가 있다.

1965년에 출간한 박경식의 『조선인 강제연행의 기록』은 1980년대 중반 이후에 조선인 '강제연행'설이 퍼지는 데 큰 영향을 미쳤는데, 야마다 쇼지山田昭次는 그 영향에 대해서 다음과 같이 지적했다.

이 책이 미치는 영향의 범위는 넓어서 1970년대에는 조총련과 일부 일본인에 의한 합동조사단이나, 일본인 개인 또는 집단에 의한 조선인 강제연행 조사가 각지에서 실시됐다. 1990년 이후 그 기반 위에 해마다 '조선인·중국인에 대한 강제연행·강제노동을 생각하는 전국교류집회'가 열리게 되었다. 한편 십여 군데의 도부현(일본 행정 구역)에서는 조총련과 일부 일본인에 의해 만들어진 '조선인 강제연행 진상조사단'도 조직됐다. ('박경식 선생님의 재일조선인사 연구에 관하여' 「재일조선인사연구」 제28호, 1998년 12월, p.17)

여기에는 진상조사단이 "조총련과 일부 일본인에 의해 조직됐다"고 나와 있다. 또 정대균에 따르면, 박경식도 『조선인 강제연행의 기록』을 쓸 무렵에 "북조선을 마음의 지주로 삼는 사람이었으며, 박경식 자신이 멤버였던 조총련은 북조선 노동당에 의해 원격 조종당하는 조직이었고, 박경식은 1960년부터 1970년까지 10년 동안은 그쪽 엘리트 양성학교의 교사이기도 했다."

진상조사단은 1972년 8월에 결성됐다. 단장은 일본변호사연합회의 인권옹호위원장을 역임한 오자키 스스무尾崎陞다. 진상조사단은 먼저 '조선인 중앙본부'를 결성하고 그 직후부터 다음과 같은 일정으로 일본 전국의 '강제연행' 조사 활동에 종사했다.

1972년 8월 조선인 중앙본부 결성

같은 해 8월-9월 오키나와 조사

1973년 4월 홋카이도 조사

1974년 4월 규슈 조사

1975년 7월-8월 도호쿠 조사

1979년 11월 히로시마, 나가사키 조선인 피폭자 실태 조사

1992년 2월 일본인 전국연락협의회 결성

여기서 진상조사단에 대해 여러 가지 깨달은 점을 언급하겠다.

첫째로 처음에 '조선인 중앙본부'를 결성하고 20년이나 지난 후에야 겨우 '일본인 전국연락협의회'를 결성한 사실을 봤을 때, 진상조사단은 조총련이 주도하는 '프론트조직'(비합법조직 등이 자신들의 관여를 숨기며 공연히 활동하기 위해서 만드는 위장 조직)이었음이 틀림없다. 진상조사단에 의한 일본 각지에서의 조사는 "일부 일본인도 참가했지만 조선인이 주체"였다는 지적도 있다(히구치 유이치樋口雄一).

둘째로 진상조사단이 가장 먼저 큰 성과를 올렸다고 하는 홋카이도 조사에 관하여 오자키 스스무 단장은 조사 목적에 대해서 다음과 같이 말했다.

> 이미 북반부에서는 조선인민이 경애하는 김일성 주석과 조선노동당의 지도하에 일찍이 항일 무장 투쟁의 혁명 전통을 사상적 기초로 삼는 조선민주주의인민공화국의 사회주의 혁명과 사회주의 건설이 나날이 발전해서 국제적 위신을 높이

는 한편, 남반부에서는 어떤 탄압에도 굴하지 않는 인민의 반파쇼 민주화 투쟁이 국제적 지원을 부르고 있다. [중략] 하지만 맹목적인 '고도성장'으로 이상한 성장을 이룬 현대의 일본 국가독점자본주의는 조선민주주의인민공화국을 승인하는 것을 완강히 거부하며 [중략] 새로운 괴뢰 정권을 이용한 재침략 책동을 강화하는 것이다. [중략] 일조日朝 인민이 협력해서 이뤄진 이러한 조사는 [중략] 부활하고 있는 일본군국주의의 남조선 재침략을 저지하며 진정한 일본과 북조선의 우호 확립을 촉진하기 위함이다. (조선인 강제연행 진상조사단 편 『조선인 강제연행 강제노동의 기록 – 홋카이도, 쿠릴 열도, 사할린 편朝鮮人強制連行強制労働の記録 北海道・千島・樺太篇』[겐다이시슈판카이現代史出版会, 1974년], pp.12-13)

여기에서는 북조선에 치우친 입장에서 북조선에 유리한 여론을 불러일으키기 위해 조선인 '강제연행' 조사를 이용하려고 한 사실을 알 수 있다.

셋째로 일본 측 진상조사단의 중심인물 중 한 명인 부단장 후지시마 우다이藤島宇內는 보고서 마지막에 홋카이도에서 실시한 조사를 이렇게 총괄하고 있다.

일본인의 입장에서 말하자면, 그 목적은 과거 조선 침략의 실태를 파고들어 그것을 이용해 사상을 개조하고 일본 사회의 모습을 바꿔서 오늘날 일본 정부가 대아시아 침략 정책의 근원으로 삼는 조선 침략 정책을 전환하기 위한 주춧돌로 삼으려고 하는 점에 있다. [중략] 한편으로는 조선민주주의인민공화국을 적대시하고 평화 5원칙에 따른 일본과 북조선의 정치적 교류를 철저히 거부하며 [중략] 다른 한편 남조선에 대한 '원조'라는 명목의 경제적 재침략을 강행하는 현 정부의 정책도 [중략] 예전의 조선인 노동력을 혹사한 대립의 연장선상에 있다고 해야 할 것이다. (후지시마 우다이 '홋카이도에서의 조선인 강제연행, 학살 조사 – 대외 침략 정책 전환에 다가서다'「홋카이도신문北海道新聞」1973년 4월 26일)

여기에는 '조선인 강제연행'의 조사 및 폭로에 의해 북조선 적대시 정책을 펴는 일본 정부를 규탄하고 친북조선 정책으로 전환시키려고 하는 조총련의 의도를 확실히 간파할 수 있다.

정대균은 조총련에 대하여 이렇게 지적하고 있다.

더욱 중요한 것은 조총련(재일본조선인총연합회, 1955년 결성)이라는 북조선 노동당의 지령을 받아 움직이는 조직이 일본에 존재하는데 이 조직을 통해서 북조선의 정치적인 대변인과 경제적인 전위대의 역할을 담당하는 단체가 형성되어 문화인에 대한 공작이 펼쳐졌었다는 점일 것이다. (정대균 『재일 · 강제연행의 신화』, p.118)

후지시마 우다이가 쓴 글을 자세히 검토하면, 1966년 전후로 북조선 방문기 등을 써서 북조선을 끊임없이 예찬하고 있는데, 후지시마 등은 '조총련'이라는 '조선노동당 지령에 따라 활동하는 조직'을 통해서 공작이 행해지고 있던 문화인의 전형이라고 생각된다. 대중매체를 통한 조선인 '강제연행'의 확산은 이미 서술했듯이 그가 1960년에 처음으로 이 말을 사용한 것과도 맞물려서 일본변호사연합회의 오자키 스스무와 후지시마 우다이 등을 전면에 내세운 조총련(진상조사단)의 활동으로 1970년대에는 지방으로 확산되었다.

### 요시다 세이지가 '강제연행' 확산을 위해 수행한 역할

하지만 이는 아직 지방 신문 수준에서의 이야기다. 「아사히신문」이 전국 수준으로 '강제연행'을 거론하기 시작한 것은 예의 요시다 세이지에 의한 '증언'을 통해서다.

요시다 세이지의 증언은 보통 위안부 '강제연행'과 연관해서만 보도가 이뤄졌는데, 그가 처음으로 '강제연행'에 대해서 증언했던 것은 위안부가 아니라 징용에 의한 조선인 '강제연행'이다. 그의 증언이 처음 실린 기사는 1980년 3월 8일자의 「아사히신문」 가와사키, 요코하마 동부판 '명령을 충실히 이행, 저항하면 목검'이었다.

그 후 사할린 잔류자 귀환 청구 재판에서도 요시다 세이지는 조선인 강제연행에 대해 증언했다(1982년 10월 1일자, '조선인 이렇게 연행 '사할린 재판'에서 체험을 증언'). 「아사히신문」은 위안부와 연관된 요시다 세이지의 증언은 취소했지만 이 기사는 아직 철회하지 않았다(카츠오카 칸지 『아베 담화와 아사히신문安部談話と朝日新聞』[후타바샤双葉社, 2015년]). 1983년 10월부터 12월에 걸쳐서 요시다 세이지가 한국에 사죄비를 세웠다는 기사가 「아사히신문」에 3건이 실렸고 사죄비 앞에서 무릎을 꿇은 그의 사진도 동시에 게재됐으나 이 사죄비도 위안부에 대한 것이 아니라 조선인 징용과 '강제연행'에 대한 것이다. 사죄비에 새긴 글은 다음과 같다.

> 여러분께서는 일본의 침략 전쟁시 징용과 강제연행으로 강제노동의 굴욕과 고난 중에 가족과 고향만을 그리워하다가 귀중한 목숨을 빼앗겼습니다.
> 나는 징용과 강제연행을 실행 지휘한 일본인의 한 사람으로서 비인도적인 그 행위와 정신을 깊이 반성하여 이웃에 사죄하는 바입니다.
> 늙은 이 몸이 숨진 다음에도 귀하들의 영혼 앞에서 두 손 모아 용서를 바랄 뿐입니다.
> - 1983년 12월 15일 전 노무보국회 징용대장 요시다 세이지
> (오오타카 미키大高未貴 『아버지의 사죄비를 철거합니다 – 위안부 문제의 원점 '요시다 세이지' 장남의 독백父の謝罪碑を撤去します – 慰安婦問題の原点「吉田清治」長男の独白』[산케이신문출판, 2017년], p.12)

요시다 세이지의 증언이나 「아사히신문」의 '강제연행'에 관한 보도의 역점은 이 무렵까지 남자의 징용에 있었으며 위안부는 곁다리

일 뿐이었다. 「아사히신문」은 이 전후부터 요시다 세이지의 기사를 신문에 여러 번 실었는데, 전국지가 기사를 다뤘다는 의미에서 '강제연행'은 사회적으로 어느 정도 확산세를 보였다. 하지만 1980년대에는 그 영향력이 여전히 제한적이었다. '강제연행'이라는 말이 정말로 일본 사회에 침투하는 것은 1990년대 이후의 시기다.

## 운동의 거점이 된 고베神戸학생청년센터

1970년대에 전국적인 조사 활동을 펼친 진상조사단의 뒤를 이어 1990년대에는 '조선인·중국인에 대한 강제연행·강제노동을 생각하는 전국교류집회'(이하 '전국교류집회'로 줄인다)가 '강제연행'에 관한 전국적 운동의 주축을 담당했다.

전국교류집회는 해마다 개최 도시(현)를 변경해가며 1990년부터 1999년까지 열 번 개최됐는데, 이 집회가 박경식의 뜻을 계승한 운동의 일환이었다는 사실을, 전국교류집회의 사무국을 담당한 고베학생청년센터 관장 히다 유이치飛田雄一가 다음과 같이 한 말에서 알 수 있다.

> 박 선생님은 돌아가실 때까지 이 교류집회에 빠짐없이 참석하셨는데, 이른바 이 교류집회도 박 선생님께서 1960년대에 뿌린 씨앗을 거두는 작업을 하는 전국의 동료들이 모였다고 할 수 있는 집회다. (히다 유이치『재론 조선인 강제연행再論 朝鮮人强制連行』[산이치쇼보, 2018년], p.183)

그 후 몇 번의 교류집회를 거쳐 2005년에는 한국에서 '일제강점하 강제동원피해진상규명위원회' 설립(2004년)에 대응하는 형태로 '강제동원진상규명네트워크'(이하 '네트워크'로 줄인다)가 탄생했다. 당시 이 네트워크의 공동 대표는 히다 유이치, 우에스기 사토시上杉聡, 우쓰미 아이코内海愛子였으며(현재 대표는 안자코 유카庵逧由香와 히다 유이치이다), 히다 유이치는 여기에서도 운동의 중심적 역할을 맡고 있다.

히다 유이치는 박경식을 운동면에서 지지한 후계자 중 한 사람이며 그가 관장을 맡은 재단법인 고베학생청년센터는 '강제연행' 운동가에게 운동의 거점 역할을 해왔다고 해도 좋다. 박경식을 운동면에서 지지한 또 다른 후계자는 히구치 유이치일 것이다. 히구치 유이치는 박경식이 설립한 재일조선인운동사연구회(후술) 간토関東부회의 대표를 맡고 있으며(참고로 간사이関西부회의 대표는 히다 유이치다), 이 부회의 월례회는 이미 474회(2020년 2월 시점)나 열렸다. 40년 이상에 걸쳐 연구활동을 계속하고 있음을 알 수 있다.

## 4 박경식의 후계자들 - ① 김영달, ② 야마다 쇼지, 도노무라 마사루

### ① 김영달

한편 박경식의 연구면에서 후계자는 많지만 여기서는 먼저 김영달金英達에 대해 다루도록 하겠다. 김영달은 1948년에 태어났으며 1922년생인 박경식과는 부모 자식 정도로 나이차가 있으나, 그가 사망한 것은 2000년으로 이 시점은 1998년에 박경식이 사망하고부터 고작 2년후였다. 젊은 나이에 사망했으나(52세), 김영달은 박경식의 가장 훌륭한 후계자였다. 사후 유고집으로 출판된『김영달 저작집金英達著作集』(아카시쇼텐明石書店, 2002-2003년) 전 3권이 있는데, 제2권에 해당하는『조선인 강제연행의 연구朝鮮人強制連行の研究』중에서 김영달은 박경식의 연구상 준비가 부족했음을 확실하게 지적하면서 이를 정정했다.

첫째는 '강제연행'의 정의가 모호하므로 이 말에 확실한 정의를 부여하려고 했다는 점이다. 박경식이 문제를 제기한 이후, '강제연행'이라는 용어는 홀로 나아가기를 시작해 마치 특정한 시기의 특정한 사상을 나타내는 역사상의 전문용어처럼 받아들여졌으나, '강제연행'이라는 용어는 "역사용어로 통일된 개념 규정이 있는 것이 아니어서 그 용어가 의미하는 범위가 사람마다 제각각이므로 혼란과 오해를 만들어내는 원인이 되기도 한다"고 김영달은 지적하고 있다(p.32).

둘째로 박경식이 사용한 자료에 근거가 명확하지 않은 숫자가 있다는 점을 확실히 지적했다. 또 그 근거가 명확하지 않은 숫자, "어디서 나온 것인지 알 수 없는 숫자가 박경식 씨의 책에 인용됨으로써, 그로부터 잘못된 재인용이 이뤄져서 지금은 내무성 경보국의 통계 숫자로 활보하고 있다"는 점을 지적했다(p.129). 김영달은 이 현상을 '피규어 론더링figure laundering'(숫자세탁)이라고 명명하며 "전반적으로 재일조선인의 역사, 그중에서도 전시 동원에 관한 저서에 적당히 어림한 통계 숫자의 이용이 너무 많다"고 한탄했는데(p.123), 필자도 그

점에 동감한다.

김영달의 이 엄밀한 태도는 이데올로기 입장을 넘어서 보고 배워야 하는 것으로, 그가 박경식을 신격화하지 않고 잘못은 잘못으로 지적하는 자세는 평가할 만하다. 아쉬운 것은 박경식 문하의 후속 연구자가 김영달의 노선을 답습하지 않고 박경식의 신격화에 뛰어드는 것처럼 보인다는 점이다.

김영달에 대해서는 추가로 니시오카 쓰토무의 지적도 소개하고 싶다. 니시오카 쓰토무는 김영달에 대해 이렇게 말했다.

> 박경식이 쓴 유명한 『조선인 강제연행의 기록』이라는 책은 사실 통계 숫자부터가 엉터리이며 학문적으로 상당히 조잡한 것이었다. 그 조사 연구 운동을 실증적으로 활성화하여 체계화 작업을 시도한 사람이 귀화한 재일조선인 연구자인 김영달 씨였다.(니시오카 쓰토무 '일한 분단을 준비한 반일 학자들 – 와다 하루키의 정체' 「세이론正論」 2019년 4월, p.49)

니시오카 쓰토무는 본 논문의 뒤에서도 다루는 인물인 와다 하루키가 김영달과 어떻게 다른지에 대해서도 언급하고 있다.

> 와다 하루키와 김영달의 차이는 북조선에 대한 자세다. 와다 씨는 북조선의 세습 독재 체제를 옹호하며 납치 문제를 포함한 인권 문제 해결에 임하지 않는 전형적인 친북파다. 그에

비해 김영달은 1990년대 초부터 북조선 인권 문제에 적극적으로 임해왔다. 납치 문제에도 우리가 가족회, 구출회를 만들기 전부터 임해 왔다. 그 부분에 대해서는 지금도 존경하고 있다. (니시오카 쓰토무 '일한 분단을 준비한 반일 학자들 - 와다 하루키의 정체'「세이론正論」2019년 4월, p.49)

김영달이 이영화李英和 등과 함께 RENK(영문으로는 'Rescue The North Korean People Urgent Action Network'라고 하며 '구하라! 북조선의 민중/긴급행동 네트워크救え! 北朝鮮の民衆/緊急行動ネットワーク!'로도 불린다. - 옮긴이)의 대표를 맡은 것은 잘 알려져 있다. 북조선에 대해 일관되게 비판적이었던 점에 대해서는 박경식 및 그 제자들과 김영달을 구분하고 사상적 자세의 명확한 차이로 명기되어야 할 것이다.

### ② 야마다 소지, 도노무라 마사루

박경식은 1976년에 '재일조선인운동사연구회在日朝鮮人運動史研究会'를 설립했으며 이 연구회의 기관지로「재일조선인사연구在日朝鮮人史研究」를 간행했다. 이 잡지는 1977년 창간호 이후 지금까지 49호(2019년)를 간행했으며(부정기 간행), 이를 통해 박경식을 스승으로 모시는 연구자들을 다수 배출했다. 야마다 쇼지와 도노무라 마사루, 그리고 뒤에서 언급할 다케우치 야스토竹内康人가 그렇다.

그들은 한결같이 박경식을 스승으로 모시며 '강제연행' 연구를 영도해왔다고 해도 좋은데,「재일조선인사연구」제28호(1998년 12월)는

'박경식 선생 추도호'다. 따라서 여기서는 이 추도호에도 의거하여 박경식의 후계자 중에서 연장자의 대표로는 야마다 쇼지, 연소자의 대표로는 도노무라 마사루를 소개하겠다.

추도호의 권두논문으로 게재되어 있는 것은 야마다 쇼지의 논문 '박경식 선생님의 재일조선인사 연구에 관하여'이다. 야마다 쇼지는 1930년생으로 릿쿄立敎대학교 명예교수다. 박경식보다 열 살 정도 연하이며 박경식 문하 중에서는 가장 나이가 많다고 해도 좋다.

일본인 연구자의 대부분은 박경식의 책을 크건 작건 '바이블'로 생각하면서, 기본적으로 그 틀에 따라 소론所論만 전개해왔는데 야마다 쇼지도 예외는 아니다. 예를 들면 야마다는 몇 개 논고에서 이 문제의 연구사를 약술했는데, 논고 중 '조선인 전시 노동 동원사 연구의 추이'(2005년)에서 정대균에게 반론을 하면서 박경식의 『조선인 강제연행의 기록』을 다음과 같이 옹호하고 있다.

> 박경식의 연구는 [중략] 식민지 지배에 순응하지 않으면 살 수 없는 일반 조선인의 생활 의식에 파고드는 일은 없었다. 박경식의 역사학에는 이러한 시대적인 제약이 있었다. 그러나 식민지 지배하의 조선 민중 생활의 빈곤과 황민화 교육을 무시하고 조선인의 '자발성' 도일을 강조하는 정대균은 그러한 의식을 만들어내는 배경이 된 일본의 조선 지배 실태를 무시하며 박경식 이상으로 잘못을 저질렀다. [중략]
> 『조선인 강제연행의 기록』은 오늘날에 보면 비판, 극복해야

할 점이 있다고 해도 식민지 지배에 대한 인식이 오늘날 이상으로 희박한 당시의 일본 사상상황思想狀況에 대한 안티테제로 조선에 대한 가혹한 식민지 지배의 극한을 보여주는 조선인 전시 노동 동원의 전모를 처음으로 밝혀냈다. 이를 통해 이 책은 일본인에게 충격을 줬으며 이 문제의 조사, 연구를 촉진했다. 이 책의 역사적 의의는 여기에 있다. (야마다 쇼지 '조선인 전시 노동 동원사 연구의 추이', 야마다 쇼지, 고쇼 다다시 古圧正, 히구치 유이치樋口雄一 『조선인 전시 노동 동원朝鮮人戰時労働動員』[이와나미쇼텐, 2005년], pp. 24-25)

여기서 야마다 쇼지는 스승이 주장한 '시대적 제약時代的制約'을 인정하면서도 "조선에 대한 가혹한 식민지 지배의 극한을 보여주는 조선인 전시 노동 동원의 전모를 처음으로 밝혀냈다"는 점에서 그 "역사적 의의"를 찾고 있다. 박경식의 『조선인 강제연행의 기록』은 조선에 대한 가혹한 식민지 지배의 극한을 보여준 것이라 평가하고 있는데, '강제연행'이 어디까지 사실인가 하는 내용의 음미는 처음부터 도외시했으며, 이렇게 스승의 주장을 오류가 없는 것처럼 치켜세우는 점이야말로 "오늘날에 보면 비판, 극복해야 할 점"이라고 해야 할 것이다.

한편 도노무라 마사루外村大(1966년생, 도쿄대학교 교수)는 박경식 문하로는 가장 젊은 그룹에 속한다. 출판사 이와나미신쇼岩波新書를 통해 『조선인 강제연행』(2012년)을 출간했으며 '강제연행'의 대표적 연구자 중 한 사람인데 박경식과의 추억에 관하여 추도호追悼号에서 다음과 같이 말하고 있다.

> 내가 재일조선인운동사연구회에 참가하기 위해서 박경식 선생님의 자택을 찾아간 것은 확실히 1988년 4월이었을 것이다. 이 해에 졸업 논문을 쓴 나는 논문을 지도해준 미야타 세쓰코宮田節子 선생님의 추천도 있어서 재일조선인운동사연구회에 참가하려고 생각했다. 그래서 박경식 선생님에게 부탁했다. [중략] 그때 박경식 선생님은 "모임에 참가해서 연구한 여러 가지 내용을 나한테 알려주게"라고 말씀하신 것으로 기억하고 있다. [중략]
> 잘난 척하지 않고 젊은 연구자를 따뜻하게 지켜보려고 하는 선생님의 그런 태도는 그때뿐만 아니라 늘 그랬으며 또 다른 젊은 연구자에게도 마찬가지였을 것이라고 생각한다. [중략] 하지만 후진 연구자가 제시하는 새로운 견해에 대해서 종종 보여준 박경식 선생님의 '완고한' 비판은 [중략] 자신들의 피차별 체험을 근거로 한 일본제국주의에 대한 비판에서 왔을 것이다. 후진인 우리는 박경식 선생님과 같은 입장에 설 수 없었지만 그렇기 때문에 더욱 선생님이 살아오신 시대와 함께 선생님의 연구를 이해하고 계승해야 할 것이다. (도노무라 마사루 '박경식 선생님을 추억하며' 「재일조선인사연구」 제28호, p.184)

여기에서는 김영달이 전개한 스승에 대한 대범한 비판을 조금도 찾아볼 수 없다. 도노무라 마사루가 박경식에게서 본 "자신들의 피차별 체험을 근거로 한 일본제국주의에 대한 비판"이 먼저 있고, 거기에서 한걸음도 나가려고 하지 않는다.

도노무라 마사루는 『조선인 강제연행』에서 '조선인 강제연행'의 개념에 대하여 검토하면서 "오늘날까지의 역사 연구는 본인의 의지에 반하여 폭력적으로 조선인을 노동자로 데려오는 행위를 한 것을 명확히 했다. [중략] 이 견해를 뒤집기에 충분한 새로운 사료와 해석을 제시하지 않는 한 역시 조선인 강제연행이라는 말의 사용이 잘못됐다거나 문제가 있다고 할 수는 없을 것이다"라고 말했다(pp.3-4). 그러나 도노무라 마사루의 『조선인 강제연행』은 매우 자의적으로 사료를 언급하며 자신에게 불리한 사실은 고의로 은폐했음을 이 책의 나가타니 료스케 논문이 지적하고 있다. "이 견해를 뒤집기에 충분한 새로운 사료와 해석"을 자기 스스로 은폐해놓고, "조선인 강제연행이라는 말의 사용이 잘못됐거나 문제가 있다고 할 수는 없을 것이다"라고 하는 것은 매우 악질적인 유언비어다.

제자는 50년 전에 스승이 주장한 '강제연행'의 개념에 계속해 매달리면서 스승의 주장을 황금률로 삼는 자신의 입장에 의심을 품는 일은 절대 하지 않는다. 이렇게 어리석을 정도로 경직된 학문적 자세는 도대체 어디에서 기인하는 것일까? '강제연행'이 부정되어 버리면, 스승의 주장을 오늘날까지 소중히 계승해오면서 스승의 정통 계승자를 자처해온 자신의 연구까지도 모조리 부정된다는 것을 본능적으로 두려워한다고밖에는 생각할 수 없다.

## 5 전후 보상 문제와 '강제연행' - 다카기 겐이치 변호사가 수행한 역할

야마다 쇼지는 박경식의 『조선인 강제연행의 기록』이 미친 영향에 대해 다음과 같이 말하기도 했다.

> 동시에 [1990년 이후] 노동자, 군인, 군무원, '종군위안부'로 강제연행된 본인이나 유족의 전후 보상 소송도 계속 일어났다. [중략] 이러한 소송은 선생님에 의해 시작되고 축적되어온 조선인 강제연행 연구가 우리 일본인 역사 연구자의 법정 증언, 재판소에서의 의견서 제출이나 변호사의 변론을 직접 지지하는 동시에, 광범위한 노동자에게 받아들여지고, 거기에 뿌리를 내린 결과인 것이다. (야마다 쇼지 '박경식 선생님의 재일조선인사 연구에 관하여' 「재일조선인사연구」 제28호, p.17)

전후 보상 소송이 "강제연행된 본인이나 유족"에 의해 "계속해서 제기된" 이유에 대해서 "선생님에 의해 시작되고 축적되어온 조선인 강제연행 연구가 [중략] 광범위한 노동자에게 받아들여지고, 거기에 뿌리를 내린 결과"라고 야마다 쇼지는 썼지만, 사실 전후 보상 소송에는 배후에서 조종한 사람이 있다는 사실을 고의로 숨기고 있다. 전후 보상 재판을 배후에서 조종한 사람은 바로 다카기 겐이치高木健―변호사다.

다카기 겐이치는 1991년 8월에 '아시아·태평양 지역 전후 보상 국제 포럼'이라는 대규모 국제 심포지엄을 기획하는데 이때 인도네시아에서 전 병보兵補(보조병)인 타슬립 라하르조Tasrip Rahardjo를 초대했다. '병보'란 전시 중에 일본군이 현지인을 군무원으로 고용했던 것인데, 타슬립 라하르조는 다카기 겐이치가 다음과 같이 말했다고 증언했다.

> 일본에 와서 보상을 말하면 된다, 이를 위한 비행기 티켓은 보내주겠다고 다카기 겐이치 변호사님이 말해주셨습니다. 그래서 찾아왔어요. (아라 켄이치阿羅健― '농락당한 징병'『세이론』1997년 3월, p.110)

이때 다카기 겐이치는 왕복 비행기삯뿐만 아니라 일본에 체류할 때의 호텔비, 식사비, 교통비와 용돈까지 타슬립 라하르조에게 지급했다. 다카기 겐이치는 아마 동남아시아 전역에서 이러한 방법으로 전후 보상 재판의 원고를 찾은 것으로 생각된다. 이렇게 해서 1991년 8월에 '전후 보상 국제 포럼'이 열렸고, 이후 '강제연행' 문제를 비롯한 몇십 건이나 되는 전후 보상 재판이 계속 일어나기 시작했다.

이 인도네시아 병보에 대한 보상 이야기는 「아사히신문」의 기사가 발단이 된 사실도 빼놓을 수 없다. 아라 켄이치阿羅健―에 따르면

이 국제 심포지엄이 열리기 1년 전 1990년 8월 15일자 「아사히신문」에 '구 일본군 병보 인도네시아인 미지급 급여, 저금 청구'라는 큼지막한 기사가 갑자기 실렸고 원래는 친일적이었던 타슬립 라하르조가 이 기사의 영향을 받아 일본에서 보상금을 받기 위해 행동했다는 것이다. 아라 켄이치는 이렇게 결론을 내리고 있다.

> 다시 한번 말하겠지만 이때까지 전후 보상이라는 말은 없었다. [중략] 강제연행, 위안부, [중략] 또한 난징대학살, 731부대, 독가스, 삼광三光작전(일본과 중국의 전쟁 시에 일본 측이 벌였던 초토화 작전이다. - 옮긴이)의 피해자도 나타났다. [중략] 이들은 전부 일본인이 권유했다.
> 
> 아시아 각국에서 거세게 일어난 것이 아니라 일본에서 실시하여서, 관계가 있을 만한 사람을 찾아내서 설득하고 일본에서 소송을 일으키게 했던 것이다. [중략] 일본에서 변호사가 찾아와 일본에 가서 소송해라, 지원하겠다고 부채질했던 것이다. [중략]
> 
> 이런 활동을 한 사람이 바로 다카기 겐이치 변호사다. (아라 켄이치 '전후 보상의 배후 조종자'「국체문화国体文化」 2006년 8월, pp.29-31)

결국 병보의 전후 보상 재판은 별다른 성과가 없어서 점점 시들해졌지만 이를 대신하여 등장한 것이 위안부다. 김학순이 처음으로 조선인 위안부라며 커밍아웃한 것은 1991년 8월인데, 다카기 겐이치 변호사가 '전후 보상 국제 포럼'을 연 것과 동시에 그녀의 공개 증언으로 전후 보상 재판이 일어났다. 그들은 중국에서도 비슷한 처지의 원고를 찾고 있었다. 이 점에 대해서는 오오모리 노리코大森典子라는 변호사가 다음과 같이 증언하고 있다.

> 1994년 10월 중국인 전쟁 피해 조사단의 자격으로 일본에서 10명 남짓한 변호사들이 베이징에 갔고 '위안부' 피해자, 강제연행 피해자, 731부대의 학살 피해자 유족, 난징사건 피해자 등으로부터 각각 피해 사실을 청취했다. 그리고 이 변호사들이 중심이 되어 각 피해사실마다 1995년 8월부터 순차적으로 일본 정부에 대한 재판을 제기해 나갔다. 따라서 중국인 '위안부' 소송은 중국인 강제연행 사건 피해자의 배상청구사건, 731, 난징, 무차별 폭격사건, 펑딩산平頂山 사건 등과 함께 중국인의 전쟁 피해 보상 사건 중 하나로 이 사건들과 밀접하게 관계를 맺으면서 재판과 운동이 진행되었다.(오오모리 노리코, 아다치 요코安達洋子 '중국인 위안부 소송의 10년을 돌아보며' 계간 「전쟁책임연구」 제47호, 2005년 봄호, p.14)

이렇듯 다카기 겐이치와 오오모리 노리코, 후쿠시마 미즈호福島瑞穂 등의 변호사들이 맹렬한 기세로 원고를 찾아내고 그들을 부추겨서 소송을 일으킨 것이 90년대 이래의 전후 보상 재판인 것이다. 이 일로 조선인 '강제연행'과 위안부 '강제연행'도 대성황을 이루었다.

참고로, '전후 보상'이라는 말과 '강제연행', '위안부'라는 말이 사용되는 빈도를 「아사히신문」의 데이터베이스로 조사한 것이 〈표 2〉다. 여기서 말하는 '강제연행'은 중국인, 조선인, 위안부 전체를 포함한 숫자다. 여기서는 1985년 이후에 대해서 조사했다.

이 표를 보면, '전후 보상'이라는 말은 1980년대(1988년) 이전에는 전혀 존재하지 않았으며, 1990년대 이후 다카기 겐이치 변호사 등에 의해 새로 만든 조어라는 사실이 판명된다. 이에 대해 '강제연행'이라는 표현은 앞에서 말했듯이 1960년대부터 있었지만 폭발적으로 사용된 것은 역시 전후 보상 재판이 계속해서 제기된 1990년대 이후라는 사실도 확실히 알 수 있다. 또한 '위안부'라는 용어도 폭발적으로 성황을 이룬 것은 「아사히신문」이 이를 선전 활동으로 계속 부채질한 1991년 이후라는 점도 명료하게 알 수 있다.

〈표 2〉「아사히신문」으로 보는 '전후 보상', '강제연행', '위안부'의 기사 수

| 연도 | 85 | 86 | 87 | 88 | 89 | 90 | 91 | 92 | 93 | 94 | 95 | 96 | 97 | 98 | 99 | 00 | 01 |
|---|---|---|---|---|---|---|---|---|---|---|---|---|---|---|---|---|---|
| 전후 보상 | | | | | 2 | 23 | 88 | 176 | 151 | 201 | 166 | 125 | 86 | 111 | 120 | 100 | 74 |
| 강제 연행 | 22 | 26 | 19 | 44 | 87 | 308 | 304 | 344 | 226 | 311 | 355 | 206 | 314 | 210 | 188 | 217 | 227 |
| 위안부 | 4 | 2 | 3 | 10 | 14 | 23 | 150 | 725 | 424 | 373 | 494 | 575 | 757 | 393 | 194 | 236 | 233 |

| 연도 | 02 | 03 | 04 | 05 | 06 | 07 | 08 | 09 | 10 | 11 | 12 | 13 | 14 | 15 | 16 | 17 |
|---|---|---|---|---|---|---|---|---|---|---|---|---|---|---|---|---|
| 전후 보상 | 74 | 57 | 37 | 42 | 38 | 33 | 17 | 29 | 39 | 20 | 12 | 5 | 20 | 25 | 11 | 11 |
| 강제 연행 | 283 | 171 | 203 | 224 | 167 | 174 | 110 | 98 | 122 | 65 | 81 | 85 | 160 | 74 | 62 | 46 |
| 위안부 | 149 | 92 | 104 | 191 | 110 | 423 | 122 | 73 | 59 | 94 | 249 | 729 | 673 | 496 | 370 | 426 |

# 6 '통치 불법론'과 2018년의 한국 대법원 판결

2018년, 한국 대법원(최고재판소)은 신닛테츠스미킨(현 닛폰세이데츠)과 미쓰비시중공업과 관련해 세 개 재판에서 판결을 내렸는데, 전시 중 조선인 노동 동원을 "일본의 불법적인 식민지 지배와 침략 전쟁 수행과 직결된 일본 기업의 반인도적 불법행위"라고 단정하며 원고의 위자료 청구권을 인정했다.

이 논리는 사실 일본 측에서 제공한 것이었다. 1990년대 이후 전후 보상 재판은 일본인 변호사가 중심이 되어 일으켰다고 앞에서 설명했는데, 이 대법원 판결을 뒷받침하는 '일본 통치 불법론'도 실은 일본에서 시작됐던 것이다.

2010년은 일한병합조약 체결 100주년이었으나, 당시 간 나오토 수상에게 일본 통치 불법론 편에 서는 담화를 발표하도록 하는 운동을 했던 사람이 앞에서 소개한 도쿄대학교 명예교수 와다 하루키和田春樹이다. 와다 하루키는 1984년 전두환 대통령이 일본을 방문했던 당시부터 이 운동에 종사했으며, 2010년에 '일한 지식인 공동성명'을 내서 간 나오토 수상에게 불법론을 인정하도록 강요했는데, 한국 측에는 이 공동성명이 통치 불법론을 채용하는 큰 전환점이 되었다.

2018년에 한국 대법원의 세 개 판결은 1990년대에 일본에서 일으킨 세 개 재판이 토대가 되었다. 한국보다 먼저 일본에서도 똑같은 소송을 일으켰는데 일본에서 그들이 전부 패소한 후에 한국에서 똑같은 재판을 일으킨 것이다.

신닛테츠스미킨(신일철주금) 재판의 경우, 2003년에 일본 최고재판소에서 원고가 패소한 후 2005년에 서울중앙지방법원에 다시 제소하여(원고 5명 중 2명은 일본 재판에서도 원고였다) 한국에서도 패소를 거듭했다. 하지만 2012년에 대법원이 고등법원으로 판결을 파기환송한 것이 전환점이 되어 2013년에는 원고가 고등법원에서 역전하여 승소했고 2018년 10월에 그 판결이 대법원에서 확정된 것이다.

미쓰비시중공업 재판의 경우는 두 개의 대법원 판결이 있는데, 전 조선여자근로정신대원이 원고가 되어 미쓰비시 나고야에 소송을 제기한 재판에서는 2008년에 일본 최고재판소에서 원고가 패소했다. 그 뒤 2012년에 한국 광주지방법원에 제소하여(원고 5명은 모두 일본 재판에서도 원고였다) 원고가 승소했다. 최종적으로 2018년 11월, 한국 대법원 판결에서 원고 승소가 확정됐다.

미쓰비시중공업을 상대로 한 또다른 재판은 옛 징용공 피폭자가 미쓰비시 히로시마를 피고로 한 것이다. 2007년에 일본 최고재판소에서 패소가 확정되었지만, 일본에서 재판으로 계쟁係爭 중이었던 2000년에 부산지방법원에 제소해서(원고 6명 중 5명은 일본에서의 원고와 겹친다) 패소를 거듭한 후, 신닛테츠스미킨의 경우와 마찬가지로 2012년에 한국 대법원의 파기환송 판결이 나왔다. 이를 계기로 이듬해 2013년 부산고등법원은 원고 승소 판결로 전환했고 2018년 11월에 한국 대법원에서 확정됐다.

세 개 판결은 모두 2012년 대법원의 파기환송 판결이 계기가 되었다는 점에서 공통된다(미쓰비시 나고야의 경우도 고등법원 파기환송 판결이 나온 5개월 후에 제소했고 파기환송 판결의 영향은 확실하다). 그 배후에는 앞에서 소개한 2010년의 '일한 지식인 공동성명'이 있으며 그 '일본 통치 불법론'이 한국 대법원 판결에 영향을 미친 것이다.

이렇듯 오늘날 일한관계를 혼란에 빠뜨린 원흉은 다카기 겐이치와 같은 일본의 변호사, 그리고 와다 하루키와 같은 일본의 지식인에게 있고 그들의 획책으로 인해 오늘날의 사태가 야기되었음을 알 수 있다.

## 7 박경식의 후계자들 - ③ 다케우치 야스토

이렇게 일본에서 시작된 운동에 의해 얻어진 큰 성과가 2018년의 한국 대법원이 내린 세 개의 판결이다. 또 현재는 이 판결을 내세우며 '강제연행'을 '역사적 사실'로 일본인에게도 인정하게 하려는 운동이 활발히 행해지고 있다. 그 중심에 있는 인물 중 한 명이 다케우치 야스토竹內康人다.

다케우치 야스토는 앞에서 말했듯이 박경식의 제자 중 한 명인데 최근에 출간한 『한국 징용공 재판이란 무엇인가韓国徴用工裁判とは何か』(이와나미부클릿岩波ブックレット, 2020년)에서 "강제노동은 역사적 사실"이라고 끊임없이 강조한다.

강제연행·강제노동은 조선의 식민지 지배하에서 이뤄진 역사적 사실입니다. 지금까지 살펴봤듯이 동원기의 문서에는 강제적으로 연행했다는 내용의 기재가 있습니다. 동원된 사람들의 증언도 수두룩합니다. 해방 직후에는 강제적인 노무동원을 강제동원·강제노동이라고 해서 배상을 요구하는 움직임이 있었습니다. 속임수를 쓰거나 납치를 통한 강제적인 동원은 박경식의 창작이 아니라 조선 민족의 역사적 체험이었던 것입니다. (다케우치 야스토 『한국 징용공 재판이란 무엇인가』, p.67)

다케우치 야스토는 여기에서 "속임수를 쓰거나 납치를 통한 강제적인 동원은 박경식의 창작이 아니라 조선 민족의 역사적 체험이었다"라고 억지 주장을 펼친다. 그러나 '강제연행'설은 '박경식의 창작'이며 '날조'라는 점은 오늘날에는 한국의 학자도 인정하는 사실이다. 예를 들면 이우연은 『반일 종족주의』에서 다음과 같이 지적하고 있다.

강제연행설을 처음으로 주장한 박경식은 "많게는 하루 20시간"을 일했지만, 임금은 "현금으로 주지 않고 모두 저금"시켜서 "송금은 도저히 생각할 수도 없는 수준이었고, 자기 혼자 먹고살기도 힘든 수준"이었다고 주장했습니다. 또 임금 자체가 "일본인 노동자의 절반 정도"밖에 되지 않았다고 말했습니다. 그에 따르면, 조선인들은 탄광의 갱내坑內노동과 같이 "가장 가혹한 노동"에 시달렸고, 구타, 집단적 린치, 감금이 일상이었다고 했습니다. 결국 강제노동·노예노동이었다는 것이 핵심적인 주장이었습니다.

오늘날까지도 거의 모든 연구자들은 똑같은 주장을 반복하고 있습니다. [중략]

한국의 연구, 그리고 일본의 소위 양심적인 지식인, 사회단체 사람들의 주장은 역사적 사실과 전혀 다릅니다. 과장을 넘어서 역사왜곡, 솔직히 말해서 '날조'라고 할 수 있습니다. 임금은 정상적으로 지불되었습니다. 분명 강제저축이 있었지만, 그것은 일본인도 마찬가지였습니다. 그리고 2년의 계약 기간이 끝나면 정상적으로 이자와 함께 저축액을 모두 인출했고, 조선에 있는 가족에게 사고 없이 송금할 수도 있었습니다.

임금은 기본적으로 성과급이었습니다. 일본인도 마찬가지였습니다. 따라서 일본인보다 임금이 높은 경우도 많았습니다. 일본인보다 임금이 낮은 경우는 대부분 조선인들이 탄광 작업의 경험이 없어 생산량이 적었기 때문이었습니다. (이우연 '과연 '강제노동'·'노예노동'이었나?', 이영훈 편저 『반일 종족주의』[미래사, 2019년], pp.77-78)

다케우치 야스토도 말한 대로 "동원기의 문서에는 강제적으로 연행했다는 내용의 기재"도 예외적으로 없지는 않지만, 동원기의 문서를 잘 읽어보면 압도적으로 많은 비중을 차지하는 것은 '강제연행'을 부정하는 내용의 기재일 뿐이다. 박경식을 비롯한 사람들은 후자를 무시하고 전자의 예외적 사상事象을 보여주는 사료만 침소봉대로 언급하며 '강제연행'이 마치 일본의 정책으로 당당하게 이뤄진 것처럼 위장했던 것이었다.

조선인 전시 노동자의 대부분은 다양한 수단을 써서 자발적으로 일본으로 건너왔다. 이유는 간단하다. 노동력 부족에 빠진 전시 일본이 타관벌이 대상으로 매력적이었기 때문이다.

하지만 일본으로 건너온 조선인은 그 대부분이 농민이었고 그들은 위험을 동반하는, 생소한 탄광이나 광산에서 노동하는 것은 싫어했다. 이는 전쟁 수행을 위해 석탄 산업을 중심으로 하는 노동력 부족 해결을 지상 명제로 삼은 일본의 정책과는 때때로 어긋났다. 그런 점이 조선인 전시 노동자를 국책으로 확보해야 했던 가장 큰 이유였다. 당시 일본은 마지막에 '징용'이라고 하는 말 그대로의 강제력을 행사해서라도 석탄 산업과 항공기 산업을 중심으로 하는 쪽의 노동력을 확보하려고 했다.

하지만 그렇게 해도 조선인들은 절반 가까이가 도망을 했고 그들의 끊임없는 도망을 방지하는 방법을 일본은 갖고 있지 않았다. 조선인 노동자들은 일본제국주의의 가혹한 식민지 지배에 '저항'해서 도망을 친 것은 절대 아니라는 점이 중요하다. 좀 더 유리한 노동 조건의 직장을 찾아서 자발적으로, 또는 일본에 있는 동료가 권유해서 타의로, 좀 더 편하게 돈을 벌 수 있는 일본 내 다른 업종으로 옮긴 것에 불과하다. 수요와 공급의 균형으로 봤을 때 모든 직종에서 압도적인 노동력 부족에 빠진 전시 하의 일본에는 조선인의 그러한 요구가 받아들여질 수 있는 여지가 얼마든지 있었다. 이 사실이야말로 박경식을 비롯한 '강제연행'파 연구자들이 오늘날까지 한결같이 간과한, 또는 본체만체 했었던 엄숙한 '역사적 사실'이다.

2004년 한국 정부가 주도하여 일제강점하강제동원피해진상규명위원회를 설립하자 피해 신청은 20만 명에 달했습니다. 이 위원회는 진상 조사를 진행해서 수많은 보고서와 사정 청취를 정리했습니다. 이런 활동을 거치는 가운데 대법원 판결이 나온 것입니다. 강제연행이나 강제노동이 없었다고 하는 주장이야말로 역사 왜곡입니다.
일본의 판결에서도 [중략] 강제노동 사실을 인정했습니다.
일본의 고등학교 역사 교과서에는 [중략] 많은 사람들이 공장이나 탄광 등에 강제로 연행된 사실을 기록해 놓았습니다. 그중에는 "노동력 부족을 보충하기 위해서 [중략] 조선인 약 80만 명을 일본 내지나 가라후토(사할린), 아시아 태평양 지역 등으로 강제로 연행했다. 또한 같은 기간에 조선인 415만 명을 조선에 있는 광산이나 공장에 보냈으며 11만 명을 군대에서의 노무 요원으로 강제연행했다"고 주석을 넣어 자세히 기록한 것도 있습니다(『고교 일본사 B』[짓쿄슈판実教出版, 2017년], 3월 검정 완료).

이러한 보고, 판결, 기재가 나타내듯이 일본의 강제연행·강제노동은 역사적 사실입니다. 그런데도 역사를 왜곡하는 사람들은 일본의 과거 가해 사실을 인정하지 않고 한국의 판결을 비난하는 입장에 섭니다. [중략] 거기에는 식민지 지배를 합법이라고 하는 생각이 있으며 강제동원 피해자의 존엄을 회복하겠다는 시점이 결여되어 있습니다. (다케우치 야스토 『한국 징용공 재판이란 무엇인가』, pp.68-69)

다케우치 야스토는 한국 대법원의 '판결'이나 일본 고등학교 역사 교과서의 '기재'로 "일본의 강제연행·강제노동은 역사적 사실"이라며 여러 번 억지 주장을 하였는데, 그런 주장은 아무리 제시해도 그것이 '역사적 사실'의 근거가 되지는 않는다.

한국 대법원의 '판결'은 이미 살펴봤듯이 1990년대 이후 일본인 변호사와 운동가의 계획을 토대로 하여 처음 성립했다. 이는 일본 통치는 애초에 불법이기 때문에 개인 단위로는 얼마든지 위자료 청구권이 성립한다는 '일본 통치 불법론'에 입각한 것이다. 거기에 '강제연행'은 자명한 전제이며 그것이 역사적 사실인지 여부에 대한 검증은 뒤로 돌리고 있다. 일본 교과서의 '기재'도 그들과 사상이 같은 연구자가 쓴 것이며 박경식 이후의 편향적인 '학설'을 반영한 것이지 '역사적 사실'을 반영한 것은 아니다.

# 8 『반일 종족주의』, 『반일 종족주의와의 투쟁』의 출현이 제기한 의문

본 논문에서는 '강제연행'이라는 용어가 전쟁이 끝난 후 어떻게 일본 사회에 나타났고 확산되었는지 실증적으로 조사해보았다.

조선인 '강제연행'은 박경식의 『조선인 강제연행의 기록』(1965년)에서 발단하여, 박경식의 후계자들이 반세기를 헛되이 쓰면서 서서히 퍼뜨려온 것이라는 그 역사에 대해서도 언급했다. 2018년 한국 대법원 판결은 그들에게는 그러한 운동의 지표라고 할 수 있다. 박경식이 『조선인 강제연행의 기록』을 집필한 동기는 1965년에 체결되는 일한기본조약을 저지하는 것에 있었다. 한국 대법원 판결은 해당 조약과 동시에 체결한 일한청구권협정을 허사로 만드는 '밥상 뒤엎기ちゃぶ台返し'를 하면서 일한관계는 전후 최악의 상태에 빠졌다.

운동사적으로 이러한 움직임을 살펴본다면 이번 한국 대법원 판결은 박경식이 『조선인 강제연행의 기록』에서 하려고 했으나 하지 못한 일(일한日韓 국교정상화 협상 파괴 공작)을 그의 제자들이 반세기에 걸쳐서 한국에 작용한 결과로 이뤄낸 '과실果実'이라고 불러도 되지 않을까.

그러나 그와 동시에 한국 내에서 지금까지 없었던 큰 반동 현상도 일어나고 있다고 할 수 있다. 그 상징이 이영훈의 편저 『반일 종족주의-대한민국 위기의 근원』(미래사, 2019년)과 『반일 종족주의와의 투쟁』(미래사, 2020년)의 잇따른 출판이다. 이는 '강제연행'을 둘러싼 운동사에서도 획기적인 의의가 있다. 그래서 마지막으로 두 책의 출현이 의미하는 바를 간단하게 고찰하고자 한다.

조선인 '강제연행'이라는 말은 중국인 '강제연행'을 본떠 1960년대 전반에 박경식이 고안한 조어인데, 일본에서는 1990년대 이후 전후 보상 재판을 연이어 일으킴에 따라 일반화되었다. 한국에서는 어떨까?

이우연은 『반일 종족주의와의 투쟁』에서 다음과 같이 증언하고 있다.

> 1939~1945년에 전시기에 일본으로 동원된 조선의 노무자들은 정상적으로 임금을 지급받았습니다. 약간의 미불금이 남은 것은 전쟁이 끝난 뒤의 혼란기에 임금, 저금, 각종 적립금이 정산되지 못했기 때문입니다. 그럼에도 불구하고 그에 관한 오늘날 한국인의 기억은 정반대입니다. 임금은 제대로 지급되지 않았으며, 대부분 강제저축을 당했고, 나중에 그것을 찾지 못했으며, 받았다고 하지만 소액의 용돈 수준에 불과했다는 겁니다. 한마디로 노예노동이었다는 겁니다. 한국사 교과서가 그렇게 학생들을 가르치고 있습니다. 역대 교과서를 뒤지면 대체로 1960년대 중반부터 그러하였습니다. 그런 식의 교육이 이미 반세기를 넘겼으니 오류가 국민적 상식이 되고 말았습니다. (이우연 '일하고도 임금을 못 받았다는 거짓말', 이영훈 편저 『반일 종족주의와의 투쟁』 [미래사, 2020년], pp.109-110)

이처럼 한국에서도 일본과 병행하거나 교과서 등에서는 일본보다 앞질러서 이미 1960년대부터 국정교과서를 통해 '강제연행'이 역사 인식으로 확산된 사실을 알 수 있다.

그 결과 강제연행론을 확산시키는 일본의 시민운동과 한국의 시민운동이 협력해서 결과적으로 1990년대부터 2000년대에 걸쳐서 조선인 전시 노동자의 전후 보상 재판이 일본에서 한국으로 번졌다. 2010년의 '일한 지식인 공동성명'은 양자의 협력을 내외에 널리 어필해서 '일본 통치 불법론'을 한국 법원이 받아들이게 하는 촉매 역할을 했다고 해도 좋다.

일본 국내에서는 2000년대 이후 니시오카 쓰토무와 정대균을 중심으로 강제연행론을 비판하는 논진이 펼쳐져서 일정한 영향력을 갖기 시작했는데, 한국에서는 그러한 비판 세력이 명확한 형태로는 최근까지 존재하지 않았다.

그런데 대법원 판결 이후 정세는 분명히 달라지고 있다. 박경식이 발단이 된 강제연행론을 정면으로 부정한 『반일 종족주의』가 한국과 일본에서 베스트셀러에 올랐고 한국에서도 강제연행 부정론이 영향력을 급속히 확장하고 있다. 그 중심을 이루는 것은 이영훈 전 서울대 경제학부 교수를 중심으로 하는 이승만학당과 낙성대경제연구소 그룹이다.

박경식 이후에 강제연행론은 이렇게 한국 내부에서도 강렬한 학술적 비판을 받으면서 그 비판이 사회적으로도 인지되기 시작했다. 일본의 보수파 지식인과 한국의 보수파 지식인이 서로 협력하는 장면도 앞으로는 늘어날 것이다.

시대는 확실히 변화하고 있다. 일본과 한국의 시민 그룹이 반세기에 걸쳐 확산시켜온 사실에 반하는 강제연행론이 이미 기반부터 와해되고 있는 것이다.

## 9 '증언'에 관한 문제 - 중국인 '강제연행'으로 보는 '노동자 사냥'

본 논문의 마지막에서는 강제연행론에서 '증언'의 신빙성에 관한 문제점을 몇 가지 지적하겠다.

위안부 문제든 뭐든 '강제연행'을 주장하는 쪽은 피해자의 증언을 끊임없이 들이댄다. 대부분의 경우, 그에 대한 명확한 반증을 하는 것은 이미 몇십 년이라는 시간이 흐른 점도 있어서 매우 어렵다. 그런 경우 피해자 측의 증언에 덧붙여서 가해자 측의 증언이 있으면 피해자의 증언을 뒷받침한다고 보는 경우가 많다.

위안부 '강제연행'에서 요시다 세이지吉田淸治의 '증언'이 확실히 그랬다. 피해자의 '증언'을 가해자가 뒷받침한 결과(그것이 위증이기는 하였지만), 위안부 '강제연행'이 '역사적 사실'로 인지됐고 단숨에 널리 퍼진 것으로 생각된다.

그런데 조선인 '강제연행'의 경우에는 가해자의 '증언'은 어떠할까? 유명한 예로는 우가키 가즈시게宇垣―成 총독 시절(1927-1936년)에 총독부의 정책 고문이었던 가마다 사와이치로鎌田澤―郎가 미나미지로南次郞 총독 시절(1936-1942년)의 실정을 비판한 다음과 같은 증언일 것이다.

> 납득을 시킨 후에 응모하게 하면 도저히 예정자 수를 채울 수 없었다. 그래서 군이나 면(촌)의 노무 담당이 한밤중이나 새벽에 느닷없이 남성이 있는 집에 잠든 틈을 노려서 쳐들어가거나 논밭에서 한창 일하는 사람들을 트럭에 아무렇지 않게 태운다. 그래서 그들로 집단을 편성하고 홋카이도나 규슈의 탄광으로 보내서 그 책임을 달성하는 난폭한 행동을 했다. <u>단 총독이 그렇게까지 강행하라고 명령한 것은 아닌데, 상사의 눈치를 살피는 조선 출신의 말단 관리나 공리公吏가 이러한 일을 일으킨 것이었다.</u> (가마다 사와이치로『조선신화朝鮮新話』
> [소겐샤創元社, 1950년], p.320, 밑줄은 인용자)

그러나 박경식의『조선인 강제연행의 기록』을 비롯한 수많은 '강제연행'파의 문헌은 저기서 밑줄 부분을 고의로 생략한 형태로만 소개해왔다. 밑줄 부분은 총독부의 조직적 명령에 따라 조선인 '강제연행'을 실시한 것이 아니라 "상사의 눈치를 살피는" 말단 조선인 관리가 "일으킨" 사실을 지적했는데 '강제연행'파에게는 불리한 사실이기 때문에 이를 고의로 덮었을 것이다. 하지만 더 심각한 문제는 가마다 사와이치로가 고이소 구니아키小磯国昭 총독 시절(1942-1944년)에 관하여 높이 평가한 다음 부분은 완전히 무시하고 이를 아무도 인용하지 않은 데 있다.

> (고이소 구니아키 총독은) 미나미 지로 총독의 통치 말기부터 자기의 시정施政 하에서 노무 동원이 강제로 이뤄진 것을 알고서 그 개선에 성의를 보이는 동시에, 이미 징용되어 규슈, 홋카이도를 비롯해 일본 각지의 탄갱, 공장 등의 직장에서 일하는 조선인들을 위해서 내지와 조선의 민간 거물을 기용하여 노무 사찰사를 편성하고 분담해서 그 실정 조사와 현지에서의 대우 개선, 후생시설 등에 관해 발언하게 하고, 노무성과 가정의 연락에 도움이 되는 한편 조선 민중에게 잘못된 강제징용强制徵用에 대해 사죄하는 마음을 표현했으며, 더불어 내지의 광산, 공장에서 조선인을 매우 존중하고 진실한 동포애로 대처하라고 강조하는 등 성의와 온정에 넘치는 정치적 감성을 충분히 가졌다.(p.323)

가해자의 증언에서 자기에게 유리한 부분만 이용하고 불리한 부분은 버리는 이러한 수법으로는 전시 노무 동원의 전체상이 왜곡된 형태로만 전해진다. '강제연행'이라고 칭하면서 '강제성'을 어떻든 강조하는 이런 자의적인 '증언'의 사용법은 근본적으로 재검토할 여지가 있다(이 논문에서는 그 일례로 도노무라 마사루를 비판했는데 구체적인 실제 사례는 이 책의 나가타니 료스케 논문을 참조하기 바란다).

또 '증언'의 신빙성 자체에 물음표가 붙는 경우도 있다. 그런 사례로 여기에서는 중국인 '강제연행'에서 가해자 측 '증언'의 문제를 들고 싶다.

예를 들면 박경식이 영향을 받았다는 「세카이」 1960년 5월호에 실린 '전시하에서의 중국인 강제연행의 기록'에는 '평화로운 무고한 농민'을 '납치'했다는 사단장의 증언이 나온다. 이 사단장은 59대 사단장이던 후지타 시게루藤田茂 중장이다.

> 1943년 노동자를 일본 내지로 보내기 위해서 포로를 이용해 충당했는데 팔로군(국민혁명군 제8로군. 일본과 중국의 전쟁 당시 (1937~1945년)에 일본군과 싸운 중국 공산당 주력 부대다. - 옮긴이) 은 정보 입수가 빨라서 좀처럼 붙잡기 어려웠다. 그 때문에 자연스럽게 토벌할 때 마을을 급습해서 평화롭게 지내던 무고한 농민을 다짜고짜 납치해 일본 내지로 보낸 것이다. 노동자로서 일본에 보내진 산둥성의 중국인들은 이런 식으로 59사단 장병들의 손에 의해 납치된 것이다. ('전시하에서의 중국인 강제연행의 기록' 「세카이」 1960년 5월호, p.147)

그러나 이 증언의 신빙성에는 근본적으로 문제가 있다. 이 후지타 시게루라는 인물은 '중국귀환자연락회中国帰還者連絡会'(중귀련)의 초대 회장으로, 전쟁 후 중국에 억류되어 중국 공산당(중공)에 의해 세뇌당한 일본 군인의 전형이기 때문이다. 후지타 시게루는 전쟁이 끝난 후 포로로서 소련으로 끌려가 시베리아에 억류당했다가 1950년 중국에 인계되어 푸순撫順 전범관리소에서 중공에 의해 세뇌당했다. 그 후 1954년 푸순에서 자필로 진술서를 썼다. 중공에 의해 세뇌당한 일본군 고관 중에서 가장 지위가 높은 장군 중 한 사람인데 후지타가 얼마나 깊이 중공에 의해 세뇌당했는지는 이 진술서의 마지막에 쓰여 있는 내용을 보면 알 수 있다.

> 마지막으로 나는 나에게 이런 비행을 저지르게 한 히로히토裕仁(일본 124대 천황 – 옮긴이)를 진심으로 증오하며 투쟁을 선언하는 바입니다.
> 
> – 후지타 시게루 1954년 8월 1일 푸순에서
> 
> (아라이 토시오新井利男, 후지와라 아키라藤原彰
> 『침략의 증언侵略の証言』[이와나미쇼텐, 1999년], p.39)

이 중귀련 관계자의 수기를 이용한 증언집에서 전쟁 후 가장 먼저 베스트셀러가 된 『삼광三光』(간키 하루오神吉晴夫 편, 갓파북스, 고분샤光文社, 1957년)이라는 책에 '노동자 사냥' 이야기가 나온다. 오기 나카지大木仲治라는 군조軍曹(우리나라의 중사에 해당하는 일본군 계급. – 옮긴이)의 증언인데 일본군이 얼마나 난폭한 짓을 해서 중국인을 마구잡이로 납치해 일본으로 보냈는가에 대해 쓰고 있다. 예를 들면 이런 식이다.

> 1941년 8월 하순부터 9월 초순에 걸쳐 [중략] 노동자 사냥(박서博西) 작전을 펼쳤다. [중략] 남자란 남자는 노인이든 아이든

닥치는 대로 중국인들을 납치했다. 나는 제10여단 예하 44대대 3중대 소속이었는데 구니이 에이이치国井英一 대좌(우리나라의 대령에 해당하는 일본군 계급. - 옮긴이)가 지휘하는 44대대는 [중략] 이 '노동자 사냥'의 만행을 실행했다.

한밤중인 오전 0시에 중대장인 이케다 중위는 우리를 억지로 깨워서 "이번 작전은 농사꾼들을 한 명도 남김없이 다 붙잡는 것이다"라며 고함쳤고 [중략] 조용했던 마을이 부딪치고 깨지고 쓰러지는 온갖 소리와 함께 갑자기 폭풍이라도 온 것처럼 순식간에 풍비박산이 났다. [중략]

이렇게 여단 전투 사령소에 각 부대가 납치한 2,000명 남짓한 나이든 사람들이 끌려왔고, [중략] 침략 전쟁을 수행하기 위해서 강제노동에 내몰렸다. (오기 나카지 '노동자 사냥' 『삼광』, p.91, p.101)

하지만 이 증언은 사실에 부합하지 않는다. 1941년 8-9월에 '노동자 사냥'을 했다고 하는데, 도조 히데키東条英機 내각이 '중국인 노무자 일본 이입에 관한 건'을 각의에서 결정한 시기는 1942년 12월이다. 그보다 1년 이상 전에 '노동자 사냥'을 했다는 것은 내용을 떠난 문제로, 시기가 일단 맞지 않는다.

중국인 '강제연행'을 비판한 보수파의 문헌은 다나베 토시오田辺敏雄가 작성한 것 뿐이라고 앞에서 지적했다. 그는 오기 나카지 군조가 소속한 제44대대 전우회 전원에게 설문조사지를 송부했다. 답변을 보낸 사람은 44명이었는데 그들은 모두 '강제연행'이라는 말을 들어본 적도 없다고 답했다고 한다. 다나베 토시오는 이렇게 기록했다.

> 답변한 사람 중에서 증언자와 똑같은 중대에 소속하는 등 당시 사정을 잘 아는 사람에게는 내가 면담, 편지, 전화로 청취조사를 실시했다. [중략]
>
> 답변자 모두가 '강제연행'을 모른다고 부정했다. 똑같은 3중대 소속이며 오기 나카지보다 1년 고참인 이이지마 신이치飯島進一는 "[중략] 농민을 대상으로 노동자 사냥을 한 적은 한 번도 없었다"고 대답했고 이케다 중대장은 기모노 판매점의 젊은 주인으로 "온화하고 조용한 사람이라서 근무 중에 고함을 지른 적은 한 번도 없었다"고 증언한다. [중략]
>
> 똑같은 3중대, 이케다 중대의 동기병이었던 이이즈미 지로飯泉次郎도 "박서작전에 나도 참가했지만 노동자 사냥 작전 같은건 내 기억에 없다"고 했고, 동기병 모임에서도 오기 나카지에게 그런 이야기를 들은 적이 없다고 기록한다. (다나베 토시오 『검증 구 일본군의 '악행' - 왜곡된 역사상을 재검토한다(検証 - 旧日本軍の「悪行」- 歪められた歴史像を見直す』[지유샤自由社, 2003년], pp.110-112)

다나베 토시오에 따르면, '노동자 사냥'에 대해 증언한 일본 측 증언자는 14명에 달하지만 그들 모두 중귀련의 멤버라고 하며 구 일본군의 '중국인 강제연행'에 관한 가해 증언은 완전히 엉터리라는 사실을 알 수 있다. 그러나 다나베 토시오의 연구는 고립무원 상태다. 이런 문제를 본격적으로 연구해서 반론하는 사람이 달리 없기 때문에 중귀련이라는 중국 공산당에게 세뇌당한 구 군인 그룹이 푸순의 전범관리소에서 쓴 수기와 진술서 내용이 중국인 '강제연행'의 일본 측 증언으로 무비판적으로 이용되고 있다.

그들은 위안부 '강제연행'에서의 요시다 세이지와 똑같은 역할을 중국인 '강제연행' 문제에서 수행하고 있다고 생각된다. 게다가 그 문제는 1950년대부터 있었다(『삼광』의 초판은 1957년). 요시다 세이지가 위안부 '강제연행'에 대해 거짓 증언을 한 것은 1980년대 이후이므로 30여년 전부터 그들은 구 군인의 증언으로 중국인 '강제연행'을 거론하며 이미 몇 십여 년 동안 일본 사회 속에서 중국 공산당 선전 활동을 한 것이다. 하루아침에 일어난 일이 아니다.

우리는 연합국 점령군의 '워 길트 인포메이션 프로그램(War Guilt Information Program)'(태평양전쟁 이후 연합군 총사령부(GHQ)가 일본 점령 정책의 일환으로 시행했다고 알려진, 일본 국민들로 하여금 전쟁에 대한 죄의식을 심어주기 위한 검열, 선전 및 재교육 프로그램이다. 프로그램의 규모, 범위 등에 대해서 논란이 있다. - 옮긴이)의 영향을 운운하는데, 그 이상으로 이 '중귀련'이라는 조직적이고 '자발적'인 중국 공산당 에이전트, 중국 공산당에게 세뇌당한 구 군인 그룹이 존재하며 그들이 전후 일본인의 역사인식, 속죄해야 한다는 일본 '침략'사관 형성에 준 영향은 무시할 수 없다.

또한 요시다 세이지의 거짓 증언이 지금은 낱낱이 밝혀졌지만 중귀련의 그 일본인에 의한 중국인 '노동자 사냥'이라는 증언은 지금도 버젓이 통하고 있으며, 전혀 검증되지 않았는데 학술서 등에서도 '강제연행'의 증거로 채용되고 있다. 예를 들면 니시나리타 유타카西成田豊가 쓴 『중국인 강제연행中国人強制連行』(도쿄대학출판회, 2002년)은 중국인 '강제연행'에 관한 대표적인 학술서 중 하나인데, 증언의 신빙성에 근본적인 문제가 있는 것은 조금도 내색하지 않고 '노동자 사냥'을 전부 '사실'로 소개하고 있다.

중귀련의 구 일본군이 말하는 '증언'에 관해서는 지금도 다양한 서적이 출간되고 있으나, 이를 체계적, 비판적으로 연구한 서적은 존재하지 않는다. 앞으로 철저한 연구가 요구되는 분야 중 하나일 것이다.

**4장**
▼

# 일본에서의 징용공 재판과 한국 대법원 판결

와다 마모루和田衞

## 들어가며

2018년 10월 30일에 한국 대법원 전원합의체가 신닛테츠 징용공 손해배상 청구건과 관련 신닛테츠스미킨(현 닛폰세이데츠)에 대해 손해배상을 명령하는 재상고심 판결을 내렸다. 그리고 징용공 및 여자정신대원(이하 양자를 포함하는 경우 '징용공 등'이라고 하겠다)에 대한 한국 대법원의 판결로서 앞서 신닛테츠 판결에 이어 같은 해 11월에 미쓰비시중공업에 대한 두 건의 소부 판결이 내려졌는데, 이 미쓰비시중공업에 대한 두 판결은 당연히 먼저 나온 전원합의체 판결의 결론을 간단히 반복한 것이며 판결의 요지는 똑같았다.

판결이 연속해서 나온 이 세 사안은 실은 전부 2000년도 전후에 일본에서 제소되어 일본의 재판에서는 청구를 기각당한 사안이었다. 일본에서 먼저 열린 재판에서는 최고재판소까지 가서 다퉜는데 청구가 인정되지 않았고 한국에서도 하급심에선 청구가 인정되지 않았다. 그런데 신닛테츠 소송과 관련하여 2012년 5월 24일 한국 대법원 소부 판결이 옛 징용공 및 그 유족의 신닛테츠에 대한 청구를 기각한 앞서의 한국 고등법원 판결을 파기환송했다. 미쓰비시중공업 히로시마 소송과 관련하여서도 같은 날 한국 대법원 소부 판결이 청구를 기각한 앞서의 한국 고등법원 판결을 파기환송했다. 이러한 파기환송 판결로 인해 그 취지에 따라 청구를 용인한 새로운 고등법원 판결이 나왔고, 이에 대해 일본 기업 측이 재상고를 한 데 대해서 2018년 10월 신닛테츠 소송, 같은 해 11월에 미쓰비시중공업 히로시마 소송과 관련 한국 대법원이 재상고심 판결을 내렸는데, 모두 일본 기업 측의 패소가 확정됐다. 이와 더불어 한국 대법원의 2012년 10월 판결이 나온 후 한국에서 제소한 미쓰비시중공업 나고야 정신대 소송도 2018년 11월에 일본 기업의 상고가 기각되어 일본 기업 측 패소가 결정되었다.

2018년 10월 30일에 한국 대법원 판결이 나옴에 따라 그것이 최종 판단이 되었으므로 일본에서는 대단한 소동이 일어났고 일본 정부의 격렬한 항의가 보도됐지만, 앞에서 말한 과정처럼 실질적으로 한국에서는 2012년 5월 24일의 파기환송 판결에서 이미 흐름이 달라졌다.

2012년 대법원의 파기환송 판결로도 상정想定 가능한 일이었으나, 2018년 대법원의 재상고심 판결은 구 닛폰세이데츠의 원고들에 대한 행위를 두고서 당시 일본 정부의 한반도에 대한 불법 식민 지배 및 침략 전쟁 수행과 직결된 반인도적인 불법행위에 해당한다고 판단했다.

1965년 6월 22일에 '일본과 대한민국 간의 기본 관계에 관한 조약'(이하 기본조약이라고 한다)과 그 부속 문서인 '재산 및 청구권에 관한 문제 해결과 경제 협력에 관한 일본과 대한민국 간의 협정'(이하 청구권협정이라고 한다)이 체결됐다. 그런데 2018년 대법원 판결에서는 이 청구권협정과 관련, 징용공 등의 강제동원 위자료 청구권은 해당 청구권협정에서 "주장할 수 없게 되었다"고 한 청구권에 포함되지 않는다고 하면서, 피해자인 징용공과 그 유족이 징용 기업에 손해배상을 청구할 수 있다는 취지를 판시했다.

　일본에서 열린 재판에서도 징용 관련 위법성을 인정한 재판은 이전에도 몇 건 정도 있었다. 하지만 그것들은 일본 정부의 한반도에 대한 불법적인 식민 지배 및 침략 전쟁 수행과 직결된 반인도적인 불법 행위를 인정한 것이 아니라, 징용을 했을 때 그 연행 방법, 그리고 징용되어 했던 일의 가혹하고 위험한 정도나 의식주의 심각성, 또한 기업이 임금을 저금해놓겠다고 하고는 거의 지급하지 않는 등 여러 가지 상황을 두고서 그러한 징용에 대해서는 위법이라고 판단했던 것이다. 즉 징용 자체가 아니라, 임의 모집, 관 알선의 형태라고 해도 모집 내용이 허위였거나, 여자정신대의 경우 모집 내용과 달리 학교에도 보내주지 않고 기술도 충분히 알려주지 않았으며 엄격한 감독하에서 장시간 노동을 강요당하는 등의 사실이 있었던 것을 두고 징용 등이 위법이었다는 판단을 제시한 사안이 많았다. 단, 그러한 위법 행위로 인해 발생한 손해였기 때문에 전쟁 후에 한국으로 돌아간 이후 손해배상을 요구하며 제소할 시기로부터 시효가 진행되어 소멸 시효라거나, 또는 권리 존속 기간을 20년으로 하는 제척 기간 규정에 따라 권리가 제척에 걸리는 등의 이유로 청구가 기각되어온 경과였다.

　위와 같은 일본의 재판과는 다른 한국 대법원의 재상고심 판결 내용에 따라서, 한국에서는 징용공 등이나 유족으로부터 일본 기업에 손해배상을 청구하는 소송은 이 대법원 판결 이후엔 소멸 시효의 중단 사유가 사라졌다고 하여, 이 새로운 소멸 시효에 걸리지 않는 동안 제소를 하려고 매우 많은 일본 기업들을 대상으로 새로운 제소가 이뤄졌다는 보도가 나오고 있다.

또한 일본의 재판에서는 중국인 강제연행 소송 재판에서 일본 최고재판소가 중국인 피해자들에 대해서 1972년 일중공동성명에 따라 재판상으로는 청구권을 행사할 수 없다는 판결(2007년 4월 28일, 니시마쓰건설 중국인 강제연행 사건 판결)을 내렸고, 판례의 통일을 위해 조선인 강제연행 소송에 대해서도 일본 내의 재판에서 피해자가 상고했을 경우에는 "본 건의 상고를 기각한다. 본 건의 상고 수리 신청을 각하한다"는 이른바 예문기각例文棄却으로 각하하고 있다는 점을 본다면, 일본 최고재판소는 청구권협정에 따라 제소할 수 없게 되었다는 취지인 것으로 이해되고 있다.

따라서 앞으로도 일본 내의 제소에서 징용공 등의 청구가 인용되는 경우는 없을 것이며, 한국에서는 청구를 인정했다고 하더라도 패소가 확실한 일본에서 제소하는 일 자체가 없는 것이 당연할 것이다.

이렇듯 일본에서는 이른바 재판상으로는 해결되었다고 생각했으나, 조선인 강제연행·강제노동 문제와 관련하여 앞에서 말한 한국 대법원 재상고심 판결 이후 일본 기업 재산에 대한 강제집행 절차도 구체적으로 진행되고 있다는 점에서 이는 일본과 한국에서 큰 정치적 문제가 되고 있다.

덧붙이자면, 최근 2021년 1월 8일에 서울중앙지방법원이 옛 위안부가 일본 정부를 피고로 한 재판에서 손해배상을 용인하는 판결을 내렸다는 사실이 보도됐다. 주권 국가는 다른 나라의 재판권에 복속服屬되지 않는다는 국제법상의 주권 면제 원칙에 위반되는 것이므로 각하되어야 한다고 일본 측이 강하게 항의를 하면서, 양국 관계는 더욱더 혼란이 깊어지고 있는 상황이다.

본 논문에서는 한국 대법원 판결을 이해하기 위해서라도 먼저 선행한 일본의 재판에서 조선인 징용공이 제기한 소송을 어떻게 판단했는지, 또 거기서 문제가 된 점은 어떤 점이었는지를 개관한 뒤, 이번 한국 대법원 판결에 대해 검토해 보겠다.

# 1 일본에서의 강제연행 등 재판의 흐름에 관하여

### 니시마쓰건설 강제연행의 최고재판소 판결

한국 대법원 전원합의체의 판결을 이해하는 데 도움이 되도록, 전시 중 중국과 조선에서 일본으로 건너왔던 강제연행·강제노동 피해자, 그 유족이 일본 기업을 고발한 소송과 관련 일본의 사법이 어떤 판단을 해왔는지에 대해 개관해두겠다.

일본에서의 전시 중 강제연행·강제노동에 관한 재판의 제소는 대체로 1990년대 초반부터 시작했으며, 중국인을 피해자로 하는 소송과 조선인을 피해자로 하는 제소가 비슷한 시기부터 이뤄졌다. 국가만 피고로 한 제소, 국가와 기업을 피고로 한 제소, 기업만을 피고로 한 제소가 거의 1998년 무렵까지 이어졌으며 그 소송들은 대체로 2000년대 후반까지는 판결을 통해 해결이 되는 상황이었다.

일본에서 강제연행 소송 판결의 흐름을 결정한 것은 앞에서 말한 중국인 강제연행에 관한 니시마쓰건설 강제연행 손해배상 청구 사건이었다. 1심인 히로시마지방재판소에 1998년 1월 16일에 제소됐고, 상고까지 이어져 2007년 4월 27일 최고재판소의 판결이 나왔다.

이 판결은 1972년 일중공동성명에 따라 피해자인 중국인 원고들의 실체적 권리 자체가 아니라 재판상 청구권을 행사할 권리가 소멸되었다고 판시하며 손해배상 청구를 물리쳤다. 그런데 판결문에서 니시마쓰건설의 경우 이 사안 피해자들의 피해 구제를 위한 노력이 기대된다고 했고 이 판결이 나온 후 니시마쓰건설이 피해자들과 화해한 사안이었다. 이 니시마쓰건설에 대한 최고재판소 판결의 요지는 일중간 조약에 따라 피해자 개인이 소송을 제기하여 청구할 수 있는 소구권訴求權이 소실됐다는 것이다.

이 최고재판소 판결 후 당시 하급심에서 심리 중이던 비슷한 중국인 강제연행 재판에서 하급심은 청구를 기각했고 최고재판소는 예문기각例文棄却으로 소송을 마무리지었다.

일본의 전후 강제연행·강제노동 소송에서의 기본적인 생각을 나타낸 최고재판소 판결인데다가 한국인 강제연행·강제노동 소송에서도 똑같은 문제가 핵심이었기 때문에 좀 더 자세히 이 니시마쓰건설 관련 최고재판소 판결('재판소 재판례 검색' 웹사이트(이하 '재판례 검색'이라고 한다) 등재, 「판례시보判例時報」 1969호, 「판례타임스判例タイムズ」 1240호 게재)에 대해 기재해 두겠다.

니시마쓰건설 관련 최고재판소 판결은 다음과 같이 판시했다.

① 일본은 제2차 세계대전 후 연합국의 점령하에 놓였는데, 1951년 9월 8일에 연합국 48개국과의 사이에서 이른바 샌프란시스코 평화

조약을 체결했다.

이 조약은 제2차 세계대전 후 일본의 전후 처리 골격을 정한 것이며 일본과 각 연합국간의 전쟁 상태를 끝내고 연합국이 일본 국민의 주권을 승인하는 동시에 영역領域, 청구권 및 재산 등의 문제를 최종적으로 해결하기 위해서 체결된 것이다. 샌프란시스코 평화조약 14조 (a)에서는 전쟁 배상 및 청구권의 처리 등에 관하여 각 연합국은 일본 및 국민 등의 모든 재산, 권리 및 이익에서 이 조약의 첫 효력이 발생할 때 그 관할하에 있는 것을 압류, 유치, 청산하고 기타 어떤 방법으로 처분할 권리를 가진다고 규정했다. 이어서 14조 (b)에서 이 조약에 특별한 규정이 있는 경우를 제외하고 연합국은 연합국의 모든 배상 청구권, 전쟁 수행 중에 일본 및 그 국민이 취한 행동에서 발생한 연합국 및 그 국민의 다른 청구권과 점령의 직접 군사비에 관한 연합국의 청구권을 포기한다고 규정했다. 한편으로 이 조약의 19조 (a)에서 일본은 전쟁으로부터 발생하거나, 또는 전쟁 상태가 존재했기 때문에 취한 행동에서 발생한 연합국 및 그 국민에 대한 일본과 그 국민의 모든 청구권을 포기할 것을 규정했다.

② 중국 쪽에서는 1949년에 성립한 중화인민공화국 정부와, 이에 쫓기는 형태로 대만으로 본거지를 옮긴 중화국민당 정부, 둘 다 자신들이야말로 중국을 대표하는 유일하고 정당한 정부라고 주장했기에 양쪽 어느 정부도 샌프란시스코 강화회의에 초청받지 못했지만, 일본 정부는 1972년 중화인민공화국과의 사이에서 일중국교정상화 협상을 거쳐 같은 해 9월 29일 일중공동성명을 발표했다.

샌프란시스코 평화조약은, 개인의 청구권을 포함해 전쟁 수행 중에 발생한 모든 청구권을 서로 포기하는 것을 전제로 하며 일본은 연합국에 대한 전쟁 배상 의무를 인정하고 연합국이 관할하는 재외 자산의 처분을 연합국에 맡기고 역무배상役務賠償(상대편에 끼친 손해를 금전이나 물품으로 갚지 않고 용역 등으로 배상하는 일이다. - 옮긴이)을 포함해 구체적인 전쟁 배상에 대한 결정을 각 연합국과의 사이에서 개별적으로 진행한다는 일본의 전후 처리 틀을 규정하는 것이었다. 이 틀은 연합국 48개국과의 사이에서 체결되었다. 이로써 일본이 독립을 회복했다는 샌프란시스코 평화조약의 중요성을 생각해본다면, 샌프란시스코 평화조약의 당사자 이외 국가나 지역과의 사이에서 평화조약 등을 체결해 전후 처리를 할 때도 역시 샌프란시스코 평화조약은 그 틀이 되어야 하는 것이었다.

이렇게 틀을 규정해놓은 것은, 평화조약을 체결하면서 전쟁 수행 중에 생긴 각종 청구권에 관한 문제를 사후 개별적인 민사재판상의 권리 행사를 기다려 해결한다면, 앞으로 어떤 국가 또는 국민에 대해서도 평화조약 체결 시에 예측하기 힘든 지나친 부담을 입게 되어 혼란을 일으킬 우려가 있기에, 평화조약의 목표 달성을 방해한다는 생각에 따른 것으로 해석할 수 있다. 또한 샌프란시스코 평화조약의 틀에서 청구권 포기의 취지가 곧 청구권 문제를 사후 개별적인 민사재판상의 권리 행사에 따른 해결에 맡기는 것을 피한다는 점에 있음을 감안해 본다면, 여기서 말하는 청구권의 '포기'란 청구권을 실제로 소멸시키는 것까지 의미하는 것은 아니고, 해당 청구권을 근거로 재판상 소구訴求할 기능을 잃게 하는 것에 그친다고 해석하는 것이 마땅할 것이다.

이러한 샌프란시스코 평화조약의 틀에 따르면, 일중공동성명 제5항이 규정하는 "전쟁 배상 청구를 포기한다"는 조항에 따라 일중전쟁日中戰爭의 수행 중에 발생한, 중화인민공화국 국민들의 일본 또는 그 국민 또는 법인에 대한 청구권은, 재판상 소구하는 기능을 잃은 것이라고 해야 할 것이다.

③ 국가가 보유한 외교보호권을 포기한다고 해서 각별히 국민의 고유 권리인 사권私權을 국가 간의 합의로 제한할 수는 없다는 취지의 주장에 관하여서는, 국가는 전쟁을 종결짓는 강화조약을 체결할 때 대인주권對人主權에 기초하여 개인 청구권을 포함하는 청구권 처리를 할 수 있는 것이고 이러한 사권 제한 관련 주장은 채용할 수 없다.

결국, 권리는 있더라도 재판에 호소를 하는 소구를 못한다는 뜻임을 설명한, 매우 중요한 판결이었다.

## 한국인의 소구訴求에 관하여

니시마쓰건설 강제연행 판결은 중국인의 강제연행 문제에 관한 것이었으나 한국은 샌프란시스코 평화조약에서 전승국으로 인정받지 못해 일본과 특별한 결정을 하게 되었다. 한국 스스로 기본조약 및 청구권협정에 관해서는 샌프란시스코 평화조약의 규정에 따르고 있다고 했기 때문에, 일본 최고재판소는 한국인의 전후 배상 청구에 대해서도 이 니시마쓰건설 판례에서 설명한 내용대로 적용하여 일본에서의 징용공 등 개인 청구권을 소송으로 청구할 수 없다는 판단으로 상고를 기각해왔다고 생각할 수 있다.

또한 이런 생각에 대해서는, 2018년의 한국 대법원 판결에서 반대의견을 말했던 대법관 두 사람도 역시 권리는 있지만 소구할 수 없다고 한 바 있으며, 이는 니시마쓰건설 강제연행 소송에서 일본 최고재판소의 판단과도 기본적으로 공통된다고 할 수 있다. 일본 정부와는 조금 견해를 달리하는 것처럼 보이기도 하는데, 어쨌든 일본 정부의 사고 방식도 소구할 권리는 없다는 의미에서 해결이 끝났다고 하는 것이다. 현실적으로 재판을 통해 국가는 그런 주장을 해왔기 때문에, 일본 정부가 일본 최고재판소와 견해가 다른 것은 아니라고 생각된다. 아무튼 지금까지 일본에서 열린 재판의 경과로 봐도 조선인 강제연행·강제노동 소송을 일본에서 소구하는 것은 생각할 수 없으므로 이 점을 더 파고드는 것은 별 의미가 없을 것이다.

## 2 조선인 강제연행·강제노동 소송에 관한 일본에서의 재판

일본에서 실시한 조선인 강제연행·강제노동 소송의 판결을 살펴보겠다. 징용공 등의 연행·노동이 문제가 된 사안으로 한정하며 그중에는 말그대로 일본에서 패소하여 한국에서 재판을 일으킨 안건도 있었다. 한국 대법원의 판단이 일본 재판이 판시해온 것과 어떤 점에서 어떻게 다른지 살펴보는 것도 중요할 것이다.

① 닛폰코칸 강제노동 소송 (도쿄지방재판소 1997년 5월 26일 [기각, 「판례시보判例時報」 1614호, 「판례타임스判例タイムス」 960호 게재])

1991년에 이뤄진 제소로, 한국인 강제징용자 손해배상 청구사건에 있어서 비교적 초기 사안이다. 판시의 요점을 기재하면 "원고는 제2차 세계대전 중 조선반도에서 강제로 연행되어 일본 기업에서 강제노동에 종사했으며 폭행 상해를 입었다는 것을 이유로 하여, 피고 회사에 대해서 채무 불이행, 불법행위를 근거로 손해배상을 청구했다. 강제연행의 여부에 관하여 원고는 1942년 10월 무렵 이른바 관알선 방식으로 노무 동원 대상이 되었는데 국민징용령을 내리기 이전이고, 또 원고가 그 당시 조선총독부의 국민학교에 다니며 일본어로 된 책을 읽고 추신구라忠臣蔵(일본 에도시대에 실제로 벌어진 사무라이 47인의 복수를 그린 고전 작품이다. – 옮긴이) 등의 이야기에 흥미를 가졌고 반드시 반일적이었던 것이 아니고, 오히려 반일적인 아버지의 태도를 의아해하기도 했고, 그리고 일본 내지로 가는 것에도 관심이 있었던 점이 증거 조사 결과로 인정되는데, 이에 더해 원고는 경상남도 창녕면에서 경성까지 누구에게도 인솔되거나 감시당하는 일 없이 혼자서 찾아가기도 했다. 또한 증거(생략)에 따르면 원고와 행동을 함께 한 다른 조선인 노동자 약 100명도 저항의 기미도 없이 경성을 떠나 부산에서 시모노세키로 도항한 것이 인정되는 바, 이런 사정까지 고려하면 원고가 창녕면에서 피고 회사인 가와사키제철소로 간 것은 조선총독부, 그 지방청인 군, 면 당국의 매우 적극적인 알선에 따른 것이지 그 당국의 강제에 의한 것이었다고 까지는 할 수 없다. 따라서 피고 회사가 그 강제에 관여했다고도 할 수 없다"고 판단했다.

또한 "원고 등 조선인 노동자의 거주 상황은 좁고 더러우며 사생활이 거의 존재할 수 없을 만큼 열악했으며 가와사키제철소의 작업 환경도, 고온, 분진, 낙하 위험 등 최저 수준이었다. 다만 원고가 가와사키제철소에서의 노동에서 나름대로 임금을 받을 수 있다고 기대한 점, 일본인 노동자와 함께 일하고 호이스트 크레인이나 5톤 크레인 등 어렵고 중요한 기계 운전을 담당할 정도로 노동 기능이 능숙한 점, 가와사키역 부근으로 나가 서점에서 책을 구입하는 등 행동의 자유도 있었던 점 등의 사정을 고려하면 원고에 대한 피고 회사의 처우가 노예적 대우였다고는 할 수 없다. 따라서 원고를 강제노동에 복속시켰다고 까지는 볼 수 없다"고 판시했다.

이 판결은 이상의 이유로 강제연행·강제노동 자체는 부정했으나, 이 사안에서는 원고가 피고 회사의 종업원에 의해 폭행 상해를 입은 사실은 불법행위로 인정됐으며, 그 손해배상 청구권이 소멸 시효 및 제척 기간의 경과로 소멸되었다고 하여 청구를 기각한 사례다. 회사 측이 폭행 상해를 입힌 것은 인정되었으며 항소심에서 화해를 한 사안이다.

이 판결은 원고의 주장 중 폭행 상해의 불법행위 사실은 인정했지만 한국에서 일본의 관리가 일본에서의 취업을 알선한 '관 알선', 곧 당시의 취업 자체가 강제적이라고는 할 수 없다고 판단했다. 또한 그 시대의 직장 환경 자체가 매우 열악했다는 것을 고려한 판단을 내렸다. 당시 노동 환경이나 거주 환경이 전체적으로 열악했음을 중시하면서 관 알선에 따른 취업 자체의 위법성을 부정했다. 하지만, 다른 일본 재판례와 비교하면 "노예적 대우였다고 까지는 할 수 없다"고 하여 위법성을 인정하지 않았다는 점에서는 위법성의 벽이 높은 판단이라고 생각할 수 있다.

한편으로 한국 대법원 판결은 한반도에서의 불법적인 식민 지배 하의 징용은 전부 불법이라고 하면서, 모집, 관 알선, 징용을 불문하고 징용과 똑같이 보아 전부 불법이라는 전제하에 결론을 내렸다. 이 판단 방법에 비교해서 생각해본다면 역시 모집이나 관 알선에서는 위법이라고는 할 수 없는 부분이 있지는 않은지, 또 각 사안의 내용이 다른 만큼 사안별로 그 시대의 분명한 상황에 입각해 판단해야 하지 않을지, 생각해볼 문제라고 할 수 있다.

**② 미쓰비시중공업 나가사키 조선소 징용공 소송** (1심 나가사키지방재판소 1997년 12월 2일 [기각, 「판례시보」 1641호, 「판례타임스」 979호 게재], 항소심 후쿠오카고등재판소 1999년 11월 1일 [기각, 「판례타임스」 1019호 게재], 상고심 최고재판소 2003년 3월 27일 [기각])

이 건은 1992년에 제소해서 국가와 기업을 대상으로 소를 제기한 건이다. 항소심 판결로 개관하자면 피징용자를 국민징용령에 의거하여 내지로 연행해서 미쓰비시중공업 나가사키 조선소에서 일하게 한 사안이다. 판결이 인정한 사실에 따르면, "피징용자를 순사가 동행하여 부산에 가서 부산의 여관에 도착하자마자 회사 직원이 이발 기계로 머리카락을 완전히 밀었고, 그날 밤부터 도주 방지를 위해서 감시를 받게하고 다음날 아침에는 배를 탔는데 선실에서 출입을 감시당하는 상태로 시모노세키까지 끌려갔다. 또한 목적지도 알려주지 않은 채 기차에 태워졌고 열차의 양쪽 출입구에는 감시자가 서 있었으며 창문 커튼은 전부 내린 상태로 나가사키까지 연행되었다. 회사의 행위는 국민징용령을 근거로 하는 징용이라고 하더라도 도저히 허용할 수 없는 위법이다. 기숙사 사감 이하 등, 기숙사 관리 체제를 펼치면서 기숙사에서의 외출은 허가제로 했다. 또한 도망해서 적발된 경우에는 다시 데리고 와서 피징용자를 노동에 종사하게 한 사실도 있었다. 이런 행위는 전시 상황이었고 수많은 기숙사 거주자를 떠맡은 집단 체제이면서 언어도 충분히 통하지 않는 사람들을 많이 거주시키는 기숙하의 관리, 통제를 실시하는 데 있어 어쩔 수 없는 측면이 있는 것도 이해하지 못할 바는 아니다. 하지만 국가총동원법 제4조에서도 징용에 따르지 않고 업무에 종사하지 않는 사람은 1년 이하의 징역 또는 1천 엔 이하의 벌금에 처한다는 벌칙만 규정해 놓았다. 간접적으로 강제하는 것에 그쳤고 직접적인 강제를 인정하지 않는 취지에서 봐도 이 법 및 국민징용령을 근거로 하는 징용으로 용인되는 정도를 넘었고 위법성을 띠는 행위였다고 해야 한다"는 취지를 밝히고, 구 미쓰비시중공업의 당시 행위는 불법행위에 해당한다고 인정했다.

구 회사는 전쟁이 끝나자마자 시행된 회사경리응급조치법会社経理

応急措置法에 따라 분할됐고 피고 회사는 예전의 채무를 승계하지 않는다는 이유로 항소가 기각됐다. 국가의 관리인 순사가 피징용자를 연행하고 감시한 행위의 경우, 구 일본 헌법(메이지헌법)에서는 국가의 권력 작용에 따른 개인의 손해를 배상해야 한다는 법률이 존재하지 않았고, 또한 사법私法을 적용할 수 없다고 해석하여서 결국 당시 권력(공권력) 작용에 대해선 국가가 책임을 지지 않는다는 국가무답책론国家無答責論에 따라 피고 국가에 대한 항소도 기각됐다.

이 판결에서 비록 청구가 인정되지는 않았지만, 내용적으로는 국민징용령의 직접 강제 실태를 보여준 점이나 징용 기업의 도를 넘은 행위에 관한 불법행위상의 위법성을 인정한 점에서는 사례적으로 참고할만했다.

즉 국민징용령에 따른 징용이기에 징용 그 자체가 위법이라는 판단은 당연히 하지 않았지만, 연행 방법, 도주 방지 방법 때문에 위법이라는 취지의 판결이었다. 기업의 책임을 부정하는, 회사경리응급조치법에 따라 이전의 회사와 다른 회사라고 하는 주장에 관해서 그 후의 일본 재판례에서는 실체적으로 불합리하다는 이유로 부정하는 판결도 나왔다. 국가의 책임을 부정한 국가무답책론의 적용에 관해서도, 그 후의 재판례에서는 국가의 책임에 대해 국가배상법이 아직 법률로 제정되지 않았다는 사실로부터 국가는 권력 작용에 책임을 지지 않는다는 것이 규정되었다고 까지 볼 수는 없다면서 국가무답책론을 부정하는 판결도 나왔다.

③ 도쿄아사히토방적 조선인 여자근로정신대 소송 (1심 시즈오카지방재판소 2000년 1월 27일 [기각, 「판례타임스」 1067호 게재], 항소심 도쿄고등재판소 2002년 1월 15일 [기각], 최고재판소 2003년 3월 27일 [기각])

이 소송은 피고를 국가만으로 했던 것인데, 원고 1은 열네 살 때 공무원이 영장같은 것을 보여줘서 반강제적으로 응하게 됐고, 원고 2는 일본 공장에서 일하면 학교에도 갈 수 있고 급여를 받을 수 있다고 해서 근로정신대에 응모했는데, 실제로는 행동의 자유도 없고 가혹한 노동 조건에서 노동을 강요당했다고 주장했다. 이에 피고 국가에 대하여 손실 보상, 안전배려의무 위반, 입법 부작위를 이유로 위자료 3천만 엔 및 공식 사죄문을 요구했다. 판결에서는 국가가 여자정신대원 근로령으로 대원을 선발하고 결정했으며 그 지배하에 정신근로에 종사했다고 볼 여지는 있지만, 이는 권력(공권력)에 의한 관계인 것이지 계약적인 관계라고 할 수는 없다고 했다. 권력에 의한 행위의 경우 일본 메이지헌법에서는 국가 배상 책임을 추궁할 수 없다는 이른바 국가무답책론으로써 청구를 기각했다. 국가가 근로정신대원의 노동 조건을 규정한 것은 노동 계약에 공권적으로 개입한 것에 불과하므로 근로정신대와의 관계에 있어서 국가를 고용주로 보고 안전배려의무를 진다고 인정할 수는 없다고 판시하여 청구를 기각한 것이다.

원고들이 받은 처우에 대해 무리하게 피고 국가의 책임을 묻는 재판이었던 것 같은데, 안전배려의무는 고용자 등 특별한 관계를 기반으로 한다고 해석했기 때문에 기각당한 사례다.

④ **닛폰세이데츠 징용공 소송** (1심 오사카지방재판소 2001년 3월 27일 [기각, '재판례검색' 등록], 항소심 2002년 11월 19일 [기각], 최고재판소 2003년 10월 9일 [기각])

이 소송의 원고들은 일본에서 패소 후 2006년 서울중앙지방법원에 제소했는데 그 소송이 2012년 한국 대법원 파기환송 판결을 거쳐 2018년 10월 30일 한국 대법원 전원합의체 재상고심 판결로 원고들의 승소가 확정된 안건이다.

1심에서는, 원고들이 신닛테츠스미킨(신일철주금)에서 2년 동안 기술 훈련을 받고 기술을 습득한 후에는 조선반도의 제철소에서 기술자로 취직할 수 있다는 노동자 모집 설명에 따라 자신의 의사에 따라 자발적으로 응모하고 오사카제철소에서 노동하기에 이르렀기에, 원고들의 뜻에 반하여 강제연행했다고 인정할 수 없다고 했다. 하지만 오사카제철소에 부속된 기숙사에서의 원고들의 생활 상태와 오사카제철소의 노동 내용은, 기술을 알려준다는 닛폰세이데츠의 사전 설명으로 예상할 수 있는 것과는 전혀 다르게 열악했으며, 원고들은 임금의 일부를 받았지만 구체적인 금액도 모른 채 잔액은 강제로 저금해야 했다. 또 어느 정도 행동의 자유가 인정됐던 시기는 있었으나 항시 신닛테츠스미킨의 감시하에 놓여 노무에서 이탈도 하지 못했고, 식사도 충분히 제공받지 못했다. 그런 열악한 주거 환경에서 가혹하고 위험하기 짝이 없는 일을, 자유를 거의 빼앗긴 상태로 상당한 기간에 걸쳐 종사해야 했다. 청진시로 이동한 후에도 단기간이었다고 하더라도 하루 12시간 토목작업에 종사하는 가혹한 노동에 처해졌고, 임금은 거의 지급받지 못한 것이 인정되어 실질적으로 봤을 때 강제노동에 해당해서 위법이라고 하지 않을 수 없는 것이었다.

이렇게 일본에서 열린 재판의 경우 1심 판결은 강제연행 사실은 인정하지 않고 강제노동만 인정했는데, 전쟁 중의 구 닛폰세이데츠와 전쟁 후 조직이 변경된 닛폰세이데츠의 동일성을 인정하지 않고 청구를 기각한 사안이다.

일본에서 제소하는 동안은 그다지 주목받지 못한 안건이라서 1심 판결이 '재판례 검색'에는 등록되었지만 일반 판례 잡지에는 1심과 항소심 모두 실리지 않은 판결이었다.

항소심에서는 1심의 기각 사유에 더해서 문제가 된 불법행위의 손해배상 청구권이 1965년 일한기본조약 등의 체결에 따른 국내에서의 재산권 조치 등을 규정한 '재산권 조치법'(약칭, 〈권말자료 7〉)으로 소멸된 '재산, 권리, 이익'에 해당하기 때문에 이 법에 따라서도 소멸되었다고 판시했다.

⑤ **미쓰비시 나고야 정신대 소송** (1심 나고야지방재판소 2005년 7월 24일 [기각, 「판례타임스」 1210호 게재], 항소심 나고야고등재판소 2007년 5월 31일 [기각, 「판례시보」 1894호 게재], 최고재판소 2008년 11월 11일 [기각])

이 건은 2018년 11월 29일 한국 대법원에서 미쓰비시의 상고를 기각하고 확정한 징용공 등 재판 중 하나로, 일본에서도 열린 재판의 판결이다. 일본 징용공 재판 중에서도 원고 측은 매우 여러 방면의 논점에 대해 상세한 주장을 전개했고 1심, 항소심 모두 재판소가 상세한 인정과 판단을 보여줘서 매우 참고할만한 안건이다.

원고가 여러 가지 위법 사유를 주장했고 한국 대법원 판결 사안이기도 해서 여기서 그 내용을 다소 자세히 기재하는데, 일본에서 나온 판결에 따르면 사안의 개요는 다음과 같다.

한국에 거주한 원고들은 1944년에 국민학교 교장, 담임교사 등이 근로정신대 참가를 권유했고 그때 정신대원들은 "일본에 가면 학교에도 갈 수 있고 돈도 받을 수 있다"고 해서 이 말을 믿고 참가를 결심했다.

이 해 5월 말 무렵, 한국 광주의 각지에서 근로정신대에 참가할 소녀들이 기차를 타고 한국 여수로 약 150명이 집합했고, 국민학교 교사와 일본인 헌병에 의해 인솔되어 배를 타고 시모노세키, 그리고 시모노세키에서 기차를 타고 나고야까지 가서 피고 회사 나고야 항공기제작소 도토쿠道德 공장에 도착했다. 이 공장은 부품 공장과 조립 공장이 있었는데 약 2천 명이 주야 2교대로 일했다. 원고들은 기숙사 사감의 감독 하에 8평 남짓한 방에서 6명 내지 8명이 생활하며 오전 6시에 기상해 출신지별로 작업 배치를 받고 오전 8시부터 오후 5시 또는 6시까지 일했다. 휴식 시간은 점심시간을 포함해서 1시간이었으며 휴일은 일요일뿐이었다. 엄격한 감시를 받았으며 작업 중에는 곁눈질하거나 이야기를 할 수 없었고, 화장실도 허락을 받아 가야 했는데 정해진 시간 안에 돌아오지 않으면 혼나거나 벌을 받았다. 식사량이 적은 탓에 늘 배고픔을 느꼈다. 근로정신대원들은 감시원이 동행해서 단체로 동물원 등을 방문했지만 자유로운 외출은 금지되었다. 기숙사에서 일본 노래와 예의범절, 바느질 등을 알려주는 경우는 있었지만 학교에는 보내주지는 않았다. 1944년 12월 도난카이東南海 지진이 일어나 공장 건물 여러 채가 무너져 근로정신대원을 포함해 57명이 사망했다. 이 지진 후 1945년 봄 도야마현의 다이몬大門 공장으로 이동해서 같은 해 8월 전쟁이 끝난 후 조선으로 귀국했다.

근로정신대원이었던 여성과 그 유족이 불법행위와 안전배려의무 위반을 이유로 기업에 손해배상을 요구하며 제소했다. 또한 이 소송에서는 국가도 입법부작위와 전후 보상 입법의무에 대한 해태懈怠(어떤 법률행위를 해야 할 책임을 다하지 않았다는 의미. - 옮긴이) 등으로 함께 피고로 제소당했다.

이번 한국 대법원 판결과 관련하여 이 소송에서 피고 국가와 피고 회사는 청구권협정 제2조 1항, 3항으로 원고들의 청구에 응할 법적 의무를 지지 않는다는 취지를 주장했고, 피고 회사는 원고들이 주장하는 청구권이 재산권 조치법 제1조 1호로 소멸됐다고 주장했다. 이런 주장들과 관련하여 항소심이 상세하게 판시했으므로 항소심 판단을 기재하면 "평화조약 4조 (a)에 따라 일본 및 그 국민에 대한 조선 지역의 시정을 실시하는 당국과 주민의 청구권 처리는 일본과 당국 간 특별 협정의 주제로 한다고 간주하여 이 특별 협정의 주제를 포함해서 해결하는 것으로 이 안건의 협정이 체결되게 된 것이다", "그 전제인 평화조약의 경우, 개인 청구권을 포함해서 전쟁 수행 중에 발생한 모든 청구권을 상호 포기하는 것을 전제로 하여 일본은 연합국에 대한 전쟁 배상 의무를 인정하고 연합국이 관할하는 재외 자산의 처분을 연합국에 맡기고 역무배상役務賠償을 포함해 구체적인 전쟁 배상 협정은 각 연합국과의 사이에서 개별로 한다는 일본의 전후 처리 골자를 규정했는데 여기서 청구권의 포기(평화조약 14조 (a), 19조 (a))란 [중략] 해당 청구권에 대해 재판상 청구하는 기능을 상실시키는 것으로 해석해야 할 것이었다", "이 안건의 협정 2조 1항, 3항의 취지를 고려하면 일본 및 그 국민은, 한국 및 그 국민으로부터 [중략] 청구권의 행사를 받는 경우 [중략] 그 청구에 응할 법적 의무는 없다고 주장할 수 있다고 해석하는 것이 타당하다"고 했다.

항소인들은 청구권협정의 주체는 일본과 한국의 양 체약국이며, 국가는 자국민에 대한 국제적 위법 행위를 한 타국에 국가 책임을 추궁하는 국제법상의 권리인 외교보호권을 보유하므로, 양국 간에 그 외교보호권 포기를 확인했다고 해도 그것으로써 양국 국민이 보유하는 청구권에 대해서까지 어떤 효과가 발생한다는 것은 논리적으로 있을 수 없다고 주장했다. 하지만 판결은 "국가는 전쟁 종결에 따른 강화조약을 체결할 때 대인주권에 의거하여 개인의 청구권을 포함한 청구권을 처리할 수 있다고 해석한다는 점에서 본다면, 국가간 합의에 따라 국민의 권리를 제한할 수 없음을 전제로 하는" 항소인들의 주장은 채용할 수 없다고 판단했다. 또한 청구권협정 체결 이전에 발생한 사유를 근거로 한다면 "이 안건의 협정 체결 당시에 구체적인 문제로 다루지 않은 청구권도 포함해 이 건의 협정 대상"이라고 해석할 수 있으므로 규정 내용이 명확하지 않다고 할 수 없다고 하면서 항소인들의 주장을 채용하지 않았다.

항소심 판결은 2007년의 판결이며, 이는 최고재판소가 니시마쓰건설을 피고로 하는 중국인 강제연행 소송에서 전후 강제연행 소송에 대해 1972년 일중공동성명을 토대로 피해자가 기업에 대해 손해배상을 원해도 소구할 수 없게 되었다고 판단한 판결 이후여서 그것과 궤를 같이한 것이라 생각된다. 또 이 판결은 이후 2018년 한국 대법원 전원합의체 판결에서 소구할 수 없다고 한 소수 반대 의견과도 통하는 바가 있다.

**⑥ 미쓰비시 히로시마 옛 징용공 손해배상 청구 공소 사건** (1심 히로시마지방재판소 1999년 3월 25일 판결 [기각], 항소심 히로시마고등재판소 2005년 1월 19일 판결 [기각, '재판례 검색' 등재,「판례시보」903호,「판례타임스」1217호 게재], 최고재판소 2007년 11월 1일 [기각])

이 건은 나중에 한국에서 제소돼 2018년 11월에 피고 미쓰비시중공업에 손해배상을 명령한 건과 관련해서 일본에서 먼저 열린 재판이다. 한국 국적을 가진 원고들 공동으로 총 46명이 제2차 세계대전 중 1944년 국민징용령으로 조선반도의 거주지에서 히로시마시에 강제로 연행당해 당시 미쓰비시중공업 주식회사(구 미쓰비시)의 히로시마기계제작소 및 히로시마조선소에서 노동에 종사했고, 1945년 8월 6일에는 원자폭탄 투하로 피폭을 당했는데도 피항소인 국가와 구 미쓰비시는 어떠한 구호도 하지 않았으며 조선반도의 거주지로 송환하는 의무도 이행하지 않았다. 또한 피항소인 국가는 전쟁 종결 후에도 원고들이 받은 원폭 피해에 대해 어떠한 원조, 보상 조치도 마련하지 않았다며 불법행위(국가에 대해서는 국가배상법 제1조 1항을 근거로 하는 청구 포함), 채무 불이행 등을 이유로 피고들에게 (피항소인 미쓰비시 및 미쓰비시중공업은 구 미쓰비시의 채무를 계승한다고 하여) 그 정신적 배상을 요구하는 동시에 채무를 계승한 양자兩者에게 구 미쓰비시의 미지급 임금을 요구한 사안이다.

이 판결은 국가에 대한 청구와 강제연행·강제노동을 이유로 하는 손해배상 책임, 그리고 강제연행에 대하여 국가무답책론적 사고방식의 일반적 정당성을 인정하지 않으면서, 반면에 민법을 근거로 불법행위에 따른 손해배상 책임을 인정해야 하며, 안전배려의무 위반도 인정할 여지가 있다고 했다. 그러나 이를 근거로 하는 손해배상 청구권은 제척기간의 경과 또는 일한청구권협정에 입각한 재산권 조치법에 따라 소멸했다고 판단했다. 한편, 피고 두 회사에 대한 청구는 원고들의 징용에 관해 불법행위에 따른 손해배상 청구권을 인정할 여지가 있으며 또 안전배려의무 위반의 채무 불이행에 따른 손해배상 청구권과 미지급 임금 청구권이 존재한다고 인정되었으나, 전부 시효 기간이 지나서 소멸했다고 판단했다. 이 히로시마고등재판소의 판결에 대해 원고가 상고했으나 예문기각됐다. 이 히로시마 안건에 관하여 옛 징용공은 이미 한국에서도 별도의 조사 결과와 공식 견해를 발표했기 때문에 일본에서 1심 판결을 받은 시점에서 한국 법원에도 동시에 제소했다.

⑦ **후지코시 소송** (1심 도야마지방재판소 2007년 9월 19일 [기각], 항소심 나고야고등재판소 가나자와지부 2010년 3월 8일 [기각, '재판례 검색' 등재], 최고재판소 2011년 10월 24일 [불수리])

이 재판은 앞에서 말한 미쓰비시 정신대 소송과 거의 똑같은 내용의 판결이며 그 판결과 마찬가지로 소송상 주장할 수 없다는 니시마쓰건설 재판과 같은 취지의 판결로 청구가 기각됐다.

이 건도 일본 최고재판소의 불수리 후 한국 서울중앙지방법원에 제소됐고 2014년 원고 승소, 현재 한국 대법원에서 심리 중인데 앞의 대법원 판결대로 원고 승소가 예상된다.

이상 일본에서 열린 징용 재판의 경과를 살펴봤는데, 이를 정리하면 어떤 연행 방법으로 징용이 이뤄졌고, 또 일본에서의 직장 환경, 근무의 가혹함, 위험성, 휴양이나 행동의 자유가 어떠했으며 제재가 어떠했는가, 그리고 음식은 충분히 제공받았는가, 약속한 임금을 지급받았는가 등 징용공으로서도 허용되는 정도를 넘는 것이었는가, 하는 기준으로 징용의 위법성이 판단됐음을 알 수 있다. 식민지인 한국에 국가총동원법이나 이를 기초로 하는 국민징용령을 적용한 것의 불법성 또는 위법성을 문제삼은 재판 사례는 전혀 없었다.

이는 여자정신대원에 대해서도 똑같았다. 징용공과 마찬가지로 직장의 환경, 직무의 가혹함, 휴양이나 행동의 자유 규제 등과 함께 정신대원으로서의 모집 내용이 사실에 반했는가, 그 연행 방법이나 직장 환경, 여자정신대원의 경우 특유한 점으로 학교에 다닐 수 있었는가, 기술을 배울 수 있었는가와 같은 점이 위법성의 정황으로 주장되며 재판소도 이러한 사실인정을 근거로 위법이었는지의 여부를 판단하고 있다.

또한 이러한 위법성을 인정한 재판 사례도 상당수가 있으며 개개인의 사정을 구체적으로 인정해서 판단했다는 것을 알 수 있다. 만약 판례집에서 한 건이라도 더 많이 살펴보려는 독자에게는 쟁점이 여러 방면에 걸친 ⑤의 미쓰비시 나고야 정신대 소송을 권한다.

## 3 한국 대법원 판결에 관하여

### 경위

일본에서 소송을 제기한 옛 징용공 등 또는 그 유족은 일본에서 열린 재판의 심리 중에, 또 최고재판소에서의 기각 후에 한국의 관할 지방법원에 똑같이 청구, 제소했다. 한국의 각 지방법원은 일본의 판결과 똑같이 청구를 물리치고 항소심도 마찬가지로 기각했었다. 그런데 2012년 10월 한국 대법원은 옛 징용공들의 상고를 받아들여 신닛테츠의 사안 외 1건에 관하여 원 판결을 파기하고 이를 각 고등법원으로 환송했다. 각 고등법원은 대법원 판결의 취지에 따라 옛 징용공들의 청구를 처음으로 인용認容했으며 일본 기업에 손해배상을 명령했다. 또한 미쓰비시 나고야 재판은 대법원의 2012년 판결 후에 한국에 제소한 것이었기 때문에 한국에서는 지방법원에서도 승소했다.

피고 회사들은 이러한 고등법원의 판결에 상고했지만 2018년 10월, 11월에 한국 대법원은 일본 기업의 상고를 기각하고 옛 징용공들의 승소를 확정했다. 앞으로도 이미 대법원에서 심리중인 후지코시 사안 외, 하급심에서 청구를 인용한 건이나 대법원 판결을 근거로 해서 추가로 제소된 건이 많이 대기하고 있다. 당연히 이런 소송도 대법원 판결에 따라 청구를 인용할 것으로 예상된다.

2012년 한국 대법원의 파기환송 판결 시점에서 이를 상정想定하지 못한 것은 어쩔 수 없다고 해도, 파기환송 판결 이후에는 이 2018년 재상고심 판결과 같은 결론이 나올 것은 당연히 상정되는 것이며, 2012년의 판결이 나온 시점에서 청구권협정을 근거로 하는 중재 재판 신청 절차를 밟는 등의 대응이라도 해놓았다면 조금이나마 방법이 있었겠지만, 지금은 미리 결론을 생각하기가 좀처럼 어려운 상황이 되었다. 일본 정부가 이 사태에 대해 어떤 위기 대응을 했는지 모르겠으나, 이제와서 확정된 한국의 대법원 판결을 좌우할 수 없는 것은 당연하다. 적어도 해당 일본 기업의 한국 내 재산에 대한 강제집행은 진행될 것이다. 일본으로서는 이러한 사태를 맞아, 국가로서의 청구권협정에서 규정하는 중재 신청에 따르려 하지 않는 한국에 대해서 어떻게 대응할 것인지를, 그리고 국제사법재판소의 판단을 얻기 위한 방책이나 정치적인 해결을 포함한 것들을 모색해야만 한다. 하지만 현재 상황에선 한국 당국은 삼권분립의 존중을 이유로 소송 외의 이야기도 좀처럼 진전이 없고, 이에 양국 간의 경제 관계를 포함한 관계 악화가 걱정된다고 하겠다.

### 신닛테츠 대법원 판결의 내용

2018년 10월 30일 한국 대법원 전원합의체의 신닛테츠 재상고심 판결 내용은 널리 보도된 바 있지만, 여기서 한국 대법원 전원합의체 판결에 있어 판시의 중요 부분을 기재하면 다음과 같다.

(1) 일본의 한반도와 한국인에 대한 식민 지배가 합법적이란 규범적 인식을 전제로 국가총동원법과 국민징용령을 한반도와 원고들에게 적용하는 것이 유효하다고 평가하는 이상, 이런 일본의 판결을 승인해서 한국에서 그 효력을 인정할 수 없다고 판시했다. 즉 한국 대법원은 일본의 한반도와 한국인에 대한 식민 지배가 규범적 인식에서 불법이며 국가총동원법과 국민징용령을 한반도와 원고들에게 적용한 것 자체가 무효라고 판단한 것이다.

(2) 원고를 노역에 종사하게 한 기업은, 설사 기업의 신설, 흡수 합병 과정을 거쳤더라도 현재의 기업에 청구할 수 있다는 판단에 위법은 없다는 것이다.

(3) 구 닛폰세이테츠의 원고들에 대한 행위는 당시 일본 정부의 한반도에 대한 불법적인 식민 지배 및 침략 전쟁의 수행과 직결된 반인

도적인 불법행위에 해당하며 불법행위에 따라 원고들이 정신적 고통을 받은 것은 경험칙상 명백하다는 것이다.

(4) 피고 일본 기업은 전후 청구권협정에서 이 협정 제1조 1항으로 일본에서 한국으로의 경제적 지원이 기재되고 제2조 3항으로 일정한 채권에 관하여 일본에 대해 주장할 수 없다고 규정되어 있는 점을 들어 이 청구권협정 제2조 3항에 따라 징용공 등의 청구권은 일본 기업에 대해 주장할 수 없는 것이 된다는 취지를 주장하고 있다. 이 주장에 대하여 한국 대법원 판결은 "조약은 전문, 부속 문서를 포함하는 조약문의 문맥 및 조약 대상과 목적에 비추어 그 조약의 문언文言에 부여되는 통상의 의미에 따라 성실하게 해석되어야 한다. 여기에서 문맥이란 조약문 외에 조약 체결과 관련하여 당국 간에 이루어진 그 조약에 관한 합의 등을 포함하며, 조약의 문언 의미가 모호하거나 명확하지 않을 경우 등에는 조약의 협상 기록 및 체결 시의 사정 등을 보충적으로 고려해서 그 의미를 밝혀야 한다"고 설명한 뒤, "원고들이 청구한 것은 강제동원 위자료 청구권이며 미지급 임금이나 보상금을 청구하는 것이 아니라 위자료를 청구하고 있는 바, 청구권협정은 체결 경과와 그 전후 사정에 의하면 일본의 불법적인 식민 지배에 대한 배상을 청구하기 위한 협정이 아니라 기본적으로 샌프란시스코 조약 제4조를 근거로 한일 양국간의 재정적, 민사적인 채권, 채무 관계를 정치적 합의로 해결하기 위한 것이었다. 따라서 징용공 등의 위자료는 애초에 청구권협정 대상이 되지 않았다"는 취지를 서술하며 피고 일본 기업의 주장을 배척했다.

## 식민 지배와 징용의 불법성

일본 최고재판소 판결에서 기각된 사안이 다른 당사자 국가에서 열린 재판에서 정반대의 결론이 나와서 확정되었다는 사실이 정말로 놀라웠는데, 그 판결 내용은 개인적으로 여러 가지 의문을 품을 수밖에 없었다.

식민 지배와 징용의 불법성에 관한 판시는 법령의 소급 적용이라는 점에서 일단 의문스럽다.

한국 대법원 판결은 일본의 한국에 대한 식민 지배가 불법이었다고 한다. 일본의 재판례는 식민 지배가 합법적이라고 하는 전제로 국민징용령 등을 적용해서 적법 여부를 판정한 것이 잘못이었다고 판단하고 있다. 그런데 애초에 식민 지배의 불법성으로 보면 징용 자체가 불법이었다는 것이 한국 대법원의 판단이다.

2012년 파기환송 판결에서는 이를 자세히 설명했는데 대한민국 제헌헌법 전문 및 현행헌법 전문의 규정을 들며 "대한민국 헌법의 규정에 비추어 볼 때 일제강점기 일본의 한반도 지배는 규범적 관점에서 불법적인 강점에 불과하며 일제의 국가총동원법과 국민징용령을 원고들에게 적용한 것 자체가 유효하지 않다"라고 판단을 내렸다. 즉 징용 자체가 불법이었다고 판시한 것이다. 확실히, 앞에서 예로 든 일본의 재판은 신닛테츠의 판결을 포함해서 모집, 관 알선, 징용 중 무엇이었는지 논의하고, 모집의 경우 응모자를 허위 내용으로 모집했다는 점에서 위법을 논하거나, 또는 모집이나 관 알선이라고 해도 그 실태는 강제적이라서 징용에 해당하는지 여부를 판단하고 징용에 해당할 경우에는 징용 자체의 강제성을 전제로 해도 그 연행 방법과 노동의 위험성, 가혹한 정도, 식사 등의 대우와, 임금을 저금해둔다면서 현실적으로 본인에게 지급하지 않은 것 등 구체적인 사실을 인정한 후에 징용이라고 해도 위법이었다고 할 수 있는지의 여부를 판단해왔다.

한국 대법원 판결에서는 그런 생각 자체가 잘못된 규범적 인식을 근거로 한다고 하면서, 불법적으로 식민지로 삼은 후에 한국인을 징용한 것 자체가 불법이고 일본이 국민징용령을 한국인에게 적용한 것 자체가 무효라며 지금까지 일본에서 열린 한국인 징용에 관한 재판은 전부 잘못됐다고 하였다.

일본의 재판례를 전부 부정하는 과감한 판결인데, 한국 대법원 판결이 말하는 대한민국 제헌헌법은 전후 1948년 7월 12일에 제정해서 7월 17일에 시행된 것이다. 아무리 헌법이라고 해도 이런 소급적 불법론이 법률론으로 통할 수 있을까?

대한민국 제헌헌법은 전후 처음으로 제정된 헌법인데 그 전문前文에서도 3.1운동으로 성립한 체제를 계승하는 취지를 말하고 있다. 3.1운동은 1919년 일본 통치 시대의 조선에서 일어난 독립운동으로, 일본의 진압으로 짧은 기간에 종식되어버렸다. 한국에서 삼일절이라고 해서 3월 1일을 국경일로 삼을 정도로 높은 평가를 받는 독립운동이지만, 전후 제헌헌법을 따르는 한국과는 그 어떤 계승성, 연속성도 없는 것이다.

일한병합 후에도 30여 년 후에 제정한 국민징용령을, 일본의 패전으로 독립해서 한국의 1차 헌법으로 제정한 제헌헌법이 3.1운동을 계승한다는 것을 전문에서 주장한다고 하여 일한병합이 왜 불법이 된다는 것인지, 그리고 일본의 국가총동원법, 국민징용령을 적용한 것 자체가 왜 불법이라는 것인지, 이론적으로도 좀 더 구체적인 설득력이 있는 판시가 필요하다고 생각한다. 전쟁이 끝나기 전까지 한국에서는 헌법이 공백이었던 것이 아니라 당연히 일한병합부터 종전까지는 메이지헌법이 적용되었다. '헌법은 소급하지 않는다'는 것은 당연한 법리다. 한국의 제헌헌법이나 현행헌법의 전문에 따라서 전후에 제정한 헌법을 소급할 수는 없다. 애초에 1910년 일한병합의 불법성부터 설명하고 그런 주장을 입증한 후에 한국인에 대한 국민징용령의 적용 자체가 불법이었다고 말한다면 또 몰라도, 이런 식의 판시는 일본의 법령으로 말하자면 과거 전시 중의 법령에 대해 '오늘날 일본국 헌법의 평화를 바라는 정신에서 본다면 전시 중 국민징용령의 적용은 불법이었다'고 판시하는 것과 마찬가지의 일이 아닌가 하는 의문을 금할 길이 없다. 이 점은 법령 적용 문제라고 하더라도 좀 더 이해가 가능한 설명이 필요할 것이다.

한국 대법원 판결의 핵심은, '규범적 인식'을 근거로 한다는 점이 어떤 의미를 갖고 있느냐는 것이다. 규범이라는 법령용어는 법률용어사전에도 당연히 실려 있으나 규범적 인식이라는 용어가 일반적으로 쓰이는지는 모르겠다. 규범적 인식이 과거 일본 통치하 한반도에 적용되고 있던 법령을 불법으로 한다는 것은 어떤 해석인 것일까? 한국 대법원이 일한병합으로부터의 불법성을 언급하지 않고 일본 통치

하의 법령 적용을 무효로 하는 것은 '규범적 인식'에 의한다는 설명인데, 제헌헌법, 현행헌법의 전문에 실린 이념을 인용한 설명을 함께 생각하면 '규범적'이라는 용어는 원래 당연히 취해야 할 자세, 태도 등의 의미로 사용하는 듯 하다. 일한병합의 위법 여부에 대해서는 국제법적으로는 합법설이 다수설일 것으로 생각된다. 이러한 일한병합의 유효성, 일본 통치의 유효성을 탄핵하지 않고 전후의 제헌헌법, 현행헌법의 전문을 제시하며 일본 통치하에서의 국가총동원법, 국민징용령의 적용을 불법으로 한 논의는 정말로 일본 통치에 상관없이 법령으로서의 규범이 아니라 한국이 생각하는 당연한 자세, 태도로서의 '규범적 인식'에 반한다는 의미라서 법적으로는 이해하기 어려운 표현이다. 일본 통치하의 징용 유효성을 부정한 것으로밖에 이해할 수 없다. 이런 '규범적 인식'론은 독립 이후 규범의 소급 적용을 바꿔서 말하는 것일 뿐이며 설득력이 떨어진다고 할 수밖에 없다.

이러한 한국 대법원 판시는 청구권협정 문제와 마찬가지로 큰 문제라고 생각된다. 징용의 근거로서 그 당시엔 통용되던 법령에 대하여 소급을 해서 당초부터 옛 징용공에게 이를 적용한 것이 무효였다는 식이라면, 이러한 전시 징용 문제를 단지 일반적인 고용계약으로서 어떻게 볼 것인가 하는 논의와도 같아진다. 거기에서 조금이라도 어떤 강제성이나 허위 등이 있다면 불법이 되는 것은 당연하다는 뜻인데, 징용은 원래 전부가 형사벌에 의한 강제가 이뤄졌던 만큼 현재 계쟁 중인 징용 등의 안건은 전부 불법이었다는 말이 될 것이다. 일본의 재판례가 앞에서 설명했듯이 치밀하게 살펴서 그 불법성 여부를 판단하기도 했었는데, 이런 문제까지는 일본 재판관의 생각이 미치지 못했다는 뜻인가. 그것이 아니라, 한국 대법원의 판시 쪽에 문제가 있는 게 아닐까 생각된다.

## 4 일한청구권협정에 관하여

### 청구권협정의 내용

앞에서 말한 대로 이 사안은 청구권협정 내용과 그에 대한 이해가 큰 문제가 되었다. 청구권협정은 이 소송 청구의 결론을 좌우하는 협정이며 3개조 뿐이어서 요약해서 게재해두겠다.

청구권협정은 '재산 및 청구권에 관한 문제 해결과 경제 협력에 관한 일본국과 대한민국 사이의 협정'이라는 긴 제목의 협정이다. 매우 중요한 협정이며 다음과 같이 적절히 줄여서 표기하겠지만 그 본문을 〈권말자료 5〉로 첨부하겠다. 이하에 요점을 기록한다.

1조는 일본에서 3억 달러 상당의 일본 생산물 및 일본인의 역무役務 무상 제공과 2억 달러까지의 해외 경제협력기금을 장기간 저금리로 한국에 빌려준다는 것이다.

2조 1항은 양 체약국은 양 체약국 및 그 국민의 재산, 권리 및 이익과 양 체약국 및 그 국민 간의 청구권에 관한 문제가 샌프란시스코 평화조약 제4조 (a)에 규정된 것을 포함하여 완전히 그리고 최종적으로 해결된 것을 확인한다는 것이다.

2조 2항, 이 조의 규정은 1947년 8월 15일 이후 본 협정 서명일까지 거주한 적이 있는 자의 재산, 권리, 이익과 1945년 8월 15일 이후의 일반적인 과정으로 취득한 재산, 통상의 접촉 과정에서 다른 체약국의 관할에 들어간 것에 영향을 미치지 않는다는 것이다.

2조 3항, 앞의 2항을 따르는 것을 조건으로 각 체약국과 그 국민의 재산, 권리 및 이익으로서, 이 협정의 서명일(1965년 6월 22일)에 다른 체약국의 관할 아래에 있는 것에 대한 조치 및 한쪽 체약국 및 그 국민의 다른 체약국 및 그 국민에 대한 모든 청구권으로서 이날 이전에 발생한 사유를 근거로 하는 것에 관해서는 어떤 주장도 할 수 없다는 것이다.

청구권협정은 일본과 한국 양국이 이와 같이 합의한 것이었다.

### 한국 대법원의 판시

한국 대법원 판결은 청구권협정의 체결 경과와 전후 사정으로 다음과 같이 판시했다.

① 샌프란시스코 평화조약 제4조 (a)는 "일본의 통치에서 이탈한 지역(한국도 여기에 해당)의 시정 당국 및 그 국민과 일본 및 일본 국민 간의 재산상의 채권, 채무 관계는 이들 당국과 일본 간의 특별한 결정에 따라 처리한다"고 규정했다.

② 이 조약 체결 후 곧 1차 한일회담이 열렸는데 그때 한국이 제시한 8항목도 기본적으로 한일 양국 간의 재정적, 민사적 채무관계에 관한 것이었다. 8항목 중 제5항에 "피징용 한국인의 미수금, 보상금 및 기타 청구권 변제 청구"(일본 정부의 공식 번역문에 따른다)라는 문

구가 있는데 8항목의 다른 부분 어디에도 일본 식민 지배의 불법성을 전제로 하는 내용은 없기 때문에 위의 제5항도 일본의 불법행위를 전제로 하는 것이 아니었다고 생각할 수 있다. 따라서 이 제5항에 강제동원 위자료 청구권까지 포함된다고 하기 어렵다.

③ 1965년 3월에 한국 정부가 발행한 『한일회담백서』에 따르면 샌프란시스코 평화조약 제4조가 한일 간의 청구권 문제의 기초가 된 것을 명시했는데 한국은 이 조약의 조인調印 당사국이 아니기 때문에 전승국이 보유하는 '손해 및 고통'에 대한 배상 청구권을 인정할 수 없었다. 이런 한일 간의 청구권 문제에는 배상 청구를 포함시킬 수 없다는 설명까지 하고 있다.

④ 그 후에 실제로 체결된 청구권협정문이나 그 부속 문서의 어디에도 일본 식민 지배의 불법성을 언급하는 내용은 전혀 없다. 청구권협정 제2조 1항에서 "청구권협정에 관한 문제는 샌프란시스코 평화조약 제4조 (a)로 규정된 것을 포함하며 완전히 그리고 최종적으로 해결되었다"고 했는데 일본의 식민 지배 불법성을 전혀 언급하지 않은 이상, 식민 지배의 불법성과 직결되는 청구권까지도 위의 대상에 포함된다고 하기 어렵다. 청구권협정에 관한 합의의사록 (1) 2 (8)도 "완전히 그리고 최종적으로 해결된" 것으로 8항목의 범위에 속하는 청구가 포함되어 있다고 규정했을 뿐이며 그것이 식민 지배와 관련되는 청구권을 포함한다고 기재하지는 않았다.

⑤ 2005년 민관공동위원회도 "청구권협정은 기본적으로 일본의 식민 지배의 배상을 청구하기 위한 것이 아니라 샌프란시스코 평화

조약 제4조를 근거로 한일 양국 간의 재정적, 민사적 채권 채무 관계를 해결하기 위한 것이다"라고 공식적으로 견해를 밝혔다.

한국 대법원 판결은 이러한 고찰에 따라 합의의사록에 "완전히 그리고 최종적으로 해결된 것"이라고 기재된 8항목 요구 중에 "피징용 한국인의 미수금, 보상금 및 기타 청구권의 변제 청구"라고 들어갔지만 청구권협정에서 해결된 문제에는 피징용자의 배상 청구가 들어 있지 않았다는 판단을 내리면서 청구권협정을 통해 해결이 끝났다는 일본 기업의 주장은 인정되지 않았다.

앞에서 본 일본의 재판 사례도 이 청구권협정으로 피징용자의 배상 청구권은 소구할 수 없는 것이 되었다고 인정했는데, 한국 대법원 판결은 이러한 판단을 완전히 부정하는 것이다.

### 문제의 소재

한국 대법원 판결에서 징용이 애초에 불법이었느냐는 점과 함께 그 결론을 좌우한 것은 1965년 일본과 한국 양국이 체결한 기본 조약과 제 협정, 특히 청구권협정 조항에 대한 해석 문제였다.

청구권협정에는 징용 등에 따른 개인의 보상 문제가 포함되지 않았다는 한국 대법원의 판단에 대해 검토해보면, 일한日韓 1차 회의에서 한국이 요구한 8항목 중 5번째 항목에 "피징용 한국인의 미수금, 보상금 및 기타 청구권 변제 청구"라고 기재되어 있는데, 이러한 기재와 상관없이 개인의 보상 문제는 청구권협정 대상이 되지 않았다고 하는 것이 한국 대법원의 판결이다.

청구권협정 제2조 1항은 "양 체약국은 양 체약국 및 그 국민(법인을 포함)의 재산, 권리 및 이익과 양 체약국 및 그 국민 간의 청구권에 관한 문제가 1951년 9월 8일 샌프란시스코 시에서 서명된 일본과의 평화조약 제4조 (a)에서 규정한 것을 포함하여 완전히 그리고 최종적으로 해결된 것을 확인한다"라고 규정했다. 또한 3항에서는 "2의 규정에 따를 것을 조건으로 해서 한쪽 체약국 및 그 국민의 재산, 권리와 이익으로서 이 협정의 서명일에 다른 체약국의 관할 아래에 있는 것에 대한 조치와 한쪽 체약국 및 그 국민의 다른 체약국 및 그 국민에 대한 모든 청구권으로서 이날(1945년 8월 15일) 이전에 발생한 사유를 근거로 하는 것에 관해서는 어떤 주장도 할 수 없다"고 규정했다. 여기서 1항의 "양 체약국 및 그 국민과의 청구권"에 피징용자의 보상 청구권과 손해배상 청구권이 들어갔느냐가 논의의 핵심이다.

한국 대법원 판결은 청구권협정에서 했던 합의는 샌프란시스코 평화조약에서 말하는 재산, 권리 및 이익에 관한 논의에 그치며, 징용공 등 개인의 보상권, 청구권은 포함하지 않으므로 징용공 등이 주장할 수 없는 권리에 해당하지 않는다고 했다. 그러나, 설령 이 평화조약이 한국 대법원의 지적대로라고 할지라도 청구권협정 제2조 1항은 "샌프란시스코 시에서 서명된 일본과의 평화조약 (a)에서 규정된 것을 포함하여(밑줄 인용자) 완전히 그리고 최종적으로 해결되었다"는 취지를 명기했기 때문에, 협정문을 객관적으로 해석했을 때 그와 같은 것으로 한정하는 것이 아니라 개인의 보상, 배상까지도 전반적으로 포함한 것으로 이해해야 할 것이었다.

이런 건처럼 일본과 한국 양국이 오랫동안 협의하여, 상호 주장의 양보나 서로 다른 요구, 그리고 협상에 나서는 정부 담당자의 발언 등과 함께 다양한 주장과 협의를 거쳐서 성립한 조약을 어떻게 해석 하느냐 하는 문제는 매우 어렵다.

　그렇기 때문에 조약을 해석할 때는 무엇을 기준으로 조약을 해석 할 것인가 하는 점이 가장 중요하므로 조약 해석의 합리적 방법에 따라 검토해야 할 필요가 있다.

　조약 해석 방법은, 비록 제정이 된 지가 오래되지는 않았지만, 지금까지의 조약 해석 방법을 거듭하여 검토한 결과 작성된 '조약법에 관한 비엔나 협약'(1980년 발효, 일본과 한국 모두 가입) 중 조약 해석에 관한 규칙(제31조)이 참고가 될 것이다.

　이에 대해서는 한국 대법원 판결에서도 두 대법관이 비엔나 협약을 거론하면서 다수 의견에 대한 반대의 이유로 상세하게 말했던 바 있다.

　비엔나 협약 제 31조, 해석에 관한 일반 규칙 중 하나는 "조약은 문맥에 따라 그 취지와 목적에 비추어 볼 때 부여할 수 있는 용어의 일반적인 의미에 따라 성실하게 해석한다"라는 객관적 해석 원칙을 규정하고 있다. 이 건의 청구권협정 제2조 1항에는 "청구권에 관한 문제가 [중략] 완전히 그리고 최종적으로 해결된 것을 확인한다"라고 규정하며 3항에는 "한쪽 체약국 및 그 국민의 다른 체약국 및 그 국민에 대한 모든 청구권으로서 이날(1945년 8월 15일) 이전에 발생한 사유를 근거로 하는 것에 관해서는 어떤 주장도 할 수 없다"고 규정하고 있다.

또한 청구권협정과 같은 날 체결된 '대한민국과 일본간의 재산 및 청구권에 관한 문제 해결과 경제 협력에 관한 협정에 대한 합의의사록(1)'(조약 제183호, 이하 합의의사록이라고 한다)은 그 자체가 계약 체결 시에 양국이 합의한 조약인 동시에 청구권협정 체결에 관하여 양국 간에 입장이 어긋나지 않도록 체결된 문서이며 청구권협정 합의에서 "8항목의 범위에 속한 모든 청구가 포함되어 있는 것"이 명기되어 있다. 8항목 중 5항이 "피징용 한국인의 미수금, 보상금 및 기타 청구권 변제 청구"로 피징용자의 청구권을 전부 포함한다고 이해할 수 있는 표현인 이상, 피징용자의 불법행위를 원인으로 하는 청구권도 포함한다고 이해할 수밖에 없으며, 한국 대법원의 다수 의견은 조약 해석 원칙에도 반한다고밖에 할 수 없지 않을까?

다음으로 비엔나 협약의 조약 해석 일반 규칙 2 (a)는 "조야 체결에 관련하여 당사국 간에 한 모든 합의"에 따른다는 규정이 있다. 오랜 기간 조약 협상을 하다 보면 각국에서 다양한 요구와 초안, 그리고 경위 설명서와 그 이유서, 각국 내에서 설명하는 문서 등 온갖 문서가 남아 있게 되는 것이 통상적이다. 이와 같이 한 당사국에서 일방적으로 작성된 문서들은 조약 해석에 관해서 우선적인 문서가 될 수 없는 것은 당연하다. 그 점에서 비엔나 협약은 해석의 일반 규칙으로 "조약 체결에 관련하여 당사국 간에 한 모든 합의"로 해석해야 한다고 규정하고 있다.

한국 대법원 판결은 2005년에 한국의 민관공동위원회도 "청구권협정은 기본적으로 일본의 식민 지배 배상을 청구하기 위한 것이 아니라 샌프란시스코 평화조약 제4조에 입각하여 한일 양국간의 재정적, 민사적 채권 채무 관계를 해결하기 위한 것이다"라고 공식 견해를 밝혔다고 설명하고 있다. 그러나 한국 대법원 판결이 내세우는 민관공동위원회의 공식 견해는 한국이 2005년, 다시 말해 청구권협정을 제정한 지 40년 후의 한국의 공적 기관의 견해였다는 사실에 그치는 것이며, 이는 양국이 합의한 문서가 아니라 한쪽 나라에서 실시한 조사일 뿐이다.

이들 조약에 의하면, 청구권협정에서 징용공 등의 기업에 대한 청구권에 대해서 어떤 주장도 할 수 없게 된 것이 분명하다.

게다가 이 건과 같은 쟁점에 대해서는 합의를 통해 이익을 얻는 쪽이 아니라 부담, 채무를 진 쪽의 조약 체결 후 현실 행동은 인정의 유력한 증거가 되는 것이다.

이 건에서는 한국에서의 협정 후 조치가 이에 해당한다. 이 청구권협정 이후 한국에서 취한 조치가 청구권협정 제2조 3항에서 규정된 청구권에 해당하는지 그 여부를 인정하는 중요한 사실이다.

즉 한국에서는 청구권협정을 체결한 직후인 1966년 2월에 '청구권자금 운용 및 관리에 관한 법률'을 제정해서 상기의 협정 제1조 1항 (a)에 따라 도입한 자금, (b)에 따라 도입한 자금을 청구권자금이라고 규정하고, 한국 국민이 보유한 1945년까지의 일본에 대한 민간 청구권은 이 법에서 규정하는 청구권자금으로 보상해야 한다고 정했다. 현실적으로 한국은 이 '청구권자금 운용 및 관리에 관한 법률'

을 제정하고 시행한 데 이어서 그 구체적 지급 절차로 1966년 '청구권자금 운용 및 관리에 관한 법률시행규칙'을 제정하여 민간 청구권 보상은 청구권자금에서 보상해야 한다고 하고, 그 기준, 종류, 한도 결정에 필요한 사항은 따로 법률로 정할 것을 규정했다. 1971년에는 '대일 민간 청구권 신고법'을 제정하여 이 법 제2조에서 신고 대상 범위를 정했고 제2조 1항 9호에서 군인, 군무원, 노무자로 소집 또는 징용당해 1945년 8월 15일 이전에 사망한 자(피징용 사망자)를 보상 대상으로 해서 청구권자금으로 지급했다. 또한 1974년 이 신고법에 따라 '대일 민간 청구권 보상에 관한 법률'을 제정하여 이 법 제4조 2항에서 청구권 신고법 제2조 1항 9호의 피징용 사망자에 대한 청구권 보상금은 1인당 3십만 원을 지급하기로 결정했다. 이것이 일한청구권협정 규정을 근거로 하는 것은 확실하며, 사망자에 한정했다는 점이나 그 액수가 적다는 문제는 어디까지나 청구권협정으로 1항의 자금을 받은 나라가 액수와 지급 대상을 결정한 것이며, 국가가 청구권협정 제2조 3항의 해결을 도모한 것으로 개인의 보상, 청구권도 주장할 수 없게 된 것을 웅변한다.

한편, 한국은 '대일 민간 청구권 보상에 관한 법률'이라고 하면서 보상이라는 용어를 사용했는데 일본에서 받은 청구권자금이 배상적 성격을 가졌다고 해도 한국 정부가 한국 국민에게 지급하는 관계에서는 보상금이 되는 것은 당연하다.

이런 오랜 경과를 거치기는 했지만 1975년부터 1977년까지 2년 동안 이러한 지급 대상자에 대한 보상을 시행한 것은 분명하다. 이러한 경위와 증거에 따르면 청구권협정으로 피징용자의 손해배상 문제는 한국에서 처리해야 한다고 합의한 것이 확실할 것이다. 한국 대법원 판결에서 반대 의견을 내놓은 두 대법관의 의견은 설득력이 크다.

일본에 의해서 식민 지배를 받고 일본의 전쟁을 위해서 징용 등으로 고생한 사람들이 있다는 것은 분명한 진실이다. 그러나 청구권협정 1항의 자금이 전쟁 후 한국의 공업 발전 등에 기여한 점도 사실이며, 무엇보다 한국 정부가 오랫동안 협상을 거쳐서 청구권협정에 쓰여있는 바와 같이 다른 주장은 절대 할 수 없다는 내용으로 해결을 했기 때문에, 징용공이 일본 정부에 청구를 주장할 수 없다는 사실에 대해서는 한국 정부가 스스로 대응해야 한다. 한국 정부가 스스로 부담하지 않기 때문에 앞으로도 일본 기업에 대한 청구가 한국 내 재판에서 인용은 되겠지만 이는 청구권협정에 따라 해결해야하는 의무가 있는 한국 정부가 당연히 대응해야 할 것이다. 식민 책임에 대하여 일본 기업은 강제적으로나마 재한在韓 자산의 전부 접수라는 형태로 부담을 졌으니, 징용공 등과 관련해 청산을 해야 하는 것은 한국 정부의 역할이 아닐까?

---

* 이 논문을 작성하는 데 있어서 야마모토 세이타山本晴太 변호사 등이 번역한 한국 대법원 판결 번역문을 비롯해 '법률사무소의 자료책장法律事務所の資料棚'(http://justice.skr.jp)에서 공개한 자료를 활용했다. 감사 인사를 전한다.

# 3부

## 전쟁 후의 전개(2) - 한국

**5장**
▼

**일한조약에서의 외교적 해결,
한국 정부의 보상, 한국에서의 재판**

니시오카 쓰토무西岡力

이 장에서는 세 가지 주제를 다룬다. 첫째로 1965년의 조약과 협정에서 당시 일본 국민들과 한국 국민들이 전시 노동자 문제를 비롯한 과거 청산 문제를 어떻게 현명히 처리했는지를 확인한다. 둘째로 그 처리에 입각해 한국 정부가 자국내에서 어떻게 보상을 실시했는지를 개관한다. 셋째로 위와 같은 한국에서의 과거 청산 경위가 무시되고 일본인 '반일 운동가'들의 지원을 받아 한국에서 일어난 전시 노동 재판 문제에 대해서 살펴본다.

# 1 1965년의 조약, 협정에 따른 외교적 해결

먼저 1965년 시점에서 당시 사람들은 이 문제를 어떻게 지혜롭게 처리했는지를 살펴보겠다.

15년간에 이른 양국의 국교 협상에서는 일본 통치 시기에 대해 법적으로 어떻게 평가할 것인가 하는 문제가 양국의 현안 사항이 되었다. 국교 협상 중에서 한국은 "일본의 한국 지배는 국제법 위반의 실력 행사에 따른 불법적인 사실이다"(『한일회담백서』 한국 정부 발행, 1965년, p.2)라고 하면서 병합조약이 당초부터 무효라는 내용을 포함시켜야 한다고 요구했다.

이에 대해 일본은 병합조약이 "정당한 절차를 거쳐서 체결한 것이며 그 조약이 당시 유효하게 성립해서 실시된 것임은 다툴 여지가 없다"(『시의법령 별책 일한조약과 국내법의 해설 時の法令別冊 日韓条約と国内法の解説』 오쿠라쇼 인쇄국 발행, 1966년, p.14)라고 주장하며 격한 논의를

벌였다. 일본은 당초에 이미 한국은 일본에서 분리 독립했기 때문에 병합 조약이 무효가 됐으므로 굳이 그 내용을 쓸 필요도 없다고 주장했다.

## "이미 무효"라는 지혜로운 해결

최종적으로 양국 관계자가 지혜를 모아 기본조약 제2조에 "1910년 8월 22일 이전에 대일본제국과 대한제국 간에 체결한 모든 조약과 협정은 이미 무효임을 확인한다"라고 적었다.

이 "이미 무효다"라는 부분에 관하여 양국은 각자의 나라에서 달리 해석하고 외교관계를 맺었다. 역사인식은 안전히 일치할 수 없으며, 그런 불일치를 서로 인정하는 "Agree to disagree" 원칙에 서 있는 지혜로운 해결이었다.

일본은, 1910년 8월 22일의 병합조약과 관련해 이는 한국이 독립한 1948년 8월 15일까지 국제법상 유효한 것이며 일본의 통치는 '합법'이었다는 입장이다. 따라서 "이미 무효다"라는 조문은 '1948년부터 무효가 되었다는 사실을 나타낼 뿐이며 애초부터 무효였다는 의미는 아니다'라고 해석했다.

반면에 한국은, 이 조문에 따라 '병합조약은 애초부터 무효임을 확인했다'라고 해석했다. 인식 불일치를 서로 알면서도 조약으로 정리해서 과거를 청산했다.

사토 에이사쿠佐藤栄作 수상과 시이나 에쓰사부로椎名悦三郎 외무상은 1965년 11월 19일 참의원 본회의에서 다음과 같이 답변했다.

**사토 에이사쿠** 당시 대일본제국과 대한제국 간에 조약을 맺었습니다. 이것이 여러 가지로 오해를 불러일으키는 듯한데, 그것이 조약인 한, 이는 양자의 완전한 의사, 평등한 입장에서 체결했다는 것은, 제가 굳이 말씀드릴 것까지도 없습니다. 따라서 이 조약들은 각각 효력이 발생했습니다. 이런 문제가 이 기본조약 제2조에 따라 이미 효력을 상실했다고 규정하는 것입니다. 그런 점에 관하여 자세한 내용은 외무상이 답변하겠습니다. [중략]

**시이나 에쓰사부로** 기본조약 제2조에 대해 조금 보충하겠습니다. 이는 기존의 일본과 한국 간에 체결한 구 조약에 대하여 객관적으로 이미 무효라는 사실을 선언한 것인데 그렇다면 이 조약들이 언제 무효가 되었는가 하는 문제가 남습니다. 일본과 한국 간 병합조약은 1948년 8월 15일, 즉 조선이 일본의 지배로부터 벗어났을 때, 한국이 독립을 선언한 그 시점에서 효력을 잃었다고 해석할 수 있습니다. 그리고 병합 전의 모든 조약은 각각 조약의 소정 조건을 달성했을 때 효력을 상실했거나, 병합조약을 발효했을 때 효력을 잃었다고 해석하고 있습니다.

## "유감이다"라는 정치적 평가

하지만 일본의 과거에 대한 평가는 하나 더 있었다. 즉 한국이 독립국가로 발전한 현재 시점에 봤을 때 "과거는 유감이었고 반성해서 되풀이하면 안 된다"고 하는 정치적, 도의적 평가다. 이것도 1965년 시점에 이미 표명되었다.

1965년 2월, 시이나 에쓰사부로椎名悦三郎 외무상이 방한했을 때 발표한 일한공동성명에는 "이동원 외무부 장관은 과거의 어느 시기에 양국민 간에 불행한 관계가 있었기 때문에 발생한 한국민의 대일 감정에 관해서 설명했다. 시이나 외무상은 이동원 외무부 장관의 발언에 유의하며, <u>이런 과거의 관계는 유감이었고 깊이 반성한다고 말했다</u>"고 쓰여 있었다(밑줄 인용자, 이하 같음).

전두환 대통령이 일본을 방문한 1984년 9월에 쇼와 천황이 "금세기의 한 시기에 양국 간에 불행한 과거가 있었던 것은 매우 유감이며 두 번 다시 되풀이돼서는 안 된다고 생각합니다"(1984년 9월 6일, 전두환 대통령 환영 궁중만찬회에서의 인사말)라고 인사했고, 나카소네 야스히로中曾根康弘 수상이 같은 해 8월에 "과거에 있어서 폐를 끼치고 참해를 입힌 것에 대해 깊이 반성하고 다시 일어나는 일이 없도록 결의하고 있다"(1984년 8월 22일, 나카소네 야스히로 수상이 한국 보도관계자와의 회견에서 한 말. 「겐다이코리아」 1984년 11, 12월 합병호, p.10)고 표명한 것도 같은 맥락이다.

그 후 노태우 대통령이 일본을 방문했을 때 천황폐하(현 상황上皇)의 말씀, 무라야마 담화도 전부 현재 시점에서 과거를 돌아본 정치적, 도의적 평가를 한 것으로, 이는 법적 책임을 동반하는 당초부터의 불법, 무효라는 한국의 평가와는 선을 그은 것이다.

반복해서 말하지만 일본 정부의 과거 한국 통치에 관한 평가는 제국주의가 전성기였던 당시의 국제법으로는 '합법', '유효'한 것이지만, 일본은 한국이 독립한 후의 정치적, 도의적 평가로서 그 문제를 사죄한 것이다.

## 무라야마 도미이치 수상도 지켰던 일본의 입장

무라야마 도미이치村山富市 수상도 사죄를 최대한 담은 무라야마 담화를 발표하고 2개월 후에 다음과 같이 답변했다.

> <u>한국병합조약은 당시 국제관계 등 역사적 사정 속에서 법적으로 유효하게 체결하고 실시된 것</u>으로 인식하고 있습니다. 그러나 지금 말씀드린 인식과 한국병합조약에 입각한 통치에 대한 정치적, 도의적 평가와는 별개의 문제이며 정부로서는 조선반도 지역의 모든 사람들에게 과거 한때 우리나라의 행위로 견딜 수 없는 고통과 슬픔을 겪은 것에 깊은 반성과 유감의 뜻을 표명해온 바입니다. (1995년 10월 5일 참의원 본회의)

이 답변이 일본에서는 문제되지 않았지만 일본 공산당 기관지 「아카하타赤旗」의 보도를 계기로 먼저 북조선이 이를 무라야마 수상의 망언이라고 비난했고, 한국 매스컴이 그 뒤를 이었으며, 당시 한국 김영삼 정부도 일본에 항의했다.

무라야마 수상은 김영삼 대통령에게 서한을 보내서 사태를 진정시키려고 했지만 거기에도 "19세기 후반부터 급속도로 생긴 커다란

힘의 차이를 배경으로 하는 양국의 불평등한 관계 속에서 일한병합 조약 및 그에 앞선 여러 가지 조약을 체결했다. 이 조약들이 <u>민족의 자결과 존엄을 인정하지 않는 제국주의 시대의 조약인 것은 의심하지 않는다</u>"(「아사히신문」 1995년 11월 14일)라고 하면서 조약의 유효성에 대해서는 부정하지 않고 "<u>민족의 자결과 존엄을 인정하지 않는 제국주의 시대의 조약이다</u>"라고 하면서 당시의 국제법적 바탕을 확인했다.

1965년 당시의 정치가와 외교관들이 실시한 이 역사 평가는 훌륭하다고 필자는 높이 평가하며 또 고마움을 느낀다. 일본의 국익을 최대한 지키면서 한국과의 미래지향적인 관계의 기초를 구축했기 때문이다.

'합법'이기는 하지만 '유감'이라는 두 가지 평가를 동시에 한 시이나 에쓰사부로 외무상을 비롯한 당시 관계자의 지혜에 경의를 표하고 싶다.

### 한국의 "이미 무효"라는 해석

반면 한국은 이 기본조약 제2조에 따라 병합조약을 "이미 무효"라고 규정했기 때문에 일본의 통치는 불법이었다는 자신들의 주장이 인정받았다고 해석했다.

이동원 외무부 장관은 1965년 8월 8일 한국 국회의 한일조약특별위원회에서 "대한제국과 일본 간에 체결한 모든 조약과 협정은 과거 일본 침략주의의 소산이며 우리의 민족 감정과 일본의 한국 지배가 불만이었다는 우리의 기본적 입장에서 볼 때 무효라고 하는 것은 당연하다. [중략] 정부로서는 1910년 8월 22일 또는 그 이전에 체결한 모든 조약과 협정은 이미 무효인 것을 기본조약 제2조로 확인했다는 견해를 여기서 명백히 증명하려고 생각한다"라고 답변했다(일본연구실 편 「한일관계자료 제1호」[고려대학교아세아문제연구소, 1970년]에 수록된 '한일간 조약과 제협정 비준 동의안 심사 특별위원회 회의록[발췌]')

하지만 일한日韓 국교 협상의 기초가 된 샌프란시스코 평화조약에서는 한국의 주장이 인정되지 못했다. 그것을 한국 정부도 사실상 인정해야 했다. 일본의 통치가 불법이라면 배상 책임이 발생할 것이다. 그러나 평화조약은 그것을 인정하지 않았고 한국 정부도 그 골자를 승인해서 국교를 맺었다.

### 샌프란시스코 평화조약의 입장

샌프란시스코 평화조약의 협상 과정에서 이승만 정권은 연합국을 상대로 한국을 전승국으로 인정하고 평화조약에 참가시켜 달라고 요구했다. 중국 상하이와 충칭 등에서 활동한 임시정부가 일본에 선전포고를 한 것 등이 그 근거였다. 하지만 연합국은 그 주장을 인정하지 않았다. 한국을 점령한 미국은 임시정부를 정부로 인정하지 않았고 김구 주석을 비롯한 요인들이 정부의 자격으로 귀국하는 것도 거부했다.

그래서 한국은 승전국이 받을 수 있는 배상을 요구할 수 없었다. 한편 연합국의 식민지로 전쟁 후 독립한 필리핀, 버마, 인도네시아,

베트남은 배상을 받았다.

다만 샌프란시스코 평화조약은 일본에 한국의 독립을 승인하고 한국과의 사이에 청산하지 못한 재산 관계를 청산하기 위한 청구권 협상을 진행하도록 의무화했다. 그 협상 결과 일본은 무상 3억 달러, 유상 2억 달러를 제공하고 청구권 문제를 "완전히 그리고 최종적으로 해결"했다.

이 자금의 법적 성격에 관하여 한국 정부는 1965년 3월에 발행한 『한일회담백서』에서 다음과 같이 정확하게 인정했다.

> 상항桑港(샌프란시스코) 평화조약 제4조의 대일 청구권은 전승국의 배상청구권과는 구별된다. 한국은 불행히도 상항 평화조약의 조인당사국으로 참가하지 못하였으며 따라서 평화조약 제14조의 규정에 의한 전승국이 향유하는 '손해 및 고통 Damage and Suffering'에 대한 배상청구권을 인정받지 못하였던 것이다.
>
> 흔히 청구권 문제와 관련하여 '일제의 36년간 식민지적 통치 대가'로 논의하는 일부의 의견은 이러한 한·일 간의 청구권 문제에 배상 청구를 포함시킬 수 없다는 근본적 입장을 인식하지 못한데서 일어나는 개념의 혼동인 것으로 볼 수 있다.
>
> 우리가 일본국에 요구하는 청구권을 국제법을 적용해서 보면 영토의 분리 분할에서 오는 재정상 또는 민사상의 청구권 해결 문제인 것이다. (pp.40-41)

2018년 10월 30일 한국 대법원의 판결은 백서의 이 부분을 이상하게 해석했는데, 진지하게 이 기술을 읽어보면 당시 한국 정부가 겉으로는 병합 불법론을 유지하면서도 한국이 국제법상 배상을 받지 못한다는 현실적인 입장을 국민에게 설명했음을 알 수 있다. 이 역시 백서 작성 관계자의 지혜로 평가해야 할 것이다.

### 일본의 대한對韓 청구권을 둘러싼 논의

또한 샌프란시스코 평화조약 제4조 (a)항에서는 일본과 한국 양국이 상대방에 대하여 청구권을 요구할 수 있다고 했다.

한국에 있는 일본의 재산은 미군정청이 접수하고 한국 정부 성립 후에 이 정부에 무상으로 인도하는 처분이 이루어졌다. 여기서 이승만 정권은 미국 등과 협상을 하여 이 조약 제4조 (b)항에 일본은 미군정청이 실시한 일본 재산 처분을 승인한다는 내용을 쓰게 하는 데 성공했다.

한국은 그 규정에 따라 일본은 청구권을 주장할 수 없다는 입장을 내세웠다. 한편 일본은 총독부 등의 정부기관이 가진 재산은 포기하지만 민간인 재산은 헤이그 육전 법규ハーグ陸戦法規(1899년)가 점령군의 사유재산 몰수를 금지(제46조)한 것을 근거로 일본인의 청구권은 남아 있으며 그 금액은 한국이 일본에 보유하는 재산과 청구권보다 많다고 주장했다.

그 후 미국 국무성의 중재 등이 있어서 일본은 기시 노부스케岸信介 정권 시대에 일본인 청구권에 대한 주장을 철회했다. 그러나 금액에 대한 협상은 정리되지 않았다.

### 일본은 개별 지급, 한국은 일괄 지급을 요구했다

일본은 한국의 민간인에 대한 연금, 보상금, 미지급 임금, 예금 등은 근거가 있으면 개별로 본인에게 지급하겠다고 주장했는데, 한국은 민간인 청구권도 일괄해 한국 정부에 지불하여 달라고 주장했다.

예를 들면 1961년 5월 예비회의에서 일본 측 대표 일본 오쿠라쇼(대장성) 이재국理財局 차장 요시다 노부쿠니吉田信邦와 한국 측 대표 한국은행 국고부国庫部 부장 이상덕李相德이 다음과 같이 발언했다(일본 외무성 북동아시아과 작성 외교문서 '제5차 일한 전면회의 예비회담의 일반청구권 소위원회 회합' 1961년 5월 10일).

> **요시다** 우리는 사망자, 병상자에 대해서는 최대한 해주고 싶은 마음이 있다. 유족의 경우에는 상속인을 지원하겠지만 한국에서 구체적으로 조사해 그것을 일본과 대조할 생각이 있는가?
> [중략]
> 우리는 미지급금은 지불해야 하며 또 지불할 수 있는 조치를 마련했다. 이것은 원래 징용자가 정식적인 절차를 거쳐야 지불할 수 있지만, 지금껏 국교가 정상화되지 않았기 때문에 원활하게 지불하지 못했다. 따라서 양국 정부가 알선해서 당장이라도 지급할 수 있게 해야 할 것이다. (pp.22-23)
>
> **이상덕** 사람들에게 지급하는 것은 절차 문제인데, 그것은 한

국 정부에서 국내 문제로 조치해서 최대한 처리하겠다. 그것과 금액과 실제 인원수 문제를 어떻게 생각할 것인가가 문제인데 지급 문제는 한국 정부의 손으로 하고 싶다는 입장이다. (p.28)

## 한국의 요구를 따른 일괄 해결 방식

최종적으로는 한국이 가진 채권과 권리 등을 정확하게 계산하는 어려움도 있어서 오히라 마사요시大平正芳 외무상과 김종필 중앙정보부장이 정치적으로 결단하여(〈권말자료 3〉), 경제협력자금으로 무상 3억 달러와 유상(저리 차관) 2억 달러를 제공해서 청구권 문제가 "완전히 그리고 최종적으로 해결됐다"고 청구권협정(재산 및 청구권에 관한 문제 해결과 경제 협력에 관한 일본과 대한민국 간의 협정)에 기입했다. 반복해서 말하지만 당시 일본의 외화 준비고는 18억 달러 정도였기 때문에 이 5억 달러는 큰 부담이라서 10년 분할로 제공했다.

당시 한국의 외화 준비고는 1억 3천만 달러, 국가 예산은 3억 5천만 달러, 무역 적자는 당시 보유하던 외화를 훨씬 웃도는 2억 9천만 달러였다.

필자는 1990년대 초 삼성의 도쿄 주재원으로부터 삼성 재벌의 창업자 이병철 회장이 "당시 5억 달러가 고마웠다"고 했다는 말을 전해 들었다.

다시 한번 반복하지만 청구권협정으로 일본 정부는 무상 자금 3억 달러, 유상 자금(저리 융자) 2억 달러를 제공했다. 그 지급으로 양국은 전시 노동자에 대한 보상을 포함한 모든 과거 청산이 "완전히 그리고 최종적으로 해결됐다"고 선언했다.

## 청구권협정과 합의의사록

청구권협정 제2조 1항을 살펴보자.

### 제2조

1 양 체약국은 양 체약국 및 그 국민(법인을 포함한다)의 재산, 권리 및 이익과 양 체약국 및 그 국민간의 청구권에 관한 문제가 1951년 9월 8일에 샌프란시스코 시에서 서명한 일본과의 평화조약 제4조 (a)로 규정되는 것을 포함해서 완전히 그리고 최종적으로 해결된 것을 확인한다.

이 뿐만 아니라 훗날 협정을 해석할 때 어긋나지 않도록 공표한 '협정에 관한 합의록'(재산 및 청구권에 관한 문제 해결과 경제협력에 관한 일본과 대한민국 간의 협정에 관한 합의의사록 제2항 (g), 〈권말자료 6〉)에 다음과 같이 명기했다.

완전히 그리고 최종적으로 해결한 양국 및 그 국민의 재산, 권리 및 이익과 양국 및 그 국민 간의 청구권에 관한 문제에는 일한회담에서 한국이 제출한 '한국의 대일청구요강'(이른바 8항목)의 범위에 속하는 모든 청구가 포함되며 따라서 이 대일청구요강에 관해서는 어떤 주장도 할 수 없는 것을 확인했다.

여기서 말하는 '대일청구요강'(이른바 8항목)이란 1951년 한국 이승만 정권이 일본에 요구한 보상금과 청구권 목록이다. 이는 한국 정부가 1965년에 발행한 『한일회담백서』와 마찬가지로 한국 정부의 경제기획원이 1976년에 발행한 『청구권자금백서』(이하 『청구권백서』)에 그 전문이 실려 있다. 1968년에 발행된 일본 정부의 일한조약 해설서인 『시의법령 별책 일한조약과 국내법의 해설』(오쿠라쇼 인쇄국)에 일본 정부의 공식 번역이 실려 있다.

일본 측 자료에 있는 것과 약간의 차이가 있으므로 여기서는 한국 측 자료인 『청구권백서』를 번역해서 사용하겠다. 거기에서는 (1)-(8)의 대항목을 세우고 그 밑에 한국어 가나다순에 따른 소항목이 있다. 그중에서 징용공에 관한 것은 (5)뿐이다.

그래서 (5) 외에는 대항목만을 인용하고 (5)는 소항목을 포함해서 전문을 인용한다. 또한 밑줄은 니시오카 쓰토무가 그었다.

(1) 조선은행을 통하여 반출된 지금地金 및 지은地銀의 반환 청구

(2) 1945년 8월 9일 현재의 일본 정부의 대對조선총독부채권의 반제청구返濟請求

(3) 1945년 8월 9일 이후 한국으로부터 진체振替 또는 송금된 금품의 반환청구

⑷ 1945년 8월 9일 현재 한국에 본사·본점 또는 주된 사무소가 있던 법인法人의 재일在日 재산의 반환청구

⑸ 한국 법인 또는 한국 자연인의 일본국 또는 일본 국민에 대한 일본 국채, 공채, 일본은행권, 피징용 한국인의 미수금未收金, 보상금 및 기타 청구권의 반제청구返濟請求

　(가) 일본유가증권

　(나) 일본계 통화

　(다) 피징용 한국인 미수금

　(라) 전쟁에 의한 피징용자의 피해에 대한 보상報償

　(마) 한국인의 대對일본정부 청구은급請求恩給 관계

　(바) 한국인의 대對일본인 또는 법인 청구

⑹ 한국인 (자연인, 법인) 의 일본 정부 또는 일본에 대한 개별적인 권리행사에 관한 항목

⑺ 전기前記 제재산諸財産 또는 청구권에서 발생한 제과실諸果實의 반환청구

⑻ 전기前記의 반환 및 결제決濟의 개시 및 종료 시기에 관한 항목

여기서 보는 대로 한국 정부는 일한 국교 협상에서 ⑸의 (다) 피징용 한국인의 미수금, (라) 전쟁에 따른 피징용자의 피해에 대한 보상, (마) 한국인의 대일본정부 청구 연금 관계 기타, (바) 한국인의 대일본인 또는 법인 청구를 요구했다.

그리고 청구권협정으로 이것들을 포함하는 모든 것이 "완전히

그리고 최종적으로 해결된" 것을 확인했다. 게다가 '협정에 관한 합의 의사록'에서 이에 대해서는 어떤 주장도 할 수 없다는 것을 확인했다.

### 이중적 의미에서 보상은 받을 수 없다

여기서 중요한 사실 한 가지를 말해두겠다. 일본은 민주국가이므로 국가가 국민의 재산과 권리를 일방적으로 소멸시킬 수 없다. 일본 헌법 위반이다. 일본 헌법 제29조에서는 "재산권은 침해받지 아니한다", "사유재산은 정당한 보상 하에 공공을 위하여 사용할 수 있다"고 하고 있다. 그런데 일본은 청구권협정에서 일본 국민이 보유하는 한국에 대한 재산과 권리를 포기했다. 이에 대해 보상 의무의 여부가 쟁점이 되었다.

1965년 청구권협정 비준을 둘러싸고 일본 국회에서는 일본인이 조선에 두고 온 재산 문제와 관련하여 격렬한 논의가 있었다. 예를 들면 야당, 사회당에서 나중에 위원장이 되는 이시바시 마사시石橋政嗣 의원은 정부를 다음과 같이 공격했다(중의원 일본국과 대한민국 간의 조약 및 협정 등에 관한 특별위원회, 1965년 11월 5일).

> **이시바시 마사시** (일본 국민) 각 개인은 한국에 대해 청구권을 갖고 있다고 생각할 수 있습니까? [중략]
>
> **후지사키 마사토**藤崎萬里 **외무성 조약국장** 한국에서 예전이었으면 미군, 지금이면 한국 정부 당국이 각각의 법령에 따라 취

한 조치의 효력을 승인했습니다. 따라서 해당 일본인이 자기의 권리를 상대편에게 주장하려고 해도 이는 상대편의 국내법상 권리지만 그것은 실제 문제로는 다룰 수 없을 것이라는 점입니다.

**이시바시 마사시** 그렇다면 외교보호권도 포기했다는 것. (청구권협정에 따라) 일본 국민 개인의 이른바 소유권이라는 것도 전부 당사자의 승낙 없이 일본 정부가 멋대로 포기했다는 식으로 인정해도 됩니까? [중략] 일본 정부는 국민의 생명, 재산을 보호할 책임이 있습니다. 이것을 멋대로 포기했다고 똑같은 형태가 되는 것은 아니지 않습니까? 그에 대해 책임을 지지 않습니까?

**후지사키 마사토** 그것이 외교보호권의 포기라는 뜻입니다.

즉 일본 국민이 한국에 두고 온 재산은 미군이 접수해서 한국 정부에 넘겼으므로 재산의 주인이 한국에 가서 권리를 주장해도 한국에서는 상대해주지 않을 것이다. 그 주장에 대해 일본 정부는 외교보호권을 행사하지 않는다는 것이었다.

한편, 한국인이 일본에 대해 갖는 권리는 그 시점에서는 소멸되지 않았다. 우편 저금이나 공탁한 전시 노동자의 미지급 임금 등은 외교 협상이 이어지는 것을 이유로 동결했다.

그래서 일본은 청구권협정 발효와 함께 1965년 12월 17일에 새로운 법률 '대한민국 등의 재산권에 대한 조치에 관한 법률'(약칭, 〈권말자료 7))을 제정해서 한국과 한국인이 일본에 대해 갖는 재산과 채무 등 모든 것을 소멸시켰다. 이는 일본 국회를 통해서 실시한 일본의 주권 행사이며 한국 정부는 외교보호권 행사를 포기했으므로 아무 말도 하지 않고 인정했다.

청구권협정의 제2조 3항에는 이렇게 기록되어 있다(〈권말자료 5, 6〉).

> 일방체약국 및 그 국민의 재산, 권리 및 이익으로서 본 협정의 서명일에 타방체약국의 관할하에 있는 것에 대한 조치와 일방체약국 및 그 국민의 타방체약국 및 그 국민에 대한 모든 청구권으로서 동일자 이전에 발생한 사유에 기인하는 것에 관하여는 어떠한 주장도 할 수 없는 것으로 한다. (청구권협정)

(a) "재산, 권리 및 이익"이라 함은 법률상의 근거에 의거하여 재산적 가치가 인정되는 모든 종류의 실체적 권리를 말하는 것으로 양해되었다.[중략]

(e) 2조 3에 의하여 취하여질 "조치"는 2조 1에서 말하는 양국 및 그 국민의 재산, 권리 및 이익과 양국 및 그 국민간의 청구권에 관한 문제를 해결하기 위하여 취하여질 각국의 국내조치를 말하는 것으로 의견의 일치를 보았다. (합의의사록)

여기서 말하는 것은 1965년 시점에서 일본의 관할 아래에 있는 한국 국민이 갖는 "재산, 권리 및 이익"(모든 종류의 실체적 권리)에 대하여 일본이 취하는 국내 조치, 즉 입법 조치에 따라 그 모든 것을 소멸시키는 조치에 대해 한국은 "어떤 주장도 할 수 없다"고 하는 것이다.

그래서 전시 노동자나 위안부 등이 어떠한 이유로 일본 기업이나 일본 정부에서 보상과 배상을 받기 위해 권리를 가졌다고 해도 그 권리는 1965년에 일본의 입법 조치에 따라 소멸했고 그것을 한국 정부도 인정했다는 말이다. 일본에서 얻은 청구권자금으로 우편 저금이나 미지급 임금 정산을 한국 정부가 한 이유도 이 일본의 조치를 인정하는 대신 자금을 얻었기 때문이다. 그러므로 이것으로 청산은 정말로 끝났다.

그러나 1990년 무렵부터 「아사히신문」이 위안부 강제연행 캠페인을 시작하고 일부 변호사와 활동가들이 위안부를 원고로 하여 일본의 재판소에서 전후 보상을 요구하는 재판을 청구했다. 그때 일본 국회에서 일본의 야당 의원들은 한국인 개인이 위자료 등을 받을 권리를 거론하며 개인의 권리를 멋대로 협정에서 소멸시킬 수는 없는 것이라고 하면서 일본 정부를 공격했다. 1965년에는 일본인이 조선에 두고 온 재산에 관한 권리를 문제로 삼았지만, 25년이 지난 후에는 정작 그 일에는 관심을 보이지 않고 외국인인 한국인의 권리에 대해서 자국 정부를 추궁했다. 일본의 정치인이 도대체 어느 쪽의 입장에 서겠다는 것인지 의심스러울 뿐이다.

그때 일본 정부는 협정에서 한국 정부가 한국인 개인의 재산과 권리에 관하여 외교보호권을 포기했다, 그래서 일본은 국내법으로 그 권리들을 소멸시켰다고 답변했다. 그런데 그 답변의 일부만 인용하는 형태로 개인의 청구권은 남아있다는 말이 지금도 나돌고 있다(예를 들면 일본 공산당과 야마모토 세이타山本晴太 변호사 등의 주장). 남아 있는 것은 실체적 권리가 아니라 '클레임'이라고 하는 실체가 없는 신청의 권리일 뿐이며 이를 근거로 일본에서 재판을 청구할 수는 있다고 일본 정부는 1991년부터 답변했다(참의원 예산위원회 외무성 야나이 준지柳井俊二 조약국장 답변, 1991년 12월 13일).

한편 중국인이나 대만인이 보유한 재산 등을 소멸시키는 법률은 존재하지 않는다. 중국과 대만(중화민국)은 일본과의 관계를 정상화할 때 전승국으로서 배상을 포기하고 개인의 청구권 청산도 요구하지 않았다. 일본 최고재판소는 중국인 노동자가 일본 기업에 대해 청구한 전후 보상을 요구하는 재판에서 배상 포기로 개인의 청구권은 소멸하지 않았지만 개인이 청구권을 근거로 소송하거나 항소할 수 없다고 했다.

야마모토 세이타 변호사 등은 일본 최고재판소의 중국인 노동자 판결이 "(조약은) 개인의 실체적 권리를 소멸시키는 것이 아니고, 개별 구체적인 청구권에 관하여 채무자의 자발적인 대응을 방해하지 않는다"고 한 것을 이어받아 일본 기업이 화해해서 중국인 노동자를 구제한 것을 강조하며 한국인 전시 노동자에 대해서도 이와 똑같이 해야 한다고 주장했다(「아사히신문」 2018년 12월 4일). 그러나 한국인의 권리는 일본의 입법 조치로 전부 소멸했기 때문에 화해의 여지는 없다. 그 점을 다루지 않는 변호사와 「아사히신문」은 의도적으로 여론을 잘못된 방향으로 끌고 가려 한다고 해야 할 것이다.

한국인 위안부와 전시 노동자들의 경우 청구권협정 때문에 소송하지 못할 뿐만 아니라 이미 일본의 국내법으로 개인의 권리가 소멸했기 때문에 이중적인 의미에서 재판을 통해 보상을 받을 수 없다.

## 박정희 대통령의 자립, 자조 정신

일한국교를 추진한 한국의 박정희 대통령은 야당, 매스컴, 학생들이 격렬한 반대 운동을 전개하는 가운데 1964년에는 계엄령, 1965년에는 위수령을 통해 군대까지 동원하여 반대 운동을 진압하고 국교 정상화를 단행했다. 그는 반대 세력에 대해 "내 무덤에 침을 뱉어라"고 말하면서 역사가 이 결단을 평가할 것이라는 신념으로 힘차게 나아갔다.

박정희 대통령은 주어진 엄격한 조건 아래서 어떻게든 자국의 안전과 경제발전을 이루려고 노력한 자조自助 정신이 강한 애국주의자였다. 그 심정은 1965년 6월의 다음과 같은 일한조약 체결 시 국민에게 보내는 특별담화에 잘 나타나 있었다(원문 인용).

> 지난 수십 년간 아니 수백 년간 우리는 일본과 깊은 원한속에 살아 왔읍니다. 그들은 우리의 독립을 말살하였고, 그들은 우리의 부모형제를 살상했고, 그들은 우리의 재산을 착취했읍니다. 과거만을 따진다면 그들에 대한 우리의 사무친 감정은 어느모로 보나 불구대천이라 할 수 없읍니다.

그러나 국민 여러분! 그렇다고 우리는 이 각박한 국제사회의 경쟁속에서 지난 날의 감정에만 집착해 있을 수는 없는 것입니다. 아무리 어제의 원수라 하더라도 우리의 오늘과 내일을 위해 필요하다면 그들과도 손을 잡아야 하는 것이 국리민복을 도모하는 현명한 대처가 아니겠습니까. [중략]

물론 이러한 제문제가 우리만의 희망과 주장대로 해결된 것은 아닙니다. 그러나 내가 자신을 갖고 말할 수 있는 것은, 우리가 처해 있는 제반여건과 선진제국의 외교관례에 비추어 볼 때, 우리의 국가이익을 확보하는 데 선의를 다했다는 사실입니다. 외교란 상대가 있는 것이고 또 일방적 강요를 뜻하는 것이 아니며, 그것은 이치와 조리를 따져 상호간에 납득을 해야 비로소 타결이 되는 것입니다.(「조선연구」 제41호, 일본조선연구소, 1965년 7월, pp.45-46)

## 청구권자금의 용도

그 입장에서 박정희 대통령은 일본에서 받은 자금을 소중하게 효율적으로 사용했다. 피해자들에게 나눠줬을 경우, 써버리면 거기서 끝이다. 일본 통치의 피해는 동원된 사람만 입은 것이 아니라 모든 국민이 입었다. 이런 관점에서 일본에서 받은 자금은 주로 생산재에 한하여 사용했다. 박정희 대통령은,

1 모든 국민이 이익을 균등하게 얻는다
2 국민 소득이 증가한다

3 한국의 주도적 의사로 결정한다

4 오래 기념되는 대단위 사업

이라는 기준을 세우고 서울과 부산 간의 경부고속도로 건설, 춘천 소양강 다목적댐 건설, 포항종합제철 건설, 농업용 경운기와 동력살분무기 등에 사용했다(『청구권백서』).

부정으로 낭비하지 않도록 시멘트 한 포대를 사는 것도 대통령의 결재가 필요했다고 한다.

그 결과, 일본의 자금은 한국에서 '한강의 기적'으로 불리는 고도경제성장에 크게 기여했다. 『청구권백서』에 따르면 이 자금은 1966년부터 1975년까지 한국 경제성장에 약 20퍼센트 기여했다. 1992년에 출간한 필자의 저서 『일한 오해의 심연日韓誤解の深淵』(아키쇼보)의 권말에 자료로 이 백서의 주요 부분을 일본어로 번역해서 실었으니 관심이 있는 분은 참조하기 바란다.

## 2 한국 정부가 실시한 보상

다음으로 한국 정부가 실시한 개인 보상의 실태를 보고하겠다. 한국 정부는 그동안 두 번에 걸쳐서 전시 동원자(노동자와 군인, 군무원)들에게 자국의 국가 예산을 통해 보상을 실시했다.

### 박정희 정권의 보상

박정희 정권은 일본에서 받은 자금을 사용해 첫 번째 보상을 실시했다. 『청구권백서』 56쪽('제1편 제3장 제3절 원화 자금의 조성과 활용')에 다음과 같이 명기되어 있다.

**2 민간인에 대한 보상**

대일청구권자금의 도입이 확정된 후 곧 민간인에 보상을 실시하는 것이 바람직한 일이었으나 정부의 재정형편과 청구권자금이 10년간에 걸쳐 분할도입된다는 점을 고려하여 그 도입이 완료되는 1975년도에 보상을 실시하게 된 것으로 [중략] 정부는 대일민간청구권 보상문제를 해결하기 위하여 청구권자금의 도입마감연도 이전인 1971년 5월부터 1972년 3월 사이에 걸쳐 대일민간청구권의 신고를 공고하여 이를 접수하였고, 1974년 12월 21일자로 민간인에 대한 보상 대상, 방법, 절차 등을 규정하는 「대일민간청구권 보상에 관한 법률」을 제정·공포하는 한편, [중략] 1975년 7월부터 민간보상을 실시하고 있으며, 1977년 6월 30일까지 계속하여 실시하기로 되어 있다.

1966년에 '청구권자금 운용 및 관리에 관한 법률'을 제정했다. 그 제5조에서 "대한민국 국민이 가지고 있는 1945년 8월 15일 이전까지의 일본국에 대한 민간청구권은 이 법에서 정하는 청구권자금 중에서 보상하여야 한다"고 나와 있다. 또한 1974년에 '대일민간청구권 보상에 관한 법률'을 제정했다. 이 법의 제3조에는 "청구권의 보상은 보상금의 지급에 의한다"고 명기되었다. 일본에서 받은 청구권 자금으로 한국민의 개인 청구권을 보상한 것이다.

2018년 10월 30일 한국 대법원 판결에는 이때 실시된 보상의 구체적인 숫자를 명기하지 않았다.

1977년 6월 30일까지 합계 83,519건에 대해 총 9,187,693,000원의 보상금을 지급했다. 이는 3억 달러의 약 9.7퍼센트에 해당한다.

그중에서 동원 시 사망자에 대한 보상금은 8,552명, 1인당 30만 원씩 총 2,565,600,000원이었다. 부상자를 포함하는 생환자에 대한 보상은 없었다.

미수금이나 저금 등 재산 관계 청산이 74,967건, 6,622,093,000원이었다. 물가 상승을 고려해서 일본 엔화 1엔을 한국 원화 30원으로 계산했다.

무사히 귀국한 사람은 미지급금이나 저금 등은 청산할 수 있었지만 보상은 나오지 않았다. 계약을 근거로 하는 민간 기업에서의 임금 노동이라는 전시 노동자의 실태를 한국 정부도 잘 이해했기 때문에 이런 보상이 이뤄졌을 것이다.

한편, 청구권자금을 사용해 독립운동 참가자와 그 자손에 대한 지원도 실시했다.

### 노무현 정권의 보상

두 번째 개인 보상은 노무현 정권이 실시했다. 노무현 정권은 2005년 한국 외교통상부(당시)의 반대를 무릅쓰고 일한국교협상의 외교 문서를 공개했다. 그때 '한일회담 문서공개 후속대책 관련 민관공동위원회'를 조직했다.

위원회 이름을 '관민공동위원회'가 아니라 '민관공동위원회'라고 했는데, 위원 구성을 봐도 중대한 외교 안건을 다루는 위원회임에도 불구하고 좌파 변호사와 좌파 운동가를 포함한 민간인들이 다수를 차지했다.

위원장도 '공동위원장'으로 민간에서 좌파 변호사로 훗날 대법원장이 된 이용훈 씨가, 정부에서는 이해찬 국무총리가 선정되었다.

정부 위원은 9명인데 이 중에서 당시 대통령 민정수석비서관이었던 문재인 현 대통령(2021년 시점)이 포함된 점은 주목할 만하다. 그 외에는 장관급 이하 8명, 재정경제부, 외교통상부, 행정자치부, 법무부, 보건복지부 장관, 기획예산처 장관, 국가보훈처장, 국무조정실장이 있었다.

한편 민간 위원은 10명으로 정부 위원보다 한 명 더 많았다. 변호사, 학자, 외교관, 신부, 언론인, 재계인사 등으로 좌파 운동 단체 '참여연대'의 운영위원장 손혁재 씨가 들어가 있는 점도 시선을 끈다.

문재인 현 대통령도 가세하여 좌파계 민간인들이 여럿이 함께한 이 위원회는 2005년 8월 26일 '1965년 한일 청구권협정의 효력 범위 문제'에 관한 위원회의 결론을 문서로 공표했다. 거기서 위안부 문제와 관련하여 "일본군 위안부 문제 등 일본 정부, 군 등의 국가 권력이 관여한 반인도적 불법행위는 청구권협정으로 해결된 일로 볼 수 없으며 일본 정부의 법적 책임이 남아있다"는 이해할 수 없는 입장을 표명했다.

그러나 전시 동원자에 대한 보상 문제는 일본에서 받은 무상 3억 달러에 포함된다고 명확히 했다. 이 시점에서도 한국 정부는 전시 노동 문제는 외교적으로 해결됐다고 인정했다.

게다가 "1975년 한국 정부의 보상 당시 강제동원 부상자를 보상 대상에서 제외하는 등 도의적 차원에서 봤을 때 피해자 보상이 충분하지 않았다"고 하면서 자국 정부의 보상이 충분하지 못했음을 인정하고 "정부 지원 대책을 마련할 것"을 결정했다.

## 민관공동위원회의 결정

이 노무현 정권의 결정은 중요한 포인트라서 2005년 8월에 공동위원회가 공표한 문서의 관련 부분을 인용하겠다.

> ▫ 또한 위원회는 한일협정 협상 당시 한국 정부가 일본 정부에 대하여 요구했던 강제동원 피해보상의 성격, 무상자금의 성격, '75년 한국 정부 보상의 적정성 문제 등을 검토하고 다음과 같이 정리하였음
> ◦ 한일협상 당시 한국 정부는 일본 정부가 강제동원의 법적 배상·보상을 인정하지 않음에 따라, "고통받은 역사적 피해사실"에 근거하여 정치적 차원에서 보상을 요구하였으며, 이러한 요구가 양국간 무상자금산정에 반영되었다고 보아야 함

o 청구권협정을 통하여 일본으로부터 받은 무상 3억불은 개인재산권(보험, 예금 등), 조선총독부의 대일채권 등 한국 정부가 국가로서 갖는 청구권, 강제동원 피해보상 문제 해결 성격의 자금 등이 포괄적으로 감안되어 있다고 보아야 할 것임

o 청구권협정은 청구권 각 항목별 금액결정이 아니라 정치 협상을 통해 총액결정방식으로 타결되었기 때문에 각 항목별 수령금액을 추정하기 곤란하지만,

- 정부는 수령한 무상자금중 상당금액을 강제동원 피해자의 구제에 사용하여야 할 도의적 책임이 있다고 판단됨

※ 한국 정부가 61년 6차회담시 8개항목의 보상으로 일본에 요구한 총 12억 2천만불 중 강제동원 피해보상에 대해서 3억 6천만불(약 30%)을 산정한 바 있음

o 그러나 '75년 우리정부의 보상 당시 강제동원 부상자를 보상대상에서 제외하는 등 도의적 차원에서 볼 때 피해자 보상이 불충분하였다고 볼 측면이 있음

□ 정부는 이러한 위원회의 논의결과를 토대로 오랜 기간 고통을 겪어 온 강제동원피해자의 아픔을 치유하기 위해서 도의적·원호적 차원과 국민통합 측면에서 정부 지원대책을 마련하기로 하였음

o 강제동원 피해자들에 대해 추가적 지원대책을 강구하고, 강제동원 기간중의 미불임금 등 미수금에 대해서도 일본

으로부터 근거자료 확보 노력 등 정부가 구제대책을 마련
ㅇ 아울러, 정부는 일제 강제동원 희생자에 대한 추모 및 후세에 대한 역사교육을 위해 추도공간 등을 조성하는 방안도 검토

 이 결정에 따라 '대일항쟁기 강제동원 피해조사 및 국외 강제동원 희생자 등 지원위원회'가 한국 정부의 자격으로 두 번째 보상을 했다.
 전시 동원자들과 그 유족에게 위로금을 지급했다. 사망자 1인당 위로금 2천만 원, 부상 장애자에게 그 장애의 정도에 따라 최고 2천만 원에서 최소 3백만 원의 위로금을 본인이나 유족에게 지급했다. 또 생환자 중 생존자에게는 본인에 한해서 의료지원금 연 80만원 씩을 지급했다.
 또한 미수금이 있는 사람에게는 당시의 1엔을 2천 원으로 환산해서 지원금을 지급했다.
 이 위원회는 2008년부터 2015년 12월까지 총 112,556건의 신청을 받아서 심사 결과 72,631명에게 합계 약 6,200억 원의 위로금, 지원금을 지급했다. 지급률은 64.5퍼센트였다.
 사망자의 위로금 신청은 20,681건 중에서 17,880건(86.5%)이 인정되었다. 부상 장애자는 신청 33,278건 중 13,993건(42.0%)이 인정되었다. 의료 지원금은 신청 시점에서 살아있는 피해자에 한해서 인정했다. 신청 25,268건 중 24,530건(97.1%)이 인정되었다.
 미수금은 신청 33,329건 중 16,228건(48.7%)이 인정되었다. 일본

에서 제공한 공탁 관계 자료 등으로 피해 사실을 인정해야 지급했기 때문에 신청이 다수가 기각되었다고 한다.

이상의 숫자는 이 위원회가 2016년 6월에 발행한 '위원회 활동 결과보고서'를 따랐다.

## 3 한국에서의 전시 노동자 재판

위에서 보았듯이 역대 한국 정부는 좌파인 노무현 정권도 포함해서 전시 동원 문제가 1965년의 청구권협정을 통해 외교적으로는 완전히 해결됐다고 인정했다.

그런데도 전시 동원 문제로 일한관계가 왜 이렇게까지 이상해졌을까? 그 배경에 일본 내 반일 세력이 의도적으로 일한관계의 법적 기초를 무너뜨리고 북조선의 독재정권에 유리한 상황을 만들려고 40년 가까이 공작했던 일이 도사리고 있다.

### 일본에서 시작된 일본 통치 불법론

도쿄대학교 명예교수인 와다 하루키和田春樹는 그 대표적인 인물이다. 그는 일조국교촉진국민협회日朝国交促進国民協会라는 단체의 사무국장으로 2010년 3월 30일 "모든 피해자 귀환 등 불가능한 일을 요구하는 일본 정부의 자세는 잘못됐다", "정부는 5명 생존, 8명 사망이라는 북조선의 설명에 이만 눈물을 흘리며 타협하고 쌍방이 평화적 환경을 구축해야 한다"면서 납치 피해자 구출을 미루는 형태의 일조국교日朝国交(일본과 북조선의 국교정상화)를 공연히 주장할 정도로 친북 세력이다.

와다 하루키는 1980년대 이후에 앞에서 살펴본 일본 정부의 "일한병합조약은 국제법상 합법적으로 체결된 유효한 약속이었다"는 해석을 "불법적으로 체결한 당초부터 무효였다"는 해석으로 바꾸려는 운동을 진행했다.

그는 오에 겐자부로大江健三郎 등과 함께 1984년에 전두환 대통령이 일본을 방문했을 때 일본 국회에서 한국에 대한 사죄 결의를 하도록 서명 운동을 실시했다. 그 이후에도 계속 일본 국회에서의 과거 사죄 결의를 목적으로 운동해 왔다.

당시 사회당은 무라야마 정권 수립 때 정권 공약에 그것을 포함시켰고 1995년에 전후 50년 국회 사죄 결의를 여당에 들어가는 조건으로 삼았다. 그러나 국회 결의가 자민당 내 보수파의 반대로 그들이 예상한 것처럼 진행되지 않았기 때문에 무라야마 수상은 새로이 수상 담화를 발표했다. 이것이 그 유명한 '무라야마 담화'(1995년 8월 15일)다. 하지만 그 속에 와다 하루키 등이 노린 일본 통치 불법론은 담겨 있지 않았다.

와다 하루키는 자신의 운동 목표가 일본 정부가 일본 통치 불법론을 인정하도록 하고 이를 기반으로 보상과 역사 교육을 하는 것이라고 무라야마 담화 3년 전에 다음과 같이 확실히 말했다.

1910년의 한국병합은 조약 체결로 합의에 따른 것이고 일본의 조선 통치는 1948년까지 합법적이었다고 하는 인식을 일본이 바꿔야 한다는 뜻입니다. <u>이렇게 하지 않으면 사죄는 입에 발린 말일 뿐이며 보상이나 진정한 역사 교육도 불가능합니다.</u> 그런 인식의 전환은 국회 결의에 따르는 것이 바람직합니다. (「세카이 임시 증간호 일한관계 - 그 역사와 현재」 1992년 4월, p.13)

와다 하루키 등은 그 후에도 포기하지 않고 운동을 전개했다. 무라야마 담화로부터 15년 후인 2010년, 마침 병합조약 체결 100주년을 맞이하는 해의 수상은 리버럴파인 간 나오토菅直人였다. 이에 와다 하루키 등의 운동은 정점을 맞았다.

### 2010년의 일한日韓 지식인 공동성명

2010년 5월 10일, 와다 하루키 등이 발기인이 되어 '한국병합 100년 일한日韓 지식인 공동성명'을 발표해서 일본과 한국의 지식인에게 대대적으로 선전하며 서명을 모았다. 일본에서는 오에 겐자부로, 강상중, 사타카 마코토佐高信 「슈칸긴요비週刊金曜日」 편집위원 겸 전 대표이사, 다카하시 데쓰야高橋哲哉 도쿄대학교 교수, 다카기 겐이치 변호사 등 학자, 문화인을 비롯해 이마즈 히로시今津弘 전 「아사히신문」 논설 부주간, 오다가와 고우小田川興 전 「아사히신문」 편집위원, 야마무로 히데오山室英男 전 NHK 해설위원장, 오카모토 아쓰시岡本厚 「세카이」 편집장 등 531명이 서명했다.

한국에서는 김대중 정권에서 산업자원부 장관을 담당한 경제학자 김영호 유한대 총장을 중심으로 나종일 전 주일대사, 대표적 친북파인 강만길 고려대 명예교수와 황석영(작가), 좌파 지식인 백낙청(서울대 명예교수), 한승헌(변호사, 전 감사원장)에 더해 현역 언론인으로 강천석 「조선일보」 주필, 고광헌 「한겨레신문」 사장, 배인준 「동아일보」 주필, 허남진 「중앙일보」 논설주간 등을 비롯한 587명이 서명했다.

와다 하루키 등이 발표한 성명의 가장 큰 문제점은 다음과 같이 일본과 한국 양국 정부와 국민이 역사인식을 확실히 일치시키는 것을 바라고 있다는 점이다. "2010년을 맞이하여 우리들은 그 병합이 어떻게 이루어졌던가, '한국병합조약'을 어떻게 보아야 할 것인가에 대하여 한국, 일본 양국의 정부와 국민이 공감하는 인식을 확인하는 것이 중요하다고 생각한다."(성명문, 한국어판 원문에서 인용)

나라가 다르면 역사인식은 일치할 수 없다. 사실관계에 관해서는 학자의 치밀한 논의로 일치에 접근할 수 있을지 모른다. 그러나 역사인식은 가치판단에 따르게 되며 그 상황에서는 각각의 나라별로 평가가 다른 것은 당연하다. 또는 역사인식이 다르기 때문에 서로 다른 국가를 만든다고 할 수도 있다. 따라서 와다 하루키 등의 일본과 한국 역사인식 일치운동은 결국 일본이 계속 사죄해서 반작용으로 혐한, 반한 감정이 쌓이고 그 위에서 한국은 늘 만족하지 않는 악순환을 초래했다.

## 와다 하루키 등의 노림수

그들이 추구하는 공통 인식이란 '한국병합에 이르는 과정이 부당한 것과 마찬가지로 한국병합조약도 부당하다'는 것이다. 구체적으로는 일본이 일한기본조약 제2조의 해석을 바꿔서 '일한병합조약은 당초 불법이고 무효였다'는 한국의 해석으로 인식을 일치시켜야 한다는 말이다. 이 성명에서 그 부분을 인용하겠다.

> 대한민국과 일본은 1965년에 국교를 수립하였다. 이 때 체결된 양국 관계의 '기본에 관한 조약'(기본조약으로 약칭) 제2조에 1910년 8월 22일 및 그 이전에 체결된 모든 조약 및 협정은 이미 원천 무효already null and void라고 선언되었다. 그러나 이 조항의 해석이 한, 일 양국 정부 간에 서로 달랐다.
>
> 일본정부는 병합조약 등은 '대등한 입장에서 또 자유의지로 맺어졌다'는 것으로 체결 시부터 효력을 발생하여 유효하였지만, 1948년의 대한민국 성립으로 무효가 되었다고 해석하였다. 이에 대하여 한국 정부는 '과거 일본의 침략주의의 소산'이었던 불의부당한 조약은 당초부터 불법 무효라고 해석하였던 것이다.
>
> 병합의 역사에 관하여 지금까지 밝혀진 사실과 왜곡 없는 인식에 입각하여 뒤돌아보면 이미 일본 측의 해석을 유지할 수 없게 되었다. 병합조약 등은 원래 불의부당한 것이었다. 그런 의미에서 당초부터 null and void였다고 하는 한국 측의 해

석이 공통된 견해로 받아들여져야 할 것이다.(성명문, 한국어판 원문에서 인용)

일본 정부와 일본 국민이 한국의 역사인식으로 인식을 일치시켜서 45년 전에 체결해서 지금까지 일한관계를 규정해온 기본조약의 해석을 바꾸자고 주장한 것이다.

병합조약이 애초에 불법이고 무효라면 당연히 위자료 배상 책임이 발생한다. 한국의 일부 민간단체, 매스컴, 정치가들이 1990년대 이후 계속 요구해온 개인 보상에 대한 법적 근거가 생긴다.

그것은 즉 일한국교협상에 반발해서 북조선 독재정권의 입장을 이롭게 한다는 것은 굳이 말할 것까지도 없다.

### 와다 하루키 등의 성명이 한국 사법에 던진 불씨

「아사히신문」 등이 작게 보도했기 때문에 일본에서는 와다 하루키 등의 운동과 공동성명에 관해서는 거의 알려지지 않았다. 그러나 한국 매스컴은 그 움직임을 크게 다뤄서 그 주장을 널리 소개했다. 그 결과 병합 100주년을 맞아서 일본 정부가 담화를 발표하는 것과 그 담화 내용으로 역사인식을 일치시키는 것, 그것도 일본이 일방적으로 한국의 인식에 맞추는 것이야말로 '양심적 과거 청산'이라는 기준이 완성되었다.

간 나오토 수상은 8월 10일에 일한병합 100주년 담화를 발표했다. 거기서 일본의 통치는 '한국인의 뜻에 반하는' 것, 즉 강요당했다고는 했지만 불법이라는 평가까지는 들어가지 않았다. 마지막 일선은 지켰다고 할 수 있겠다.

그러나, 이로부터 2년 후 2012년 5월에 한국 대법원이 그때까지 하급심에서 전부 패소한 조선인 노동자들에 대한 배상 지급을 인정하는 역전逆轉 파기환송 판결을 내렸다. 그 논리의 골자는 '통치 불법론' 즉 일본의 통치는 애초에 불법이었기 때문에 배상 책임이 있다는 논리다.

다시 말해 와다 하루키 등의 운동이 한국 대법원에 '통치 불법론'이라는 일한관계를 악화시키는 논리를 전이시킨 것이다.

2020년 8월 14일, 한국 신문 「조선일보」는 와다 하루키를 등장시켜 이 성명에서 한국 대표였던 전 유한대 총장 김영호와 대담하도록 했다. 그때 와다 하루키 등은 자신들의 성명이 한국 대법원 판결을 만들어냈다고 자화자찬했다. 참고로 김영호의 빌언 중 2011년 8월 30일 한국 헌법재판소의 판결은 위안부에 대한 배상 청구를 한국 정부가 일본에게 요구하지 않는 것을 위헌이라고 판단한 판결을 말한다.

**와다 하루키** 한국의 헌법재판소는 2011년 위안부 소송 해결에 적극적으로 나서지 않은 정부의 부작위不作爲는 위헌이라고 판결했고, 2012년과 2018년 대법원은 일본 기업의 강제동원에 대해 배상 판결을 내렸다. 지식인 성명과 간 나오토 담화가 여기에 영향을 미쳤다고 보나.

**김영호** 그런 의견이 나온다. 2009년 한국 고등법원은 강제동원 피해 항소심에서 일본 최고재판소의 원고 패소 판결(2007년)을 그대로 받아들였다. 한국 법원은 강제동원에 대한 일본의 배상 책임 인정에 소극적이었다. 지식인 성명에서 병합조약 자체가 불법 무효라는 사실이 강조되고 식민통치의 성격에 대한 인식이 바뀌면서 헌재와 대법원 판결이 바뀐 게 아닌가 싶다. 이 때문에 지식인 성명이 한일 관계를 악화시켰다는 원망도 듣는다.

**와다 하루키** 일본 보수 단체에선 나를 지목하며 지식인 성명이 일·한 관계를 악화시킨 주범이라는 험악한 표현이 나온 지 오래다. 하지만 누군가 꼭 했어야 할 일이었다.

필자는 와다 하루키야말로 1965년에 일본과 한국 양국 국민들이 지혜와 용기를 발휘해서 구축한, 일한우호의 기초인 기본조약과 청구권협정을 근본부터 흔들려고 하는 일한관계 악화의 책임자라고 강하게 비판하겠다.

### 재판을 청구한 것도 일본인

또 하나 지적해야 할 것은 원고들을 찾아내서 자금을 지원하고 먼저 일본에서 재판을 청구하도록 하고 이것이 패소하면 또다시 한국에서 소송하도록 격려하고 지원한 것도 일본인 변호사와 운동가였다는 사실이다.

이미 2018년에 확정판결이 나온 신닛테츠스미킨 소송 1건과 미쓰비시중공업 소송 2건을 합해서 2019년 4월 시점에 한국에서 계쟁 중인 재판은 15건이다. 이를 먼저 개관해 두겠다. 15건의 약 70퍼센트를 차지하는 11건은 세 회사를 상대로 한 것이다. 즉 미쓰비시중공업 5건, 신닛테츠스미킨 3건, 후지코시 3건이다. 이 세 회사는 일본에 지원 조직이 있어서 먼저 일본에서 재판을 청구했다가 패소했고 그 후 일본 지원조직의 원조를 받아 한국에서 재판을 청구했다는 공통된 특징이 있다.

미쓰비시중공업 재판 지원 조직은 '나고야 미쓰비시 조선여자근로정신대 소송을 지원하는 모임名古屋三菱・朝鮮女子勤労挺身隊訴訟を支援する会'과 '미쓰비시 히로시마, 옛 징용공 피폭자 재판을 지원하는 모임三菱広島・元徴用工被爆者裁判を支援する会'이다. 나가사키에도 지원 조직이 있다는 정보가 있는데 그 자세한 내용은 명확하지 않다. 전자는 '금요 행동'이라고 해서 2007년 7월 20일부터 매주 금요일에 미쓰비시중공업이 있는 시나가와品川역 앞에서 전단지 배포와 가두선전 활동을 하며 본사에 항의 방문을 해왔다. 미쓰비시중공업 패소 판결이 나온 다음날인 11월 30일의 행동으로 448회나 된다고 한다.

신닛테츠스미킨 재판 지원 조직은 '닛폰세이테츠 옛 징용공 재판을 지원하는 모임日本製鉄元徴用工裁判を支援する会'이다. 그들은 한국 대법원 확정판결이 나온 후에도 이 회사의 본사에 몰려들어 항의 활동을 했다. 이 모임은 1995년부터 활동을 시작했다. 거의 매달, 한 번에서 두 번 도쿄 본사와 오사카 지사 앞에서 항의 활동을 하고 해마다

주주총회에 나가서 경영자 측을 추궁하면서 또 원고와 지원단체 간부들을 자주 일본에 불러 본사로 항의 방문 등을 해왔다. 매년 몇 회씩 '도쿄 대행동東京大行動'이라고 하는 쟁의와 재판 투쟁을 하는 급진 좌파계 조합의 정부와 관련 기업에 대한 순회 항의 활동에 참가하여 수많은 좌파계 조합원을 데리고 와서 본사 앞에서 항의 활동을 했다.

후지코시 재판 지원 조직은 '제2차 후지코시 강제연행·강제노동 소송을 지원하는 호쿠리쿠 연락회第二次不二越強制連行·強制労働訴訟を支援する北陸連絡会'다. 1992년 도야마지방재판소에 소송했을 때부터 활동했다. 이 모임은 2016년부터 2018년 11월까지 약 3년 동안 후지코시의 도야마사업소 앞에서 항의 활동만 열두 번을 했고 도쿄 본사에 세 번이나 항의 방문했다. 한국에서 일본으로 원고를 불러 주주총회에 세 번이나 참가했다. 후지코시 재판 지원회 홈페이지에는 2018년 9월 23일 기사로 '간사이 레미콘 노조에 대한 부당 탄압을 허락하지 않겠다'라는 항의 행동 사진이 올라왔다.

이런 지원 조직은 좌파계 조직이나 학자, 종교인 등이 주체이며, 현재에 이르기까지 해마다 해당 기업의 주주총회에 출석하면서 1년에 여러 번 기업을 항의 방문해왔다.

또한 후지코시는 일본에서 최초로 발생한 1차 소송의 원고들과 화해하여 '해결금'을 지급했다. 2000년 7월, 일본 최고재판소에서 후지코시와 화해가 성립되었고 원고 3명과 과거 같은 기숙사에 있었던 5명, 그리고 '태평양전쟁희생자유족회'(김경석 회장)에게 합계 3천 몇백만 엔의 해결금을 지급했다. 법적 책임은 인정하지 않았지만 격렬한 항의 행동에 손을 들면서 현금 지급 방침에 따를 수밖에 없었다고 할 수 있겠다.

이 일본에서 열린 후지코시 1차 소송에서는 김경석金景錫 회장이 원고단의 단장이 되어 반복해서 일본에 방문하고 일본의 지원자들과 함께 후지코시에 대한 직접 항의 활동에도 참가했다.

김경석은 닛폰코칸 가와사키 공장의 전 공원工員으로, 근무 중에 부상을 입은 것 등에 대한 보상을 요구하며 1992년 닛폰코칸을 상대로 재판을 청구했고 1999년 4월 일본 최고재판소에서 화해하여 약 4백만 엔을 받은 인물이다.

그는 후지코시에 근무 경험이 없는데도 유족회로서 후지코시에서도 해결금을 받아냈다.

항의가 끝나기를 기대하며 화해한 후지코시지만, 그 후 똑같은 지원 조직이 한국에서 또 다른 원고를 불리와 일본에서 2차 소송을 제기했고 이들은 그 소송에서 패소한 후 한국에서 재판을 청구했다. 그래서 후지코시는 한국에서 재판이 청구된 시기가 신닛테츠스미킨이나 미쓰비시중공업에 비해 늦었다.

닛폰코칸과 후지코시가 예전에 화해에 응했던 것은 일본 정부와 일본의 민간 전문가가 기업을 반일 운동으로부터 제대로 지켜주지 않았기 때문이다.

이를 교훈으로 삼아 앞으로는 기업을 지키는 체제를 관민 모두 만들어야 한다. 그런 체제 없이는 소동을 피하기 위해서 화해에 쉽게 응하여 재단이나 기금에 출자하는 일본 기업이 나올지도 모른다.

일본에서 가장 먼저 재판을 한 3개 회사(신닛테츠스미킨, 미쓰비시중공업, 후지코시) 이외의 4건 중 히타치조선日立造船을 상대로 원고가 소송을 제기했고 그 외의 3건은 62명(처음에는 252명이었지만 62명 외에는 철회한 것으로 간주했다), 667명, 88명이라는 많은 원고가 3개 사, 70개 사, 18개 사를 각각 한꺼번에 소송을 건 점에 특징이 있다. 2012년에 한국 대법원이 신닛테츠스미킨의 선행 재판에 대하여 원고 패소했던 고등법원 판결을 기각하고 고등법원으로 파기환송하는 판결을 내린 후, 승소할 가능성을 본 한국 내 변호사와 운동가의 권유로 수많은 원고가 함께 소송에 임했다는 인상이 있다.

또한 미쓰비시중공업은 이 3건 모두 피고가 되었고 신닛테츠스미킨은 뒤의 2건으로 피고가 되었다. 따라서 미쓰비시중공업은 합계 8건, 신닛테츠스미킨은 합계 5건의 재판에 걸려있다.

여기서 2018년 10월 30일 한국 대법원 판결 시점에서 한국의 전시 노동자 재판을 개관하겠다.

### 한국에서 열린 재판 16건

#### 1) 미쓰비시중공업을 상대로 하는 5건, 원고 81명

① 1990년대에 일본의 활동가와 변호사들의 지원을 받아 일본에서 소송을 제기했지만 전부 패소했다.

그 후 원고 5명이 2000년 5월 부산지법에 미쓰비시중공업을 상대로 제소했는데 지방법원, 고등법원에서 원고 패소했다. 그러나 2012년 5월 24일 대법원 소부가 1심, 2심의 원고 패소 판결을 "일본의 조선 통치는 위법한 점령"이라고 파기하는 환송 판결을 내렸다.

그 영향으로 2013년 7월 부산고등법원에서 원고 역전 승소 판결을 내렸고 미쓰비시가 대법원에 재상고했다.

2018년 11월 29일 대법원이 상고를 기각하여 1인당 8천만 원을 지급하라고 명령하는 확정판결을 내렸다.

② 근로정신대로 미쓰비시중공업 나고야 공장에 동원된 여성 5명이 원고였다. 5억 6천만 원을 청구했고, 2013년 11월 광주지방법원에서 원고 일부 승소했으며, 2015년 6월 광주고등법원에서도 원고 일부 승소했다. 미쓰비시가 대법원에 재상고했다.

2018년 11월 29일 대법원이 상고를 기각하고 1인당 1억 원에서 1억 5천만 원을 지급하라고 명령하는 확정판결을 내렸다.

③ 원고 69명이 9억 9,500만 원을 요구하며 제소. 2016년 8월 서울중앙지방법원 원고 일부 승소, 서울고등법원 계류.

다른 원고 5명이 2,600만 원을 요구하며 서울중앙지방법원에 제소, 2016년 8월 원고 일부 승소, 서울고등법원에서 ③과 병합되었다.

④ 원고 2명이 1억 2,300만 원을 요구하며 제소, 2017년 광주지방법원 제소.

⑤ 원고 4명이 4억 8천만 원을 요구하며 제소, 2017년 8월 광주지방법원 원고 일부 승소, 광주고등법원 계류.

**2) 신닛테츠스미킨을 상대로 하는 3건, 원고 14명**

⑥ 이는 ①과 마찬가지로 1990년대 일본의 활동가와 변호사들의

지원을 받아 일본에서 소송을 제기했으나 전부 패소했다.

그 후 2005년 2월에 원고 4명이 서울중앙지방법원에 신닛테츠를 제소했지만 2건 모두 지방법원, 고등법원에서 원고 패소했다. 그러나 2012년 5월 대법원 소부가 1심, 2심의 원고 패소 판결을 "일본의 조선 통치는 위법한 점령"이라고 파기하는 환송 판결을 내렸다. 그 영향으로 2013년 7월 서울고등법원이 원고들에게 1인당 1억 원 지급을 명령하는 판결을 내리며 신닛테츠가 대법원에 재상고했다.

2018년 10월 30일 대법원 전원합의체가 상고를 기각하고 1인당 1억 원 지급을 명령하는 확정판결을 내렸다.

⑦ 원고 7명이 8억 원을 요구하며 제소, 2015년 11월 서울중앙지방법원 원고 일부 승소, 서울고등법원 계류.

⑧ 원고 3명이 1억 원을 요구하며 2016년 서울중앙지방법원 제소.

### 3) 후지코시를 상대로 하는 3건(전부 근로정신대로 동원된 여성들이 청구한 재판), 원고 33명

⑨ 원고 27명이 14억 3천만 원을 요구하며 제소, 2014년 10월 서울중앙지방법원 원고 일부 승소, 서울고등법원 계류.

⑩ 원고 5명이 5억 원을 요구하며 제소, 2016년 11월 서울중앙지방법원 원고 일부 승소, 서울고등법원 계류.

⑪ 원고 1명이 1억 원을 요구하며 제소, 2017년 서울중앙지방법원 제소.

## 4) 여러 명의 원고가 여러 기업에 소송을 제기한 사례 3건, 원고 816명

미쓰비시중공업 외 2개 사를 제소한 원고 63명, 요코하마고무橫浜ゴム 외 68개 사를 제소한 원고 667명, 스미세키住石머티어리얼 외 16개사를 제소한 원고 86명.

⑫ 미쓰비시중공업 외 2개 사에 원고 63명이 25억 2천만 원을 요구하며 2013년 12월 서울중앙지방법원 제소, 처음에 원고는 252명이었으나 63명 외에는 철회한 것으로 간주된다. 다른 2개 사의 사명은 조사하지 못했다.

⑬ 요코하마고무 외 68개 사에 원고 667명이 66억 8천만 원을 요구하며 2015년 4월 서울중앙지방법원 제소.

그 외 68개 사는 도비시마飛島건설, 아소麻生시멘트, 안도하자마安藤ハザマ, 이시하라石原산업, 이와타치자키岩田土崎건설, 우베코산宇部興産, 오지王子제지, 오바야시구미大林組, 가쿠이치카세이角一化成, 가시마鹿島건설, 구보타クボタ, 구마가이구미熊谷組, 고바야시小林공업, 사토佐藤공업, 산코키센三光汽船, 산요山陽특수제강, 쇼와덴키추코昭和電気鋳鋼, 시미즈清水건설, SINAGAWA REFRACTORIES, 신닛테츠스미킨, 스미토모住友화학, 스미토모금속광산, 스미세키住石홀딩스, 조반코산常磐興産, 스가하라菅原건설, 다이세이大成건설, 다이셀ダイセル, 다이조ダイゾー, 다에히에요코하쓰太平洋興発, 덴카デンカ, 도호아연東邦亜鉛, 도시바東芝, 니가타新潟조선, 니시마쓰건설, 닛산日産화학, 닛산자동차, 닛치쓰ニッチツ, 닛테쓰日鉄광업, 닛폰통운, 니혼소다日本曹達, 닛폰야킨코규日本冶金興業, 닛폰유센日本郵船, 니치유日油, 노가미野上, 하코다테도쓰쿠函館と

つく, 파나소닉, 히타치조선, 히로노구미広野組, 후지타, 후루카와古河기계금속, 홋카이도탄광기선, 마쓰무라구미松村組, 미쓰이三井금속, 미쓰이마쓰시마三井松島산업, 미쓰이E&S조선, 미쓰비시케미컬, 미쓰비시중공업, 미쓰비시창고, 미쓰비시전기, 미쓰비시머티어리얼, 미야케구미三宅組, 모리나가森永제약, 야마구치합동가스, 라사ラサ공업, 린카이닛산りんかい日産건설, DOWA홀딩스, IHI, JXTG에너지 (「니혼게이자이신문日本経済新聞」 2018년 10월 30일자 등에 게재된 내용을 니시오카 쓰토무가 정리. 또한 이 기사에서는 마쓰모토구미松本組라고 나와 있으나 이 회사는 전쟁 중에 가업家業으로 건축물 이동 및 해체 작업이나 목수일을 했고, 주식회사가 된 것은 1970년이므로, 한국 정부 목록에 있는 마쓰무라구미의 오기라고 판단해서 마쓰무라구미라고 했다).

⑭ 스미세키머티어리얼 외 17개 사에 원고 86명이 86억 원을 요구하며 2015년 5월 서울중앙지방법원에 제소했다. 그 외 17개 사는 도비시마飛島건설, 이와타치자키岩田地崎건설, 우베코산, 신닛테츠스미킨, 스미세키홀딩스, 스미토모금속광산, 스가와라菅原건설, 니시마쓰건설, 닛산화학, 홋카이도탄광기선, 미쓰이금속, 미쓰이E&S조선, 미쓰비시중공업, 미쓰비시머티어리얼, 야마구치합동가스, JXTG에너지, TSUCHIYA (「니혼게이자이신문」 2018년 10월 30일자 등을 통해 니시오카 쓰토무가 정리).

### 5) 기타 1건, 원고 1명

⑮ 히타치조선에 원고 1명이 5억 원을 요구하며 제소, 2016년 9월

서울중앙지방법원 원고 일부 승소, 서울고등법원 계류(이상은 '민주사회를 위한 변호사모임'(민변)이 2018년 8월 2일에 공표한 보고서 등을 통해 니시오카 쓰토무가 작성).

2018년 10월과 11월에 한국 대법원은 ⑥에서 1인당 1억 원, ①에서 1인 당 8천만 원, ②에서 1인당 1억 원에서 1억 5천만 원 지급을 명령했다.

원고는 합계 845명이므로 1인당 1억 원이라고 하면 945억 원이다.

**'일본 전범 기업 리스트'**

앞으로 약 300개 사의 일본 기업을 상대로 한 새로운 소송이 남발될 가능성이 높다. 이미 한국 좌파 매스컴이나 인터넷에서는 '일본 전범 기업 299개 사 목록'이 널리 나돌고 있기 때문이다. 미쓰비시, 스미토모, 미쓰이를 비롯해 히타치, 닛산, 마쓰다가네보, 파나소닉, 모리나가제약 등을 대표로 들고 있다.

조사해보면 목록은 두 종류가 존재한다. 첫 번째는 한국의 이명수 국회의원이 공개한 목록이다. 이 국회의원에 의한 목록은 중복과 합병을 반영하지 않아서 정리가 부족한 것이 눈에 띄며 실제로는 270개 사 남짓이다. 비고備考에 덧붙인 근거 자료는 거의 다 일본 자료다. 일본인 학자와 활동가들이 그동안 전개한 이른바 '강제연행' 조사 운동에 크게 의존한 목록임을 알 수 있다.

두 번째 목록은 2012년 8월 29일에 한국의 정부기관이 공표한 '일제 강제동원 현존 기업 299개 사 목록'이다. 총리실 산하 '대일항쟁기 강제동원 피해조사 및 국외 강제동원 희생자 등 지원위원회'에서 "조선인 강제동원에 관여했던 일본기업 1,493개를 조사한 결과 현재까지 존재하는 기업 299개의 명단을 [중략] 발표했다. [중략] 일본 법무성이 소장한 조선인 노무자 공탁금 관계자료 등과 당시 연구서, 신문 등을 분석했다"(「조선일보」 2012년 8월 30일)고 한다.

목록을 공개하며 이 위원회 관계자는 다음과 같이 매스컴에 말했는데, 이것이 한국 국가 공무원의 발언이라니 놀라움을 금할 길이 없다. "일본 전범기업은 조선인을 강제동원해 성장 발판으로 삼았는데도 동원 사실조차 인정하지 않고 있다"(「연합뉴스」 2012년 8월 29일), "지멘스 등 독일 전범기업은 강제동원했던 타국 피해자들에게 사과와 배상을 했지만, 일본 전범기업은 동원 사실조차 인정하지 않고 있다"(「조선일보」 2012년 8월 30일).

단, 이 위원회가 2016년 6월에 해산했기 때문인지 관련 목록은 인터넷에서 검색할 수 없다. 그러나 이 위원회의 조사를 토대로 한국 정부는 2015년에 부산에 전시 동원을 주제로 한 국립박물관 '국립일제강제동원역사관'을 설립했고, 그 전시 중에 이 위원회가 작성한 '일제 강제동원 현존 기업' 목록의 기업 실명이 약 4분짜리 영상으로 계속 방영되는 코너가 있었다.

필자가 회장을 맡고 있는 민간연구단체인 일본 역사인식문제연구회는 2018년 7월에 이 역사관을 방문해서 전시 내용을 조사했다.

그 조사의 일부로 4분짜리 영상에서 목록을 복원한 것이 이 책의 〈권말자료 9, 10〉이다.

영상 화면에는 '일제 강제동원 현존 기업'이라는 제목이 붙어 있었다. 화면 아래에는 다음과 같은 한국어 설명이 있었다. 덧붙이자면 이 역사관에는 한국어와 영어로만 전시를 했고 일본어로 된 내용은 없다. 부족한 번역이지만 소개하겠다.

> 위원회는 일제강점기 강제동원에 관여한 일본 기업 중 현존하는 기업 총 299개의 명부를 공개했다. 이 명부는 당시 조선인을 강제동원한 일본 기업 약 1,500개 사를 대상으로 일본 정부와 해당 기업이 생산한 자료, 300건 남짓한 연구서 등을 분석한 결과다. 명부 확정 작업은 계속 진행 중이다.

설명에서는 299개 사라고 했는데 실제로는 275개 사뿐이었다.

목록 바로 옆에는 다음과 같이 일본 기업을 규탄하는 전시가 있었다. 거기에는 이 일본 기업들이 대기업으로 성장한 것은 한국인 동원자들을 수탈했기 때문이라고 설명했다.

> 숨은 가해자, 강제동원 현존 기업
> 강제동원 가해 세력에는 일본 국가 권력뿐만 아니라 일본 기업도 한 자리를 차지한다. 그들은 기업의 이익을 위해서 일본의 국가 권력 이상으로 인력 수탈에 나섰다. 군소기업의 수준이었던 일본 기업은 인력과 원자재 확보, 임금 통제, 안정적인 납품을 확보하여 인프라 등 당국이 제공해준 조건을 활용

해서 막대한 이익을 가로채 대기업으로 성장했다. 해당 기업의 성장과 발전의 초석은 강제동원당한 조선인의 피와 땀이었다. 이 기업들은 일본 정부와 군부의 비호를 받으며 강압적으로 노동력을 착취했고 미성년자를 탈취하는 등 불법행위를 원하는 대로 저지르며 노동 재해에 대한 최소한의 의무도 이행하지 않았다.

이 장에서 살펴봤듯이, 일본과 한국의 국민들은 일본의 조선 통치라는 불행한 현대사를 극복하고 양 독립국끼리 새로운 일한관계를 형성하기 위해서 오랜 시간을 들여 희생하며 지혜를 짜냈고 이에 1965년의 조약과 협정을 만들어냈다. 일본은 약속 당시로는 대단한 부담이었던, 한국에 대한 경제 지원을 성실하게 실행했다. 그리고 한국은 그 자금을 사용해서 '한강의 기적'이라고 불리는 고도경제성장을 실현하며 개인 보상도 두 번에 걸쳐서 실행했다.

누가 봐도 과거 청산은 끝났다. 이를 노무현 정권도 인정했다. 그것을 뒤집어서 현재와 같은 일본과 한국 양국 관계의 악화를 조성한 장본인은 사실 와다 하루키를 비롯한 '반일 일본인'들이었다.

6장

# 한국 대법원 '징용공' 판결
# – 한국 사법의 역사적 오점

오카지마 미노루 岡島実

## 들어가며

2018년 10월 30일 한국 대법원이 내린, 옛 '징용공'의 신닛테츠스미킨(구 닛폰세이데츠)에 대한 손해배상 청구 소송 재상고심 판결은, "전후 최악"이라고 평가될 정도인 일한관계의 악화를 초래한 중요한 요인이 되었다. 이 논문을 집필하고 있는 시점(2020년 12월)에서, 이 판결을 근거로 하는 강제집행 절차의 여부는 아직 양국의 중요한 현안 사항이고 그 귀추를 예측할 수 없는 상황이다. 하지만 확실히 말할 수 있는 것은 강제집행 절차에 대해 양국, 특히 한국 정부가 적절히 대응하지 않으면 일한관계는 결정적인 대립 국면을 맞이할 것이라는 점이다.

그렇게 일한관계에 중대한 영향을 주고 현재도 계속 영향을 미치는 이 판결은 역사인식 및 법리론의 관점에서 봤을 때 옳다고 말할 수 있는 것일까? 답은 그 모든 관점에서 보더라도 분명히 아니다. 이는 일한日韓 양국 국민 모두의 입장에서도 그렇다. 그런 의미에서 이 판결은 한국 사법의 '역사적 오점'이라고 해도 과언이 아니다.

이 장에서는 이렇게 문제가 있는 판결이 형성된 경위를 돌아보고, 양국 국민들이 이 판결이 야기한 문제에 대처하는 방도를 다시 한번 생각해보는 데 있어서 하나의 소재를 제공하고자 한다. 여기에서는 먼저 이 판결이 갖는 법적 및 정치적, 사회적 의미에 대해 고찰하고 (1절), 이 판결이 그 결론을 이끌어내는 데 결정적인 논거가 된 이른바 '일본 통치 불법론'의 형성 과정을 일본과 한국 양국의 정치, 사법

활동에 초점을 맞춰서 고찰한 뒤(2절, 3절), 마지막으로 판결 후의 강제집행 절차의 동향과 앞으로 예상되는 상황을 설명하고, 이에 대해 양국 관계자 및 국민이 어떻게 대처해야 하는지 필자의 견해와 제안을 기술하겠다(4절).

# 1 한국 대법원 판결이 야기한, 심각하고 중대한 문제

한국 대법원은 2018년 10월 30일, 구 닛폰세이데츠에 취업했던 네 사람의 옛 '징용공'(한 사람은 사망해서 상속인이 계승)이, 전시 중의 '강제동원'에 대한 보상 등을 요구하면서 한국 법원에 구 닛폰세이데츠(일본제철)의 후계 회사인 신닛테츠스미킨(신일철주금)을 피고로 하여 제소한 소송의 재상고심에서, 옛 '징용공' 한 사람당 1억 원의 손해배상 청구(위자료 청구)를 인정하는 판결을 내렸다. 미쓰비시중공업에도 비슷한 소송이 이뤄졌고 이 회사도 11월 29일에 똑같은 판결을 받았다.

### 판결의 골자와 고려해야 할 점

먼저 판결의 골자와 이를 고찰할 때 고려해야 할 점부터 정리해두겠다.

① 판결은 '징용'에 따른 미지급금, 보상금을 인정한 것이 아니라 "일본 정부의 불법적인 식민지 지배 및 침략 전쟁의 수행과 직결된 반인도적인 불법행위"에 따른 피해에 대한 위자료 청구권을 인정한

것이다.

② 1965년 6월 22일, 일본과 한국 양국 간에 체결된 일한청구권협정은 전쟁 전 일본 통치 시대의 일본 국민과 한국 국민의 상호 청구권에 관하여 "완전히 그리고 최종적으로 해결되었다"는 것을 확인했지만, 이는 재정적, 민사적 채무 관계에 관한 것이며 일본의 식민지 지배 불법성을 언급하지 않았기 때문에 상기의 위자료 청구권을 대상으로 하지 않았다.

③ 2005년 8월 26일에 공표된 '한일회담 문서공개 후속대책 관련 민관공동위원회'(한국의 '진상규명법'을 근거로 하여 2004년에 설치된 한국의 국가기관)의 공식 견해가 강력한 영향력을 미쳤다.

④ 이 판결은 대법원 전원합의체에서 내린 판결이며 일반적으로 판례를 쉽게 변경하지 않는 국가기관으로서의 강력한 의사 표시라는 의미가 있다. 단, 전원합의체 의견은 대법관 13명 중 11명의 다수 의견이며, 2명의 소수 반대 의견, 그리고 다수 의견의 결론을 지지하는 3명의 개별 의견 등이 있다.

### 판결의 심각하고 막대한 영향력

이 판결은 법적으로나 정치적, 사회적으로도 일한관계에 매우 심각하고 막대한 영향력을 장래에 걸쳐서 미칠 것이다. 더 나아가서는 전후 형성된 동아시아 국제 질서 전체를 흔들 우려가 생기는 것도 부정할 수 없다. 그 문제점은 다음의 네 가지로 정리할 수 있겠다.

첫째로, 판결은 일한기본조약, 일한청구권협정을 근거로 하는 전후 일한우호, 일한협력 관계를 근본적으로 파괴한다. 다음 절에서 설명하듯이 일한기본조약과 일한청구권협정에서는, 이전에 13년에 걸쳐서 이뤄진 양국 간의 협상에 따라, 일본이 한국에 상당한 보상을 공여하는 것에 대한 반대급부로, 전쟁 전 일본 통치 시대에 발생한 양국 및 양국 국민간의 청구권은 서로 주장하지 않기로 했다. 일본 통치 시대의 양국 및 양국 국민의 법률관계를 완전히 청산하고, 미래를 위해 협력, 우호 관계를 구축하는 것을 목적으로 하며 그 이후 일한관계의 기본적인 법적, 정치적 바탕을 제공했던 것이다. 이번 판결은 그 전제를 뒤집어버렸다는 의미가 있으며, 이는 또한 일한기본조약, 일한청구권협정과 양국 및 국민의 노력에 입각하여 조약, 협정 이후 55년에 걸쳐서 구축한 일본과 한국의 우호, 협력 관계를 결정적으로 파괴하고 새로운 대립, 분쟁 상태에 놓이게 한다는 것을 의미한다.

둘째로, 판결은 일본의 한반도 통치가 "반인도적인 불법행위"였다고 해서 한국 국민이 입었다는 피해에 대한 위자료 청구를 인정한 것이다. 그런 '피해'는 관념적으로는 일본 통치 시대의 모든 한국인이 입었다고 주장할 수 있기 때문에, 법이론적으로 생각할 경우, 상속인을 포함하면 현존하는 모든 한국 국민이 어떠한 '피해'를 주장하면서 향후 위자료를 청구할 수 있는 여지가 생긴다. 그러한 사태를 용인하면 앞으로 일본 기업이 한국에서 활동하기란 사실상 불가능할 것이다.

셋째로, 전쟁 후의 일본과 관계된 모든 국가 간의 국제 질서는 전쟁 전, 전쟁 중에 형성된 당사국 및 당사국 국민 간의 법률관계에 관하여 일한기본조약, 일한청구권협정과 기본적으로 똑같은 골자(샌프란시스코 평화조약, 일화평화조약日華平和条約(일본과 중화민국(대만) 간의 평화조약이다. – 옮긴이)로 처리해서 조약 체결 이후의 국제 질서를 구축했다. 따라서 한국 대법원 판결의 논리가 통할 경우, 똑같은 주장을 다른 나라에서도 할 경우에 이를 막을 수 없다. 그렇게 되면 <u>전후 국제 질서 전체가 흔들릴 우려도 있다</u>.

넷째로, 판결은 '일본의 한반도 통치는 불법이며 반인도적인 식민지 지배였다'고 하는 특정 역사관을 법원의 판단이라는 형태로 공권적으로 확정하는 의미가 있으며, 역사 해석의 권력적인 통제로도 기능한다. 앞으로 한국에서는 이와 다른 입장에 선 역사관을 주장하려 할 때 그것을 공적인 입장으로 세우는 데 상당한 어려움이 따를 것이다. 즉 이 판결은 <u>역사 해석, 역사 연구에 대한 공권력의 명백한 간섭, 개입이라는 의미가 있다</u>.

## '불법 통치 도그마'의 성립

판결은 일본의 한반도 통치가 '불법이며 반인도적인 식민지 지배'였다는 역사인식을 원고들의 청구를 인정하는 핵심적인 논거로 삼았다. 그 외의 논거는 역사인식에서 연역하는 형태로 '피해자'라는 평가를 먼저 하고 그 평가에 적합하도록 사실을 인정해서 이끌어낸 것이라고 할 수 있다. 그런 의미에서 이러한 역사인식이야말로 이번 판결의 가장 중요한 기초가 되었다. 여기서는 그런 역사인식을 '통치 불법론'으로 칭하면서, 그런 역사인식이 공권적 해석은 물론, 그 외에 권위 부여라든지 비슷한 종류의 관념이 반복하여 주창됨 등을 통해서 고정관념화하여 형성되는 역사관을 '불법 통치 도그마'라고 부르기로 하겠다. 이번 판결은 대법원 전원합의체 판결이라는 국가 권력의 의사 표시를 통해서 '불법 통치 도그마'가 한국에서 공권적으로 확립된 것을 의미한다.

여기서는 판결에서 불법 통치 도그마가 어떻게 기능했는지 간단히 살펴보겠다.

판결은 원고들의 청구가 "일본 정부의 한반도에 대한 불법적인 식민지 지배 및 침략 전쟁 수행과 직결한 일본 기업의 반인도적인 불법행위를 전제로 하는 강제동원 피해자의 일본 기업에 대한 위자료 청구권"(밑줄 인용자)이라고 했다. 이 문장에서 나타난 역사인식을 판단의 '전제'로 삼은 것을 알 수 있다.

'전제'로 삼은 것은 일본 정부의 한반도에 대한 통치가 "불법적인" 식민지 지배이며 "침략 전쟁 수행"이었다고 하는 인식이다. 그러한 역사인식이 존재하는 것 자체는 부정하지 않겠다. 그러나 그런 인식이 본래 무조건적으로 판결의 '전제'로 삼을 수 있는 의심의 여지가 없는 인식은 아니다. 일본의 한국병합은 당시 국제법에 비추어 볼 때 합법적으로 이루어졌다는 것이 일본 정부의 입장이다. 일본에서는 그것이 연구자의 일반적인 역사인식이기도 하다. 한국에서도 『반일 종족주의』(이영훈 편저, 미래사, 2019년)를 집필한 연구자 그룹 등, 그와 비슷한 관점에서 연구하는 사람들도 있다. 또한 1938년 국가총동원법에 입각한 국민징용이 그 자체로 "침략 전쟁의 수행과 직결한 반인도적인 불법행위"였다는 역사 평가의 주장은 일본에서 그런 주장이, 가령 일부 있다고 해도 소수에 속할 것이다.

한국 대법원 판결은 이러한 일본인의 일반적인 역사인식에서 본다면 특이한 인식을 '전제'로 하여 일본의 한반도 통치가 '반인도적인 불법행위'였다는 평가를 먼저 하고 원고들이 주장하는 2, 3의 사실(일단 이 사실의 진실성도 매우 의심스럽다)(이영훈 편저 『반일 종족주의와의 투쟁』[미래사, 2020년])을 거론하고 피고 기업의 행위가 "일본 정부의 한반도에 대한 불법적 식민지 지배 및 침략 전쟁 수행과 직결한 반인도적인 불법행위"에 해당한다고 단정한다. 예를 들면, 판결은 "당시 한반도와 한국 국민이 일본의 불법적이고 폭력적인 지배를 받는 상황"에서 원고들은 "조직적인 기망으로 동원당한" 것이며, "생명이나 신체에 위해를 입을 가능성이 매우 높은 열악한 환경에서 위험한 노동에 어쩔 수 없이 종사"했다고 한다. 이러한 사실인정은 그 전제로 삼는, 앞서 언급한 특이한 역사인식이 있어야 비로소 성립한다.

이처럼 판결은 일본의 한반도 통치가 "불법적이고 반인도적인 식민지 지배"였다는 역사인식을, 판단의 전제로 삼아야 하는 고정관념으로 기능하여 성립했다. 여기에서 우리는 한국 국가 권력에 의해 확립된 '불법 통치 도그마'의 성립을 볼 수 있다. 또 앞에서 말했듯이 이 '불법 통치 도그마'는 대법원의 공권적인 판단이라는 국가 권력 작용을 통해서, 단순한 역사인식 문제에 그치지 않고 법적, 정치적, 사회적으로 매우 심각한 영향을 동아시아 전체에 준다고 할 수 있다.

다음 절과 그 다음 절에서는 일본과 한국의 이러한 '불법 통치 도그마'의 성립에 이르는 과정을 각각 확인하겠다.

## 2 한국 대법원 판결에 이르는 일본에서의 움직임

### (1) 일본 통치 불법론 형성

일본의 한반도 통치가 '불법이고 반인도적'이었다는 통치 불법론은 일본의 한반도계 세력과 이에 호응하는 좌파계 세력에 의해 형성되었다고 해도 좋다. 여기서 그 과정의 개요를 확인해두겠다.

**일한청구권협정**

전쟁 전, 전쟁 중의 일본과 한국 사이의 국제법상 관계를 처리하고 전후 새로운 양국 관계를 구축하기 위한 국제법적 틀을 형성하기 위한 협상은 1952년부터 1965년까지 13년이라는 세월 동안 7차에 걸친 일한회담을 거쳐 1965년 6월 22일 일한기본조약, 일한청구권협정을 체결하며 타결을 봤다.

그중에서 이 논문의 주제와 관계된 중심적인 문제인 보상관계에 대해서는,* 일한청구권협정에서 다음과 같은 틀을 약속했다.

---

* '배상賠償'과 '보상補償'. 국제법상 일반적으로 '배상reparation'은, 전쟁상태를 종료시키는 평화조약에 있어서 전승국 측에 발생한 손해 등을 패전국 측이 보상하기 위한 금전 지불 등의 조치를 가리키는 용어로 사용된다. 샌프란시스코 평화조약 제14조(a)는, 일본국이 연합국에 대해 전쟁 중 발생시킨 손해 및 고통을 보상하기 위한 조치로서 배상을 행하는 것을 정하고 있다. 이와 달리 일본의 통치하에 있던 한국과의 사이에서는 일한청구권협정에 있어서 양국 및 그 국민간의 청구권에 관한 문제를 해결하기 위한 조치로서, 일본이 한국에 대해 일정한 경제협력을 할 것을 정하고 있다(전후처리의 일환으로서의 경제협력). 이 경제협력은 한국 국민의 일본국에 대한 청구권에 관한 문제를 완전히 그리고 최종적으로 해결하기 위한 일종의 대상代償으로서의 성격도 갖는다. 여기서는 이러한 청구권의 문제를 해결하기 위한 '대상代償'이라는 의미를 갖는 용어로 '보상'이라는 단어를 사용한다. 다만, 이러한 용어법은 일본 국내법에서 사용되는 '배상'이나 '보상'의 용어법('(2) 연이은 소송, 전후 보상소송'항목을 참조)과는 별개이다.

① 일본은 한국에 무상 3억 달러, 장기 저금리 융자 2억 달러의 경제 원조를 제공한다(제1조 1항).

② 양 체약국은 양 체약국 및 법인을 포함하는 양국 국민의 재산, 권리와 이익, 또한 양 체약국 및 체약국 국민 간의 청구권에 관한 문제가 완전히 그리고 최종적으로 해결되었음을 확인한다(제2조 1항).

③ 한쪽 체약국 및 그 국민의 재산, 권리와 이익으로서 협정 서명일에 다른 쪽 체약국의 관할 하에 있는 것에 대한 조치, 또한 한쪽 체약국 및 그 국민의 다른 쪽 체약국 및 그 국민에 대한 청구권으로서 협정 서명일 전에 발생한 사유를 근거로 하는 것은 서로 어떤 주장도 할 수 없는 것으로 한다(제2조 3항).

위의 규정은 법적으로 보면 매우 명쾌하다. 다시 말해 일본에서 한국에 대해 상당한 액수의 경제적 원조를 하는 것과 맞바꿔서, 협정 서명일 이전에 발생한 양국 간, 양국 국민 간의 권리 관계 주장은 서로 절대로 할 수 없는 것으로 한다는 내용이다. 협상 과정에서 한국은 전시 중의 동원에 대한 보상 등도 포함해 애초 타결액의 몇 배나 되는 금액을 요구했었지만, 13년이라는 오랜 기간을 들인 협상, 그리고 쌍방이 양보한 결과로 앞에서 말한 내용으로의 화해가 성립했다. 이로써 전쟁 전, 전쟁 중의 양국 관계를 청산하고 앞으로 새로운 우호, 협력 관계를 구축해나가기로 합의한 것이다.

### 조약 체결 반대운동에서 일본 비난 캠페인까지

조약 및 협정의 내용이 구체적으로 밝혀지자, 사회당, 공산당, 조총련 등의 좌파 세력이 조약 체결 반대 운동을 일으켰다. 그들의 정치적인 의도는 명확하다. 자본주의 진영에 속하는 일본과 한국이 우호 관계를 구축하는 일은 어떤 이유로든 사회주의 진영에는 보탬이 되지 않으므로 양자의 분단을 도모하는 것이 그들에게 있어 중요한 정치 목표가 된 것이다.

그중에서도 유독 명확한 의도를 갖고 활동했던 것이 조선민주주의인민공화국을 배후에 둔 조총련(조선총련)이었다. 그 조총련이 운영하는 고등교육기관인 일본 조선대학교의 교수였던 박경식이 1965년에 발간한 『조선인 강제연행의 기록』(미라이샤)은 일본과 한국을 둘러싼 움직임 속에서 명백히 정치적 의도를 갖고 서술된 서적이었다. 이 책이, 고의로 그랬다는 생각이 들 정도로 오류에 가득 차 있었다는 것은 이미 많은 연구에 의해 밝혀졌으나(전술서 『반일 종족주의』, pp.67-98 등), 이 저술은 일한 양국에 있어 일본이 조선인에 대해 "반인도적인 강제연행을 행했다"라는 허위의 이미지를 만드는데 큰 영향력을 행사했고, 현재도 그것은 이어지고 있다.

그 후 또다시 큰 움직임이 있었던 것은 1980년에 들어서였다. 노무보국회 시모노세키 지부 동원부장이었다고 자칭하는 요시다 세이지吉田清治라는 인물이, 자신이 제주도에서 "위안부 사냥"을 했다고 증언했고, 「아사히신문」을 중심으로 일본의 미디어가 대대적으로 이를 보도하는 캠페인을 이어가, 추후 서술할 소송제기 등과도 연동하며 이윽고 일한관계를 크게 흔드는 국제문제로 발전했던 것이다.

요시다 세이지의 일련의 증언이 허위였다는 사실은 1997년 즈음에는 완전히 밝혀졌고, 일련의 보도를 선두에서 전개해온 「아사히신문」은 2014년에야 보도가 오보였다는 것을 인정하면서 기사를 철회했다. 이 기간 동안 '위안부 문제'는 유엔이나 미국까지 끌어들이면서 "일본의 반인도성"을 상징하는 국제적인 정치문제가 되었고, '일본의 조선 통치 불법성'을 부각하는 중대한 요인이 되었다. 그런 의미에서 요시다 세이지의 발언과 이를 대대적으로 내세운 「아사히신문」의 보도가 '통치 불법론'을 형성하는 데 있어 극히 중대한 역할을 했다고 할 수 있다.

그리고, 그 움직임은 1990년에 시작된 일련의 소송제기로 인해 더욱 확산되었다. 다음으로 그 과정을 살펴보겠다.

### (2) 연이은 소송

**전후 보상 소송**

1991년, 한국인들을 원고로 한 4건의 소송이 도쿄지방재판소에 제기됐다. 그 중 2건이 옛 '징용공'들에 의한 것이고 나머지 1건이 '종군위안부'들에 의한 것이었다. 이 소송들은 거의 같은 시기에 「아사히신문」이 대대적인 '강제연행'을 내세운 비난 캠페인을 펼쳤던 일도 있어서 큰 사회적 관심을 모았다.

샌프란시스코 평화조약이나 일한청구권협정 등에 의한 전후처리에 대해 이의를 주장하는 유형의 소송이 일본의 재판소에 제기된 것은 이번이 처음이 아니다. '전후 보상 소송'이라고도 불리는 이 종류의 소송은 크게 3가지 유형으로 분류된다. 최초로 제기된 것은 샌프란시스코 평화조약에 따라 재외의 자산이나 권리를 방기당한 일본인에 의한 재산권의 상실에 따른 보상을 요구한 소송이며, '청구권 방기에 따른 보상 청구형' 소송이라고도 불린다. 이 유형의 소송은 1955년부터 제기되었으나, 1968년과 1969년의 최고재판소 판결에 따른 청구 기각으로써 수습으로 향했다.

다음으로 등장한 것이 전 상병자 및 전몰자 유족 등 원호법援護法이나 은급법恩給法 등에 따른 보호의 미비를 다투는 유형의 소송으로, '원호입법의 미비 주장형' 소송이라고도 한다. 이 유형의 소송은, 1975년부터 다수 제기되어, 1987년에서 2004년에 걸쳐, 양쪽 모두 청구를 기각한다는 최고재판소 결정이 나와, 이 또한 수습으로 향했다.

이에 이은 제3의 유형으로서 제기된 것이 앞서 서술한 옛 '징용공'이나 옛 '종군위안부'들에 의한 소송이다. 이 소송은 샌프란시스코 평화조약에 따른 전후처리의 프레임 자체를 문제삼았고, 일본 정부와 군은 전쟁 전 그리고 전쟁 중의 한반도 통치나 중국대륙에서의 전투행위 등으로 여러 위법행위를 저질렀고, 이러한 위법행위에 대한 손해배상은 앞서 언급한 전쟁처리의 프레임에서 해결되지 않았다고 주장하며 새롭게 일본 정부나 기업에 손해배상청구를 구하는 것으로, '전쟁수행과정의 위법행위 추궁형' 소송이라고도 불린다. 이 소송들은 일본의 '침략전쟁'이나 '식민지 지배'가 불법이었다는 주장을 동반하는 만큼, '침략전쟁 및 식민지 지배 불법 주장형' 소송이라 부를 수도 있을 것이다.

**'침략전쟁 및 식민지 지배 불법 소송'의 빈발**

전후 보상 소송의 제3의 종류인 '침략전쟁 및 식민지 지배 불법 주장형'의 소송은 1991년에 4건의 소송이 제기돼, 이후 2000년쯤까지 일본 전국의 재판소에 연이어 제기됐다. 그 수는 판례집에 등록된 주요한 것만 보아도 35건에 달했고, 현재 진행형인 것도 있다.

이들 소송 중 1991년에 제기된 4건의 소송은 원고들의 청구가 모두 기각되었으나, 1998년 이후에 들어서면 지방재판소 수준에서 원고의 청구를 인용하는 판결이 나오기 시작한다. 그 효시가 된 것이 옛 '종군위안부'들을 원고로 하는 소송으로, 원고들에게 특별한 배상을 인정해주지 않은 것은 입법의 미비라면서, 입법부작위에 의한 손해배상을 인정한 1998년 4월의 야마구치지방재판소 시모노세키 지부 판결이다(한국에서는 '관부재판'이라는 이름으로 알려져 있다. - 옮긴이). 동 소송은 항소심에서 지방재판소의 판결이 취소되어 원고들의 청구가 기각됐고(히로시마고등재판소, 2001년), 최고재판소도 2003년에 고등재판소 판결을 지지하는 판결을 내렸다. 하지만, 야마구치지방재판소 시모노세키 지부 판결 이후 원고들의 청구를 인용하는 지방재판소 판결이 산견散見되기 시작한다(2001년의 교토지재, 도쿄지재, 2003년의 도쿄지재 등). 나아가 2004년에는 전시 중 일본으로 강제연행되어 강제노동을 강요당했다고 주장하는 중국인들이 원고가 된 청구에 대해, 고등재판소급에서 인용하는 판결이 등장했다(히로시마고등재판소 2004년 7월 9일 판결).

일련의 소송은 뒤에 살펴볼 2007년 4월 27일의 3건의 최고재판소 판결이 원고들의 청구를 일체 기각한 판결을 내림으로써 수습을 맞이하게 된다. 앞서 서술한 바와 같이, 인용하는 판결의 흐름이 생겨나기 시작한 것은 1993년 8월 4일에 발표된 고노 내각관방장관 담화(고노 담화)가 강한 영향을 미쳤다고 생각된다. 따라서 다음으로 고노 담화 발출發出의 경위와 그 문제점을 검토한다.

### (3) 고노 담화 발표에 이른 경위와 그 문제점

고노 담화는 고노 요헤이 내각관방장관(당시)이 '위안부 관계 조사 결과'에 관하여 내각관방장관 담화로서 발표된 것이다. 동 담화는 마치 일본 정부 및 군이 위안부의 '강제연행'에 관여한 것을 공식적으로 인정한 듯이 받아들여져, 그 후 국제정치의 무대에서 일본에 대한 비난이 집중되는 큰 요인이 되었으며 그 영향은 현재도 이어지고 있다. 따라서 고노 담화 발표에 이르는 경위와 그 문제점을 분석하는 것은 지금도 중요한 의미를 갖는다.

**고노 담화 발표에 이른 경위**

고노 담화 발표의 발단이 된 것은 위안소의 설치에 군이 관여한 것을 가리키는 자료가 발견되었다고 보도한 1992년 1월 11일의 「아사히신문」 보도였다. 동월 16일부터 예정되었던 미야자와 기이치宮澤喜— 수상의 방한에 앞서서 「아사히신문」의 보도가 이뤄진 데 대해서, 하타 이쿠히코가 "기습"이라는 표현을 썼듯이(하타 이쿠히코『위안부와 전쟁터의 성慰安婦と戰場の性』[신쵸샤, 1999년]), 이는 일한관계에 큰 파문을 일으켰다.

「아사히신문」이 보도했던 것은 요시미 요시아키吉見義明 일본 주오中央대학 교수가 "발견했다"고 하는 위안소의 설치 및 운영에 일본군이 관여했다는 방위연구소 도서관 소장 자료지만, 애초에 동 자료는 연구자 사이에서는 이전부터 잘 알려져 있던 것으로, 위안소의 설치 등에 군이 관여했다는 내용 그 자체로서는 특별히 새로운 사실이 아니었다. 「아사히신문」의 보도는 그것을 마치 새롭게 판명된 중대한 사실인 듯 전한 것이며, 이는 명백하게 정치적 의도에 따른 의도적 오도誤導였다. 때마침 일본 정부에서는 내각외정심의실의 조정에 따라 위안부 문제에 관한 사실관계의 조사가 진행되고 있었는데, 「아사히신문」의 보도는 그런 가운데 일본 정부가 마치 중대한 사실을 은폐한 듯한 인상을 심어주게 되었다.

미야자와 수상의 방한은 이러한 상황 속에서 이뤄졌고, 방한단은 한국 관민으로부터의 강한 압력에 휩싸여, 이에 대응하는 형식으로 미야자와 수상이 "마음으로부터의 사죄와 반성의 뜻"을 표명해, "앞으로도 사실규명을 성심성의껏 진행하고자 한다"는 의사를 밝히게 된 것이다. 그 후에도 미야자와 수상은 기회가 될 때마다 사죄를 반복했고, 그러던 와중에 앞서 서술한 일본 정부에 의한 관련 자료의 조사가 진행된 것이다. 그리고 1992년 가토 고이치加藤紘一 내각관방장관의 조사결과 발표가 있었고, "위안소 설치 및 위안부 모집" 등에 관해서 일본 정부의 관여가 있었던 것을 인정, "사죄와 반성"의 뜻을 표명한 취지의 가토 고이치 장관의 코멘트가 나왔다.

그러나 그 후에도 "정부 및 군에 의한 강제성에 대한 언급이 없다"는 등의 일본과 한국의 미디어나 활동가들의 비판이 이어졌다. 한국 정부도 그러한 세력에 의해 형성된 '여론'을 배경으로 일본 정부에 대해 "강제연행"을 인정하도록 압력을 가했다. 그러던 중 1993년 7월, 내각외정심의실에서 옛 위안부 등에 대해서 방한 청취조사가 실시됐다. 그 결과와 더불어 그 내용에 관해 한국 측과의 교섭이 이루어진 후 발표된 것이 다음 8월 4일의 고노 관방장관 담화다.

### 고노 담화의 문제점

고노 담화는 이상과 같은 경위로 발표된 것이나, 그것이 현재에 이르기까지 일본 사회에 끼친 악영향은 어디에 비교할 수 없을 정도로 크다. 그 문제점은 주로 다음과 같은 두 가지이다.

첫째, 동 담화가 "일본 정부의 공식 견해"로서 자리매김했다는 것이다.

동 담화는 일개 각료의 의견을 표명한 것이 아닌, "내각의 의사"로서 표명되었기에, 변경이나 철회가 없는 한 역대 내각에 의해 계승될 것을 예정한 일본 정부의 공식 견해로서의 의미를 갖는다. 이렇게 자리매김된 담화가 발표된 것은, 그 후의 전후 보상 재판에 있어 일본 재판소의 일련의 인용 판결이나, 유엔의 일본 비난에도 중대한 영향을 끼쳤음이 명백하다.

둘째, 동 담화의 표현이 불러일으킨 영향이다.

앞서 언급한 바와 같이 일본 정부의 위안부 문제에 대한 견해에 있어서 한국 정부나 일본과 한국의 운동가들이 문제시한 것은 "강제연행"의 유무였다. 조사결과 "강제연행"을 살펴볼 수 있는 자료는 발견되지 않았다. 따라서 일본 정부로서는 근거가 없는 "강제연행"을 인정하는 취지의 인식을 표명하지 않았던 것은 당연한 일이었다. 하지만, 담화 발표에 이르는 과정에서 "강제연행"에 집착한 한국 정부와의 교섭 과정에서 일본 측이 타협을 한 것이다. 이는 "강제"의 정의를 "본인의 의사에 반했던 모집"으로까지 확장해, 심지어 주장을 애매하게 함으로써 읽기에 따라 복수의 해석이 가능한 표현으로 기술하여 일본과 한국 양 국가의 체면이 서도록 의도한 것이었다. 그 결과 완성된 것이 이하와 같은 담화의 표현이다.

> 이번 조사 결과 장기간, 그리고 광범위한 지역에 위안소가 설치돼 수많은 위안부가 존재했다는 것이 인정됐다. 위안소는 당시의 군 당국의 요청에 따라 마련된 것이며 위안소의 설치, 관리 및 위안부의 이송에 관해서는 옛 일본군이 직접 또는 간접적으로 이에 관여했다. <u>위안부의 모집에 관해서는 군의 요청을 받은 업자가 주로 이를 맡았으나 그런 경우에도 감언甘言, 강압強圧에 의하는 등 본인들의 의사에 반해 모집된 사례가 많았으며 더욱이 관헌官憲 등이 직접 **이에** 가담한 적도 있었다</u>는 것이 밝혀졌다. (밑줄 및 강조는 인용자).

밑줄 부분의 표현은 "위안부의 모집"이 주어이며, 관헌 등이 직접 가담한 대상(강조 부분에서 "이에"가 가리키는 것)은, "위안부의 모집"이었다는 설명이 문리상으로는 가능하다. 하지만 문맥으로 보면 "업자가 주로 이를 맡았으나"라고 하면서, 그런 경우에는 본인들의 의사에 반하여 이루어진 사례가 있다고 한 뒤, "더욱이"에서 "관헌 등이 직접 이에 가담했다"로 이어지므로, "본인들의 의사에 반하여 모집되었다"는 것을 가리킨다고 읽는 것이 자연스러울 것이다. 따라서, 상기의 담화는, 읽는 이의 해석에 따라 관헌은 "위안부의 모집에 가담했을 뿐"이라고 읽는 것도, 관헌이 "본인들의 의사에 반했던 모집에 직접 가담했다"라고 읽는 것 또한 가능한 표현으로 되어 있는 것이다.

실제 매스컴을 비롯한 다수의 논자들은 이 표현을 "일본 정부가 공식적으로 강제연행을 인정한 것"으로 받아들였다. 문맥을 순수하게 해석하면 그렇게 읽히는 것이고, "직접 가담했다고 말한 것은 '모집'뿐" 등의 해석은 강변强弁으로밖엔 들리지 않는다는 것이다.

이렇듯 고노 담화는 어떤 조사결과에 기인하여 사실의 인식을 주장한 것이 아니며, 위안부 문제에 대해 정치적인 결착決着을 도모하기 위해 고안된 내용인 것이다. 하지만 담화가 실제로 가져온 결과는, 정치적 결착은커녕 유엔이나 미국 등의 제3국을 끌어들인 국내외에서의 치열한 일본 비난과 배상요구의 분출이었다.

### (4) 최고재판소 2007년 4월 27일 판결에 따른 '침략전쟁 및 식민지 지배 불법 주장형' 소송의 수습

앞서 다룬 바와 같이, 고노 담화의 발표 후, 일본 국내에서 제기된 일련의 '침략전쟁 및 식민지 지배 불법 주장형'의 전후 보상 소송에서는 1998년의 야마구치지방재판소 시모노세키 지부 판결(관부재판)을 시작으로, 결국 고등재판소급에서까지 원고의 청구를 인용하는 판결이 나오게 되었다. 다만 다수는 청구 기각 판결이었고, 고등재판소 판결에 있어서도 비슷한 종류의 소송 간에 판단이 갈리는 상태가 발생했으며, 청구 인용의 흐름이 정착된 것은 아니었다. 그런 상황에서 최고재판소가 판단을 통일하기를 기다린 것이다.

최고재판소의 판단 통일의 계기는 강제연행되었다고 주장하는 중국인을 원고로 한 3건의 고등재판소 판결(1. 류렌렌 사건劉連仁事件, 도쿄고재 2005년 6월 23일 판결, 2. 니시마쓰건설 사건, 히로시마고재 2004년 7월 9일 판결, 3. 미쓰이광산 사건三井鉱山事件, 후쿠오카고재 2004년 5월 24일 판결)에 대해서 동 시기에 상고가 이뤄지면서 만들어졌다. 어떻든 이 모두가 전시 중에 강제연행되어 강제노동을 강요받아 피해를 입었다고 주장하는 중국인 원고가, 국가와 노동처였던 기업을 피고로 제소한 것이었으나, 3건 모두 1심과 2심의 판결이 다르며, 2심의 판결 또한 일치하지 않는 상황이었다(1과 3은 1심 청구인용, 2심에서 1심 판결 취소 및 기각, 2는 1심 기각, 2심에서 1심 판결 취소 및 인용). 일본 최고재판소는 2007년 4월 27일, 각각 개별의 소법정에 위촉되어 있던 이들 3건의 소송에 대해 같은 날 같은 취지의 판결을 내렸다.

결과는 모두 원고들의 청구를 기각하는 것이었다. 그 이유는 원고들이 주장하는 청구권 자체는 1972년 9월의 일중공동성명 제5항에 의해 소멸되지는 않았으나, 재판상 소구訴求할 수 있는 기능을 상실하는 데 이르렀다는 것이었다. 그중에서 최고재판소는 '샌프란시스코 평화조약의 프레임론'이라는 해석을 드러냈다. 이는 샌프란시스코 평화조약을 중심으로 전후 처리의 각 조약에 따라 일본은 상대국에 대해 일정한 보상을 하는 것을 조건으로 당사국간 및 당사국 국민간의 일체의 청구권을 포기한다는 것이었는데, 이 처리 프레임이 일중공동성명에도 역시 해당된다는 해석이었다. 그리고 "청구권을 포기한다"는 규정의 효과에 대해서도 해석의 다툼이 있었으나, 앞서 서술한 대로 당사국 국민은 상대국 및 상대국 국민을 피고로 하여 재판상 소구하지 못한다고 판단한 것이었다.

최고재판소가 지적한 법리는 전후처리에 관한 모든 청구에 적용되는 것이었다. 이 판결에 의해 비슷한 종류의 소송에서는 원고 등의 청구가 조약 당사국의 국민에 관한 것이면 사실상 국적을 불문하고 인정받지 못하게 되었다. 이에 따라 일본 국내에서는 '침략전쟁 및 식민지 지배 불법 주장형'의 소송은 수습으로 향하게 되었다.

### (5) 2010년 5월 10일 '일한 지식인' 공동성명

2010년은 한국병합 100주년에 해당하는 해였다. 앞서 서술한 바, '침략전쟁 및 식민지 지배 불법 주장형' 소송은 2007년의 일본 최고재판소 판결에 따라 수습으로 향했으나, 이를 되풀이하려는 움직임이 일본과 한국 양국에서 일어났다. 그중에 하나는 일본에서의 소송에서 패소한 한국인 원고들이 같은 소송을 한국의 법원에 제기하는 움직임(제3절)이었다. 그리고 이것이 2018년의 한국 대법원 판결로 이어지게 된다. 또 하나가 한국병합 100주년을 기하여 일본과 한국의 좌파 학자 등이 동년 5월 10일에 발표한 "'한국병합' 100년 일한 지식인 공동성명'이다.

'일한 지식인 공동성명'은 일본과 한국의 저명한 학자와 저널리스트가 다수(초기에는 일본 측 105명, 한국 측 109명) 연명했고, 도쿄와 서울에서 동시 발표되었다. 그들의 높은 지명도, 한국병합 100주년에 해당한다는 타이밍, 그리고 공동성명의 형식으로 일본과 한국에서 동시에 발표되었다는 점에서 언론의 주목을 받았고, 특히 한국에서 크게 이목을 끌었다. 또한 이는 그 후에 발표된 비슷한 종류의 성명의 원형이 되었다. 그런 의미에서 통치 불법론 형성에 있어서 해당 성명이 준 영향은 적지 않다.

동 성명은 일본의 한반도 통치에 관한 역사적 경위에 대해 공동성명인들의 주장에만 의존한 내용을, 과장과 허위를 뒤섞으면서 정서적으로 내세웠고, 한 세기전의 역사적 사상事象을 현재의 시점에 서서 안이하게 "불의부정不義不正"이라고 윤리적으로 재단했다. 더 나아가 조약의 해석이나 손해배상권의 존부와 같은, 현재의 법률관계까지 담은 주장인 것이다. 학자가 참가한 성명으로서는 극히 억지스럽고 조잡粗雜한, 수준낮은 성명이라 말하지 않을 수 없다.

하지만 이 성명은 앞서 서술했던 바, 공동성명인들의 지명도에 의

한 주목도와, 때마침 진행된 한국 정부 및 사법당국의 반일적인 정치와도 맞아 떨어져, 통치 불법론으로부터 통치 불법 도그마를 형성하는 데 적지 않은 기여를 했다고 할 수 있다. 이는 '지식인'을 자칭하는 인사들이, 과장과 허위를 가미한 특이한 역사관을, 한국의 국가권력을 배후로 두고, "불의부정"이라는 윤리적 강제력으로 장식하여 타인의 양심을 결박하는 일을 획책한 것이다. 그 실체는, 반일적 정책을 추진하는 한국의 국가권력에 영합, 또는 이와 일체가 된 인사들이 국가권력과 윤리적 강제를 동원하여 학문연구의 통제를 도모했던 것임이 틀림없었다.

## 3 한국 대법원 판결에 이르는 한국에서의 움직임

한국에서 일본 통치 비난의 움직임이 강해진 것은 앞에서 설명한 1991년 이후 위안부 문제를 둘러싼 일련의 소동이었다. 이 장에서는 한국 대법원 판결에 이른 직접적인 과정에 한해서 한국에서의 움직임을 살펴보겠다.

### 한국에서의 소송 제기

한국 대법원 판결에서 청구를 인정한 옛 '징용공' 원고들은 한국 법원에 제소하기 전에 같은 취지의 소를 일본 재판소에 제기했다(1997년 오사카지방재판소. 또한 미쓰비시중공업을 피고로 하는 비슷한 소송도 1995년 히로시마지방재판소에 제기했다). 그들의 청구는 일본에서는

1심부터 상고심까지 다 배척되었지만 오사카고등재판소에서 패소한 후(2002년. 미쓰비시중공업에 대한 소송은 2005년 히로시마고등재판소), 2009년에 한국 서울중앙지방법원(미쓰비시중공업에 대해서는 부산지방법원)에 같은 취지의 소송을 제기했다.

한국에서도 그들의 소송은 1심, 2심에서는 전부 원고 패소였다. 하지만 2012년 5월 24일, 한국 대법원은 서울고등법원과 부산고등법원의 판결을 파기하고 각 고등법원에 환송 판결을 내렸다. 판결에서 대법원은 "일본의 국가 권력이 관여한 반인도적인 불법행위와 식민지 지배와 직결된 불법행위에 따른 손해배상 청구권이 청구권협정의 적용 대상에 포함되었다고 해석하기 어려운 점 등에 비추어보면 원고의 손해배상 청구권은 청구권협정에서 개인 청구권이 소멸되지 않은 것은 물론 대한민국의 외교적 보호권(자국민이 타국에서 받은 피해를 회복하도록 요구하는 국가의 권리)도 소멸하지 않았다고 해석하는 것이 타당하다"고 하면서 원고들의 청구권을 인정해야 한다는 판단을 내렸다. 이 판시로 분명해졌듯이 이 시점에서 한국 대법원은 이미 일본 불법 통치 도그마를 확실히 내세우고 이에 비추어 일한청구권협정의 적용 범위를 제한하는 해석을 제시했다.

### 민관공동위원회

2012년 한국 대법원 판결에 의거한 불법 통치 도그마가 형성되는 데 있어서, 한국 행정부의 입장에서 큰 영향을 준 것은 2004년에 한국 정부가 설치한 '한일회담 문서공개 후속대책 관련 민관공동위원회'였다. 이 위원회는 2002년에 한국에서 제기한 한일회담에 관한 문서공개 소송에서 원고가 일부 승소하고 문서가 공개된 것을 계기로 그 후속대책을 마련한다는 명목으로 한국 정부에 설치된 행정위원회다.

위원회는 일본의 '식민지 지배'가 '반인도적 불법행위'였다고 하면서 이 위원회의 견해가 불법 통치 도그마를 기반으로 한다는 것을 분명하게 내세웠다. 그리고 이런 인식이 일한청구권협정으로도 해결하지 못한 '일본 정부의 법적 책임'의 근거가 되었다. 이 위원회의 견해는 한국 정부의 공식 견해라고 평가되면서 그 후 한국 정부의 행동을 규정하고 있다. 또 한국 사법부가 이 견해에 동조하여 이 견해를 직접적인 논거로 제시한 것이 2012년과 2018년의 대법원 판결이었다. 이 위원회의 견해를 통해 한국의 '통치 불법론'은 단순한 역사인식이라는 지위를 넘어서 국가 권력으로 뒷받침되어 고정된 공식 역사관, 즉 불법 통치 도그마가 되었다고 해도 좋다.

### 대법원 판결에 이르는 과정

이러한 도그마를 한국 정부가 공식 역사관으로 채용한 이상 한국 사법부도 이를 따르는 것은 시간 문제였다. 2011년 9월 30일에는, '징용공' 소송과는 별개로 옛 위안부들이 한국 정부가 이 위원회의 견해를 근거로 일한청구권협정 제3조에 입각한 분쟁 해결을 일본 정부에 요구하지 않는 것은 위헌이라고 하여 한국 헌법재판소에 제기한 헌법소원에 대해서, 헌법재판소가 옛 위안부들의 헌법소원 그대로 한국 정부의 태도를 위헌이라고 하는 결정을 내렸다.

2012년 대법원 판결은 이러한 흐름 속에서 나타난 것이었다. 이 판결로 심리審理가 서울과 부산의 각 고등법원으로 파기환송되자 2013년에 두 고등법원은 원고 승소 판결을 내렸다. 이에 대해 피고 기업이 재상고하고 그중 신닛테츠스미킨을 피고로 하는 소송에서 상고를 기각한 것이 2018년 10월 30일의 대법원 판결이었다(미쓰비시중공업을 피고로 하는 소송은 같은 해 11월 29일에 상고 기각 판결을 내렸다). 재상고심의 심리 과정에서는 2013년에 상고를 받은 대법원이 심리를 지연해서 약 5년에 걸쳐 보류되는 사태도 발생했다. 대법관들도 원고 승소 판결이 가져오는 영향의 심각성을 고려하면 쉽게 결단할 수 없었을 것이다. 그러나 2017년에 문재인 대통령이 취임하자 8월 17일에 실시한 취임 100일 기자회견에서 원고들의 청구를 인정해야 한다는 견해를 표명하고 대법원에 압력을 가했다. 그로부터 1년 2개월 후에 판결이 나왔다.

이렇게 해서 불법 통치 도그마는 한국의 국가 전체를 관통하는 것이 되었다.

## 4 판결 후의 움직임과 앞으로의 과제

### 강제집행의 움직임과 일한관계 파국의 위기

2019년에 들어서자 옛 '징용공'들은 대법원 판결을 근거로 한국 내 닛폰세이데츠 자산에 대한 강제집행(압류 및 자산 매각) 절차에 들어갔다. 이에 대해 닛폰세이데츠가 관련 서류 수령을 거부하자 법원이 공시송달(관련 서류를 일정 기간 관청에 게시해서 서류를 수령한 것과 똑같은 효력을 발생하게 하는 절차) 절차를 밟았고 닛폰세이데츠에서는 불복 신청 등을 했기 때문에 본 논문을 집필한 시점(2020년 12월)에서는 공시송달 효력은 발생했지만 매각 명령에 필요한 자산 평가액 산정 절차 등이 필요해서 아직 매각 명령에까지는 이르지 않았다.

한편, 그동안 양국 정부 간에 대응책에 대해 이야기했지만 "사법부의 판단을 존중한다"라고 주장하는 한국 측과, 국제법(일한청구권협정)을 근거로 하는 해결을 주장하는 일본 측 사이에서는 인식 차이가 있어서 해결 방도를 찾지 못했다.

일본 정부로서는 일한청구권협정으로 해결이 끝난 문제라는 입장을 양보할 수 없을 것이다. 이에 대해 한국 정부가 국내 문제로 한국의 사법 판단을 존중한다는 입장을 고집하여 자산 매각이 현실로 이뤄질 경우, 일본으로서는 한국 정부에 대한 손해배상 청구나, 청구권협정과 그 후의 국제 합의를 근거로 형성한 양국의 통상관계 재검토 등을 단행할 수밖에 없다. 이는 통상관계 등의 단절을 포함하는 양국 관계의 파국으로 이어질 수가 있다는 것으로 양국 관계자가 전후 열심히 쌓아온 노력으로 구축한 양국의 우호 협력 관계까지 무너질 수 있다는 것을 의미한다. 그런 사태를 피하려면 국제법의 원칙에 따른 정치, 외교적인 해결 방법을 양국 정부, 특히 한국 정부의 노력으로 찾는 수밖에 없다.

**양국 관계자 및 국민의 과제**

　이처럼 한국 대법원 판결이 초래한 것은 단순한 역사인식 문제도 아니고 한국 국내 문제도 아닌, 아시아의 전후 국제 질서 총체에 영향을 미치는 중대한 문제다. 이는 분명히 아시아의 국제 질서 안정과 상호 협력 관계에 파괴적인 악영향을 주는 것이다. 또 그 결론에 이르는 논지는 사실인정이나 법리론 면에서 보더라도 도저히 정당하다고 하기 어렵다. 그런 의미에서 이 판결은 한국 사법의 '역사적 오점'이라고 해야 한다.

　따라서 양국 관계자(거기에는 정부뿐만 아니라 외교, 사법, 역사 연구, 보도와 관련된 모든 사람들을 포함)는 이 판결의 악영향을 최소한으로 막고 양국 관계의 회복을 도모하도록 최대한 노력해야 한다. 그중에서 가장 바람직한 것은 한국 대법원이 직접 판례를 변경하는 것을 포함해서 사법적으로 움직이는 것이다. 그러나 그것을 기대할 수 없는 경우에도 정치, 외교 당국의 사태 수습을 위한 노력이 반드시 필요하다. 강제집행 절차의 실제 피해를 회피하기 위해서 양국 정부, 한국 정부가 적극적인 정치적 해결 절차를 마련해야 한다.

　또한 문제가 역사인식과 관련된 이상, 정부 당국뿐만 아니라 역사 연구자가 할 수 있는 역할도 크다. 일본에서는 고노 담화의 재검토가 불가피한데, 그때 "역사수정주의" 운운하는 등의 일방적인 평가에 따른 부당한 비난을 피하기 위해서라도 역사 연구자가 적극적으로 행동해주는 것이 힘이 될 수 있다. 그런 측면에서 한국에서『반일 종족주의』를 집필한 연구자 그룹을 중심으로 한국 대법원 판결을

비판하는 움직임이 나타난 것은 큰 의미를 갖는다. 일본 연구자도 이런 움직임과 협력하는 것이 효과적일 것이다. 이 책도 역시 이를 위한 중요한 초석이 될 수 있으며, 이 책 편저자인 니시오카 쓰토무를 비롯한 일본 역사인식문제연구회와 산업유산정보센터産業遺産情報センター의 활동이 중요하다. 일본과 한국 양국에서 이러한 대처를 추진해야 한다.

이러한 활동이 서로에게 효과를 발휘해서 양국의 여론과 정부를 움직이기를 희망한다.

## 후기

이 책의 성격상 이 논문을 집필하면서 출전, 인용문헌 등은 최소한으로 기재했다. 출전 등의 상세한 내용은 이 논문의 기초가 된 오카지마 미노루의 '한국 대법원 징용공 판결과 통치 불법론'(2020년도 게이분샤쇼보啓文社書房에서 출간된 일본국사학회 편 「일본국사학(日本国史學)」 제15호에 수록)을 참조해주기 바란다.

또한 한국에서 대법원 판결에 비판적인 변호사 그룹과 필자를 비롯한 일본 변호사 그룹이 공동으로 발표한 성명 '1965년 일한청구권협정의 존중을 요구하는 일한 법률가 공동성명'(2019년 12월 23일, 〈권말자료 11〉로 수록)을 소개한 논설로서 니시오카 쓰토무의 '저명한 한국인 변호사들도 들고 일어나 협력 표명'(산케이신문사 「세이론」 2020년 3월호 수록), 그리고 오카지마 미노루의 '역사가 퇴장을 바라는 배신적 좌파 언설'(「세이론」 3월호, 5월호 수록)도 참조하면 도움이 될 것이다.

아울러 2020년 12월 25일에는 위 성명을 계승한 국제 심포지엄 '일한 법률가 공동성명 1주년 심포지엄'(별도 성명서는 〈권말자료 12〉로 수록)이 양국의 법률가, 연구자들이 협력해서 화상 회의 방식으로 열렸으며 일한관계를 회복하려는 대처를 구체적으로 진행하고 있다는 점도 소개해두겠다.

# 4부

## 사도금산에서의 조선인 전시戰時 노동 실태

## 7장

## 조선인 전시戰時 노동과 사도금산

니시오카 쓰토무西岡力

# 1 조선인 전시 노동의 전체상

사도금산佐渡金山에서의 조선인 전시 노동 실태 문제는 현재 일본이 관민 일체로 추진하고 있는 사도금산 유네스코 세계문화유산 등록 사안과 얽혀 있어 일본과 한국이 역사인식의 차이로 첨예하게 대립하고 있는 문제다.

사도금산의 실태를 본격적으로 다루기에 앞서, 비록 반복되는 얘기지만 조선인 전시 노동의 전체상부터 개설하겠다.

조선인 노동자의 전시 동원은 1939년 9월에 시작됐다. 사실 이보다 5년 전인 1934년 10월에 일본 정부에서는 "조선인의 내지 도항을 더욱 감소시키는 일이 긴요하다"고 하는 다음과 같은 각의결정閣議決定(내각회의 결정)이 내려졌다.

> 조선 남부지방은 인구가 과밀하여, 생활이 궁박한 자가 다수 존재하며, 이로 인하여 남선南鮮 지방민으로서 내지로 도항하는 자가 최근 극도로 다수가 되어, 그렇지 않아도 심각한 내지인의 실업 및 취업난을 더욱 심화시킬 뿐만 아니라, 종래부터 내지에 거주하는 조선인의 실업을 더욱 심화시키고 있으며, 또 이에 따른 조선인 관계 각종 범죄, 셋집 분쟁 기타의 제반 문제를 야기하고, 내지인과 조선인 간의 사건을 빈번화시켜 내선융화內鮮融和를 저해할 뿐만 아니라, 치안상으로도 우려할만한 사태가 발생하고 있다. 이에 대해서는 조선 및 내

지를 통하여, 적절한 대책을 강구할 필요가 있다. 즉, 조선인을 조선 내에 안주시키는 것과 인구가 조밀稠密한 지방 인민을 만주로 이주하게 하고, <u>동시에 내지 도항을 더욱 감소시키는 일이 긴요하다</u>. 그러나 이러한 방책은, 내지, 조선 전반의 이익을 위해서 일체화하여 이를 실시하는 것이 필요하며 재정이 허락하는 범위에서 다음 요목要目에서 내세우는 사항을 실시하기로 한다.(밑줄은 인용자. 이하 같음)

이 무렵, 조선에서 내지로 도항(여행)을 희망하는 이는 거주지 관할 경찰서나 경찰관 주재소에 출두하여 취직처가 확실하다는 것, 여비 이외 10엔 이상의 여유금을 소지하고 있다는 것, 모르핀 상용자가 아니라는 것, 그리고 노동 브로커에 의한 모집이 아니라는 것을 증명한 후, 부산 수상경찰에 제출할 '도항소개장'까지 받을 필요가 있었다. 이것 없이는 내지로의 도항은 불가능했다.

이 1934년 각의결정으로 그 '도항소개장'은 취득이 엄격해졌다. 이와 관련하여 조선총독부의 통계에 의하면, 1933년부터 1938년까지 6년간 무려 72만 7,094명의 내지로의 도항 출원이 불허되었다. 전시 동원이 시작되기 이전에 조선에서는 다수의 타관벌이出稼ぎ 희망자가 도항의 기회를 노리고 있었던 것이다.

정규 절차를 밟지 않은 부정 도항자도 다수 있었다. 내무성 통계에 의하면, 1930년부터 1942년까지 13년간 내지에서 부정 도항자로 발각된 자는 3만 9,482명, 그중에서 3만 3,535명을 조선으로 '강제송환'했다. 여기서 간과해서는 안되는 것은, 전시 동원이 시작된 1939년부터 1942년까지 4년간 2만 2,800명이 내지에서 부정 도항으로 적발돼 전시 동원 시기였음에도 1만 9,250명이 조선으로 강제송환되었다는 사실이다. 일본 정부는 전시 동원의 약 7년 중 통계가 존재하는 1939년부터 1942년의 4년간, 약 2만 명의 조선인 부정 도항자를 조선으로 강제송환했다. 만일 같은 시기에 조선에서 강제적으로 노동자를 연행했다면, 왜 2만 명이나 되는 사람들을 조선으로 다시 돌려보냈는지 설명하기 어렵다.

여기에서 강조하고 싶은 사실이 있다. 1939년 9월에 시작된 '모집' 형식의 조선인 전시 동원은, 앞서 1934년의 "조선인의 내지 도항을 더욱 감소시키는 일이 긴요하다"는 각의결정의 예외로서 시작되었다는 것이다. 1938년 4월에 국가총동원법이 공표된 데에 따라 내지에서는 징용에 따른 노동동원이 시작됐으나, 조선에서는 아직 이 법이 발동되지 않았고, 1939년 7월에 내무성과 후생노동성 차관 연명次官連名으로 1934년 10월 각의결정의 예외로서 조선인 노무자를 내지에 이입시키는 방침이 나오게 된 것이다.

방치해두면 다수의 조선인이 타관벌이를 위해 내지로 도항하므로 이를 방지하기 위해 각의결정을 내린 바 있는데, 그 예외 조치로서 조선인 전시 동원이 시작되었다는 역사적 사실을 더 많은 일본인과 한국인이 알아주길 바라는 것이다. 그리고 한 차례 예외 조치였지만, 그때까지 엄격히 제한됨으로써 내지로 가고 싶어도 가지 못했던 잠재적 도항희망자가 다수 존재했기 때문에, 문을 열자 조선인 노동자들에 의한 눈사태 같은 내지 도항이 발생한 것이다.

내무성 통계에 의하면, 전시 동원 시기(1939년부터 1945년)에 합계 약 240만 명(정확히는 237만 8,232명)이 내지로 도항했으나, 그중 불과 4분의 1인 약 60만 명(60만 4,492명)만이 전시 동원(모집, 관 알선, 징용)이었다. 나머지 180만 명(177만 3,740명)은 자발적 개별 도항자였다.

## 2 사도금산의 조선인 전시 노동

다음으로, 사도금산佐渡金山에서의 조선인 전시 노동에 대해 개설하고자 한다. 1차 사료, 즉 전시 노동이 실시되고 있던 당시라든지 그 직후에 현지에서 작성된 자료 몇 개가 남아있다. 여기에서는 그 중 중요한 두 개의 자료인 히라이 에이이치平井栄一 편집의 책『사도광산사 제2佐渡鉱山史其ノ二』와, 사도광업소의 보고서인『반도 노무관리에 대하여半島労務管理ニ付テ』를 검토한다.

먼저, 히라이 에이이치 편『사도광산사 제2』는 1950년에 정리된 원고로, 출판은 되지 않았다. 히라이 에이이치는 전 사도광산 채광과장이며, 사도광업소를 경영하던 미쓰비시금속三菱金属의 의뢰로 에도시대부터 쇼와시대까지 사도광산의 역사를 두 권의 책으로 정리했다.

이 자료의 원본은 한동안 소재가 불분명했지만, 다행히 필자가 회장을 맡고 있는 역사인식문제연구회가 2022년 1월 26일에 모 경로를 통해 목차와 844~846쪽의 '9 조선인노무자사정九朝鮮人労務者事情'이라는 항목의 사진을 입수하여 역사인식문제연구회 홈페이지에 공개했다(〈사진 1〉, 〈사진 2〉).

그런데 사도금산의 세계유산 등록에 반대하며 현지조사와 연구를 추진하는 한국 정부기관인 '일제강제동원피해자지원재단'도 동일 사료의 일부 복사본을 2022년 1월 14일에 '익명의 일본인 연구자'로부터 입수했다고 한다. 해당 연구자는 2015년 9월, 니가타현 교육청 문화행정과 세계유산등록추진실에서 이를 제공받았다. 이상의 사실은 저 재단이 1월 27일에 개최한 웹세미나 '일본 세계유산 등재 추진 '사도광산'의 강제동원 역사 왜곡' 자료집에 수록된 아르고ARGO 인문사회연구소 연구위원 정혜경의 발표 내용인 '새로운 자료 소개: 히라이 에이이치『사도광산사』'에서 언급된 내용에 따른 것이다.

그 일본인 연구자는 전 니가타국제정보新潟国際情報 대학 교수이자 현 후쿠오카福岡 대학 명예교수인 히로세 테이조広瀬貞三였음이 나중에 밝혀졌다. 따라서, 필자 등이 사진을 공개하기 약 2주 전에 한국의 정부기관은 이미 해당 자료를 일본인으로부터 제공받았다는 것이다. 일본과 한국 사이 '강제노동파'의 연대가 여기에서 분명히 드러난다.

한편, 2022년 2월에 필자가 사도 현지에 가서 주식회사 골든사도株式会社ゴールデン佐渡에서 고본稿本 원본의 실물도 확인했다는 점을 이번 기회에 밝혀둔다. 고본 원본은 종이가 매우 얇고, 쉽게 찢어질 수 있기에 일반인에게 공개되지 않았다.

원본은 2011년까지 소재 불명이었는데, 실은 주식회사 골든사도의 금고에 계속 보관되어 있었다. 이 금고는 화재로 인해 열쇠와 다이얼 번호를 적은 종이가 훼손돼 오랫동안 열지를 못했고, 그래서 고

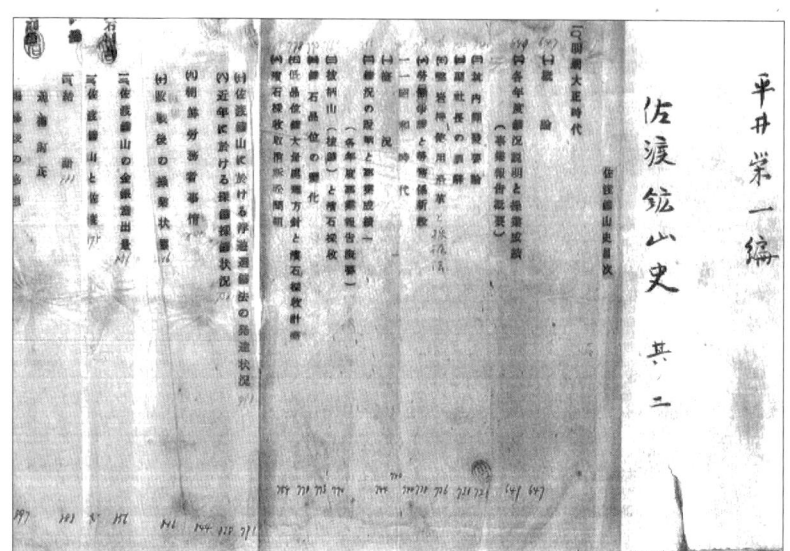

〈사진 1〉 『사도광산사 제2佐渡鉱山史其ノ二』 목차

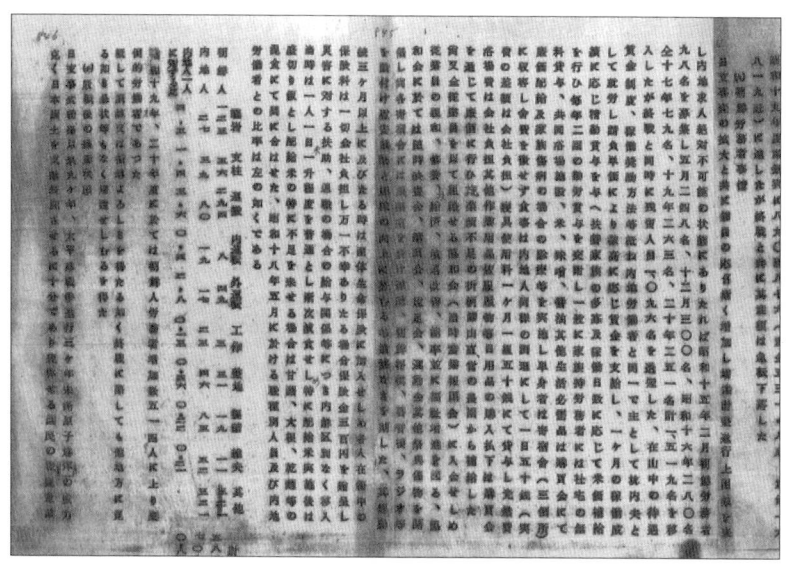

〈사진 2〉 『사도광산사 제2佐渡鉱山史其ノ二』 조선노무자 사정(844~846쪽)

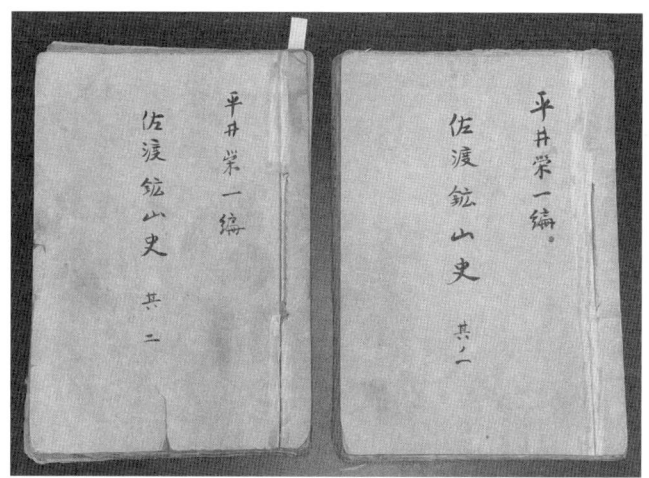

〈사진 3〉 금고에 보관되어 있던 『사도광산사 제1佐渡鑛山史 其ノ一』, 『사도광산사 제2佐渡鑛山史 其ノ二』

본 원본이 그곳에 보관돼 있다는 사실도 잊혀지고 말았다. 그러다가 2011년에 일본 민영방송국인 니혼TV日本テレビ의 프로그램 '불가사의 탐정단不可思議探偵団'의 '열리지 않는 금고 제8탄! 황금의 산·사도금산에 잠든 열리지 않는 금고를 조사하라!'(5월 16일 방송)의 기획을 통해 금고가 열리게 됐고, 여기서 고본 원본(『사도광산사 제1佐渡鑛山史 其ノ一』, 『사도광산사 제2佐渡鑛山史 其ノ二』)이 발견됐다(〈사진 3〉).

소유자인 주식회사 골든사도는 금고에 있던 것이 원본이라고 생각하고 있다. 우리 역사인식문제연구회도 역시 그러한 생각을 지지하고 있다. 그 근거는 ① 보관되어 있던 고본에 당시 소장 외 광업소 간부의 날인이 있다는 것, ② 군데군데 수정의 기술이 있는 것 등이다(〈사진 4〉, 〈사진 5〉).

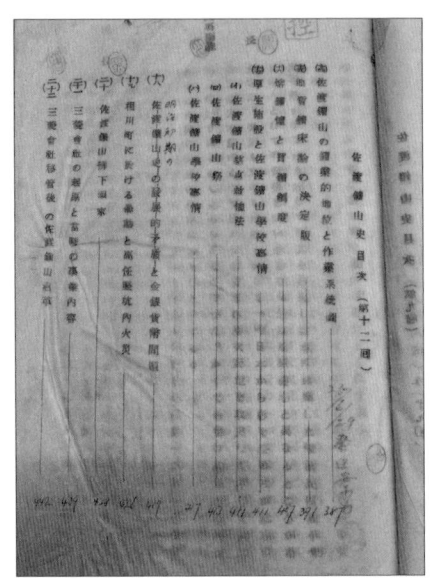

〈사진 4〉 당시 소장 외 광업소 간부 날인

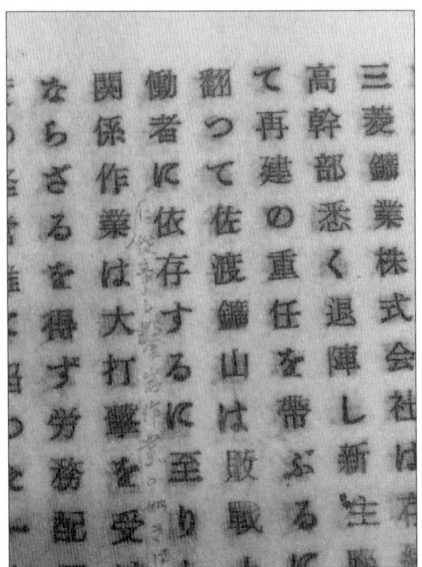

〈사진 5〉 수정 부분

또, 『사도광산사 제2』의 목차 페이지에는 '예비控'의 표시와 메모로 "25, 8, 4, 발송 안내로 총무부에 송부했다"라고 되어 있다(〈사진 6〉). 고본은 두 권이 만들어져 한 권은 1950년 8월 4일에 도쿄의 하니 미치유키羽仁路之 사장 앞으로 보냈고, 또 한 권은 '예비控え'로 사도광업소에 보관했다고 생각된다. 즉, 금고에 보관돼 있던 고본은 사본의 원본이다.

사도광업소 내부 자료를 활용하여 쓰여진 『사도광산사佐渡鉱山史』에서는 지금껏 알려지지 않았던, 동원된 조선인의 총수 및 각 연도별 동원자 수, 그리고 종전시의 잔류자 수가 다음과 같이 밝혀져 있다.

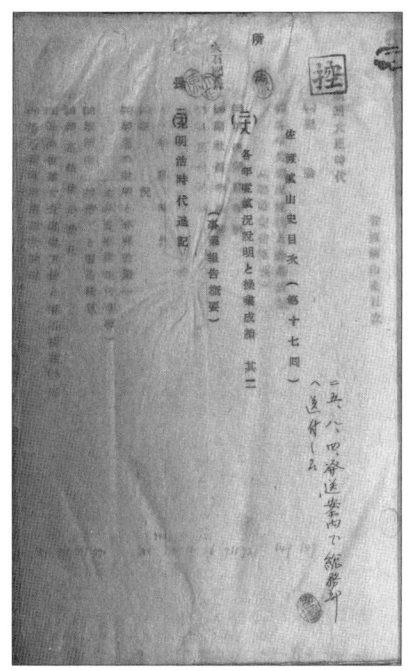

〈사진 6〉 '예비控' 표시와 메모에 쓰여진 것

쇼와 15년(1940년) 2월에 조선 노무자 98명을 모집하고, 5월에 248명, 12월에 300명, 쇼와 16년(1941년)에 280명, 17년에 79명, 19년에 263명, 20년에 251명, 합 1,519명이 이입했는데, 종전과 동시에 잔류인원 1,096명을 송환했다.

또한 대우에 대해서도 이하와 같이 일본 내지인과 동일했다는 것, 숙소와 식사 등에서 광업소 측이 상당히 신경을 써서 좋은 대우를 했다는 것이 간결하게 쓰여 있다.

대우, 임금제도, 가동장려방법稼働奬勵方法 등은 대체로 내지 노동자와 동일하였고, 주로 갱내부로 취로하여 청부단가에 의해 가동성적에 따라 임금을 지급했다. 1개월 가동성적에 따라 정근상여를 지급했고, 부양가족 인원과 가동일수에 따라 쌀값 보급補給을 했고, 매년 2회의 근로상여를 지급했으며, 일반적으로 가족이 있는 노동자에게는 사택이 무료대여되었다. 공동 목욕탕 시설이 있었고, 쌀, 된장, 간장 등 여타 생활필수품을 사내 매장에서 값싸게 배급하였다. 또한 가족이 부상 및 병을 앓은 경우에는 진료 등을 실시하고, 독신자를 위한 기숙사(3곳)는 무료로, 식사는 내지인과 동일하게 조리하여 하루에 50전(실비 부족분은 회사 부담), 침구사용료는 1개월당 1벌에 50전으로 대여했고, 연료비와 목욕비는 회사가 부담했다. 기타 작업 용품, 의복의 구입, 불하는 구매회를 통해

염가에 행하고, 또한 야채류가 부족한 사정상 광산직영의 농원에서 보급했다.

두 번째로 소개할 1차 사료는 사도광업소의『반도 노무관리에 대하여半島労務管理ニ付テ』이다. 이는 1943년 6월 7일에 사도광업소를 회의장으로 하여, 도쿄광산국東京鉱山局, 대일본산업보국회大日本産業報国会, 도쿄광산감독국東京鉱山監督局이 전국의 조선인 노동자를 고용하고 있는 광산의 노무 담당자들을 모아 개최한 조선인노무자관리협의회朝鮮人労務者管理協議会에 사도광업소가 제출한 보고서다(〈사진 7〉).

이 자료는 재일조선인사在日朝鮮人史를 연구하는 나가사와 시게루長沢秀라는 연구자가 나라토 시즈오楢戸静雄라는 인물로부터 받은 것이다. 1983년에 나가사와 시게루가「재일조선인사연구在日朝鮮人史研究」제12호에 발표했으며, 연구자 등이 널리 이용해 왔다. 사도광업소의 내부 자료에 의거하여 작성된 것이므로 히라이 에이이치의 기술과 겹치는 부분이 많다. 단, 1943년 6월 이후의 상황은 당연히 적혀있지 않다.

이 자료로부터 1940년부터 1942년에 걸쳐 6회, 모두 모집형식으로 합계 1,005명의 조선인 노동자 이입이 행해졌음이 밝혀졌다. 계약 기간은 1940년에 있었던 3번의 모집에서는 3년, 1941년부터 1942년 사이 3번에 걸친 모집에서는 2년이었던 사실도 알 수 있다.

421명이 다양한 이유로 사도광산을 떠났고, 1943년 5월 말에는 584명의 조선인 노동자가 남아있었다. 떠난 이유도 정리되어 있다.

사망 10명, 도주 148명, 공상송환公傷送還 6명, 사상송환私傷送還 30명, 불량송환 25명, 일시송환 72명, 전출 130명이다.

여기서 주목하고 싶은 부분은 불량송환자 25명이다. 즉, 노동하지 않는 자는 조선으로 돌려보냈던 것이다. 강제노동이었다면 그런 일은 하지 않았을 것이다. 내지에서 일하고자 했던 사람들에게 '귀환帰還'은 일종의 제재制裁가 아니었을까. 한편, 전출은 1943년이 되어 금 채굴이 정지되고 전쟁 물자인 구리 채굴만 행하게 되었고, 노동자가 남아돌았기 때문에 사이타마埼玉현 등의 공장으로 조선인 노동자를 보낸 것이다.

또한 평균과 최고, 최저 월수입도 밝혀졌다. 1943년 4월에는 평균 83.88엔, 최고 169.95엔(가동稼動 28일), 최저 4.18엔(가동 1일), 5월 평균 80.56엔, 최고 221.03엔(가동 28일), 최저 6.75엔(가동 2일). 성과급으로 임금이 계산되었기에 최고치와 최저치에서는 상당한 차이가 있으나, 당시 도쿄의 공립초등학교 교원의 초봉이 50엔에서 60엔 정도였으므로, 이는 꽤 높은 임금이었음을 알 수 있다. 이것이 '강제노동'인 것인가⟨표 1⟩.

나중에 언급하겠지만, '강제노동'을 주장하는 자들은 강제저금이나 식비 등을 공제하여 실제로 손에 남는 현금은 거의 없었다고 말한다. 하지만, ⟨표 1⟩의 송금란을 보면 평균적으로 4월에는 14.6엔을 조선에 있는 가족에게 송금했다. 최고 임금인 169엔을 벌어들인 이는 그중에서 100엔을 송금했다. 한 달에 하루밖에는 일을 안 하여 최저 4.18엔을 벌어들인 이도, 그 2배인 10엔을 송금했다. 자유롭게 사용

〈표 1〉 임금, 저금 송금 상황(1943년)
― 사도광업소 「반도 노무관리에 대하여 半島勞務管理ニ付テ」

| | 최고 | 최저 | 평균 | 총액 |
|---|---|---|---|---|
| | 월수 | 동 同 | 동 同 | |
| 5월분 임금 | 221.03<br>(가동 28일) | 6.75<br>(동 2일) | 80.56 | 43744.2 |
| 4월분 임금 | 169.95<br>(가동 28일) | 4.18<br>(동 1일) | 83.88 | 47307.41 |
| 4월분 저금 | 60.00 | 4.00 | 5.56 | 3264.20 |
| 4월분 송금 | 100.00 | 10.00 | 14.60 | 8565.00 |

가능한 돈이 없었다면 송금은 못했을 것이다.

한편, 일본광산협회 日本鉱山協会 『반도인 노무자에 관한 조사 보고 半島人勞務者ニ関スル調査報告』(같은 협회, 1940년)의 사도금산에 관한 보고에는, 1940년 7월의 임금과 송금 및 저금이 기재되어 있다. 이에 따르면, 임금은 최고 106.84엔(가동 29일), 최저 9.18엔(가동 4일), 평균 66.77엔(가동 28일), 송금은 평균 21.16엔, 저금은 11.44엔이었다. 1943년의 숫자와 비교하면, 평균 임금 기준으로 15엔정도 낮으나, 이는 1940년에 처음으로 사도금산에서 일을 시작한 조선인 노동자가 1943년에는 숙련을 거듭하여, 성과급 제도하에서 보다 더욱 고액의 임금을 획득할 수 있었음을 나타낸다.

이상 검토한 바와 같이, 1차 사료로 본 사도금산 조선인의 노동은 '강제노동'이라고 말할 수 있는 비인도적인 것이 아니었음을 알 수 있다.

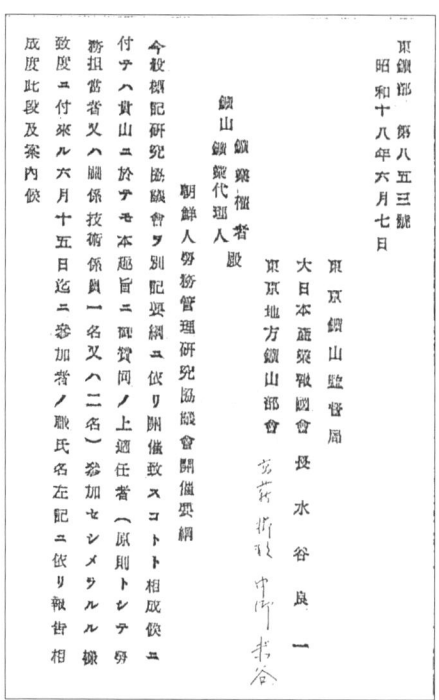

〈사진 7〉 '반도 노무관리에 대하여半島勞務管理ニ付テ'

## 3 니가타현과 아이카와마치의 '강제연행' 기술에 대하여

일본 국내에서도 사도금산이 '강제노동'이었다고 주장하는 언론이나 정당, 또는 학자가 많다는 점을 지적하고 그에 대해 반론을 제기하도록 하겠다.

「마이니치신문每日新聞」은 2022년 2월 2일, 필자의 「산케이신문産経新聞」 '정론正論' 기고문을 공개 비판한 고가 고古賀攻 전문편집위원의 칼럼 "필사'의 사도금산捨て身の佐渡金山'을 게재했다. 고가 고는 다음과 같이 썼다.

사도금산이 '강제노동'의 피해지였다는 한국 측 반발에 대해, 조선 연구자인 니시오카 쓰토무 씨는 (2022년) 1월 26일자 「산케이신문」을 통해 금산에서 일한 조선인 노동자와 관련해 "응모가 쇄도했다", "대우도 나쁘지 않았다"라고 반론하고 있다. 이는 옛 아이카와마치相川町가 편찬한 『사도 아이카와의 역사·통사편佐渡相川の歴史·通史編』(1995년)에 의거하고 있다. 그러나, 공산당의 시이 가즈오志位和夫 위원장은 1월 29일 담화를 통해 같은 책에 있는 "사도광산의 이상한 조선인 연행"이라고 쓰인 부분을 인용하면서, 부負의 역사에도 눈을 돌리라고 말했다. 『사도 아이카와의 역사』에 앞서 간행된 『니가타현사·통사편 8·근대 3新潟県史·通史編 8·近代 3』(1988년)에는 더 직접적인 기술이 있다. "쇼와 14년(1939년)에 시작된 노무동원계획은, 명칭이 '모집', '관 알선', '징용'으로 변화했지만, 조선인을 강제로 연행한 사실에 있어서는 동질"이었다고 한다. 자치체의 독자적인 편찬물이라고 해도, 강제연행은 없었다고 생각하고 싶은 일본 정부로서는 불편한 공적 통사公的通史인 것은 틀림없다.

칼럼에서 언급된 일본 공산당의 시이 가즈오志位和夫 위원장은 1월 29일자 담화에서 이렇게 주장했다.

아시아-태평양 전쟁 말기, 사도금산에서 당시 일본의 식민 지배하에 있던 조선인의 강제노동이 행해진 것은 부인할 수 없는 역사적 사실이다. 니가타현이 편찬한 『니가타현사·통사편 8·근대 3』은 "조선인을 강제로 연행한 사실"을 지적하고, 사도의 옛 아이카와마치가 편찬한 『사도 아이카와의 역사 통사편·근현대相川の歴史 通史編 近·現代』는 금산에서 조선인 노동자들의 상황을 상술한 위에서, "사도광산의 이상한 조선인 연행은 전시산금국책戰時産金国策으로 시작되어, 패전으로 겨우 끝난 것이다"라고 기술하고 있다. 이 역사를 부정하는 것도, 무시하는 것도 허용되지 않는다.

고가 고와 시이 가즈오에게 반론하고자 한다. 역사에 대해 논의할 때 우선 중요한 것은 1차 사료, 즉 해당 시기에 작성된 문헌, 또는 그 당시에 현장에 있었던 사람의 증언이다. "강제노동" 혹은 "강제연행"이라는 말은 당시에는 없었다. 일본의 조선 통치가 끝나고 20년 정도가 더 지나 1960년대부터 일본의 좌파 학자들이 "강제노동" 혹은 "강제연행"이라는 말을 쓰기 시작해, 1990년대경 한국에서도 이 말이 사용되기 시작했다. 결국, 이는 후세에 의한 '역사적 평가'인 것이다. 학설学説이라고 해도 좋다.

고가 고와 시이 가즈오가 인용한 『니가타현사』와 『사도 아이카와의 역사』의, "조선인을 강제로 연행했다", "이상한 조선인 연행"이라는 기술은 어디까지나 해당 저서를 집필한 학자의 학설에 불과하다. 그것도 해당 문제의 연구가 좌파 진영에 의해 지배되고 있었던 8,

90년대의 낡은 학설인 것이다.

이 낡은 학설에 대해 필자는 「산케이신문」의 2022년 1월 26일자 칼럼에서 내무성 통계内務省統計라는 1차 사료를 인용하여 "조선에서 내지로 마치 눈사태와 같은 타관벌이出稼ぎ의 도항이 이어졌는데, 이들을 전쟁 수행에 필요한 사업장으로 질서있게 보내려 했던 것이 전시 동원이었다. '강제연행', '강제노동' 등과는 다른 역사적 사실이다"라고 새로운 학설을 제기하여 낡은 학설을 부정했다.

필자는 새로운 학설을 2005년에 출판한 『일한 '역사문제'의 진실日韓「歷史問題」の真実』(PHP연구소)에서 발표했고, 그 이후로도 연구를 이어가 2019년에 『날조된 징용공 문제でっちあげの徴用工問題』(소시샤草思社)(한국어판 제목은 『날조한, 징용공 없는 징용공 문제』[미디어워치, 2020년]), 2021년에 출간한 『조선인 전시 노동의 실태朝鮮人戦時労働の実態』(산업유산국민회의)(이 책은 바로 본서의 일본어판이다. - 옮긴이)에서도 해당 학설을 보다 발전시켰다. 학문은 새로운 연구를 통해 진보해 간다. 필자의 학설을 반박, 부정하기 위해서는 단순히 낡은 학설을 인용하는 것으로는 불충분하다. 필자의 학설에 입각한 반론을 요구하고 싶다.

또한 필자는 『사도 아이카와의 역사』만을 근거로 강제노동이 없었다고 서술한 것이 아니다. "응모가 쇄도했다"라는 주장은, 『사도 아이카와의 역사』에 수록되어 있는, 조선으로 노동자를 모집하러 간 스기모토 소우지杉本奏二 씨의 증언을 근거로 하고 있다. 그리고 이 증언은 1차 사료다.

아울러 필자의 "대우도 나쁘지 않았다"라는 주장은 『사도 아이카와의 역사』(1995년)가 아닌, 사도광업소의 보고서『반도 노무관리에 대하여半島勞務管理ニ付テ』(1943년)를 근거로 한 것이다. 이는 1943년 6월에 사도광산에서 열린 조선인노무자관리연구협의회朝鮮人勞務者管理硏究協議会에 제출된 것으로, 역시 당시 상황을 알 수 있는 중요한 1차 사료다.

또 고가 고는 언급하지 않았지만, 필자는 1월 26일의「산케이신문」칼럼에서 히라이 에이이치의『사도광산사佐渡鉱山史』도 근거로 들었다. 이 또한 1급의 1차 사료다.

즉, 필자는 1차 사료를 근거로 강제노동은 없었다고 주장한 것이다. 그런데 '강제노동'파는 필자의 새로운 학설에 대해 정면에서 전면적으로 반론하지 않고, 단지 낡은 학설이 니가타현과 사도시의 서적에서 나온 것을 두고 왈가왈부할 뿐이다. 이처럼 일본 국내의 힘써 공부하지 않는 세력을 상대로 확실하게 반박을 하고, 또 한국과 국제사회에도 사도금산은 조선인 강제노동 따위가 아니었다는 역사적 사실을 사료를 통해 면밀히 홍보하여, 유네스코 세계유산 등재를 어떻게든 쟁취해야 한다.

## 4 히로세 테이조의 '강제노동설'에 대한 반론

다음으로 히로세 테이조의 비판에 대해 반론한다. 2022년 4월 27일자「니가타일보新潟日報」에 게재된 인터뷰 기사에서 히로세 테이조는 다음과 같이 말했다.

- 전쟁 중에 사도광산에서 일했던 조선인에 대해 강제연행이나 강제노동이 있었나요?

= 정부나 특별고등경찰(특고), 업계 단체, 기업 등이 남겨 놓은 방대한 자료로부터 강제연행이나 강제노동, 그리고 민족 차별이 있었던 사실을 상세하게 알 수 있습니다. 일본 정부와 기업은 전쟁 수행과 이익 추구를 위해 조선인을 철저하게 인적자원으로 이용했습니다. "일본인도 고생했다"라고 주장하는 이들도 있지만 조선인과의 대우의 차이는 분명했습니다. (요약)

- 급여나 복리후생 등의 면에서 일본인과 동등했다는 자료도 있습니다.

= 사도광업소가 1943년에 정리한 자료『반도 노무관리에 대하여』에서는 분명히 복리후생 등에 관하여 훌륭한 내용이 쓰여 있습니다. 단, 회사 측이 자신들에게 불리한 내용을 쓰겠습니까. 그런 대우를 받아본 적이 없었다는 증언도 있습니다. 한국 정부는 2004년에 위원회를 설치하여 증언이나 자료를 모았습니다. "식사량이 적었다", "노동 도중에 사고가 빈번히 일어나 사망자가 많이 나왔다. 더 이상 있으면 생명이 위험하다고 생각되어 도망쳤다" 등의 증언이 있습니다.

여기서 히로세 테이조는 모순된 주장을 하고 있다. 남아있는 문서, 즉 그가 말하는 "방대한 자료"를 통해 강제연행 및 강제노동이 있었던 것을 알 수 있다고 주장하면서, 그는 필자가 앞서 거론한 문서『반도 노무관리에 대하여』를 두고선 "복리후생 등에 관하여 훌륭한 내용이 쓰여 있습니다. 단, 회사 측이 자신들에게 불리한 내용을 쓰겠습니까"라고 하면서 일방적으로 부정하고, 그 근거로 별도의 문서는 들지 않고 조선인 노동자의 증언만을 들고 있다. 어떻든, 방대한 자료 속에는 급여나 복리후생에서 내지인과의 차별을 증명하는 자료가 없다는 것을 인정하고 있는 것이다.

히로세 테이조는 2022년 6월에 발표한 '자료소개 '조선인 노동자와 사도금산, 미쓰비시광업의 사료 (1)''(「후쿠오카대학인문논총福岡大学人文論叢」54권 1호, 2022년 6월)을 통해 필자의 강제노동이 없었다는 학설의 근거 중 하나인『반도 노무관리에 대하여』라는 사료를 다음과 같은 세 가지 점에서 비판한다.

첫째, 그는 이 문서가 사도금산을 회의장으로 하여 개최된 조선인노무자관리연구협의회에서 사도광업소가 배포한 보고서라고 하는, 앞에서 필자도 소개한 사실을 언급한 뒤, "이러한 경우 자사의 부정적인 측면이 그려진 내용을 공표하겠는가. 사료에 대해서도 일정한 비판이 필요하다"고 말했다. 하지만, 임금이나 복리후생 등 거기서 일하는 사람들은 모두 알고 있는 사안에 대해 회사가 허위 보고를 하는 일이 있을까. 지도 감독을 받고 있는 기관이 주최하는 회의에서 허위 보고를 할 이유가 있을는지 의심하는 것이 상식이다.

둘째, 그는 이 문서 중에서 "줄 것은 주고, 조일 부분은 조인다与ヘルモノハ与ヘ締メル所ハ締メル"라는 기술을 두고 "조선인에 대한 노무 관리

의 강화를 의미한다"고 쓰고 있다. 노무 관리는 당연히 행해졌을 것인데 그것이 임금이나 복리후생에서 차별이 있었다는 증거는 되지 않는다.

셋째, 그는 "조선인 노동자의 증언은 사도사업소의 주장을 부정하고 있다"고 말한다. 즉, 반복되는 얘기지만, 히로세 테이조는 고임금에 복리후생도 좋았다고 하는 사도금산 측의 주장을 부정하는 근거로 옛 노동자들의 증언을 제시하고 있는 것이다. 그러나, 증언을 역사적 사실 증명의 사료로 사용할 경우, 그가 말하는 "일정한 사료 비판", 즉 검증 작업이 필요하다는 것은 말할 것도 없다. 그러나 히로세 테이조는 그 작업을 일체 행하지 않았다.

여기서 필자가 그 증언에 대한 검증 작업을 하겠다. 히로세 테이조는 "조선인 노동자의 증언은 사도광업소의 주장을 부정하고 있다"고 하면서, 한국 정부가 2004년에 설치한 '일제강점하강제동원피해진상규명위원회'가 수집한 증언 중 사도광산에서 일했다는 네 사람의 증언을 소개하고 있다. 앞서 언급한 히로세 테이조의 논문 357쪽에서 이를 인용한다.

**신O철**은 "임금은 용돈 정도로 얼마 정도 받았으나, 가장 가혹했던 건 식사량이 적어서 공복으로 하루하루 견디기 힘든 고통을 겪었다는 점이다. 징용 당시 노동자로서 2년 계약을 체결했으나 전쟁 중이라는 이유로 2년 연장할 것을 강요당했다. 1945년 12월에 귀환했다.",

최O갑은 "노동조건은 하루의 급여로 1엔 30전을 받았으나, 식사비, 의복, 신발 비용을 제하면 남는 돈이 없었다.",

나O기는 "금광에서 일하던 도중 천장에서 바위가 무너져 내려 단 하루만에 여러 명의 사람들이 죽는 등 부상자가 많았고, 더 이상 있으면 생명이 위험하다고 느껴 1944년 5월 3일의 새벽녘에 금광에서 탈출했다. 연락선을 타고 귀환했다.",

김O춘은 "월 8엔에서 30엔까지 받았다. 식사 장소까지는 1km 정도 걸어야 했고, 수면은 식당 옆에서 했다"는 등의 증언을 했다.

임금에 대해 검토해보자. 4명 중 3명이 다음과 같은 주장을 하고 있다.

신O철 "용돈 정도로 얼마 정도 받았다"
최O갑 "하루의 급여로 1엔 30전을 받았으나, 식사비, 의복, 신발 비용을 제하면 남는 돈이 없었다"
김O춘 "월 8엔에서 30엔까지 받았다"

앞서 얘기한대로, 임금은 성과급이었기에 1943년 4월 단계에서 최고 169.95엔(가동 28일), 최저 4.18엔(가동 1일)이라는 기록이, 히로세 테이조는 신뢰하지 못한다는 그 사도광업소의 사료에 남아있다. 신O철의 "용돈 정도"의 증언은 구체적인 금액이 적시되어 있지 않으므로 검증할 방법이 없다. 김O춘의 "월 8엔에서 30엔까지 받았다"라는 증언은 최저보다는 높은 임금이므로 사료의 범위 내에 있다.

사도광업소 사료의 기술에 반하는 증언은 최O갑의 증언밖엔 없다. 그러나 "남는 돈이 없었다"라는 증언은 신빙성이 낮다. 애초 그가 갱내공으로 일했다면, 갱내공은 성과급이었기에 일급 1.3엔의 고정급을 받았다는 그의 증언은 실태와 부합하지 않는다. 설령 임금이 낮은 갱외공으로서 일급 1.3엔이었다고 하더라도, 식비는 세끼 50전(적자분은 사업소가 보전), 일급에서 식비를 빼면 하루 0.8엔, 월 25일 가동하면 20엔이 남게 된다. 의복과 신발은 본인 부담이지만 매일 구매할 물품도 아닐뿐더러 저가에 구매할 수 있었으므로, "남는 돈이 없었다"라는 증언은 믿기 어렵다.

다음으로 사고에 대해 검토한다. 나O기는 "금광에서 일하던 도중 천장에서 바위가 무너져 단 하루만에 여러 명의 사람들이 죽었다"라고 증언했다. 하지만 사도금산은 광석 내에 있는 광맥을 캐며 전진하는 광산이었다. 갱도의 선단先端(앞 끝)에 다이너마이트를 설치하여 바위를 부수고 그것을 광차로 운반했다. 천장의 바위가 무너지는 사고는 일어날 수가 없다. 또한, 1943년까지 약 1,000명의 조선인이 동원되었으나 그중에 사망자는 10명이었다. "단 하루만에 여러 명의 사람들이 죽는" 일은 말이 되지 않는다. 따라서, 이 증언 또한 신빙성이 결여돼 있다.

식사량에 대해 검토하겠다. 신O철은 "가장 가혹했던건 식사량이 적어서 공복으로 하루하루 견디기 힘든 고통을 겪었다는 점이다"라고 말한다. 그는 2년 계약을 2년 더 연장하여 1945년 12월에 귀환했다고 하니, 1942년부터 1945년까지 4년간 사도광업소에서 일했을 것이다. 사도광업소에서도 전쟁 말기인 1945년에는 식량사정이 악화됐던 것은 사실이다. 다만, 이 사정은 일본인도, 조선인도 동일했다. 그래도 사도광업소는 직영의 농원과 양돈장에서 야채와 고기를 공급하고 있었다. 또, 당시 조선에서는 영양가가 낮은 잡곡을 먹었기 때문에 쌀을 섭취하던 일본인에 비해서 조선인은 과식을 하는 경향이 있었다. 조선인 노동자가 광업소에 도착한 직후 1일 1되 정도를 먹었기에, 한동안 감식減食을 시켰다는 기술이 앞서 소개한 히라이 에이이치의 『사도광산사』에 있다. 정말로 공복을 느꼈다면 이러한 사정 때문으로 생각되며, 이를 조선인 학대의 증거라고 말할 수는 없다.

옛 노동자의 증언들은 어떤 시기부터 왜곡되기 시작했다는 점을 지적해둔다. 1990년대에 일본의 변호사나 활동가 등이 한국으로 건너가 옛 노동자를 찾아 증언을 듣고 그것을 토대로 일본 정부와 일본 기업을 상대로 소송을 제기하기 이전에는, 옛 노동자로부터 강제연행·강제노동에 의해 혹독한 경험을 했다는 취지의 증언이 나오는 일은 거의 없었다. 가혹한 상황을 경험했다고 증언하면 돈을 받을 수 있다는 이야기가 퍼진 뒤의 증언은, 솔직히 말해 편향이 있다. 명백한 거짓을 말하는 이도 나오는 것이다.

이 점에 대해서는 한국 경제사의 대가인 이영훈도 『반일 종족주의와의 투쟁』(미래사)의 에필로그에서 다음과 같이 솔직하게 쓰고 있다. 이영훈은 2006년부터 2008년까지 통합 57명의 한국인 전시 동원 출신자를 상대로 학술적 인터뷰를 진행했다. 먼저 군인 및 군속 20명, 그들은 비교적 학력이 좋았고 기억에도 일관성이 있었다. 한편, 나머지 옛 노동자 37명은 "대개 무학이었고" "기억은 일관성을 유지하지 못했으며, 때때로 허위의식이나 환영幻影이 뒤섞여 나오기도 하였습니다"라고 이영훈은 말한다.

그들은 정부의 보상을 예의 의식하면서 한 푼의 임금도 받지 못했다고 주장하였습니다. 그렇지만 이어진 회고에는 그와 배치되는 대목이 어김없이 등장하였습니다. "일요일에는 무엇을 하셨나요?"라는 질문에 그들은 가까운 마을로 외출을 나와 팥죽도 사 먹고 극장에도 갔다는 겁니다. "그 돈은 어디서 생겼나요?"라고 물으면 그제야 "그런 정도의 돈이야 받았지"라고 시인을 합니다.

이와 달리 완강하게 원래의 주장을 관철하는 사람도 있었습니다. 예컨대 울주군의 어떤 분은 2년 계약으로 홋카이도北海道 탄광에 갔는데 계약을 연장해서 3년 6개월 있었다고 한 다음, 한 푼도 받지 못했다고 했습니다. 그러자 옆에 있던 동료 연구자가 힐문조로 "그럼 무엇 때문에 계약을 연장했습니까?"라고 물었습니다. 그랬더니 "아, 강제로 연장을 하라 하니 어찌하겠나. 고생만 실컷 하다 왔어"라고 응답하였습니다. 저는 그 사람이 증언에 모순이 생기지 않도록 세심하게 주의하는 자세에 탄복을 금할 수 없었습니다.

일본으로 간 경위에 관한 기억에도 모순이 있었습니다. 인터뷰 초입에는 눈물을 흘리면서 강제로 끌려갔다는 사람이 나중에 풀어놓은 이야기는 그와는 영 딴판입니다. 일본에 가고 싶어서 밀항선을 탔다가 사기를 당해 실패한 적이 있다는 겁니다. 한마디로 37명의 노무자들이 풀어 낸 일본 경험에 관한 기억은 오늘날 우리가 알고 있는 통설과는 상당한 괴리가 있었습니다. (pp.419-420)

이렇게 자신과 역사를 상대로 거짓말을 하면서까지 돈을 추구하는 민중의 심성은 대체 어떻게 해서 생겨난 것일까? 그러면서 "나라가 생긴 지 60년인데, 아직도 국민은 미형성이야"라고 탄식하였습니다. (pp.421-422)

히로세 테이조는 「특고월보特高月報」에 사도금산에서 2건의 노동쟁의와 5건의 도망이 기록돼 있다는 사실을 들어 "이는 조선인에 대한 차별적 대우가 있었기에 발생했다"고 일방적으로 단정했다. 쟁의 중에서 2건은 조선인 동원 노동자가 처음으로 취로就勞했던 1940년에 발생했으며, 1건은 당일, 2건은 3일만에 해결되었다. 그 후는 1945년까지 1건의 쟁의도 일어나지 않았다. 이는 당초에는 습관의 차이나 말이 잘 안 통하는 등으로 대우에 불만이 생겼지만, 그런 문제들이 신속히 개선되었음을 나타내고 있다. 도망의 경우는 대우가 더 좋은 사업장으로 옮기는 것을 목적으로 전국적으로 일어나고 있었는데, 전국에서 평균적으로 40%가 도망갔던 것에 비교하면 사도 광업소는 대우가 비교적 좋았기 때문에 5건밖에 일어나지 않았던 것이다.

## 5 한국의 전문가, 정혜경의 '강제노동'설에 대한 반론

사도금산 실태 문제와 관련해 대표적인 한국 '강제노동'파 지식인의 주장에 대해서도 반론을 하도록 하겠다.

현재 한국의 일제강제동원·평화연구회 대표연구위원인 정혜경은 '대일항쟁기 강제동원 피해조사 및 국외 강제동원 희생자 등 지원위원회'에서 연구원으로 오래 근무하고, 전시 동원에 관한 조사연구를 진행해왔다. 한국 측의 '강제노동'파를 대표하는 연구자라고 할 수 있다.

정혜경은 2019년 12월에 일제강제동원피해자지원재단에서 학술연구용역 보고서 '일본지역 탄광·광산 조선인 강제동원 실태 - 미쓰비시三菱광업(주) 사도佐渡광산을 중심으로 -'(이하 [정1]라 한다)를 내놨다.

또한, 동 재단이 2022년 1월 27일에 개최한 학술 세미나 '일본 세계유산 등재 추진 '사도광산'의 강제동원 역사 왜곡'에서 '자료를 통해 본 '사도佐渡광산' 조선인 강제동원 실태'(이하 [정2]라 한다)라는 발표를 하고, 세미나의 자료집에도 이를 게재했다.

정혜경은 히로세 테이조의 2000년도 논문('사도광산과 조선인 노동자

1939~1945', 「니가타 정보대학 정보문화학부 기요新潟情報大学情報文化学部紀要」 2000년 3월에 게재, 이하 [히로세])에 대폭 의존하고 있다.

필자가 분석한 바에 의하면, 정혜경은 강제노동론의 근거로 이하의 ①부터 ⑬을 들고 있다.

① 일본인의 규폐감염을 막기 위해 조선인을 동원했다
② 위험한 갱내 노동은 조선인이 담당했다
③ 도급제도(성과급여제)는 조선인에게 불리했다
④ 공제가 많아 실수입은 얼마 되지 않았다
⑤ 계약 종료 후에도 계속취로시켰다
⑥ 도주가 많았다
⑦ 동원된 조선인의 증언
⑧ 사도에서는 전시 동원정책이 실행되기 전부터 강제동원이 이루어졌다
⑨ 모집도 일종의 강제동원
⑩ 모집, 관 알선, 징용 모두 ILO조약 위반이다
⑪ 조선인 사망률이 높았다
⑫ 공탁된 노동의 대가를 받지 못했다
⑬ 임금, 대우나 지급방법을 고용주가 일방적으로 결정했다

이들 모두는 쉽게 반론할 수 있는, 사실관계가 흐리멍덩한 것이거나 개념정리가 이상한 것뿐이다. 필자가 간단한 반론을 제기하면서

이하 ①~⑬을 소개한다.

한편, 이중에서 ①~⑤는 아예 히로세 테이조 논문의 주장을 거의 고스란히 베낀 것이다. 일본인 좌파 연구자의 주장이 한국을 움직여 왔다는 필자의 주장이 여기에서 증명된다.

또한, 히로세 테이조는 그래도 연구자답게 신중한 표현을 쓰고 있지만, 정혜경은 난폭하게 단정적 어조로 그것을 베끼고 있다. 히로세 테이조는 ①에서 "만약 그렇다면"이라는 유보를 붙였고, ③, ④에서는 "생각된다"라고 단정을 피하여 기술하고 있다. 그러나 정혜경은 그 부분은 모두 삭제하고 마치 사실인 것처럼 쓰고 있다.

### ① 일본인의 규폐감염을 막기 위해 조선인을 동원했다

> [히로세] 사도광업소가 조선인 '모집'을 실시한 이유를 당시의 노무과원은 '내지인 갱내 노무자 중 규폐 환자가 많아 출광 성적이 뜻대로 되지 않고, 또 내지의 젊은이들이 줄줄이 군대로 징병되었기 때문'이라고 한다. <u>만약 이것이 사실이라면, 단지 일본인의 징병에 의한 노동력 부족을 메우는 데 그치지 않고, 일본인 규폐감염을 막는 데 목적이 있었다는 것이 된다.</u> (p.7) [밑줄은 니시오카 쓰토무. 이하 동일]

> [정1] 일본인의 규폐감염을 방지하고 징병으로 인한 인원 문제를 해결하기 위한 두 가지 이유로 조선인을 동원했음을

알 수 있다. (p.96) [이하 쪽수는 정혜경 보고서 **[정1]** 한국어판의 쪽수임.]

히로세 테이조는 "만약 이것이 사실이라면"이라고 하면서 유보를 붙이고 있지만, 정혜경은 아무런 근거도 제시하지 않은 채 단정하고 있다. 히로세 테이조는 『사도 아이카와의 역사』에 수록되어 있는 모집 담당자 스기모토 소우지杉本秦二 씨의 증언을 근거로 하고 있다. 스기모토 소우지의 증언은 최초 모집 시기의 기술이 이상하다는 것, 동원 총수가 올바르지 않다는 것 등으로 인해 신빙성이 결여되어 있다. 사업소에는 규폐감염을 막기 위해 방진防塵대책을 세웠고, 병원도 있었다. 규폐는 일반적으로 5년 이상 분진을 지속적으로 흡입하면 증상이 나타나며, 조선인 노동자 다수가 규폐에 걸렸다는 사실은 확인되지 않았다.

**② 위험한 갱내 노동은 조선인이 담당했다**

**[히로세]** 조선인의 비율이 높았던 분야는 '운반부', '착암부', '외운반부', '지주부'이며, 주로 갱내 노동이다. 일본인의 비율이 높았던 곳은 '기타', '공작부', '잡부', '제광부'이다. 일본인이 100%였던 '기타'란 선광부選鑛婦일 것이다. 이로부터 운반부, 착암부, 지주부라는 위험한 갱내 노동을 조선인들이 담당했음을 알 수 있다. (p.10)

[정1] 조선인은 착암부와 운반부, 외 운반부 등 기술을 요구하지 않으면서도 위험한 일이 다수를 차지하고 있다. (p.99)

조선인 노동자들이 갱내 노동을 한 것은 징병으로 내지인(內地人) 젊은 남성들이 고갈되었기 때문이며, 차별의 결과가 아니다. 또한 성과급 제도로 인해 갱내공은 의욕이 있으면 높은 보수를 받았기에, 단기간에 돈을 벌어 조선으로 돌아가고 싶었던 조선인 근로자들에게도 이익이 있었다.

### ③ 도급제도(성과급여제)는 조선인에게 불리했다

[히로세] 이전에 농민이었던 조선인에게 있어 기술이 요구되는 '도급제도'는 일본인에 비해 불리했다고 <u>생각된다</u>. (p.11)

[정1] 농민 출신의 조선인들에게 기능을 요구하는 청부제도(도급제도)는 일본인에 비해 불리할 수밖에 <u>없었다는 점이다</u>. (p.101)

히로세 테이조는 "생각된다"라고 하고 있지만, 정혜경은 근거를 제시하지 않고 "…었다는 점이다"라고 단정하고 있다. 조선인 노동자의 평균 월수입은 80엔 이상, 최고 월수입은 200엔을 넘는 달도 있었<u>으므로</u> 불리하다고는 말할 수 없다.

④ 공제가 많아 실수입은 얼마 되지 않았다

[히로세] 임금에서 노동에 필요한 도구비용 등이 공제되었기 때문에 실제 손에 남는 임금은 극히 적었다고 생각된다. (p.11)

[정1] 임금이 노동에 필요한 도구비용 등으로 공제되었으므로 실제 손에 들어온 입금액은 일부에 지나지 않았다는 점이다. (p.101)

히로세 테이조는 "생각된다"라고 하고 있으나 정혜경은 "...았다는 점이다"라고 단정하고 있다. 그러나 이 주장은 사료적 근거가 없다. 사도광산에서는 공제에 관한 사료는 발견되지 않았다. 이우연의 연구에 의하면, 일본질소日本窒素 에무카에江迎 탄광에서는 평균 월수입이 100엔에서 각종 공제를 빼고도 손에 남는 것이 42엔이었다(『반일 종족주의』 제1부 7장 '조선인 임금차별의 허구성' pp.94-96)

⑤ 계약 종료 후에도 계속취로시켰다

[히로세] '모집' 기간은 당초 3년이었기 때문에, 사도광업소에서는 1942년 1월부터 '모집' 기한이 종료되는 조선인이 차례로 나오기 시작했다. 사도광업소의 방침은, 유무有無를 불문

하고 '여하튼 전원 계속취로할 것'이라는 것이었다. '그 후 각각의 조선 현지 가정 사정, 병약자 등 귀선帰鮮 또는 일시 귀선이 부득이한 자에 대해서는 조선 현지의 관변 및 관할 경찰서와 협의하여 적시 송환할 것'이라고 했다. 사도광업소에서는 '계속취로 절차를 수료한 자에 대해서는 적당한 시기에 각 개인에게 표창장과 상응하는 장려금을 수여'함으로써, 조선인의 취로 '계속'을 꾀하였다. 이들 사실은 '모집' 형식이지만, 실태는 강제노동이었음을 잘 보여준다. (p.12)

[정1] 1939년 2월에 할당모집으로 사도광산에 들어와 3년의 기한을 채운 광부들은 1942년 1월에 기한을 채웠으므로 고향으로 돌아갈 수 있었다. 그러나 광산 측에서는 '전원 계속취로' 방침을 정하고 '조선 현지 가정 사정이나 병역자 등 일부 일시귀선이 부득이한 경우는 조선 현지 관청과 경찰서와 협의한 후 송환'하기로 했다. 일부 일시귀선대상자가 아닌 경우에는 돌아갈 수 없음을 의미했다. '계속취로수속수료자에 대해서는 적당한 시기에 개인 표창과 상당하는 장려금을 수여'하는 방법으로 조선인을 사도섬에 묶어두었다. 돌아가고 싶어도 마음대로 돌아갈 수 없는 상황, 바로 강제이다. (p.111)

계속취로는 강제가 아니라 이익 유도에 의해 실현되고 있었다.

보장금, 가족 불러오기, 조선 출신 아동을 위한 전문교사 배치 등 사업장은 계속취로를 얻기 위해 다양한 이익 유도를 하고 있었다. 사도광업소에서는 조선인 1,500명을 동원하여 종전 시 1,000명이 남아 있었기 때문에, 3분의 1에 해당하는 500명은 계속취로하지 않았다. 이 통계야말로 강제성이 없었다는 증거다.

### ⑥ 도주가 많았다

[히로세] 조선인은 도망을 통해 자신의 건강과 생명을 지킬 수밖에 없었다. 전술한 표2와 같이, 1940년 2월부터 1943년 6월까지 3년 4개월 사이에 도망자는 148명으로, 전체의 14.8%나 되었다. 1939년 2월 제1진의 조선인은 사도에 오기 전, '시모노세키와 오사카에 도착한 뒤 도망친 사람이 많았다'고 한다. (p.14)

[정1] 그렇다면 조선인들은 왜 이렇게 탈출을 시도했는가. 그리고 회사 측은 경찰과 직업소개소 등 촘촘한 색출 시스템을 가동해 잡아들였는가. 이 점이 바로 강제동원 부정론자들이 주장하는 점과 차이점이다. 2019년 현재 일부 경제학자들은 '조선인 강제동원은 없었다' '조선인은 자유로운 취업을 했고, 돈을 벌었다'는 주장을 출판물과 개인방송을 통해 지속적으로 확산하고 있다. 그런데 강제동원 부정론자들이 주장

하는 '자유로운 상태의 조선인들'은 이렇게 늘 탈출을 시도했고, 회사와 일본 공안당국은 탈출자들을 잡아들이려 노력했다. 고노마이광업소에서도 사도광산에서도 하시마광산에서도 어디서도 있었다. 잡아들인 탈출시도자들에게는 린치와 폭행을 가했다. 서류에는 '도주'라고 기재했다. '퇴사'가 아니었다. 상식적으로 볼 때, 자유로운 상태에서는 있을 수 없는 현상이다. 바로 인신적 구속, 강제적 상태에 놓여 있음을 의미하는 사례이다. (p.52)

[정1] [표 16]에서 '도주'라는 항목을 볼 수 있다. 도주율은 매우 높은 편이다. 도주가 입산 전후 어느 과정에서 이루어졌는가 알 수 없다. 일반적으로 강제동원 피해자들의 '탈출'은 부관연락선을 태워서 일본에 도착하기 전, 조선에서 가장 많이 이루어졌다. 사도가 섬이라는 점을 감안하면, 입산 이후에는 어려웠을 것으로 보인다. 위 '도주' 사례를 입증하는 사례는 아니지만 1939년 2월 제1진이 입산할 당시에는 '시모노세키나 오사카에 도착한 후 도망한 자가 많았다'고 한다. 앞에서도 언급한 바와 같이 '퇴사'가 아닌 '도주'라는 의미는 조선인 광부들이 마음대로 현장을 벗어날 수 없었음을 의미한다. 강제성을 입증하는 대표적 사례이다. (p.97)

사업체에 도착하기 전에 도중에 달아나는 사람이 있었으므로, 도망의 이유를 가혹한 근로환경 때문이라고는 할 수 없다. 보다 좋은 대우를 추구하여 다른 직장으로 옮기는 목적의 도망이 많았다.

이상에서 살펴본 바와 같이 ①~⑥은 히로세의 주장을 정혜경이 그대로 사용하고 있다. 특히 ①~⑤는 히로세 논문의 주장을 [정1]이 거의 고스란히 베껴쓰고 있다. 다만, 히로세는 ①에서 "만약 그렇다면"이라고 유보를 붙였고, ③, ④에서 "생각된다"고 단정을 피해 기술하고 있지만, [정1]은 그 부분을 모두 삭제하고, 근거를 표시하지 않고 마치 사실이었던 것처럼 단정하고 있다.

이하 ⑦~⑬은 히로세의 논문에는 없는 주장으로, 정혜경이 독자적으로 강제노동의 근거로 들고 있는 것이다.

### ⑦ 동원된 조선인의 증언

[정2] '강제연행의 문서가 있다면 내놓으라!' 일본군 위안부 피해 문제를 둘러싼 공박에 늘 빠지지 않는 가해자 측의 수사이다. 그들은 '실증'이라는 명분을 내세워 '피해자는 공적 문서를 남길 수 없다'는 점을 약점으로 삼고 공격의 빌미로 활용한다. 이런 전략은 홀로코스트 부정론자들이 해오고 있는 방법이기도 하다. '나치가 홀로코스트를 실행했다면 히틀러의 명령이 남긴 문서가 있어야 하는데, 그런 문서는 한통도 발견되지 않았다'는 식이다. 피해자는 공적 문서를 남길 수는 없으나 기록을 남길 수 있다. 그 가운데 하나는 한국 정부가

생산한 기록이고, 또 다른 하나는 경험자의 구술이다. (p.26)

정혜경은 근거 없이 조선인 전시 동원을 나치의 홀로코스트와 같은 것이라고 하고 있다. 이는 사실에 반하는 용납할 수 없는 비방중상誹謗中傷이다. 또한, 홀로코스트 피해자들은 홀로코스트를 유일무이한 악독한 범죄로 여기기에, 조선인 전시 동원이나 위안부 제도 등에 대해 그러한 말을 사용하는 것에 거부감을 표명하고 있다.

[정1] 강제동원을 경험하고, 살기 위해 탈출을 감행한 광부에게 사도에서 생활은 고통스러운 기억이었다. 1919년 12월 20일 충남 논산군에서 태어나 1940년 11월 사도에 동원되었던 임태호가 주인공이다. 1997년 9월 사망할 때까지 가나가와현 가와사키시川崎市에 살았던 임태호는 1997년 5월 사망하기 직전에 길지 않은 구술을 남겼다. 이 구술은 현재 유일한 사도광산 생존자의 구술 기록이다. (p.80)

정혜경이 여기서 소개하고 있는 것은, 일본에서 2002년에 출판된, 조선인 강제연행 진상조사단에 의한 『조선인 강제연행 조사기록 – 관동편朝鮮人強制連行調査の記録－関東編』에 수록된 임태호林泰鎬 씨의 증언이다. 이 임 씨의 증언에는 의문점이 많아 신빙성이 낮다. 이하 그 의문점을 정혜경의 기술에 입각하여 지적한다.

우선 첫 번째 의문은 1940년 모집 시기에 사도로 건너온 임태호가

'징용'으로 동원됐다고 말하고 있다는 점이다. 정혜경이 요약한 임태호의 증언을 인용한다.

> [정1] 임태호는 1940년 11월 '모집'이라는 형태로 젊은 동료들과 함께 배를 타고 일본 땅을 밟았다. 스무 살의 청년이었다. 좁은 배에는 조선인으로 넘쳐났다. 니가타현 사도섬에 도착하니 산속 오지의 산 정상에 함바飯場(노동자숙소)가 있었다. 아이카와相川라는 곳이었다. 갈 때는 '모집'이라고 해서 '자유모집'이라고 생각했는데, 도착해서 '징용'이라는 사실을 알았다. (p.80)

역시나 정혜경도 이 증언은 고스란히 믿을 수 없다고 생각했을 것이다. 그래서 다음과 같은 억지 해설을 덧붙였다.

> [정1] 임태호는 '자유 모집'으로 알고 갔는데, 현지에서 '징용'이라는 것을 알았다고 했으나 근거는 밝히지 않았다. 임태호가 동원된 1940년 11월에 입산한 조선인 광부들은 모두 '할당모집'이라는 경로로 동원되었다. 임태호의 구술은 '자유로운 상태의 노동자'로 알고 갔으나 '강제적 상태의 노무자'라는 의미였을 것이다. 법적인 경로는 할당모집이었으나 피해자들이 체감하는 강제동원은 '징용'이었음을 알 수 있다. (p.81)

징용은 1944년 9월부터 시작됐다. 1940년 11월의 시점에서는 모집이었다. 정혜경의 해설은 전혀 설득력이 없다.

두 번째 의문은 숙소에서 작업장까지 걸어서 한 시간 반이나 걸렸다고 말하고 있는 것이다.

[정1] 함바에서 일하는 곳까지는 걸어서 1시간 반이나 걸렸는데, 평탄한 길이 아니라 오르내리는데 고생스러운 거친 길이었다. 더운 여름날에도 고생스러웠지만 추운 겨울에는 말로 표현하기 어려울 정도로 힘들었다. 눈이 무릎까지 쌓여 있었으므로 일하는 곳에 도착하면 다시 돌아가는 과정이 일하는 것 이상으로 힘들었다. (p.80)

필자의 현지 조사 결과, 조선인 기숙사와 작업 현장의 거리는 걸어서 30분도 채 걸리지 않는 것을 알 수 있었다. 애초에 그렇게 먼 곳에 왜 숙소를 짓는다는 것인지 있을 수 없는 기술이다.

[정1] 임태호가 하는 일은 지하에서 광석 채굴이었다. 지하에서 하는 작업은 죽음을 맞닥트리는 일이었으므로 하루하루가 공포 그 자체였다. 매일 같이 낙반사고가 있어서 '오늘은 살아서 이 지하를 나갈 수 있을까' 하는 생각을 하며 마음을 졸이고 살았다. 사망자에게 인간 대접이라는 것은 없었고, 아무런 조의弔儀도 없었다. (p.80)

매일같이 낙반사고가 있었다면 당연히 기록이 있을 텐데, 그런 기록은 없다. 사도금산은 단단한 암반으로 이뤄져 있어 낙반사고는 거의 일어나지 않는다. 사고로 사망한 조선인 노동자가 1943년 5월까지 10명이 있었는데, 당연한 일이지만 정중한 절차를 거쳐 유골은 가족에게 돌아갔다. "근속 3개월 이상에 이를 때는 단체 생명보험에 가입시키고 재적 중 보험료는 일체 회사가 부담하고, 만일 불행한 일이 있을 경우 보험금 3백 엔을 증정한다"(사도광업소 『반도 노무관리에 대하여』)고 되어 있으며, 사망할 경우 보험금이 지불되었다.

임 씨 본인은 사고로 크게 다쳤는데 병원에 데려다주지 않고 방치됐다고 말한다.

[정1] 임태호는 운이 좋았는지 다행히 살아남았다. 그러나 그도 지하에서 작업 중에 하시고(발판)가 떨어져 큰 부상을 입고 구사일생으로 목숨을 건졌다. 지하에서 밖으로 실려 나갈 때까지는 의식이 있었는데, 그 이후에는 의식을 잃었다. 정신이 든 곳은 병원이 아니라 함바의 이부자리였다. 허리를 강하게 맞아서 일어나지도 못하고 병원에도 가지 못하고 열흘 정도 누운 채 지냈다. 간신히 일어날 수 있게 되자 다시 일터로 돌아가야 했다. 병에 걸려도 이틀 이상은 쉴 수 없는데, 열흘이나 일하지 않았으므로 더 이상 일하지 않는다는 것은 절대로 용납되지 않았다. (pp.80-81)

광업소는 노동자와 그 가족을 위해서 병원을 두고 있었다. 노동자 부족 때문에 조선인 노동자를 불러온 것이므로, 노동력을 확보하기 위해서도 병원으로 옮기지 않는 것은 있을 수 없다. 사도광업소에 대한 앞의 사료에 의하면 한 달에 며칠만 일하는 조선인 노동자도 있었던 사실이 명확하기 때문에, 성과급에 따른 급료는 나오지 않았겠지만 쉬고자 한다면 쉬었던 것이다.

**⑧ 사도에서는 전시 동원정책이 실행되기 전부터 강제동원이 이루어졌다**

[정1] 사도광산은 '조선인 동원 개시'에 앞서, 1939년 2월부터 조선인 동원을 시작했다. 그 이유는 사도광산 측이 조선인을 도급제도에 따라 동원하여 이용하려 했기 때문이다. 사도광산에서는 정부 당국이 정책을 내기 전부터 강제동원이 행해지고 있었던 것이다. (p.117)

『사도 아이카와의 역사』에 수록되어 있는 스기모토 소우지의 발언을 근거로 하고 있다고 생각되는데, 그 발언은 앞서 말한 사료로 부정되고 있다.

**⑨ 모집도 일종의 강제동원**

[정1] 할당모집은 강제동원이 아닌가. 강제동원에 해당한다.

당국이 실시한 강제동원은 인적·물적·자금동원이고, 인적 동원은 노무자와 군인·군무원·일본군위안부피해자가 있다. 할당모집은 노무자의 동원 경로 가운데 하나이다. 그러므로 당연히 강제동원에 해당하는 피해유형이다. (pp.96-97)

앞서 서술한 바와 같이 근거가 희박한 낡은 학설이다.

### ⑩ 모집, 관 알선, 징용 모두 ILO조약 위반이다

[정1] 일본 정부는 1932년 강제노동을 금지한 국제노동기구 ILO의 노동 협약 제29호를 비준했다. 이 노동협약은 강제노동을 금지하는 내용을 담고 있었다. 그런데도 1938년 국가총동원법이라는 법적 근거에 따라 총동원시스템을 마련하고 제국 일본의 모든 영역을 대상으로 인적·물적자금을 총동원했다. 아시아태평양전쟁을 수행하기 위해 일본은 스스로 비준한 국제노동기구의 노동 협약 29호를 위반한 것이다. (p.97)

ILO 29호 협약에서는 전시 노동 동원은 강제노동에 포함되지 않는다고 규정하고 있다. 즉, 동 조약 2조는 다음과 같이 예외 규정을 두고 있다.

제 2 조

1. 이 협약의 목적상 강제 또는 의무 노동은 어떤 사람이 처벌의 위협하에서 강요받았거나 자발적으로 제공하지 않은 모든 노동이나 서비스를 의미한다.

2. 그럼에도 불구하고, 이 협약의 목적상 강제 또는 의무 노동은 다음을 포함하지 않는다.

(가) 전적으로 군사적 성격의 작업에 대해서 의무병역법에 따라 강요되는 노동 또는 서비스

(나) 완전한 자치국 국민의 통상적인 시민적 의무의 일부를 구성하는 노동 또는 서비스

(다) 법원 유죄 판결의 결과 강요되는 노동 또는 서비스. 다만, 이러한 노동 또는 서비스는 공공기관의 감독 및 관리하에서 실시되며, 민간인, 민간회사 또는 민간단체에 고용되거나 그 지휘 아래에 있지 않다.

(라) 긴급한 경우, 즉 전쟁이나 화재, 홍수, 기근, 지진, 극심한 전염병이나 가축 전염병, 동물이나 곤충류 또는 식물해충의 침입과 같은 재해나 그러한 재해의 우려가 있는 경우, 그리고 일반적으로 주민 전체 또는 일부의 존립이나 안녕을 위태롭게 하는 모든 상황에서 강요되는 노동 또는 서비스

2조 (라)항의 "전쟁...강요되는 노동"에 조선인 전시 노무 동원은 당연히 포함된다.

⑪ 조선인 사망률이 높았다

[정1] 10명의 사망피해는 당시 일본지역 탄광과 광산 노무자의 사망률과 비교해보면 높은 비율이다. 제2장 제2절에서도 언급한 바와 같이 일본 전 지역 조선인 노무자 사망률은 0.9%(1939.10~1942.10 기준)이고, (p.97)

1,005명 중 10명은 1%, 평균인 0.9%와 거의 같다.

⑫ 공탁된 노동의 대가를 받지 못했다

[정1] 사도광산 조선인 1,140명의 공탁금액 231,059엔 59전이다. 이 기록은 두 가지를 의미한다. 하나는 최소한 1,140명의 조선인이 강제동원되었다는 점이다. 또 다른 하나는 이들의 급여와 저축, 각종 보험금을 지불하지 않고 공탁했다는 점이다. 더구나 공탁기록에는 개인별 정보가 없어서 개별성도 확인할 수 없다. 조선인 광부들이 저축통장에 돈이 쌓일 것을 기대하고 희망을 가졌던 노동의 대가는 어디로 갔는지 알 수 없다. (p.103)

1965년의 일한日韓청구권협정으로 해결되었다. 일본으로부터 자금을 받은 한국 정부는 두 번에 걸쳐서 미지불 급여와 저금 등을 돌려주었다.

### ⑬ 임금, 대우나 지급방법을 고용주가 일방적으로 결정했다

[정1] 임금 수령 여부나 임금의 과다 여부는 강제성과 무관하다는 점이다. 전시체제기 노무자들은 노동자가 아니었기 때문이다. 일본 국가권력이 제정한 법에 따라 자본가와 계약 관계에 따라 노동 조건을 확보하거나 노동자 권리를 주장할 수 없었다. 그러므로 임금을 비롯한 모든 처우는 부리는 자들이 일방적으로 정했고, 지급방식도 일방적으로 운영했다. 그런데도 2019년 현재 국내 강제동원 부정론자들은 임금을 받았다는 점을 강제성을 부정하는 근거로 제시하고 있다. 당시 체제와 시대 상황에 대한 이해가 부족한 주장이다. (p.103)

어느 나라의 전시 노동 동원에서 국제노동조건의 권리를 주장할 수 있었는가. 합법적인 전시 노동 동원은 강제노동이라 할 수 없다.

## 6 일시 좌절된 사도금산 유네스코 등록

한편, 2022년 7월 28일, 유엔교육과학문화기구(유네스코UNESCO)가 사도금산의 세계문화유산 등록 심사를 중단하는 놀라운 일이 벌어졌다. 같은 해 2월에 일본 정부가 유네스코에 제출한 추천서가 미흡하다며 유네스코 사무국이 자문기관에 해야 할 서류 송부를 하지 않았던 것이다.

문제가 지적된 부분은 '니시미카와 사금산西三川砂金山'의 사금砂金을 채굴하기 위한 도수로導水路에 대한 취급 부분이다. 도수로에 끊긴 부분이 있어서 유네스코는 그 부분에 대한 "기재가 미흡하다"고 지적했다.

2월에 제출한 추천서는 수정이 허락되지 않았다. 일본 문부과학성은 일단 서류에 문제가 없다고 하면서 차관을 유네스코에 보내는 등 교섭을 계속했지만, 유네스코 사무국의 결정은 번복되지 않았다.

본래 유네스코 사무국은 우리나라에서 제출한 추천서를 자문기관인 국제기념물유적협의회(이코모스ICOMOS)에 2022년 2월 중으로 송부하고, 이코모스가 서류심사와 함께 2022년 가을 현지 조사 등에 근거하여 2023년 봄경에는 ① '(세계유산일람표에의) 기재記載'=등록 적절, ② '정보조회'=추가 정보 요구, ③ '기재연기記載延期'=추천서 재제출, ④ '불기재不記載'=등록 부적절, 이렇게 4등급의 평가를 진행하고서 ①의 평가를 취득하면, 이후 2023년 여름쯤에 유네스코 세계문화유산위원회(21개국이 위원)가 사도금산에 대한 등록을 결정할 예정이었다.

필자가 관계자들을 상대로 취재한 바에 따르면, 현재 한국 측에서 조선인 전시 동원 문제를 거론하며 등록을 반대하고 있는 일이 이번 유네스코 사무국의 심사 중단에 영향을 준 일은 없었던 것으로 보인다.

통상적으론 추천서 제출 전년도 9월 말까지 잠정판暫定版을 유네스코 사무국에 제출하고, 미비점에 대한 지적을 사전에 받아 수정 작업을 한다. 하지만 2021년에 일본 문화청 문화심의회가 추천 기준을 개정했기 때문에 추천 후보 선정이 12월까지 연기되었다. 그 결과로 2021년 9월에 잠정판을 제출할 수 없었다. 그런 이유로, 2022년 2월의 추천서 제출은 사전 수정을 받지 못한 채로 진행할 수밖에 없었다. 문화청은 관계자들에게 괜찮다고 설명한 듯 한데, 중대한 실수가 있었던 것이다.

사도佐渡시를 선거구로 두고 사도금산의 등록을 위해 적극적으로 활동해 온 호소다 켄이치細田健一 중의원(자민당)은 "2월말에 그러한 지적이 있었음에도 불구하고 니가타현이나 사도시와도 정보공유를 안 한 것은 큰 문제다. 우리 지방을 바보 취급하지 말라"며 문부과학성 간부들을 질책했다. 신청 주체인 니가타현과 사도시는 2022년 가을 예정이었던 이코모스의 전문가에 의한 현지조사에 앞서 전력으로 준비하고 있다. 그럼에도 불구하고 문제점을 현과 시에 숨기고 있었으니 문부과학성 직원들의 무책임함은 규탄받아야 마땅하다.

우리 민간의 학자들도 해당 지자체와 연대하면서 사도금산의 조선인 전시 노동의 실태를 사료에 입각하여 밝히고, 또 그 결과를 일본어뿐만 아니라 영어와 한국어로도 공개하는 일을 해왔다. 우리는 또한 한국의 연구자들도 초청하여 '강제노동'설을 학문적으로 논파하는 강연회를 도쿄와 니가타에서 개최하는 등 이코모스의 현지조사를 앞두고 여러 활동을 이어왔기에 배신당한 기분을 억누를 수 없다.

일본 문화청은 니가타현과 사도시와 협의하여 기존 추천서의 문제를 수정하고 2022년 9월에 잠정판을 유네스코 사무국에 제출한다고 한다. 1년을 낭비했을 뿐만 아니라 2023년에는 세계문화유산위원회에 한국이 참여, 사도금산 등록결정회의에 위원으로 임할 가능성이 높기 때문에 등록에 장애 요인이 늘어난 것은 사실이다.

2022년 7월에 방일하여 강제노동설을 부정하는 강연을 해 준 한국의 연구자 이우연은 "주어진 1년이란 기간을 사용하여 강제노동설을 철저히 논파할 수 있는 연구를 추진합시다"라고 하면서 격려의 말을 필자에게 해주었다.

**8장**
▼

# 사도금산佐渡金山에서의 조선인 전시戰時 노동의 실태

나가타니 료스케長谷亮介

# 1 사도금산에 관한 1차 사료

현 단계에서 사도금산에 대한 1차 사료는 다음의 여섯 점을 확인할 수 있다.

① 히라이 에이이치平井栄一 편집『사도광산사 제2佐渡鉱山史 其 ノ二』(1950년),

② 사도광업소『반도 노무관리에 대하여半島労務管理ニ付テ』(1943년 6월),

③ 일본광산협회『반도인 노무자에 관한 조사 보고半島人労務者 ニ関スル調査報告』(1940년 12월),

④ '귀국 조선인에 대한 미불 임금 채무 등에 관한 조사 결과帰国朝鮮人に対する未払賃金債務等に関する調査結果'(『조선인의 재일 재산 조사 보고철朝鮮人の在日資産調査報告綴』에 수록) 및『경제 협력과 한국 105·조선인에 대한 임금 미불 채무 조사経済協力·韓国105·朝鮮人に対する賃金未払債務調』,

⑤『조선인 연초배급명부朝鮮人煙草配給名簿』,

⑥「특고월보特高月報」에 기재된 사도 관련 기사

①과 ②에 관해서는, 니시오카 쓰토무의 논문에서 설명이 되었으므로 생략한다. ③은 일본광산협회가 국내 주요 광산 84곳에 대하여

행한 조사로서, 조선인 노동자의 대우 등이 기록되어 있다. ④는 전후 조선인의 미불 임금 등에 관한 조사와 공탁에 대한 공문서이며, 사도금산에 대해서는 '귀국 조선인에 대한 미불 임금 채무 등에 관한 조사 결과'가 남아있다. 1,140명분의 23만 1천 59엔 59전이 기록되어 있을 뿐이다.

⑤는 사도광업소가 당시 관리하던 소우아이相愛 기숙사(모두 4곳)와 사택에 거주하던 조선인 명단이다. 1943년 및 1945년, 회사가 담배를 지급하는 과정에서 작성되어, 일부분이지만 명부에 조선인 463명의 성명과 생년월일, 이동 관련 정보 등이 기록되어 있다. ⑥의 「특고월보」에는 전시 중에 사도금산에서 일어난 조선인 쟁의 사건 3건, 도피 사건 5건이 기록되어 있다.

## 2 선행 연구의 내용

사도금산의 조선인 노동자를 고찰한 선행 연구로 대표적인 것은 1988년에 니가타현에서 발행된 『니가타현사 통사편 8·근대 3新潟県史 通史編8·近代3』(이하『니가타현사』), 그리고 1995년에 아이카와相川마치에서 발행된『사도 아이카와의 역사·통사편·근현대佐渡相川の歴史·通史編 近·現代』(이하『사도 아이카와의 역사』)가 존재한다. 전자에는 '강제연행된 조선인'이라는 항목이 설정되어 있고, 1939년부터 실시된 모집 시기부터 조선인을 강제적으로 연행했다고 설명하고 있다. 그 밖에도 사도광업소는 조선인 근로자에 대해 민족차별을 하고 있었고, 강압적인 계약 갱신이나 조선인을 착암과 운반 등 위험한 업무에 종사시켰다고 말한다. 이들 주장은 ②의『반도 노무관리에 대하여』를 근거로 하고 있다.

후자도 조선인을 강제적으로 연행했다고 설명하고 있으며, 사도광산 노무과의 스기모토 소우지杉本奏二의 증언으로써 일본인 갱내 노무자 중 규폐증硅肺症을 앓는 사람이 많았다는 것과 젊은 일본인이 속속 군대로 갔기 때문에 조선인 모집을 개시했다고 기재했다.

개인의 논문으로는 나가사와 슈長澤秀, 사토 타이지佐藤泰治 등의 논문이 있는데, 2000년에 발행된「니가타 국제정보대학 정보문화학부 기요新潟国際情報大学情報文化学部紀要」제3호에 게재된 히로세 테이조広瀬貞三의 '사도광산과 조선인 노동자 1939~1945'에 상세하게 정리되어 있다. 앞서 소개한 1차 사료 이외에도 당시 니가타현의 신문, 나가사와, 사토 등의 선행 연구도 참조하면서 사도금산에서의 조선인 노동자의 실태를 고찰하고 있는데, 히로세 테이조는 이 논문에서 조선인 노동자들은 민족차별을 받으면서 강제노동을 해왔다고 결론내리고 있다.

히로세 테이조가 주장하는 민족차별이란,『사도 아이카와의 역사』와 마찬가지로『반도 노무관리에 대하여』를 참조하여, 착암이나 운반이라는 위험한 갱내 노동에 종사하는 노동자의 비율이 일본인보다 조선인이 더 높았다는 것과 관계된다. 또한, 노무과에 있었던 스기모토 소우지의 규폐증에 관한 증언을 인용하여, 조선인 모집은 노동력 보전뿐만 아니라, 일본인의 규폐증 감염을 막는 목적이 있었다고 고찰했다. 이 점에 관해 히로세 테이조는 1944년에 사도광업소의 규폐를 조사한 사이토 켄齋藤謙의 '규폐증의 연구적 시험·보유珪肺病の研究的試驗·補遺'를 인용해, 규폐에 걸리는 원인이 되는 분진의 평균 흡인량이 착암削岩, 운반運搬, 지주支柱의 작업에 종사하는 사람에게 많았다는 것을 소개하고 있다. 이들 직종의 비율이 높았던 것은 조선인이며, 이 기록은 조선인을 대상으로 조사하였을 것이라고 히로세 테이조는 고찰했다.

또 조선인의 임금에 관해서는, 농민 출신인 조선인들은 '청부제도請負制度'(도급제도)하의 급료가 일본인에 비해 불리했으며, 도구비 등이 공제되어 수중에 남는 임금은 극히 적었을 것이라고 말하고 있다. 조선인은 2~3년 노동계약을 맺고 있었는데, 사도광업소는 우격으로 계약을 강제갱신토록 했다고 하여, 이를 강제노동의 증거로 들고 있다.

## 3 선행 연구의 내용 정리와 1차 사료의 확인

이상, 선행 연구에 대한 간결한 설명을 하였는데, 중요한 점은 조선인 강제연행에 관한 구체적인 고찰이 행해지지 않았다는 점이다. 『니가타현사新潟県史』는 1939년에 개시된 모집부터 1944년에 개시되는 징용까지를 아무런 문답없이 '강제연행'으로 단정하였고, 학술적 고찰은 일절 행해지지 않는다. 이는 1965년에 박경식이 『조선인 강제연행의 기록』(미라이샤)을 발행한 것을 계기로, 모집에서 징용까지가 '강제연행'이 되고, 충분한 검증도 없는 채 일본 학계의 '상식'이 되어버린 것이 큰 원인일 것이다.

그러나 강제연행을 부정하는 1차 사료는 많이 남아있다. 예컨대, 사도금산과 동일한 미쓰비시 계열인 나오시마直島 제련소의 모집 상황을 기록한 이시도 츄에몬石堂忠右衛門의 수기(하야시 에이다이林えいだい 편집『전시 외국인 강제연행 관계 사료집 Ⅳ상권戰時外国人強制連行関係史料集 Ⅳ上巻』(아카시쇼텐明石書店, 1991년)에서는, 채용에서 떨어진 조선인(1940년 3월 20일), 대리웅모자(동년 3월 26일), 그리고 자동차 안에서 대합창을 하는 조선인들의, 마치 "학생이 수학여행 가는 기분"의 모습(동년 3월 27일)이 그려져 있다. 이러한 내용을 무시하고 강제연행 관계 사료집에 수록된 것으로부터, 당시의 '강제연행'설이 얼마나 근거 박약했는지를 알 수 있을 것이다.

나아가, 『니가타현사』의 '강제연행된 조선인'이 포함된 장章을 담당한 집필자는 사토 타이지佐藤太治였다. 사토 타이지는 박경식이 출발시킨 「재일조선인사연구在日朝鮮人史研究」에도 투고한 적이 있어, 그도 '강제연행'설의 지지자였음을 살필 수 있다. 즉, 중립적인 제3자가 집필한 현사県史가 아니었던 것이다.

『사도 아이카와의 역사』에서 주의해야할 점은 1차 사료와 증언의 내용이 혼합되어 있다는 점이다. 문서로 남아 있는 당시의 사료와 세월이 흐른 뒤 기억해내는 증언과는 내용의 괴리가 생길 가능성이 있다. 실제로, 위 책에서 스기모토 소우지는 1945년 3월의 최종 모집 시점에서 "총수 1,200명"이 사도광산에 왔다고 말하고 있다. 그러나

1차 사료인 히라이 에이이치의 『사도광산사 제 2』에서는 1,519명으로 기록되어 있다. 300명의 오차는 크다. 그밖에도 스기모토 소우지는 최초의 모집 개시시기를 1939년 2월이라고 하고 있으나, 히라이 에이이치나 『반도 노무관리에 대하여』에서는 1940년 2월이라고 기록되어 있다. 스기모토 소우지가 정확히 당시의 상황을 기억하고 발언했는지 검증이 필요할 것이다.

또한, 사도금산에서 발생한 조선인 쟁의 사건의 원인과 관련하여 "노무나 근로과 직원 중 일부에 극단적인 차별의식을 가진 사람이 꽤 있었다"고 당시 노무 담당자가 회상했다는 기술이 있는데, 누가 말했는가 하는 중요한 정보가 빠져 있다. 스기모토 소우지였다면, 자신의 이름을 썼을 것이기 때문에 "당시 노무 담당자"라는 사람은 스기모토 소우지와는 다른 인물일 가능성이 높다. 가명 인물이 말하는 회상을 무비판적으로 수용하는 것은 위험하다.

## 4 갱내 작업에 대한 배치와 규폐 발병률

선행 연구가 1차 사료를 이용하여 사도금산을 강제노동의 현장으로 판단하는 사정은 '조선인의 갱내 작업배치'와 '규폐증'이 대표적이다. 우선 착암과 지주支柱 등의 작업에 조선인이 많이 할당된 것이 차별이었는지 살펴본다.

스기모토 소우지는 규폐증에 대해 이야기하고 있지만, 근본적인 문제는 일본인 남성이 차례로 군대로 갔기 때문에 일어난 일손 부족

이다. 거기에 조선인 남성이 채워졌음에 지나지 않는다. 더불어 징병 이전에 만주로의 이주 정책으로 인해 니가타현의 인구는 감소했다. 야마카와山川출판사의 『니가타현의 역사新潟県の歴史』(1998년)에서는, 니가타현에서 중국의 만주국으로 보내진 집단개척단송출集団開拓団送出이 1937년부터 1945년 5월까지 1만 2,600명 이상으로, 이는 전국에서 5위의 송출 숫자였다고 한다. 또한, 사도금산의 암반은 단단했고 낙반의 위험은 적었다. 사도에서 전해내려오는 전통예능 '야와라기やわらぎ'는 돌이 물러지길 기원하기 위해 신사 앞에서 노래하는 신사예神事芸다.

규폐증에 관해 히로세 테이조는 사이토 켄의 논문을 조선인 노동자를 대상으로 한 조사로 고찰하고 있으나, 실제로 사이토 켄의 논문을 읽어 보면 규폐증의 첫 단계(1기)에 이르기까지 최단 4년 11개월이 걸린다고 쓰여 있다. 조선인은 계약에 따라 2년에서 3년까지밖에는 일하지 않았다. 계약을 갱신했다고 해도 5년간 근속한 자는 소수였을 것으로 생각된다. 한편, 1953년에 발행된 「니가타 의학회 잡지新潟医学会雑誌」에 게재된 탄노 세이키丹野清喜의 논문 '규폐증의 정신기능에 대해珪肺症の精神機能に就て'에서는, 규폐증으로 중증이 되는 것은 규폐증 2기부터이며, 규폐증 1기는 작업부하를 가한 경우 이외에는 정상인과 뚜렷한 차이는 인정되지 않는다고 하였다. 〈표 1〉에서도 알 수 있듯이, 근속연수를 고려하면 대상이 된 것은 조선인이 아닌 일본인이었다고 보는 것이 타당할 것이다.

나아가, 1954년에 탄노 세이키는 '직종별 가동연수에 따라 조사한

| | 발병하기까지의 기간 | 규폐 1기 | 규폐 2기 | 규폐 3기 |
|---|---|---|---|---|
| 착암부 | 가동기간 최단 | 4년 11개월 | 6년 7개월 | 6년 7개월 |
| | 가동기간 평균 | 6년 4개월 | 8년 7개월 | 10년 1개월 |
| | 입광入鑛 후 경과 연수 최단 | 5년 3개월 | 6년 11개월 | 10년 3개월 |
| | 입광 후 경과 연수 평균 | 7년 3개월 | 10년 3개월 | 13년 2개월 |
| 광부 지주부 운반부 | 가동기간 최단 | 7년 6개월 | 8년 6개월 | 14년 1개월 |
| | 가동기간 평균 | 14년 9개월 | 15년 6개월 | 20년 2개월 |
| | 입광 후 경과 연수 최단 | 8년 | 10년 3개월 | 17년 2개월 |
| | 입광 후 경과 연수 평균 | 16년 5개월 | 19년 2개월 | 24년 1개월 |

〈표 1〉 사이토 켄齋藤謙 '규폐증의 연구보고 · 보유珪肺症の研究知見 · 補遺'
(『호쿠에츠 의학회 잡지北越医学会雑誌』 제59호 제6호(1944년)에 의한 규폐 발병까지 걸리는 연수 (논문을 토대로 나가타니 료스케가 표로 작성))

| | 근속연수 5년 이내 | | | "5~10년 | | | "10~20년 | | | "20년 이상 | | |
|---|---|---|---|---|---|---|---|---|---|---|---|---|
| | A | B | C | A | B | C | A | B | C | A | B | C |
| 건폐健肺 (%) | 25 (65.8) | 124 (68.5) | 21 (95.5) | 1 (12.6) | 13 (32.5) | 5 (71.5) | | 8 (17.8) | 8 (66.7) | | | 1 (50.0) |
| 규폐 전기 (%) | | 38 (21.0) | 1 (4.4) | 1 (12.6) | 6 (15.0) | 2 (28.6) | | 1 (2.2) | 4 (33.3) | | | |
| 규폐 1기 (%) | 10 (26.3) | 18 (10.0) | | 1 (12.6) | 11 (27.5) | | | 12 (26.7) | | | | 1 (50.0) |
| 규폐 2기 (%) | 3 (7.9) | 1 (0.6) | | 5 (61.5) | 9 (22.5) | | 3 (100.0) | 20 (44.4) | | 2 (100.0) | | |
| 규폐 3기 (%) | | | | | 1 (2.5) | | | 4 (8.9) | | | | |
| 규폐 총계 (%) | 13 (34.2) | 57 (31.5) | 1 (4.4) | 7 (87.7) | 27 (67.5) | 2 (28.6) | 3 (100.0) | 37 (82.2) | 4 (33.3) | 2 (100.0) | | 1 (50.0) |

〈표 2〉 탄노 세이키丹野淸喜 '직종별 가동연수에 따라 조사한 규폐발생률 및 진전도職種別稼働年数より見たる珪肺発生率及び進展度'에 게재되어 있는 '갱내 각 직종 가동 연수별 이환율坑内各職種稼働年数別罹患率'(『니가타 의학회 잡지』 제68권 제9호(1954년), p.852)
(A: 순삭암 경험자군, B: 순운반 또는 순지주 및 운반지주 직종 경험자군, C: 갱내, 기타 직종으로서의 기계, 보선, 잡역 및 직원)

규폐발생률 및 진전도職種別稼働年数により見たる珪肺発生率及び進展度'(「니가타 의학회 잡지」제68년 제9호)를 발표하고, 규폐증의 원인인 분진환경과 이환율羅患率의 관계성은 없다고 단언했다. 탄노 세이키는 1951년에 사도로 생각되는 광업소(S광업소)의 협력을 얻어, 착암, 운반, 지주 작업이 분진을 가장 많이 흡인하는 환경이라고 인정했다.

그러나, 설령 분진이 많이 날리는 환경이라도, 갱내 작업의 계속연수에 비례하여 규폐증 이환율이 높아진다고 주장하고 있다. 〈표 2〉를 보면, 설사 삭암부削岩夫라도 5년 이내의 근무라면 중증이라고 하는 규폐증 2기에 이를 확률은 7.9%였음을 알 수 있다.

이로써 착암이나 운반, 지주에 조선인이 많이 할당된 것이 민족차별을 증명하는 것은 아님을 알 수 있다. 따라서 강제노역 역시 단언할 수 없다.

## 5 1차 사료에 기재된 조선인 노동자의 모습

임금이 수중에 거의 남지 않았다는 주장에 대해서는 니시오카 쓰토무가 앞서 반박했다. 그의 보고에서 소개한 ③ 일본광산협회의 『반도인 노무자에 관한 조사 보고』에서는 1940년 7월의 평균임금이 66엔 77전으로 기재되어 있다. 3년 후의 『반도 노무관리에 대하여』에는 80엔 이상이 된 것을 생각하면, 조선인은 충분한 임금을 받고 있었다. 이 점은 「특고월보」에 기재된 도주 사건에서도 드러난다.

「특고월보」 1942년 11월분에 임금과 식량에 불만을 품은 조선인

4명이 동료들에게 도주 지원을 부탁하여 130엔을 건네주었다. 1인당 30엔 이상의 금전을 소지하고 있었던 것으로, 도주 후의 교통비나 식량비를 고려하면 더 많은 소지금을 가지고 있었을 가능성도 있다. 또한, 1943년 2월분에서도 동일한 동기로 여성 조선인 노동자 4명이 도주 지원을 위해 75엔을 건네주었다. 조선인은 열악한 환경으로부터 자신의 생명을 지키기 위해 도주한 것이 아니라, 보다 좋은 직장으로 이동하고 싶었던 것이다.

계약의 강제적 갱신에 의해 귀향할 수 없었다는 점에 대해서는, ⑤의 『조선인 연초배급명부』 속에서 만기귀향에 따른 이동 신고가 확인되고 있다.

1945년 4월 22일에 작성된 것으로, 역사인식문제연구회가 입수한 사료에는, 계약 만기로 귀향한 조선인 11명의 이름이 적혀 있다(〈사진 1〉). 종전 직전에도 이 정도 인원이 귀향할 수 있었던 점을 감안하면, 이전에도 귀향한 조선인들이 다수 존재했을 가능성을 짚어볼 수 있다. 나아가 해당 이동 신고서에는 귀향자 전원에게 10일분의 담배를 지급했다고 기록하고 있다. 당시에 담배는 귀중품이었는데, 그것을 선뜻 지급 받고 있는 조선인을 노예노동자라고 표현하는 것이 적절한가. 『반도 노무관리에 대하여』에서는 계약 갱신자에게는 장려금이 주어졌고, 이것이 갱신 장려에 상당한 효과가 있었음을 명기하고 있다.

1차 사료를 읽어보면 사도금산은 강제노역의 현장이 아니었음을 알 수 있다.

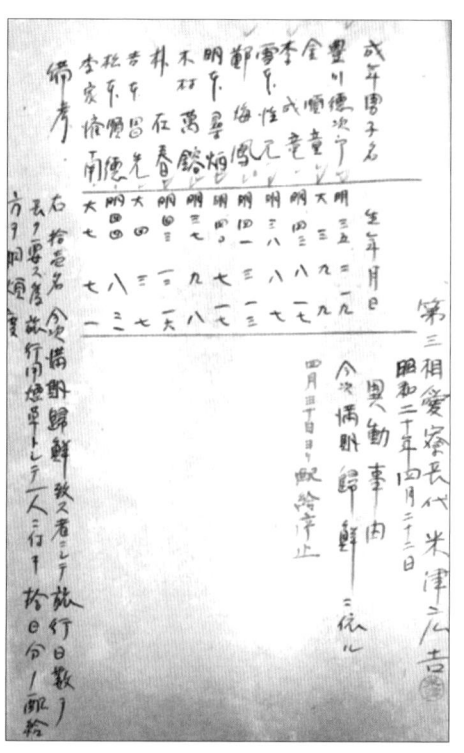

〈사진 1〉 일본 역사인식문제연구회가 입수한 제3 소우아이(相愛) 기숙사 조선인 노동자 11명의 만기귀향에 따른 이동 신고.

**특별게재**

# 한국 영화 '군함도'의 심각한 사실 날조와 그 무서운 동기

니시오카 쓰토무西岡力

## 두려움을 주는 영화 '군함도'

2017년 여름, 한국에서 반일 영화 '군함도'가 상영됐다. 이 영화는 약 230억 원이라는 거액의 제작비를 들인 것으로, 대대적인 선전에 이어 개봉 첫날인 7월 26일에는 97만 516명이라는 사상 최고의 동원을 기록했다. 또한, 8월 4일부터는 미국과 캐나다 등 40여 곳에서도 상영이 시작됐다. 말레이시아나 싱가포르 등 동남아시아에서도 조만간 개봉된다고 한다. 도대체 어떤 영화인지 확인하기 위해 필자는 7월 28일에 서울로 향했다. 서울 시내의 몇 군데 영화관에서 네 번 이 영화를 관람했다.

한마디로 말하면, 재미는 없지만 두려운 영화였다. 우선 스토리가 그리 흥미롭지 않아서 흥행은 이어가지 못할 것이라는 생각이 들었다. 그런 필자의 인상은 들어맞았다. 2주째부터 관객이 급감했다.

---

\* 이 게재문은 「겟칸하나다月刊Hanada」 2017년 10월호에 게재됐던 것으로, 본문은 기고문 원본을 다시 편집한 것이다.

실은 첫날 약 100만 명의 관객을 모은 데는 이유가 있었다. 대규모 사전 선전의 결과, 한국 국내의 전체 영화관 스크린을 '군함도'가 거의 독점했기 때문이다. 노동조합 등이 단합하여 예매한 표를 조합원들에게 뿌리고 있기도 했다. 한국도 일본과 마찬가지로 영화관의 주류는 시네마 콤플렉스(동일 시설에 복수의 스크린이 있는 영화관)이며, 영화관 수가 아닌 스크린 수가 기준이다. 한국에는 총 2,700개 스크린이 있는데, '군함도'는 무려 2,027개 스크린(75%)에서 상영됐다. 한 스크린에서 하루에 여러 영화를 상영하는 경우도 있다. 그런 경우에도 '군함도'는 관객이 많은 오후나 저녁 타임에 상영되었다. 즉, 적어도 한국의 영화관 스크린의 4분 3에서 군함도가 1번 이상, 심야 등을 제외한 골든타임에 상영된 것이다. 같은 날, 전국에서 합계 1만 8,440회의 영화가 상영되었는데, 그 중 '군함도'가 1만 174회(55%)를 차지했다.

그러나 스크린 독점 문제에 대한 비판, 사실왜곡 문제에 대한 비판, 그리고 "내용이 그다지 재미없다" 등의 평판이 인터넷이나 리뷰를 통해 퍼지면서, 이튿날부터 관객이 줄어들기 시작하고, 3일째 되는 날 200만 명(이튿날 이후의 평균은 첫날의 반인 50만 명), 주말을 끼고 일주일이 되어서야 500만 명을 돌파했다. 그 후 2주째 되는 날부터 급감했고, 15일째 되던 8월 10일의 관객수는 8만 8,479명으로 대폭 줄면서, 다른 영화에 밀려나 같은 날 총 관객수가 5위로 추락했다. 감독 등이 호언했던 사상 최고 2,000만 명 동원은 커녕, 손익분기점이라 하는 700만 명도 도달하지 못할 전망이다.

다만 이 영화가 히트하지 못했다고 해서 가볍게 봐서는 안 된다. 이 영화는 두 가지 측면에서 매우 두려워할만한 영화였다. 그리고 그 두 가지 측면 모두가 일본에 다대한 악영향을 미친다. 심각하게 받아들이고 가능한 모든 대책을 실행해야 한다고 생각한다.

### 역사 사실의 왜곡, 조작은 물론, 혁명을 선동하는 영화

이 영화의 두 개 두려운 점에 대해 결론을 먼저 말해둔다.

첫째는 역사 사실의 왜곡, 날조다. 영화에서는 징용공과 위안부에 관해 지독한 역사적 사실의 왜곡 및 날조가 있었다. 징용공에 대해서는, 선창船倉이나 화차에 실려서 이동하고, 탄광에 도착한 직후에는 사유재산몰수, 갱도에서 구타를 당하면서 하는 중노동, 조잡한 식사와 끔찍한 주거 시설 등, 마치 나치 유대인 수용소에서의 강제노동을 생각하게 하는 묘사가 계속 이어진다.

위안부에 대해서도, 하시마端島에 도착하자마자 군인들이 연락선에 올라가 징용공 사이에 섞여 있던 여성들을 전원 구타하면서 노예사냥하듯이 연행하여 유곽에서 일하도록 하고, 소학생(초등학생) 소녀도 위안부가 되는 등 있을 수 없는 묘사가 이어진다.

또 하나, 하시마의 회사 측 간부는 일본이 패전하면 조선인에게 노예노동을 시킨 사실이 들통나 전쟁범죄로 재판받을 것을 두려워하여, 조선인 광부와 위안부들 전원을 탄광에 가두어 죽일 계획을 세운다. 물론 하시마탄광이나 다른 징용 현장에서 전혀 존재하지 않았던, 거짓말을 묘사하고 있는 것이다.

그러나 이러한 영화의 묘사를 간단히 황당무계하다고 일축할 수 없는 이유가 있다. 영화 첫머리에는 다음과 같은 자막이 나온다.

본 영상은 '대일항쟁기 강제동원 피해조사 및 국외강제동원 희생자 등 지원위원회' 자료와 당시 실제 기사와 인터뷰 등을 참고한 후 제작하였습니다.

여기서 언급되는 '위원회'란 노무현 정권 시절인 2004년에 특별법에 근거하여 만들어진 국립기관이다. 일본인 학자와 활동가들이 협력하는 가운데 11년에 걸친 대규모 '조사'를 한국 정부가 실시하였고, 그 결과 다수의 보고서가 간행되었으며, 2015년에는 이 조사를 바탕으로 부산에 '국립일제강제동원역사관'이 설립됐다.

영화를 제작한 쪽은 이 국립조사위원회가 11년간 실시한 대규모 조사 결과를 토대로 시나리오를 작성했다면서, 일본 측의 비판에 반론하고 있다. 따라서 이 영화의 사실왜곡을 본격적으로 비판하기 위해서는 한국 정부의 조사 전체를 파악하고 그에 반박을 해야 한다. 그런 작업을 일본의 관민은 게을리해왔다. 시급한 것은 징용공을 받아들인 일본 측 관계자들의 증언 수집이다.

둘째는 이 영화의 숨겨진 주제의 두려운 점이다. 한마디로 혁명 선동이다. 문재인 정권이 하려고 하는 '촛불혁명'을 부채질하는 것이었다. 이 영화는 남한 주류 보수세력을 '친일파의 후예'로 규탄하고 있음은 물론, 반공자유민주주의 체제를 약체화시켜 북조선과의 연방제

통일을 지향하는 문재인 세력이 기도 중인 혁명 선동을 숨겨진 주제로 하고 있다. 영화의 첫번째 적역敵役, 악역은 일본인이 아니라 일본인에게 협력하는 조선인이며, 그 친일파를 많은 조선인 징용공들과 위안부들이 보는 앞에서 공개 처형하는 장면이 실은 이 영화의 숨겨진 클라이맥스였다. 독립 후에 한국에선 이러한 친일파 처형을 하지 못했으므로, 혁명이 필요한 것이라는 메시지다. 이상, 이 영화의 두 개 두려운 점을 결론적으로 서술했다.

### 정치적 목적과 함께, 대기업 투자로 흥행까지 목적했던 영화

지금부터는 영화에 대해서 자세하게 논하겠다. 또 하나 간과할 수 없는 두려운 점은, 이러한 영화를 제작·배급한 회사가 삼성그룹에서 분리된 대기업 그룹이라는 점이다. '군함도'를 제작·배급한 회사는 한국 내 최대 기업인 CJ엔터테인먼트다. 이 회사는 한국 내에서 가장 큰 영화관 체인도 보유하고 있다. 그 극장 체인을 총동원하여 상영했으니 첫날 '군함도'의 스크린 점유율이 75%라는 경이로운 숫자를 기록할 수 있었다.

이 회사가 속한 CJ그룹은 원래 삼성그룹의 '제일제당', 설탕과 조미료 등을 만드는 식품 업체였다. 1993년 삼성그룹을 이탈해 영화와 음악 등 엔터테인먼트 분야에 진출했고, 사명을 CJ로 변경해 독자적인 기업 그룹을 형성했다. 삼성 창업자 故 이병철의 손자(장남 이맹희의 아들) 이재현이 CJ그룹의 오너다.

이 CJ사가 2015년 '베테랑'이라는 영화로 역대 4위인 1,300만 이상의 관객을 동원한 유명 영화감독 류승완과 현재 가장 핫한 한류스타인 송중기 등을 동원해 240억 원이라는 거액의 제작비를 들여 만든 것이 '군함도'다. 그러므로 단순히 과거의 역사를 재현해 일본이나 친일파를 비판하겠다는 정치적 목적만으로 만들어진 영화가 아니다. 흥행적으로 성공하는 것을 목적으로 만들어진 영화다.

징용공, 위안부 문제를 소재로 하면서, 반일 및 촛불혁명 지지라는 정치적 메시지를 내세우면서, 다른 한편으로는 흥행을 위해 대중성도 추구해야 한다. 그를 위해 너무 많은 스토리와 요소를 담아 오히려 보는 이들을 혼란스럽게 하는, 산만하고 재미없는 영화가 되고 말았다. 실제로 한국에서도 "두 마리 토끼를 다 잡으려다가 실패했다"는 평가가 나오고 있다.

## 영화 '군함도'의 시대 배경과 주요 등장인물에 관하여

시대는 쇼와昭和 20년(1945년), 무대는 나가사키현 하시마탄광이다. 이 탄광은 외형이 군함을 닮았다 하여 군함도라는 별명이 있다. 영화의 주요 인물은 9명이다. 조선인 7명과 일본인 2명이다. 그러나 포스터나 예고편 등에서는 항상 조선인 5명만 나온다. 여기에는 이유가 있다. 먼저 그 5명을 소개한다.

한국인에게 가장 호소할 수 있는 아버지와 자식의 정情을 전면에 내세워, 주인공 5명 중 2명을 경성 재즈음악단 리더인 아버지, 악단의 소학생 가수인 딸로서, 부녀로 설정했다. 리더 이강옥 역에는 한국에서 역대 영화 2위 관객 기록을 낸 영화 '국제시장'의 주연인 국민적 배우 황정민이 캐스팅됐다. 소학생 딸인 이소희(유명 아역 김수안)가 아버지와 함께 징용되어 위안부가 될 뻔한 이야기는 너무나도 사실에 반하는 역사날조다.

오락영화로 성공하기 위해선 부녀의 정만으로는 관객을 사로잡을 수 없기 때문인지, 액션장면과 남녀의 연애를 엮기 위해 경성 제일의 세력을 자랑하는 '종로파'(한국에서는 '組'가 아니라 '派'라고 한다) 깡패 두목을 세 번째 주요 인물로 뒀다. 그는 부하들과 같은 배로 징용된다. 인기 배우 소지섭이 연기한 깡패 두목 최칠성은 조선인 노무계 송정구와 목욕탕에서 치열한 싸움을 벌이다가 결국 부하들과 함께 무장한 채 징용공들의 탈출을 배후에서 돕게 된다. 일본 통치 시대의 실제 깡패조직 종로파를 모델로 하고 있음을 한국인이라면 금방 알 수 있다. 실존 인물인 종로파 김두한에 관한 이야기는 과거 여러 차례 영화나 TV드라마로 만들어져 히트를 쳤다. 그 인물을 빌려온 것이다. 하지만 깡패 두목이 부하를 거느리고 징용된다는 설정도 있을 수 없다.

아울러 반일물에 따라다니는 조선인 위안부를 무리하게 징용공과 함께 연행하는 설정에다가, 위안부와 깡패 두목의 러브스토리도 더했다. 스타 여배우이자 히트곡을 연발하는 가수인 이정현이 위안부 오말년 역을 맡았다. 그녀는 마지막 일본군 경비병과의 총격전에서 깡패들과 함께 경찰서에서 빼앗은 총을 마구 쏘며, 마지막에 두목과 함께 총에 맞아 죽는다. 죽기 직전 두 사람은 서로 바라보며 말을 나누고, 그녀가 두목 팔에 머리를 얹는 모습으로 나란히 누워 숨을 거둔다. 다정하게 늘어선 시체들이 몇 번 화면에 크게 나오는데, 마치 서로 사랑했던 두 사람이 저승에서 함께할 것을 다짐하는 것처럼 보인다. 하지만 위안부가 징용공과 함께 동원되는 일은 있을 수 없고, 위안부가 훈련도 받지 않고 총을 쏜다는 것도 불가능하다.

포스터와 전단지의 중앙에 찍힌 영화의 주인공은 독립운동조직 '광복군'에서 하시마탄광에 밀명密命을 받고 파견된 공작원 박무영이다. 연기자는 2016년 최고 시청률을 기록한 TV드라마 '태양의 후예'의 주인공을 맡아 인기 절정인 한류스타 송중기다. 일본으로 치면 기무라 타쿠야木村拓哉와 같은 존재다. 극중에서 그는 학도병으로 일본군에서 훈련을 받고 탈주하여 중국 시안에 있던 대한민국 임시정부 산하 군사조직 광복군의 일원이 되고, 미군 특수부대 OSS에 파견돼 공작원으로 훈련받는다는 설정이다. 확실히, 저명한 언론인 故 장준하 등 학도병에서 탈출해 광복군으로 들어간 복수의 실존 인물이 있었다. 그러나 영화의 박무영은 1945년 7월 징용공이자 독립운동가인 윤학철을 하시마에서 탈출시키기 위해 밀명을 받고 징용공이 되어 하시마탄광에 잠입한다. 일단 이 설정이 황당무계하다. 도망간 학도병이 간단히 징용공이 될 수는 없을 것이다. 이후 공작원 박무영과 윤학철 선생의 스토리가 영화의 메인 스토리가 된다.

이상 재즈 음악단의 부녀, 깡패 두목, 위안부, 독립운동조직 공작원 5명이 주요 인물이다. 여기에 일본 측에 붙어 조선인을 학대하고 박해한 친일파로서 2명의 주요인물이 등장한다. 깡패 두목과 다투던 조선인 노무계 송정구와, 공작원 박무영이 구하러 온 윤학철 선생이다. 그리고 하시마탄광의 일본인 소장인 시마자키島崎와 그 부하인 야마다山田, 이 두 사람의 일본인이 악역으로 등장한다. 이들은 악역이라 그런지 포스터나 전단지 등에는 일절 나오지 않는다.

## 영화 '군함도'의 징용공 실태에 대한 조작

그렇다면 이 영화가 얼마나 사실을 날조하고 있는지 구체적으로 지적해보자. 크게 나누어 세 가지 날조가 있었다. 첫째가 징용공에 대한 날조이다.

영화에서 조선인 징용공들은 관부關釜연락선으로 일본으로 향한다. 이들이 배 갑판 밑에 있는 짐칸에 감금되어 소란을 피우자 일본군이 물대포와 발포로 위협하는 장면이 나온다. 이는 있을 수 없는 일이다. 징용공들은 일본에서 부산까지 마중 나온 수용처, 기업의 일본인 담당자에게 인솔돼 다른 일본인들과 같은 선실에서 시모노세키로 건너갔다.

영화에서 조선인 징용공들은 시모노세키에서 창문도 없는 화차에 갇혀 강제로 나가사키까지 이동한다. 이것도 거짓말이다. 그들은 일본인 인솔자와 함께 열차를 타고 이동했다.

나가사키에서 하시마까지 연락선으로 이동해 하시마에 도착했을 때 일본군이 배에 올라와 곤봉으로 징용공을 마구 때리는 장면이 있는데, 이 역시 거짓말이다.

하시마에 상륙 직후 광장에 집합한 징용공들은 현금, 반지, 회중시계 등 금품을 모두 몰수당한다. 마치 유대인 수용소를 떠올리게 하는 장면이지만, 그런 사실은 없었다.

 탄광에서의 대우에 관해서도 엉터리 묘사가 계속된다. 영화에서 징용공은 이미 하시마탄광에서 일하던 조선인과 같은 곳에 수용됐다. 이것도 있을 수 없다. 하시마탄광에서는 전시 동원이 시작되기 전부터 고임금에 이끌린 조선인 광부가 일하고 있었고, 그들은 일본인과 같은 주거에 살고 자녀를 일본인 학교에 보내고 있었다.

 실제로 징용공들이 기숙사에서 집단생활은 했지만, 영화와 같은 잡곡만의 변변치 않은 식사, 그리고 밟으면 바닷물이 배어 나오는 다다미가 깔린 끔찍한 주거, 총을 가진 경비병들이 도망을 감시하는 등의 학대는 사실과 동떨어져 있다.

 영화에서는 조선인 광부가 담당하는 갱도와 일본인 광부가 담당하는 갱도가 완전히 분리돼 있고, 열악한 조건의 조선인 갱도에서 사고가 났을 때, 회사 측은 일본인 갱도를 지키기 위해 조선인 갱도의 출구를 폭파하여 안에 있는 조선인 광부를 생매장하려고 했다. 하지만, 탄광 내에서는 일본인과 조선인이 섞여 작업을 하고 있었고, 사고가 나면 일본인이든 조선인이든 필사적으로 도우려고 했던 것이 실태다. 애당초 일손 부족으로 겨우 확보한 조선인 광부는 회사에 귀중한 존재였고 죽임을 당하는 일 등은 있을 수 없다.

 필자가 종종 소개하는 『조선인 징용공의 수기朝鮮人徵用工の手記』(정충해 지음, 이노우에 하루코井上春子 역, 가와이슈판河合出版)라는 책이 있다. 영화와 비슷한 시기인 쇼와 19년(1944년) 12월, 경성에서 히로시마 무기공장으로 징용됐던 정충해鄭忠海 씨가, 1970년에 자가판自家版으로 쓴 수기를 1990년에 일본어로 번역한 것이다. 정 씨가 수기를 쓸 무렵에는 전후 보상을 요구하는 운동 등은 존재하지 않았다. "나의 청춘의 통렬한 기록을 남기고 싶다"는 순수한 동기로 쓰인 수기에서 징용의 실태를 잘 알 수 있다.

정 씨는 부산에서 만난 일본인 인솔자와 함께 배를 타고 시모노세키로 건너가 열차를 타고 히로시마까지 이동했다. 신축 기숙사가 준비되었고 다다미도 새로 깔려 있었으며 비단 같은 이불도 구비되어 있었다.

식사도 콩이 섞인 쌀밥과 나물, 고기 반찬으로, 양과 질에서 만족했다고 한다. 작업이 그리 힘든 것은 아니었고 조선인 징용공들은 여자정신대로 동원된 일본인 여학생들과도 사이좋게 작업을 하고 있었다.

정 씨는 사무실에서 일하는 전쟁미망인과 친해졌고, 밤중에 그녀의 집에 놀러 가는 사이가 됐다. 그녀 덕에 정 씨의 일터는 공장에서 사무실로 배치가 바뀌었고 원폭이 투하된 날에도 피폭되지 않은 것이다.

월급은 140엔이라는 당시로서는 높은 급여였고, 저녁 식사 후 히로시마 명산인 굴과 나마코(해삼), 네이블(오렌지)과 귤, 그리고 술을 사와서 연회를 자주 열었다.

종전終戰이 되고 회사는 기숙사 및 식사 세 끼만 제공했고, 조선인 징용공 귀국을 위한 배편을 준비한다고 했다. 그러나 그것을 기다리지 않고 1인당 400엔을 내고 자신들이 배를 빌려 정 씨는 조선으로 돌아왔다.

수기에서 그는 "우리 조국, 우리 민족을 위해 싸우러, 일하러 가는 것이라면 체념할 수도 있을 것이다. 하지만 남의 나라와 민족을 위해 강제적으로 동원되어 가는 몸인 이상, 약소민족의 비애"라고도 적고 있다. 일본 측도 그것을 알고 있었기에 전시 중의 부족한 물자 사정에도 가능한 한 대우를 했던 것이 실태다. 하지만 이런 진실의 목소리는 들을 수 없게 된 지 오래다. 일본과 한국 양측 언론의 오보, 그리고 반일운동가와 학자들이 벌인 활동의 결과다.

## 영화 '군함도'의 위안부 실태에 대한 조작

다음으로, 위안부에 관한 조작을 지적한다. 하시마에서는 일본인과 조선인 창기가 있는 유곽이 존재했다. 이는 사실이다. 그러나 앞서 말한 대로 징용공과 위안부가 함께 연행되어 가는 일은 있을 수 없다. 국가총동원법에 따른 동원인 징용과 민간업자에 의한 위안부 모집은 전혀 차원이 다르다.

조선에서도 일본 통치 시대에 공창제도가 도입되었다. 조선총독부는 빈곤의 결과, 매춘을 할 수밖에 없는 경우의 여자들을 업자의 착취로부터 보호하고, 성병의 만연을 방지하기 위해 엄격한 규칙(대좌부창기단속규칙貸座敷娼妓取り締まり規則, 1916년)을 정하고 있었다. 창기는 정해진 유곽에서만 영업을 할 수 있었다. 거기에서 경찰이 엄격히 관리, 통제를 했다.

17세 이상의 여자만 영업이 허가됐다. 창기로서 영업을 하는 자는 본적, 주소, 성명, 기명妓名, 생년월일 및 영업장소를 기재하고 대좌부

貸座敷 영업자가 연서連署한 원서에 다음과 같은 서류를 첨부하고 직접 출두하여 경찰서장에게 서류를 제출하여 허가를 받아야 했다. 1. 부·모 호주의 승낙서, 2. 승낙자의 인감증명서, 3. 호적등본, 4. 창기 영업 및 전차금에 관한 계약서, 5. 창기업을 하는 사유서, 6. 지정된 의사의 건강진단서.

이 공창제도를 전쟁터에서 군의 통제하에 운영했던 것이 위안부 제도였다. 하시마의 유곽에서 일하는 조선인 창기들에게도 동등한 규칙이 적용됐다. 그러므로 소학생이 위안부가 된다는 것 등은 용서하기 어려운 역사날조다.

경찰과 군은 허가를 요청하러 온 여자를 직접 면담하고, 자신의 의사로 창기나 위안부가 되려하는지를 확인했다. 거기서 "속아서 왔다"고 말하면 허가가 내려지지 않는다. 예를 들어, 중국 후베이성 우창武昌의 위안소에서는 1944년 10월 한 조선인 여자가 "위안부인지는 몰랐다"며 취업을 거부하자, 군이 업자에게 그녀의 취업을 금지시킨다(전 한커우병참사령부 군의軍醫 대위 나가사와 켄이치長沢健一─『한커우위안소漢口慰安所』).

또 영화에서는 깡패 두목이 유곽에 가서 조선인 위안부와 이야기를 나누는 장면이 있다. 여기서 그녀는 온몸에 새겨진 문신을 보여주며, 하시마에 오기 전에 중국의 위안소에서 이런 일을 당했다고 고백한다.

**최칠성**(깡패) 그냥 앉아. 그냥 앉으라고. 연애하러 온 것 아니니까.

**오말년**(위안부) 가슴에 새겨진 문신을 보니 정이 뚝 떨어진 것인가.

**최칠성** 너도 조선 사람 붙잡고 하소연이라도 해야 숨통이 트이지 않겠냐.

**오말년** 처음엔 중국으로 끌려갔어. 어디로 가는 줄도 모르고, 돈을 벌 수 있다고 해서 트럭에 실려 갔더니 일본군 부대였어. [중략] 평양에서 끌려온 여자 한 명은 꾀병부린다고 일본놈들이 못판 위에 올려놓고 이쪽에서 저쪽까지 굴리는데, 결국 사람들 다 보는 앞에서 죽었어. 나도 그런 꼴을 당할지도 몰라서 아프다는 말도 못하고, 차라리 죽는 게 낫다고 양잿물을 마셨는데, 바로 죽지도 못해 일본군 의사가 살려냈어. 그렇게 살아나니 포주란 조선놈이 찬물에 씻기고선 바로 일본놈들 받으라고 하는데... [문신을 당하는 장면] 그 먼 위안소까지 위안부로 보낸 것도 조선 면장이고, 부대 퇴각할 때 겨우 살아서 도망치는 것을 잡아다가 이쪽으로 다시 보낸 것도 조선 포주놈이고. 근데 조선 사람 붙잡고 하소연을 해? 숨통이 트여?

**최칠성** 혹 떼러 왔다가 혹 붙이고 가네. 성질 좀 죽이고 살아. 살다 보면 언젠가 시어미 죽는 날도 온다더라.

평양에서 왔다는 위안부가 못판 위를 뒹굴며 천천히 죽임을 당하는 장면, 그리고 오말년의 몸에 억지로 문신이 새겨지는 장면이 회상 씬으로 삽입됐다.

이것은 관계자들이 잘 알고 있는 '쿠마라스와미 보고서'(1996년 유엔 인권위원회에 스리랑카인 유엔 조사관 라디카 쿠마라스와미가 제출한 일본인 위안부 문제에 대한 보고서. 요시다 세이지 증언 등을 근거로 노예사냥과 같은 강제연행이 있었다고 단정하고, 위안부를 성노예로 정의한 엉터리 내용을 담고 있다)에 나오는 북조선 거주 옛 '위안부'의 증언에서 취한 것이다.

일본군이 위안부를 못판 위에 굴려서 죽이고, 목을 잘라 냄비에 넣어 국을 끓여 동료 위안부에게 억지로 먹였다. 명령을 거역한 다른 위안부는 전신에 문신이 새겨졌다. 이러한 '증언'이 분명히 해당 보고서에 첨부된 북조선 정부 제공 자료에 들어 있다. 그러나 쿠마라스와미는 북조선에 방문조차 하지 않았고, 단지 북조선 정부가 제공한 자료를 일절 검증하지 않고 그것을 그대로 첨부한 것이다. 결국, 전혀 객관적 근거에 의해 뒷받침이 되지 않는, 신빙성을 결여한 증언이고, 일본 학계에서는 좌파 학자들이라도 사용하는 일은 없다.

이 영화에서 "나같은 조선인과 이야기를 하면 마음이 편해질 것"이라는 깡패 두목 최칠성의 말에 대해 위안부 오말년이 나쁜 조선인에 의해서 끔찍한 일을 당한 자신의 사연을 풀어놓으면서 반박을 하는 장면은, 타도해야 할 대상은 결국 '친일파'라고 하는, 이 영화의 숨겨진 둘째 두려운 점으로 이어지는 중요한 장면이다. 이에 대해서는 뒤에 이야기하겠다.

## 악의적 날조, 조선인 광부 학살 계획

세 번째의 용서할 수 없는 날조는, 전쟁범죄를 은폐하기 위해 조선인 광부들을 전원 살해할 계획이 있었다고 하는 부분이다. 이는 영화 후반 스토리의 대전제로, 이 학살에 윤학철 선생이 가담하고 이를 독립운동 공작원 박무영이 폭로하여 윤학철을 공개 처형하고, 조선인 징용공들이 무장하여 섬을 탈출한다는 영화의 최대 볼거리인 액션 장면으로 이어진다.

그러나 그런 사실은 하시마탄광에서는 물론, 그 이외의 징용 현장에서도 전혀 존재하지 않는다. 일본과 일본인에 대한, 용서할 수 없는 비방중상이다. 종전 후 징용공을 사용使用하고 있던 일본 회사들은 정부와 협력해 조선으로의 귀국 편의를 도모했다. 그것은 당시를 아는 조선인이라면 모두 알고 있는 사실이다.

영화에서는 마지막에 갑자기 "현재 일본 정부는 2017년 12월까지 강제징용을 포함한 각 시설의 역사적 사실을 알려야 한다는 유네스코 권고사항을 이행하지 않고 있다"라는 자막이 나온다. 2015년 유네스코 세계유산에 하시마가 등재되었을 때 일본 정부는 징용의 역사에 대해 설명하기로 약속했다. CJ엔터테인먼트는 2017년 7월 28일 유네스코 본부가 있는 파리에서 상영회를 가졌다. 일본은 어디까지나 사실에 근거한 설명을 해야 한다. 그러기 위해서라도 이 영화가 국제사회에 악영향을 주지 않도록 조용히, 하지만 의연하게, 영화 '군함도'에는 너무나 무도한 역사날조가 있다는 사실, 그리고 악의를 갖고 일본과 일본인을 비방중상하고 있다는 메시지를 관민이 국제사회에 발신해야 한다. 필자도 가능한 한 노력을 하고자 한다.

## '인민재판'과 '무장봉기'로 폭력혁명을 긍정하는 독선

마지막으로 이 영화의 두 번째 두려운 점에 대해 다루겠다. 필자가 거듭 지적했듯이 문재인 대통령과 그 지지세력은 과거에 한국이 전쟁 전 일본에 협력했던 친일파가 처단되지 않고 그대로 반공친미파가 되고 주류세력이 됐다고 하는 '반한자학사관'에 서서 한국의 주류세력을 모두 교체하겠다고 공언하고 있다. 그것이 그들이 말하는 촛불혁명이다. 이 영화도 같은 역사관에 서 있으며, '인민재판'이나 '무장봉기' 등 폭력에 의한 혁명을 긍정하는 독선獨善이 저류에 흐르고 있다.

류승완 감독은 2017년 7월 28일, 일본의 비판에 대한 반론문(제작사 보도자료)을 인터넷에 공표하고, 거기서 "취재한 사실을 기반으로 당시 조선인 강제징용의 참상과 일제의 만행, 그리고 일제에 기생했던 친일파들의 반인륜적인 행위를 다루고자 했다"고 말해, 친일파 고발이 영화의 주제 중 하나였음을 시인했다.

영화에서는 척 봐도 알 수 있는 친일파로, 광부를 학대하는 노무계 송정구(일본명 마쓰모토)가 나온다. 송정구는 일본인에게 두 번 배신을 당한다. 첫 번째는 공습 때 일본인만 방공호에 들어가고 그는 저지당한다. 두 번째는 무장한 채 탈주를 시도한 조선인과 일본인이 총격전을 벌이는 가운데 송정구는 부하인 한 조선인과 일본인 편에 서서 교전하지만, 일본인 간부 야마다는 "노무계라도 조선인은 모두 죽여라"라고 명령했고, 그의 부하는 일본인에 의해 총에 맞아 죽는다.

앞서 언급한 바와 같이 조선인 위안부 오말년은 조선인 소개업자 女衒와 위안소 주인에게 끔찍한 일을 당했다며, 친일파 조선인에 대한 원망을 토로했다. 오말년 역을 맡은 배우 이정현은 인터뷰에서 "'<u>일본이 무조건 나쁘다</u>'고 말하지 않아서 마음에 들어요. 실제 역사를 <u>봐도 조선인이 같은 조선인을 속이기도 하거든요</u>. 역사적 사실을 축으로 영화적 스토리를 가미한 점이 너무 좋았어요. 보통 위안부 피해자를 떠올리면 슬픈데 '군함도'의 오말년은 원더우먼 같아요. 이 캐릭터에 저를 선택해주셔서 정말 기쁘고 감사해요"(「한국경제신문」 2017년 7월 27일)라고 친일파 비판을 전개하고 있다.

독립운동가 출신으로 조선 광부들로부터 '선생님'으로 존경받는 윤학철이 사실은 '친일파'였다는 반전도 있다. 윤학철은 회사 측과 교섭하는 역할을 하면서 뒤에서 조선인 광부의 임금과 사망보상금 등을 횡령한다. 그는 이런 사실을 은폐하기 위해, 여자아이를 포함하여 조선인 모두를 갱도에 생매장해 죽이려는 회사의 음모에 가담한다.

독립군 공작원 박무영은 윤학철 선생을 도망시키는 공작을 진행하던 중 그가 소장과 내통하여 조선인 광부들의 임금과 사망보상금 등을 횡령하여 나눠 가진 증거를 발견한다.

윤학철은 미군의 폭격으로 큰 피해를 입은 하시마탄광을 재건하기 위해 조선인들이 단결해 협력하는 대가로 임금 대폭 인상, 처우 개선, 희망자의 조선 귀국 약속을 회사로부터 얻었다고 광부들이 모두 모인 집회에서 발표했다. 그리고 그 첫걸음으로 "내일, 여자와 부상자를 포함한 조선인들 모두가 탄광에 들어가 단결을 위한 행사를 할 것이니 참석하자"고 제안한다.

거기에 윤학철의 총에 맞아 죽은 줄 알았던 공작원 박무영이 나타나 윤학철의 말은 모두 거짓이라고 고발한다. 모두가 보는 앞에서 격렬하게 윤학철을 고발하고, 마지막으로 박무영이 윤학철의 목을 베어 죽인다. 정확히 폭력 예찬의 인민재판이다.

그때 윤학철을 죽이기 직전 박무영의 대사 "<u>반민족행위를, 조선의 이름으로 처단한다</u>"가 인상깊다.

> 미군이 이미 오키나와를 점령했고 이제 전쟁이 얼마 안 남았소. 저기 윤학철은, 야마다(일본인 회사 간부)와 함께 여러분을 이곳에 매몰시키고, 이 섬을 빠져나와 미군에게 도망갈 계획이오. 여러분들은 전쟁 물자를 공급한 하시마의 전쟁범죄를 증명해줄 결정적인 존재입니다. 그렇기 때문에 회사는, 여러분을 갱도 안에 매몰시켜 증거를 없애려고 하는거요. 이토 타카미치, 윤학철. 민족의 적과 내통한 죄, 인민들의 피를 팔아 사리사욕을 키운 죄, 지도자 행세를 하며 민중을 기만한 죄를 물어 너의 <u>반민족행위를 조선의 이름으로 처단한다</u>.

이후 다들 손에 촛불을 든 징용공과 위안부 등이 모두 함께 섬을 탈출하자는 박무영의 제안에 대해 참가할지 어떨지 논쟁을 한다.

3명의 광부가 다음과 같이 자신의 의견을 말한다.

A 그러지 말고 지금이라도 우리 그냥 일본 사람들과 대화로 풀어봅시다.

B 그렇습니다. 솔직히 일본 사람들이 우리보다 매우 의식이 깨어있는 사람들인데 대화라도 나눠보고…

C 대화? 그런 소리하지 마시오. 말로 상대할 이들이면 우리가 지금 여기서 왜 이런 취급을 받고 있나. 관동대지진 때 조선 사람들 우물에 약탔다고 소문내서 막 살육한 것을 알고도 그런 말을 하는가.

여기서 B씨가 '일본인은 우리보다 의식이 깨어있는 사람들'이라고 말하고 있는 점에 주목하고 싶다. 한국에서는 "일본에서 배울 점이 많다"는 의견이 연장자들을 중심으로 뿌리 깊게 퍼져있다. 그것을 의식한 대사다. 최종적으로 A, B 등 10명 정도의 대일 교섭파는 탈출에 참여하지 않기로 결정했다.

사실 그날 낮 하시마에 사는 일본 민간인이 "조선인은 섬에서 나가라"는 시위를 벌였다. 플래카드까지 든 정확히 혐오 시위다. 당시에 그런 일은 없었다. 이것도 역사 날조다. 그날 밤 대다수 징용공들이 박무영 등의 인솔을 받아 숙소를 나왔다. 이후 반한 시위를 벌이던 몇 사람의 일본인 민간인들이 조선인 숙소에 불을 지르고 일본을 믿었던 이들은 불에 타 죽고 만다. 일본인과의 대화를 요구한 '친일파'는 일본인에게 배신당한다는 스토리다.

박무영 등은 무장하고 섬을 탈출할 계획을 세우는데, 이때 광부들은 모두 촛불을 들고 계획에 참여할 것을 다짐한다. 오늘날 혁명세력 종북좌파가 촛불집회에서 문재인 대통령을 떠받치는 모습과 겹치고, 보수파 지식인들은 예고편에서 촛불을 보자마자 이 영화가 종북좌파의 선전영화임을 간파하고 인터넷 등에서 비판을 시작했다.

### 원폭 피해는 조선인뿐? 휴머니즘 아닌 민족주의적 결말

영화 속에서 재즈악단 부녀가 일본인 회사 간부 야마다를 총으로 쏘고 화염병으로 불태우며, 마지막으로 공작원 박무영이 일본도로 불에 타는 야마다의 목을 베어 전투는 조선 측의 승리로 끝난다. 이 결말도 비현실적이다.

광부들은 석탄 운반선을 빼앗아 나가사키로 향하는데, 그때 나가사키에 원폭이 떨어진다. 그것을 배 위에서 말없이 바라보는 그들의 모습으로 영화는 끝난다. "저기에도 조선인이 있는데…"라고 한 사람이 중얼거리지만 일본인의 피해를 언급하는 사람은 없다.

필자의 편견인지도 모르지만, 영화는 그렇게 일본인에 대한 복수의 성공을 기뻐하고 있는 것으로 보인다. 종북좌파가 북조선과 통일국가를 만들고 핵무기를 가졌을 때 무슨 일이 일어날까 상상하니 등골이 서늘해졌다.

> **[편집자 주]** 하시마(군함도)의 당시 실상에 대한 보다 구체적인 내용들은 일본의 일반재단법인 산업유산국민회의産業遺産国民会議의 웹사이트 '군함도의 진실-조선인 징용공의 검증軍艦島の真実 - 朝鮮人徴用工の検証'(https://www.gunkanjima-truth.com/l/ko-KR/index.html)을 참조하라. 이 웹사이트는 당시 옛 주민의 증언은 물론, 각종 사진, 문건 등 사료를 원본 그대로 제시하고 있으며, 과거 하시마의 생생한 실상을 설명하는 유튜브용 다큐 영상물 등도 제작해 한국어 및 영어로도 공개하고 있다.

권말자료

# 1 일본과의 평화조약(샌프란시스코 평화조약) - 1951년 9월 8일

제2조

(a) 일본은 조선의 독립을 승인하며 제주도, 거문도 및 울릉도를 포함하는 조선에 대한 모든 권리, 권원과 청구권을 포기한다.

(b) 일본은 대만 및 평후 제도에 대한 모든 권리, 권원과 청구권을 포기한다.

(c) 일본은 쿠릴 열도와 일본이 1905년 9월 5일 포스머스 조약 결과로 주권을 얻은 사할린의 일부 및 이에 접근하는 제도諸島에 대한 모든 권리, 권원과 청구권을 포기한다.

(d) 일본은 국제연맹의 위임 통치제도에 관련하는 모든 권리, 권원과 청구권을 포기한다. 또한 이전에 일본의 위임 통치하에 있었던 태평양의 제도에 신탁통치제도를 미치는 1947년 4월 2일의 국제연합 안전보장이사회의 행동을 수락한다.

(e) 일본은 일본 국민의 활동에 유래하는지 그 외에 유래하는지 상관없이 남극지역의 모든 부분에 대한 권리 또는 권원 및 모든 부분에 관한 이익에 대해서도 모든 청구권을 포기한다.

(f) 일본은 신남군도新南群島(남사군도) 및 서사군도西沙群島에 대한 모든 권리, 권원과 청구권을 포기한다. [중략]

제4조

(a) 이 조條 (b)의 규정을 유보留保하여 일본국 및 그 국민의 재산으로서 제2조에서 언급한 지역에 있는 것과 일본국 및 그 국민의 청구권(채권을 포

함한다)으로서 현재 이들 지역의 시정施政을 행하고 있는 당국 및 주민의
재산 및 일본국 및 그 국민에 대한 이들 당국 및 주민의 청구권(채권을 포
함한다)의 처리는, 일본국과 이들 당국 사이의 특별약정의 주제로 한다.
제2조에서 언급하는 지역에 있는 연합국 또는 그 국민의 재산은 다시 반
환되지 않은 한, 시정을 행하고 있는 당국이 현재 상태로 반환해야 한다
(국민이라는 말은 이 조약에서 사용할 때는 언제나 법인을 포함한다).

(b) 일본국은 제2조 및 제3조에서 언급한 지역의 어딘가에 있는 합중국 군
정에 의해, 또는 그 지령에 따라 행해진 일본국 및 그 국민의 재산 처리의
효력을 승인한다.

(c) 일본국과 이 조약에 따라 일본국의 지배에서 제외되는 영역을 연결하는
일본국 소유의 해저 전선은, 이등분해서 일본국은 일본국의 종점 시설 및
이어지는 전선의 반을 보유하며 분리되는 영역은 나머지 전선과 그 종점
시설을 보유한다. [이하 생략]

## 2  1951년 1차 일한회담이 개최되자 한국 정부가 일본 측에 곧바로 제시한 8항목의 '대일 청구권 요강'(이른바 '8항목 요구') – 1951년 10월

### 대일 청구권 요강

(1) 조선은행을 통하여 반출된 지금地金(249,633,198.61g, 제5차 회담 시 제시) 및
지은地銀(67,541,722.2g, 제5차 회담 시 제시)의 반환 청구

(2) 1945년 8월 9일 현재의 일본 정부의 대對조선총독부채권의 반제청구返
濟請求

(가) 체신국 관계

① 우편저금·진체저금振替貯金·위체저금爲替貯金 등

② 국채 및 저축채권 등

③ 간이생명보험 및 우편연금 관계

④ 해외위체저금 및 채권

⑤ 태평양 미국육군사령부 포고 제3에 의하여 동결된 한국수취금韓國受取金

(나) 1945년 8월 9일 이후 일본인이 한국 각 은행으로부터 인출한 예금액

(다) 한국에서 수입收入된 국고금 중의 이부자금裏付資金이 없는 세출에 의한 한국수취금 관계

(라) 조선총독부 동경사무소東京事務所의 재산

(마) 기타

(3) 1945년 8월 9일 이후 한국으로부터 진체振替 또는 송금된 금품의 반환 청구

(가) 8월 8일 이후 조선은행 본점으로부터 재일본 동경지점東京支店에 진체振替 또는 송금된 금품

(나) 8월 9일 이후 재한在韓 금융기관을 통하여 일본에 송금된 금품

(다) 기타

(4) 1945년 8월 9일 현재 한국에 본사·본점 또는 주된 사무소가 있던 법인法人의 재일在日 재산의 반환청구

(가) 연합국 최고사령부 지령 1965호(원문은 965호라고 되어 있으나 오류이다. - 옮긴이)에 의거, 폐쇄·청산된 한국 내 금융기관의 재일지점재산在日支店財産

(나) 연합군 최고사령부 지령 1965호에 의거, 폐쇄된 한국 내 본점보유법

인本店保有法人의 재일재산在日財産

(다) 기타

(5) 한국 법인 또는 한국 자연인의 일본국 또는 일본 국민에 대한 일본 국채, 공채, 일본은행권, 피징용 한국인의 미수금未收金, 보상금 및 기타 청구권의 반제청구返濟請求

(가) 일본유가증권

(나) 일본계 통화

(다) 피징용 한국인 미수금

(라) 전쟁에 의한 피징용자의 피해에 대한 보상報償

(마) 한국인의 대對일본정부 청구은급請求恩給 관계

(바) 한국인의 대對일본인 또는 법인 청구

(6) 한국인 (자연인, 법인) 의 일본 정부 또는 일본에 대한 개별적인 권리행사에 관한 항목

(7) 전기前記 제재산諸財産 또는 청구권에서 발생한 제과실諸果實의 반환청구

(8) 전기前記의 반환 및 결제決濟의 개시 및 종료 시기에 관한 항목

[편집자 주] 『청구권자금백서』(한국경제기획원 1976년 12월 20일 발행)의 내용을 그대로 가져왔다.

## 3 일한 예비 교섭에서 두 수석 대표간에 대략 의견 일치를 본 청구권 문제 해결 방식(이른바 '오히라-김' 요해了解) – 1962년

1 (イ) 무상 경제 협력은 총액 3억 달러로 하고 매년 3천만 달러씩 10년에

걸쳐서 일본의 생산물 및 일본인의 역무役務로 공여한다. 단 우리나라의 재정 사정에 따라 양국 합의후 앞당겨서 실시할 수 있다.

(ㅁ) 장기저리차관은 총액 2억 달러로 하고 10년에 걸쳐 해외 경제 협력 기금으로 공여한다. 그 조건은 연이율 3.5퍼센트, 상환 기한 20년 정도, 그중 거치기간 8년 정도로 한다.

(ㅅ) 이 외에 상당히 많은 액수의 일반적인 민간 신용 공여가 기대된다.

2 상기 무상, 유상의 경제 협력 공여의 수반적인 결과로 평화조약 제4조에 기초한 청구권 문제도 동시에 최종적으로 해결하고 이미 존재하지 않게 되는 것이 일본과 한국 간에 확인된다.

(또한 상기 외에 한국 측은 무역상 채무 4,573만 달러를 일정 기간 안에 상환하도록 양해를 얻었다.)

『시의법령 별책 일한조약과 국내법의 해설時の法令別冊 日韓条約と国内法の解説』
오쿠라쇼(대장성) 인쇄국 발행, 1966년 3월 10일

## 4 일본과 대한민국 간의 기본 관계에 관한 조약(일한기본조약) - 1965년 6월 22일

1965년 6월 22일 동경에서 서명
1965년 12월 18일 발효

대한민국과 일본국은,

양국 국민관계의 역사적 배경과 선린관계와 주권 상호 존중의 원칙에 입각한 양국관계의 정상화에 대한 상호 희망을 고려하며, 양국의 상호 복지와 공동 이익을 증진하고 국제평화와 안전을 유지하는 데 있어서 양국이 국제연합 헌장의 원칙에 합당하게 긴밀히 협력함이 중요하다는 것을 인정하며, 또한 1951년 9월 8일 샌프란시스코시에서 서명된 일본국과의 평화조약의 관계규정과 1948년 12월 12일 국제연합 총회에서 채택된 결의 제195(Ⅲ)

호를 상기하며, 본 기본관계에 관한 조약을 체결하기로 결정하여, 이에 다음과 같이 양국의 전권위원을 임명하였다.

   대한민국        대한민국 외무부장관 이 동 원
              대한민국 특명 전권대사 김동조

   일본국         일본국 외무대신 시이나 에스사부로오
                   다까스기 싱이찌

이들 전권위원은 그들의 전권 위임장을 상호 제시하고, 그것이 양호 타당하다고 인정한 후, 다음의 제 조항에 합의하였다.

### 제 1 조

양 체약 당사국간에 외교 및 영사관계를 수립한다. 양 체약 당사국은 대사급 외교사절을 지체없이 교환한다. 양 체약 당사국은 또한 양국 정부에 의하여 합의되는 장소에 영사관을 설치한다.

### 제 2 조

1910년 8월 22일 및 그 이전에 대한제국과 대일본제국간에 체결된 모든 조약 및 협정이 이미 무효임을 확인한다.

### 제 3 조

대한민국 정부가, 국제연합 총회의 제195(III)호에 명시된 바와 같이, 한반도에 있어서의 유일한 합법 정부임을 확인한다.

### 제 4 조

(가) 양 체약 당사국은 양국 상호간의 관계에 있어서 국제연합헌장의 원칙
   을 지침으로 한다.

(나) 양 체약 당사국은 양국의 상호의 복지와 공통의 이익을 증진함에 있어서 국제연합 헌장의 원칙에 합당하게 협력한다.

## 제 5 조

양 체약 당사국은 양국의 무역, 해운 및 기타 통상상의 관계를 안정되고 우호적인 기초 위에 두기 위하여 조약 또는 협정을 체결하기 위한 교섭을 실행 가능한 한 조속히 시작한다.

## 제 6 조

양 체약 당사국은 민간 항공운수에 관한 협정을 체결하기 위하여 실행 가능한 한 조속히 교섭을 시작한다.

## 제 7 조

본 조약은 비준되어야 한다. 비준서는 가능한 한 조속히 서울에서 교환한다. 본 조약은 비준서가 교환된 날로부터 효력을 발생한다.

이상의 증거로서, 각 전권위원은 본 조약에 서명 날인하였다.

1965년 6월 22일 토오교오에서, 동등히 정본인 한국어, 일본어 및 영어로 본서 2통을 작성하였다. 해석에 상위가 있을 경우에는 영어본에 따른다.


대한민국을 위하여 (서명) 이 동 원
김 동 조

일본국을 위하여 (서명) 시이나 에쓰사부로오
다까스기 싱이찌

[편집자 주] 한국 외교부가 공개한 당시 조약문 한국어본 원문을 그대로 게재하였다.

# 5 재산 및 청구권에 관한 문제 해결과 경제 협력에 관한 일본과 대한민국 간의 협정(일한청구권협정) - 1965년 6월 22일

1965년 6월 22일 동경에서 서명<br>
1965년 12월 18일 발효

대한민국과 일본국은,

양국 및 양국 국민의 재산과 양국 및 양국 국민간의 청구권에 관한 문제를 해결할 것을 희망하고, 양국간의 경제협력을 증진할 것을 희망하여, 다음과 같이 합의하였다.

## 제1조

1. 일본국은 대한민국에 대하여

   (a) 현재에 있어서 1천 8십억 일본 원(108,000,000,000원)으로 환산되는 3억 아메리카합중국불($ 300,000,000)과 동등한 일본 원의 가치를 가지는 일본국의 생산물 및 일본인의 용역을 본 협정의 효력발생일로부터 10년기간에 걸쳐 무상으로 제공한다. 매년의 생산물 및 용역의 제공은 현재에 있어서 1백8억 일본 원(10,800,000,000원)으로 환산되는 3천만 아메리카합중국불($30,000,000)과 동등한 일본 원의 액수를 한도로 하고 매년의 제공이 본 액수에 미달되었을 때에는 그 잔액은 차년 이후의 제공액에 가산된다. 단, 매년의 제공한도액은 양 체약국 정부의 합의에 의하여 증액될 수 있다.

   (b) 현재에 있어서 7백 20억 일본 원(72,000,000,000원)으로 환산되는 2억 아메리카합중국불($200,000,000)과 동등한 일본원의 액수에 달하기까지의 장기 저리의 차관으로서, 대한민국 정부가 요청하고 또한 3의 규정에 근거하여 체결될 약정에 의하여 결정되는 사업의 실시에 필요한 일본국의 생산물 및 일본인의 용역을 대한민국이 조달하는 데 있어 충당될 차관을 본 협정의 효력 발생일로부터 10년 기간에 걸쳐 행

한다. 본 차관은 일본국의 해외경제협력기금에 의하여 행하여지는 것으로 하고, 일본국 정부는 동 기금이 본 차관을 매년 균등하게 이행할 수 있는 데 필요한 자금을 확보할 수 있도록 필요한 조치를 취한다. 전기 제공 및 차관은 대한민국의 경제발전에 유익한 것이 아니면 아니 된다.

2. 양 체약국 정부는 본조의 규정의 실시에 관한 사항에 대하여 권고를 행할 권한을 가지는 양 정부간의 협의기관으로서 양 정부의 대표자로 구성될 합동위원회를 설치한다.

3. 양 체약국 정부는 본조의 규정의 실시를 위하여 필요한 약정을 체결한다.

## 제 2 조

1. 양 체약국은 양 체약국 및 그 국민(법인을 포함함)의 재산, 권리 및 이익과 양 체약국 및 그 국민간의 청구권에 관한 문제가 1951년 9월 8일에 샌프런시스코우시에서 서명된 일본국과의 평화조약 제4조 (a)에 규정된 것을 포함하여 완전히 그리고 최종적으로 해결된 것이 된다는 것을 확인한다.

2. 본조의 규정은 다음의 것(본 협정의 서명일까지 각기 체약국이 취한 특별조치의 대상이 된 것을 제외한다)에 영향을 미치는 것이 아니다.

   (a) 일방체약국의 국민으로서 1947년 8월 15일부터 본 협정의 서명일까지 사이에 타방 체약국에 거주한 일이 있는 사람의 재산, 권리 및 이익

   (b) 일방체약국 및 그 국민의 재산, 권리 및 이익으로서 1945년 8월 15일 이후에 있어서의 통상의 접촉의 과정에 있어 취득되었고 또는 타방체약국의 관할하에 들어오게 된 것

3. 2의 규정에 따르는 것을 조건으로 하여 일방체약국 및 그 국민의 재산, 권리 및 이익으로서 본 협정의 서명일에 타방체약국의 관할하에 있는 것에 대한 조치와 일방체약국및 그 국민의 타방체약국및 그 국민에 대한 모든 청구권으로서 동일자 이전에 발생한 사유에 기인하는 것에 관하여

는 어떠한 주장도 할 수 없는 것으로 한다.

## 제3조

1. 본 협정의 해석 및 실시에 관한 양 체약국간의 분쟁은 우선 외교상의 경로를 통하여 해결한다.

2. 1의 규정에 의하여 해결할 수 없었던 분쟁은 어느 일방체약국의 정부가 타방체약국의 정부로부터 분쟁의 중재를 요청하는 공한을 접수한 날로부터 30일의 기간내에 각 체약국 정부가 임명하는 1인의 중재위원과 이와 같이 선정된 2인의 중재위원이 당해 기간 후의 30일의 기간내에 합의하는 제3의 중재위원 또는 당해 기간내에 이들 2인의 중재위원이 합의하는 제3국의 정부가 지명하는 제3의 중재위원과의 3인의 중재위원으로 구성되는 중재위원회에 결정을 위하여 회부한다. 단, 제3의 중재위원은 양 체약국중의 어느편의 국민이어서는 아니된다.

3. 어느 일방체약국의 정부가 당해 기간내에 중재위원을 임명하지 아니하였을 때, 또는 제3의 중재위원 또는 제3국에 대하여 당해 기간내에 합의하지 못하였을 때에는 중재위원회는 양 체약국 정부가 각각 30일의 기간내에 선정하는 국가의 정부가 지명하는 각 1인의 중재위원과 이들 정부가 협의에 의하여 결정하는 제3국의 정부가 지명하는 제3의 중재위원으로 구성한다.

4. 양 체약국 정부는 본조의 규정에 의거한 중재위원회의 결정에 복한다.

## 제4조

본 협정은 비준되어야 한다. 비준서는 가능한 한 조속히 서울에서 교환한다. 본 협정은 비준서가 교환된 날로부터 효력을 발생한다.

이상의 증거로서, 하기 대표는 각자의 정부로부터 정당한 위임을 받아 본 협정에 서명하였다.

1965년 6월 22일 토오쿄오에서 동등히 정본인 한국어 및 일본어로 본서 2통을 작성하였다.

대한민국을 위하여 　　　　　　　(서명) 이 동 원
　　　　　　　　　　　　　　　　　　　　김 동 조

일본국을 위하여 　　　　　　(서명) 시이나 에쓰사부로오
　　　　　　　　　　　　　　　　　　다까스기 싱이찌

[편집자 주] 한국 외교부가 공개한 당시 협정문 한국어본 원문을 그대로 게재하였다.

## 6  대한민국과 일본국간의 재산 및 청구권에 관한 문제의 해결과 경제협력에 관한 협정에 대한 합의의사록(I) – 1965년 6월 22일

대한민국 정부 대표와 일본국 정부 대표는, 금일 서명된 '대한민국과 일본국 간의 재산과 청구권에 관한 문제의 해결과 경제협력에 관한 협정(이하 "협정"이라고 함)' 및 관련 문서에 관하여 다음과 같은 양해에 도달하였다.

### 1. 협정 제1조1에 관하여

일본국이 제공하는 생산물 및 용역은 일본국내에 있어서 영리 목적을 위해 사용되는 일은 없기로 의견 일치를 봤다.

### 2 협정 제2조에 관하여

(a) "재산, 권리 및 이익"이라 함은 법률상의 근거에 의거하여 재산적 가치가 인정되는 모든 종류의 실체적 권리를 말하는 것으로 양해되었다.

(b) "특별조치"라 함은 일본국에 관하여는, 제2차 세계대전 전투상태의 종

결의 결과로 발생한 사태에 대처하여 1945년 8월 15일이후 일본국에서 취해진 전후 처리를 위한 모든 조치(1951년 9월 8일에 샌프랜시스코우시에서 서명된 일본국과의 평화조약 제4조(a)의 규정에 의거하는 특별 약정을 고려하여 취해진 조치를 포함함)를 말하는 것으로 양해되었다.

(c) "거주한"이라 함은 동조2(a)에 기재한 기간내의 어떠한 시점까지던 그 국가에 계속하여 1년이상 거주한 것을 말하는 것으로 양해되었다.

(d) "통상의 접촉"에는 제2차 세계대전의 전투상태의 종결의 결과, 일방국의 국민으로서 타방국으로부터 귀환한 자(지점 폐쇄를 행한 법인을 포함함)의 귀환시까지의 사이에, 타방국의 국민과의 거래 등, 종전후에 발생한 특수한 상태하에서의 접촉이 포함되지 않는 것으로 양해되었다.

(e) 동조3에 의하여 취하여질 "조치"는 동조 1에서 말하는 양국 및 그 국민의 재산, 권리 및 이익과 양국 및 그 국민간의 청구권에 관한 문제를 해결하기 위하여 취하여질 각국의 국내조치를 말하는 것으로 의견의 일치를 보았다.

(f) 한국 측 대표는 제2차 세계대전의 전투상태의 종결후 1947년 8월 15일 전에 귀국한 대한민국 국민이 일본국내에 소유하는 부동산에 대하여 신중한 고려가 베풀어질 수 있도록 희망을 표명하고, 일본 측 대표는 이에 대하여 신중히 검토한다는 취지의 답변을 하였다.

(g) 동조 1에서 말하는 완전히 그리고 최종적으로 해결된 것으로 되는 양국 및 그 국민의 재산, 권리 및 이익과 양국 및 그 국민간의 청구권에 관한 문제에는 한일회담에서 한국 측으로부터 제출된 "한국의 대일 청구 요강"(소위 8개 목)의 범위에 속하는 모든 청구가 포함되어 있고, 따라서 동 대일청구요강에 관하여는 어떠한 주장도 할 수 없게 됨을 확인하였다.

(h) 동조 1에서 말하는 완전히 그리고 최종적으로 해결된 것으로 되는 양국 및 그 국민의 재산, 권리 및 이익과 양국 및 그 국민간의 청구권에 관한 문제에는 본 협정의 서명일까지에 대한민국에 의한 일본 어선의 나포로부터 발생한 모든 청구권이 포함되어 있고, 따라서 그러한 모든 청구권은

대한민국 정부에 대하여 주장할 수 없게 됨을 확인하였다. [이하 생략]

[편집자 주] 한국 외교부가 공개한 당시 합의의사록 한국어본 원문을 그대로 게재하였다.

## 7 재산 및 청구권에 관한 문제 해결과 경제협력에 관한 일본과 대한민국 간의 협정 2조 실시에 따른 대한민국 등의 재산권에 대한 조치에 관한 법률 – 1965년 12월 17일

1. 다음에 열거하는 대한민국 또는 그 국민(법인을 포함한다. 이하 같다)의 재산권으로서,「재산 및 청구권에 관한 문제의 해결 및 경제협력에 관한 일본과 대한민국 간의 협정」(이하 "협정"이라 한다) 제2조제3항의 재산, 권리 및 이익에 해당하는 것은 다음 항의 규정 적용이 있는 것을 제외하고, 1965년 6월 22일에 소멸한 것으로 한다. 단, 같은 날에 제3자의 권리(같은 조 제3항의 재산, 권리 및 이익에 해당하는 것을 제외한다)의 목적이 되어 있는 것은 그 권리의 행사에 필요한 한도에서 소멸하지 아니하는 것으로 한다.

   1) 일본 또는 그 국민에 대한 채권

   2) 담보권으로서, 일본 또는 그 국민이 소유하는 물건(증권에 내재된 권리를 포함한다. 다음 항에서 같다) 또는 채권을 목적으로 하는 것

2. 일본 또는 그 국민이 1965년 6월 22일에 보관하는 대한민국 또는 그 국민의 물건으로서, 협정 제2조제3항의 재산, 권리 및 이익에 해당하는 것은 같은 날에 그 보관자에게 귀속한 것으로 한다. 이 경우, 주권이 발행되지 아니한 주식에 대해서는 그 발행회사가 그 주권을 보관하는 것으로 본다.

3. 대한민국 또는 그 국민이 보유하는 증권에 내재된 권리로서, 협정 제2조제3항의 재산, 권리 및 이익에 해당하는 것에 대해서는 전2항의 규정의 적용이 있는 것을 제외하고, 대한민국 또는 같은 조 제3항의 규정에 해

당하는 그 국민은 1965년 6월 22일 이후 그 권리에 기초한 주장을 할 수 없게 된 것으로 한다.

**부칙**

이 법률은 협정의 효력발생일부터 시행한다.

[편집자 주] 법률 원문을 그대로 게재하였다.

## 8 한일회담 문서공개 후속대책 관련 민관공동위원회 개최에 관한 국무조정실 보도자료(국무조정실은 국무총리 직속기관이다.) - 2005년 8월 26일

작성자 : 한일회담문서공개 등 대책기획단
정병규 과장 / 김덕곤 사무관

**한일회담 문서공개 후속대책 관련 민관공동위원회 개최**

- 정부는 8월 26일 오전 이해찬李海瓚 국무총리 주재로 한일회담 문서공개 후속대책 관련 민관공동위원회를 개최하고, '65년 한일청구권협정의 효력범위 문제 및 이에 따른 정부대책 방향 등에 대해 논의하였음

- 이날 위원회에서는 그간 민관공동위 법리분과에서 회담문서내용 등을 토대로 검토해 온 한일청구권협정의 법적 효력 범위 등에 대해 논의하고 다음과 같이 정리하였음

  ○ 한일청구권협정은 기본적으로 일본의 식민지배 배상을 청구하기 위한 것이 아니었고, 샌프란시스코 조약 제4조에 근거하여 한일양국간 재정적·민사적 채권·채무관계를 해결하기 위한 것이었음

  ○ 일본군위안부 문제 등 일본 정부·軍 등 국가권력이 관여한 반인도적

불법행위에 대해서는 청구권협정에 의하여 해결된 것으로 볼 수 없고, 일본 정부의 법적 책임이 남아있음

- 사할린동포, 원폭피해자 문제도 한일청구권협정 대상에 포함되지 않음

□ 또한 위원회는 한일협정 협상 당시 한국 정부가 일본 정부에 대하여 요구했던 강제동원 피해보상의 성격, 무상자금의 성격, '75년 한국 정부 보상의 적정성 문제 등을 검토하고 다음과 같이 정리하였음

  ○ 한일협상 당시 한국 정부는 일본 정부가 강제동원의 법적 배상·보상을 인정하지 않음에 따라, "고통받은 역사적 피해사실"에 근거하여 정치적 차원에서 보상을 요구하였으며, 이러한 요구가 양국간 무상자금 산정에 반영되었다고 보아야 함

  ○ 청구권협정을 통하여 일본으로부터 받은 무상 3억불은 개인재산권(보험, 예금 등), 조선총독부의 대일채권 등 한국 정부가 국가로서 갖는 청구권, 강제동원 피해보상 문제 해결 성격의 자금 등이 포괄적으로 감안되어 있다고 보아야 할 것임

  ○ 청구권협정은 청구권 각 항목별 금액결정이 아니라 정치협상을 통해 총액결정방식으로 타결되었기 때문에 각 항목별 수령금액을 추정하기 곤란하지만,

- 정부는 수령한 무상자금중 상당금액을 강제동원 피해자의 구제에 사용하여야 할 도의적 책임이 있다고 판단됨

※ 한국 정부가 61년 6차회담시 8개항목의 보상으로 일본에 요구한 총 12억 2천만불 중 강제동원 피해보상에 대해서 3억 6천만불(약 30%)을 산정한 바 있음

  ○ 그러나 '75년 우리정부의 보상 당시 강제동원 부상자를 보상대상에서 제외하는 등 도의적 차원에서 볼 때 피해자 보상이 불충분하였다고 볼 측면이 있음

▫ 정부는 이러한 위원회의 논의결과를 토대로 오랜 기간 고통을 겪어 온 강제동원피해자의 아픔을 치유하기 위해서 도의적·원호적 차원과 국민통합 측면에서 정부 지원대책을 마련하기로 하였음

  ○ 강제동원 피해자들에 대해 추가적 지원대책을 강구하고, 강제동원 기간중의 미불임금 등 미수금에 대해서도 일본으로부터 근거자료 확보 노력 등 정부가 구제대책을 마련

  ○ 아울러, 정부는 일제 강제동원 희생자에 대한 추모 및 후세에 대한 역사교육을 위해 추도공간 등을 조성하는 방안도 검토

▫ 정부는 또한 일제 강점하 반인도적 불법행위에 대해서는 외교적 대응방안을 지속적으로 강구해 나가기로 하였음

  ○ 일본군위안부 문제는 일본 정부에 대해 법적책임 인정 등 지속적인 책임 추궁을 하는 한편, UN인권위 등 국제기구를 통해서 이 문제를 계속 제기

  ○ "해남도 학살사건" 등 일본군이 관여한 반인도적 범죄 의혹에 대해서는 진상규명을 한 후 정부 대응방안을 검토

▫ 이날 회의에서 이해찬李海瓚 국무총리는 60년 이상 지속해 온 강제동원 피해자들의 고통과 아픔을 치유하여 국민통합을 도모하고, 정부의 도덕성을 제고하기 위해서는 늦었지만 이들에 대한 지원조치가 필요하다고 강조하고,

관계 부처는 사회각계의 의견을 폭넓게 수렴하여 충실한 정부대책을 마련하고, 외교적 차원의 노력도 다하도록 지시하였음

〈 참고 〉

민·관공동위원회 위원 현황

**공동위원장**

- 국무총리(이해찬)

- 이용훈(63세, 변호사, 정부공직자윤리위원장)

**정부위원** : 9명

- 재정경제부·외교통상부·행정자치부·법무부·보건복지부장관, 기획예산처장관, 국가보훈처장, 국무조정실장, 청와대 민정수석

**민간위원** : 10명

- 법률전문가 : 양삼승(58세, 법무법인화우 대표변호사), 백충현(66세, 서울대 명예교수)

- 외교전문가 : 이재춘(65세, 전 주러시아대사)

- 사학자 : 유병용(54세, 정신문화연구원 교수), 한정숙(48세, 서울대 서양사학과 교수)

- 종교계 : 전종훈(49세, 청량리성당 주임신부)

- 시민단체 : 손혁재(51세, 참여연대 운영위원장)

- 경제단체 : 조건호(61세, 전경련 부회장)

- 언론계 : 김학순(52세, 경향신문 논설위원·미디어칸 대표)

- 피해자단체 : 이복렬(62세, 호원대 공과대학장)

※ **분과위원회 구성**

- 법리분과 : 이용훈(위원장), 양삼승, 백충현

- 대외분과 : 백충현(분과위원장), 이재춘, 김학순, 한정숙, 손혁재 위원

- 대내분과 : 양삼승(분과위원장), 유병용, 전종훈, 이복렬, 조건호 위원

* 이용훈 민간위원장은 대법원장 후보지명에 따라 이번에 위원장직에서 사임

[편집자 주] 한국어 보도자료 원문을 그대로 게재하였다.

## 9 한국 정부가 작성한 '전범 기업' 275개 사 실명 리스트

일본 역사인식문제연구회는 2018년 7월에 한국 부산의 '국립일제강제동원 역사관'을 방문했다. 동 역사관은 한국 정부가 2015년에 전시 동원을 테마로 하여 국립박물관으로 개관했고, 전시된 내용은 한국의 '대일 항쟁기 강제동원 피해조사 및 국외 강제동원 희생자 등 지원 위원회'의 조사에 따라 구성되어 있다.

그 전시된 내용 중에 동 위원회가 작성한 '일제 강제동원 현재 기업'의 이름들이, 약 4분간의 영상으로 계속해 상영되는 코너가 있었다. 본 연구회는 해당 영상을 분석해 기업명을 아이우에오あいうえお(한국의 가나다라 순) 순으로 정리해, 한국 정부 작성의 '전범기업 275개 사 실명 리스트'로서 여기에 공표한다. 한국의 매스컴이나 국회에서는 해당 표현이 통상적으로 쓰이므로 괄호를 써서 적었다. 통틀어서 299개 사라고 되어 있었으나, 영상에 나온 일본 기업들은 실제로는 모두 275개 사 밖엔 없었다.

2018년 9월 발행 「역사인식문제연구」 제3호에서는 "273개 사"로 서술한 바 있으나, 정밀한 조사 결과 275개 사가 최종적인 숫자였음을 밝혀둔다.

| | |
|---|---|
| あ | 아이사와공업アイサワ工業, 아이치기계공업愛知機械工業, 아이치제강愛知製鋼, 아이치시계전기愛知時計電機, 아키타해륙운송秋田海陸運送, 아사히카세이旭化成, 아사히글라스旭硝子, 아지노모토味の素, 아스텍이리에アステック入江, 아즈마해운東海運, 아소시멘트麻生セメント, 아라이건설荒井建設 |
| い | 이노해운飯野海運, 이노항운飯野港運, 이케가이池貝, 이시다石田, 이시하라산업石原産業, 이스즈자동차いすゞ自動車, 이비덴イビデン, 이와타지자키건설岩田地崎建設 |
| う | 우베흥산宇部興産, 우베머티어리얼宇部マテリアル, 우베미쓰비시시멘트宇部三菱セメン |
| お | 오지제지王子製紙, 오엠제작소オーエム製作所, 오엠방기제작オーエム紡機製作, 오바야시구미大林組, 오사카가스大阪ガス, 오사카기선大阪機船, 오사카제철大阪製鐵, 오카베철공소岡部鐵工所 |
| か | 가지마건설鹿島建設, 가스광산春日鉱山, 가타쿠라공업片倉工業, 가타야마빈라공업片山鋕螺工業, 가네코구미미래도건설金子組未来図建設, 가네마쓰닛산농림兼松日産農林, 가미오카광업神岡鉱業, 가와사키운송川崎運送, 가와사키기선川崎汽船, 가와사키중공업川崎重工業, 간사이기선関西汽船, 간자키구미神崎組, 간토전화공업関東電化工業 |
| き | 교산제작소京三製作所, 교와핫코기린協和発酵キリン |
| く | 구사카베건설日下部建設, 구마가이구미熊谷組, 구라시에홀딩스クラシエホールディングス, 구라레クラレ, 구리바야시상선栗林商船, 구리모토철공소栗本鐵工所, 구로사키하리마黒崎播磨(영상에서 두 번 등장), 군제グンゼ |
| こ | 고이케구미小池組, 고기虹技, 고자쿠교통江若交通, 고즈제작소神津製作所, 고도제철合同製鐵, 고노이케구미鴻池組, 고베제강소神戸製鋼所, 고쿠산전기国産電機, 고마쓰コマツ, 고마쓰NTCコマツNTC |
| さ | 사가미구미相模組, 사쿠션가스サクションガス, 사토공업佐藤工業, 사노야건설佐野屋建設, 사와라이즈サワライズ, 산키공업三機工業, 산큐山九, 산코기선 |

418
자료

三光汽船, 산덴교통サンデン交通, 산요특수제강山陽特殊製鋼

し 제이와이텍스ジェイ・ワイテックス, 시나가와리플랙토리즈品川リフラクトリーズ, 시미즈운송清水運送, 시미즈건설清水建設, 재팬에너지ジャパンエナジー, 상선미쓰이商船三井, 상선미쓰이오션익스퍼트商船三井オーシャンエキスパート, 상선미쓰이탱커관리商船三井タンカー管理, 조반흥산常磐興産, 쇼와KDE昭和KDE, 쇼와산업昭和産業, 쇼와철공昭和鐵工, 쇼와전공昭和電工, 쇼와비행기공업昭和飛行機工, 신에쓰화학공업信越化学工業, 신카사도독新笠戸ドック, 신니혼카이중공업新日本海重工業, 신닛폰세이데츠新日本製鐵, 신메이와공업新明和工業

す 스가와라건설菅原建設, 스즈요鈴与, 스미세키홀딩스住石ホールディングス, 스미토모오사카시멘트住友大阪セメント, 스미토모화학住友化学, 스미토모금속공업住友金属工業(신닛테츠스미킨新日鉄住金), 스미토모금속광산住友金属鉱山, 스미토모금속고쿠라住友金属小倉(신닛테츠스미토모고쿠라제철소新日鉄住友小倉製鉄所), 스미토모강관住友鋼管(닛테츠스미킨고칸日鉄住金鋼管), 스미토모고무공업住友ゴム工業, 스미토모전기공업住友電気工業

せ 세이사セイサ, 세이탄セイタン, 제니타카구미錢高組

た 다이치주오기선第一中央汽船, 다이킨공업ダイキン工業, 다이세이건설大成建設, 다이셀ダイセル, 다이조ダイゾー, 다이도화학공업同化学工業, 다이도특수강大同特殊鋼, 다이헤이제작소太平製作所, 다이헤이요흥발太平洋興発, 다이헤이요시멘트太平洋セメント, 다이요니혼기선太洋日本汽船, 다이와보홀딩스ダイワボウホールディングス, 다오카화학공업田岡化学工業, 다케나카공무점竹中工務店, 다치히기업立飛企業, 다쓰타방적龍田紡績, 다부치전기田淵電機, 다마이상선玉井商船, 단노구미丹野組

ち 주에쓰전기공업中越電気工業, 주오전기공업中央電気工業, 주가이광업中外鉱業, 주고쿠전력中国電力, 주고쿠도료中国塗料

つ 쓰루가해륙운송敦賀海陸運輸, 쓰루미조달鶴見曹達(쓰루미조달은 2013년에 도아카세이東亜合成에 흡수 합병되었다.)

| | |
|---|---|
| て | 데이카テイカ, 데이코쿠섬유帝国鐵維, 데이코쿠요업帝国窯業, 뎃켄건설鉄建建設, 덴키화학공업電気化学工業 |
| | 도이마린관광土肥マリン観光, 도아건설공업東亜建設工業, 도카이카본東海カーボン, 도카이기선東海汽船, 도카이고무공업東海ゴム工業, 도큐차량제조東急車輛製造, 도쿄아사이토방적東京麻糸紡績 (영상에서 한자 표기는 東京麻絲紡績), 도쿄가스東京ガス, 도쿄제강東京製鋼, 도쿄제철東京製鐵, 도시바東芝, 도시바기계東芝機械, 도호아연東邦亜鉛, 도호가스東邦ガス, 도요강판東洋鋼板, 도요방적東洋紡績, 도쿠야마トクヤマ, 도다건설戸田建設, 도치기기선栃木汽船, 도나미홀딩스トナミホールディングス, 도비공업トビー工業, 도비시마건설飛島建設 |
| な | 나이가이ナイガイ, 나오에쓰해륙운송直江津海陸運送, 나카야마제작소中山製鋼所, 나나오해륙운송七尾海陸運送, 나부테스코ナブテスコ, 나무라조선소名村造船所 |
| に | 니가타조선新潟造船, 니시마쓰건설西松建設, 니치린ニチリン, 니치로ニチロ, 닛산화학공업日産化学工業, 닛산자동차日産自動車, 닛신제강日新製鋼, 닛치쓰ニッチツ, 닛테츠광업日鐵鉱業, 니혼가이시日本碍子, 니혼화학日本化学, 닛폰카탄日本カタン, 닛폰카바이트공업日本カーバイド工業, 닛폰카본日本カーボン, 닛폰간류공업日本乾溜工業, 닛폰경금속日本軽金属, 니혼건철日本建鐵, 니혼고주파강업日本高周波鋼業, 닛폰차량제조日本車輛製造, 니혼중화학공업日本重化学工業, 닛폰수산日本水産, 니혼제강소日本製鋼所, 닛폰제지日本製紙, 니혼조달日本曹達, 닛폰주조日本鋳造, 닛폰통운日本通運, 니혼철판日本鐵板, 닛폰흄日本ヒューム, 니혼무선日本無線, 니혼야마무라글라스日本山村硝子, 닛폰우편선日本郵船 |
| の | 노가미野上, 노무라흥산野村興産 |
| は | 하카타항운博多港運, 하기모리흥산萩森興産, 하코다테독函館どっく, 하자마구미間組, 파나소닉パナソニック, 한신내연기공업阪神内燃機工業 |
| ひ | 히타치항공기日立航空機, 히타치제작소日立製作所, 히타치조선日立造船, 히 |

|     | |
| --- | --- |
|     | 노데우편선日之出郵船, 히메지합동화물자동차姬路合同貨物自動車, 히라니시키건설平錦建設, 히로시마가스廣島ガス, 빈고통운備後通運 |
| ふ  | 후시키해륙운송伏木海陸運送, 후지코시不二越, 후지중공업富士重工業, 후지타フジタ, 후지전기富士電機, 후지보홀딩스富士紡ホールディングス, 후루카와기계금속古河機械金属, 후루카와전기공업古河電気工業, 후루츄フルチュウ |
| ほ  | 호쿠에쓰메탈北越メタル, 홋카이도탄광기선北海道炭鉱汽船, 호도가야화학공업保土谷化学工業 |
| ま  | 마쓰다マツダ, 마쓰무라구미松村組, 마부치건설馬淵建設, 마루하니치로수산マルハニチロ水産 |
| み  | 미쿠니ミクニ, 미쓰이화학三井化学, 미쓰이금속광업三井金属鉱業, 미쓰이스미토모건설三井住友建設, 미쓰이조선三井造船, 미쓰이농림三井農林, 미쓰이마쓰시마산업三井松島産業, 미쓰비시화학三菱化学, 미쓰비시중공업三菱重工業, 미쓰비시상사三菱商事, 미쓰비시신동三菱伸銅, 미쓰비시제강三菱製鋼, 미쓰비시창고三菱倉庫, 미쓰비시전기三菱電機, 미쓰비시머티어리얼三菱マテリアル, 미네페아ミネベア, 미야지셀비지宮地サルベージ, 묘조시멘트明星セメント |
| む  | 무카이시마독向島ドック |
| め  | 메이지해운明治海運 |
| も  | 모지항운門司港運, 모리나가제과森永製菓 |
| や  | 야노철공소矢野鐵工所, 야바시공업矢橋工業, 야마분유화山文油化, 얀마ヤンマー |
| よ  | 요코하마고무横浜ゴム, 요시자와석회공업吉澤石灰工業, 요타이ヨータイ, 요도가와제강소淀川製鋼所, 요도시吉年 |
| ら  | 라사공업ラサ工業 |

り　리갈코퍼레이션リーガルコーポレーション, 리코엘레멕스リコーエレメックス, 린카이닛산건설りんかい日産建設, 린화학공업燐化学工業, 링코코퍼레이션 リンコーコーポレーション

わ　와코도和光堂

기타その他
DOWA홀딩스DOWAホールディングス, Hitz히타치조선Hitz日立造船, JFE엔지니어링JFEエンジニアリング, JFE스틸JFEスチール, JFE미네랄JFEミネラル, JR그룹JRグループ, NS유나이티드해운NSユナイテッド海運, SEC카본SECカーボン

총 275개 사(영상에서 구로사키하리마가 두 번 등장한 점을 포함하면 276개 사)

\* 영상에서는 '가타야마빈라공업片山浜蝶', '도비시마건설飛鳥建'로 표시되었는데 오기라고 판단하여 표에서는 정확한 사명으로 고쳤다. 또한 '스미토모강관'처럼 합병 등으로 변경된 구 사명도 있는데 그대로 두었다. - 나가타니 됴스케

## 10 한국 정부가 동원을 확인하여 작성한 일본 기업 리스트

한국의 국립일제강제동원역사관의 전시展示는 한국 국무총리 직속의 '대일항쟁기 강제동원 피해자 조사 및 국외 강제동원 희생자 등 지원위원회'(이하 위원회)의 조사 결과를 토대로 만들어졌다. 해당 위원회는 2004년 11월에 설립된 '일제강점하 강제동원 피해 진상규명 위원회'와 2008년 6월에 설립된 '태평양전쟁 전후 국외 강제동원 희생자 지원 위원회'의 두 조직이 2010년 3월에 합병해 설립된 것으로, 대규모의 조사에 따라 약 22만 명을 '강제동원 피해자'로 인정했고 2016년 6월에 해산했다.

위원회는 해산에 앞서 '위원회 활동 결과 보고서'(2016년 6월)를 발간했다. 거기에는 당시의 사명社名으로 '강제동원이 확인된 일본 기업'의 리스트가 게재되어 있다. 리스트는 일본 지역 1,257개 사와 조선반도 지역 1,144개

사의 두 종류가 확인됐다. 조선반도에서의 강제동원에 대해서는 위원회는 '강제동원 피해자'를 인정을 하지 않고, 개인보상의 대상에서도 제외됐다. 따라서 역사관 전시의 '현존 기업' 275개 사는 일본 지역 1,257개 사 중에 현재까지 남아있는 기업의 리스트로 생각된다.

또 '위원회 활동 결과 보고서'에서는 (주株)가 붙는 기업도 기재되어 있었으나, 본 리스트에서는 삭제했다. '(주)아사노 시멘트'와 '아사노 시멘트'는 본 리스트에서는 같은 이름의 기업으로 통합했다. 이와 같이 동일 기업으로 생각되는 표기가 합계 11곳에서 인정되었으므로, 본서에서는 1,246개 회사 리스트로 게재한다. 본문 중에 있는 [/]나 [〈〉]는 보고서의 표기 그대로 기재했다.

1,246개 사 목록

あ 아이자와구미相澤組, 아이자와구미逢澤組, 아이치긴조愛知金城, 아이치항공기愛知航空機, 아이치제강愛知製鋼, 아이치조선공업愛知造船工業, 아이치시계전기知時計電気, 아이즈광업会津鉱業, 아카이시목재赤石木材, 아즈마광산吾妻鉱山, 아카야마광산赤山鉱山, 아키타항만운송秋田港湾運送, 아코구미赤穂組, 아코초운영제탄장赤穂町営製炭場, 아사탄광厚狭炭鉱, 아사카신관소朝霞伸管所, 아사노우류탄광浅野雨竜炭鉱, 아사노시멘트浅野セメント, 아사히글라스旭硝子, 아사히기선旭汽船, 아사히건설朝日建設, 아사히공기제조旭工機製造, 아사히광산旭鉱山, 아사히고마쓰旭鉱末, 아사히전화공업旭電化工業, 아사히벰베르그견사/닛치쓰화학공업旭ベンベルグ絹糸/日窒化学工業, 아사히무연旭無煙, 아사마탄광淺間炭鉱, 아시카가방적足利紡績, 아지노모토味の素, 아스카이키누아사 공장飛鳥井絹麻工場, 아세아금속공업亜世亜金属工業, 아즈마해운東海運, 아소광업麻生鉱業, 아다치제강소足立製鋼所, 아다치석회공업足立石灰工業, 아타미화학공업熱海化学工業, 아타미지방시설부熱海地方施設部, 아즈마제강소吾嬬製鋼所, 아베광업소安部鉱業所, 아마가사키기선尼崎汽船, 아마가사키제철尼崎製鉄, 아모광산광업소天生鉱山鉱業所, 아라이합명荒井合名, 아라키규석광업소荒木珪石鉱業所, 아라마

키구미荒卷組, 아리아케산업有明産業, 안도구미安藤組

い 이노해운飯野海運, 이노산업飯野産業, 이노탄광飯野炭鉱, 이키교운壹岐交運, 이케가이자동차제조池貝自動車製造, 이케가이철공소池貝鉄工所, 이시카와지마항공공업石川島航空工業, 이시카와지마시바우라터빈石川島芝浦タービン, 이시카와제작소石川製作所, 이시다石田, 이시다구미石田組, 이시하라금속공업石原金属工業, 이시하라산업石原産業, 이시야마구미石山組, 이즈운송伊豆運送, 이즈미제강和泉製鋼, 이치바중공市場重工, 이데구미井出組, 이데하라주조出原鋳造, 이토구미伊藤組, 이토철공소伊東鉄工所, 이토산업位登産業, 이나가키광업稲垣鉱業, 이나메광업稲目鉱業, 이누미흥업犬見興業, 이노우에구미井上組, 이노우에양조공장井上醸造工場, 이비가와전기/이비가와전기공업揖斐川電気/揖斐川電気工業, 이호쿠목재伊北木材, 이마이今井, 이마즈제약今津製薬, 이마마치구미今町組, 이마미야소형운수今宮小型運輸, 이마무라제작소今村製作所, 이모리구미井森組, 이리에구미入江組, 이리야마채탄/조반탄광入山採炭/常磐炭鉱, 이와키시멘트磐城セメント, 이와키탄광磐城炭鉱, 이와쿠라구미岩倉組, 이와사구미공업所岩佐組工業所, 이와사와아탄岩澤亜炭, 이와테탄광철도岩手炭鉱鉄道

う 우에다광업上田鉱業, 우에다도석上田陶石, 우사미구미宇佐美組, 우지나조선소宇品造船所, 우지나내연기공장宇品内燃機工場, 우지나육군양말지창宇品陸軍糧秣支廠, 우시부카탄광牛深炭鉱, 우스이규석채굴장臼井珪石採掘場, 우소리함바宇曽利飯場, 우치다제작소内田製作所, 우쓰미방적内海紡績, 우도광산鵜峠鉱山, 우베광업소宇部鉱業所, 우베흥산宇部興産, 우베시청宇部市役所, 우베중공업宇部重工業, 우베시멘트제조/우베흥산宇部セメント製造/宇部興産, 우베조달공업宇部曹達工業, 우베질소공업宇部窒素工業, 우베유화공업宇部油化工業, 우마테가우라공업소馬手ヶ浦工業所, 우메가시마광산梅ヶ島鉱山, 우메다구미梅田組, 우메바야시구미梅林組, 우메무라구미梅村組, 우라가독賀船渠, 우라베조선占部造船, 우와광업宇和鉱業

え 에이코산업永興産業, 에자키철공소江崎鉄工所, 에사시흥업/후지타광업江刺興業/藤田鉱業, 에노키야마탄광榎山炭鉱, 에비스광산恵比寿鉱山, 에히메광

업愛媛鉱業, 에노모토주조철공소榎本鋳造鉄工所, 엔슈자동차운송遠州自動車運送, 엔도철공소遠藤鉄工所, 엔난기선円南汽船

お 오기타탄광扇田炭鉱, 오시제지王子製紙, 오이시호소하바직물공장大石細巾織物工場, 오오카탄광大岡炭鉱, 오가와라석재大河ガス原石材, 오쿠마철공소大隈鉄工所, 오쿠라해운大蔵海運, 오쿠라토목大倉土木, 오사카알루미늄제작소大阪アルミニウム製作所, 오사카가스大阪瓦斯, 오사카기계제작소大阪機械製作所, 오사카기공大阪機工, 오사카기선大阪汽船, 오사카구석재생공업조합大阪釦錫再生工業組合, 오사카금속공업大阪金属工業, 오사카상선大阪商船, 오사카제강大阪製鋼, 오사카제쇄조기大阪製鎖造機, 오사카조선소大阪造船所, 오사카전기주강大阪電気鋳鋼, 오사카특수제강大阪特殊製鋼, 오사카열처리大阪熱処理, 오사카요업시멘트大阪窯業セメント, 오사카요업내화벽돌大阪窯業耐火煉瓦, 오사카육군조병창大阪陸軍造兵廠, 오시쓰구미大失組, 오시바광산大柴鉱山, 오시마구미大島組, 오타니중공업大谷重工業, 오쓰카광업大塚鉱業, 오쓰보공장소大坪工作所, 오하마탄광大浜炭鉱, 오바야시구미大林組, 오바야시정기공업소大林精器工業所, 오하라조선철공소大原造船鉄工所, 오히라아탄大衡亜炭, 오미네광산大嶺鉱山, 오무라구미大村組, 오모리구미大森組, 오쓰카광업大家鉱業, 오카자키공동岡崎共同, 오카다카구미岡高組, 오카베철공소岡部鉄工所, 오키우베탄광沖宇部炭鉱, 오쿠무라구미奧村組, 오자키구미尾崎組, 오시타니규석채굴소オシ谷珪石採掘所, 오타루항운小樽港運, 오토메광업乙女鉱業, 우오누키탄광魚貫炭鉱, 오노다시멘트小野田セメント, 오노미치조선소尾道造船所, 오후키시긴잔小鉾岸金山, 오후쿠광산於福鉱山

か 해군시설협력회우에다타이海軍施設協力会植田隊, 해군제2연료창海軍第二燃料廠, 해군제4연료창海軍第四燃料廠, 가이지마화학공업貝島化学工業, 가이지마탄광貝島炭鉱, 가이리쿠海陸, 가쿠이치카세이角一化成, 가사기광업笠置鉱業, 가사도독笠戸船渠, 가지마구미鹿島組, 가시와구미柏組, 가스미가우라통운霞ヶ浦通運, 가타쿠라오자와광산片倉大澤鉱山, 가타쿠라공업片倉工業, 가타야마빈라공업片山鋲螺工業, 가쓰무라구미勝村組, 가쓰야마주강조기勝山濤鋼造機, 가쓰로구미勝呂組, 가토구미加藤組, 가토내화벽돌加藤耐

火煉瓦, 가토주철소加藤鋳鉄所, 가토청공소加藤鉄工所, 가난통운霞南通運, 가네코구미金子組, 가네마쓰기공兼松機工, 가모운수加武運輸, 가부키구미株木組, 가네가후치디젤공업鐘淵ディーゼル工かぶとやま業, 가네가후치방적鐘淵紡績, 가네마루광업金丸鉱業, 가네무라구미金村組, 가부토야마광업甲山鉱業, 가마이시광산釜石鉱山, 가탄광업かみいな嘉毬鉱業, 가미이나화물자동차上伊那貨物自動車, 가미오카금속神岡金属, 가미오카광업神岡鉱業(미쓰이이카미의 기침금속광업三井かみのせき金属鉱業), 가미오키탄광上沖炭鉱, 가미우수은광업神生水銀鉱業, 가미구미神組, 가미노세키광산上関鉱山, 가메지마가스공업ガスかやば亀島瓦斯工業, 가모탄광加茂炭鉱, 가야누마탄화광업茅沼炭化鉱業, 가야바제작소萱場製作所, 가라쓰항운唐津港運, 가라쓰독唐津船渠, 가리다구미苅田組, 가리야구미苅屋組, 가와이공업河合工業, 가와구치구미川口組, 가와사키운송川崎運送, 가와사키기선川崎汽船, 가와사키항공기공업川崎航空機工業, 가와사키차량川崎車両, 가와사키중공업川崎重工業, 가와사키선박하역川崎船舶荷役, 가와미나미광산川南鉱山, 가와니시기계제작소川西機械製作所, 가와니시항공기川西航空機, 가와무라구미川村組, 간사이기선関西汽船, 간사이토건공업関西土建工業, 간사이피혁関西皮革, 간자키구미神崎組, 간자키목재공업神崎木材工業, 간토공업関東工業, 간토항공공업関東航空工業, 간토제강関東製鋼, 간토전화공업関東電化工業, 간토전기흥업関東電気興業, 간토돌로마이트공업関東ドロマイト工業, 간바야시탄광神林炭鉱, 간몬항운関門港運, 간몬조선関門造船

き 기쿠타케공업소菊武工業所, 기시마탄광杵島炭鉱, 기차제조汽車製造, 기소광업木曽鉱業, 기타가와철공소北川鉄工所, 기타큐슈탄광北九州炭鉱, 기다구미木田組, 기다건업木田建業, 기타지마광업北島鉱業, 깃초광산吉兆鉱山, 기즈가와코크스공장木津川コークス工場, 기도구치경합금城戸口軽合金, 기미나미차량제조木南車両製造, 보탄코목재공업木丹江木材工業, 규슈운수산업九州運輸産業, 규슈채탄九州採炭, 규슈조달九州曹達, 규슈내화벽돌九州耐火煉瓦, 규슈신테쓰공업九州伸鉄工業, 규슈조선九州朝鮮, 규슈비행기九州飛行機, 규슈병기九州兵器, 구다이닛폰맥주旧大日本麦酒, 교에이구미共栄組, 교산제작소京三製作所, 교토가스京都瓦斯, 교리쓰수산공업共立水産工業, 교와

조선協和造船, 기요히사광업淸久鉱業, 교쿠토정밀공작소極東精密工作所, 기와다광산喜和田鉱山, 긴조탄광金城炭鉱, 긴포제작소金鳳製作所, 긴메이광산金明鉱山

く 구키노우미조선洞ノ海造船, 구사카베기선日下部汽船, 구시하타철공串畑鉄工, 구지점토광업久慈粘土鉱業, 구즈우석회석광업葛生石灰石鉱業, 구니후지제작소国藤製作所, 구니미쓰제쇄강공업国光製鎖鋼業, 구보타구미久保田組, 구보타철강久保田鉄鋼, 구보타철공소久保田鉄工所, 구마가이구미熊谷組, 구마모토구미熊本組, 구마모토전열공업소熊本電熱工業所, 구라시키견직/구라시키항공화공倉敷絹織/倉敷航空化工, 구리하라구미栗原組, 구리바야시상선栗林商船, 구리무라광업소栗村鉱業所, 구리모토철공소栗本鉄工所, 구레해군공창呉海軍工廠, 구레해군건축부呉海軍建築部, 구레조선呉造船, 구레하방적呉羽紡績, 구로사키요업黒崎窯業, 구로다제약黒田製薬, 구와오광산桑尾鉱山, 구와하라구미桑原組, 군제공업郡是工業

け 규석채굴장珪石採掘場, 겐가이흥업玄界興業

こ 고이케구미小池組, 고아광업興亜鉱業, 고노이케구미鴻池組, 고코쿠강선색興国鋼線索, 고쇼광업興昌鉱業, 고쟈쿠철도江若アルミニウム鉄道, 고야기공업香焼鉱業, 고세이금속제련소厚生金属製錬所, 광석배합통제鉱石配給統制, 고치석유高知石油, 고우주조江鋳造, 고즈제작소神津製作所, 고도주정合同酒精, 고난기선広南汽船, 고난기선甲南汽船, 고난탄광厚南炭鉱, 고부쿠로광업幸袋鉱業, 고베화물자동차운송神戸貨物自動車運送, 고베공작소神戸工作所, 고베제강소神戸製鋼所, 고베선박하역神戸船舶荷役, 고베주철소神戸鋳鉄所, 고와내화공업소興和耐火工業所, 고와탄광興和炭鉱, 고가유리제병소古賀硝子製瓶所, 고쿠산알루미늄공업国産軽銀工業, 고쿠산전기国産電気, 고구민식량国民食糧, 고쿠라제강小倉製鋼, 고쿠라탄광小倉炭鉱, 고다마공업兒玉工業, 고다마광업소兒玉鉱業所, 곳카사国華社, 고토부키공업寿工業, 고토부키탄광寿炭鉱, 고토부키중공업寿中工業, 고토단공後藤鍛工, 고니시야스베상점小西安兵衛商店, 고니시로쿠사진공업小西六写真工業, 고바야시구미小林組, 고마쓰제작소小松製作所, 고모로근영서小諸勤栄署, 고야나기구미小柳組, 고

야마침구小山寝具, 곤도구미近藤組

さ 사이구미佐井組, 사이토구미齊藤組, 사에키항운佐伯港運, 사카이운송堺運送, 사카이구미坂井組, 사카이구미酒井組, 사카이흥업坂井興業, 사카이시청堺市役所, 사카이제작소酒井製作所, 사가영업부佐賀営業部, 사가현어류배합佐賀県魚類配給, 사가자동차공업佐賀自動車工業, 사가자동차판매佐賀自動車販売, 사카타제작소坂田製作所, 사카모토구미坂本組, 사가미구미相模組, 사가라구미相良組, 사가라제작소相良製作所, 사가면플란넬佐賀綿ネル, 사쿠션가스サクション瓦斯, 사쿠라야마탄광桜山炭鉱, 사코시오도마리광산坂越大泊鉱山, 사사키구미佐々木組, 사사호라광산笹洞鉱山, 사자레광업佐佐連鉱業, 사지타일佐治タイル, 사토공업佐藤工業, 사토야마탄광里山炭鉱, 사노야구미佐野屋組, 사노조선/사노야스조선佐野造船/佐野安造船, 사노야스독佐野安船渠, 사와라구미佐原組, 사와야마기선澤山汽船, 사와라광업早良鉱業, 산키고무공업소三起ゴム工業所, 산쿄三協, 산교시멘트철도業セメント鉄道, 산코기선三光汽船, 산코상점三鉱商店, 산코염료三興染料, 산신기선三信汽船, 산신광공三信鉱工, 산포신동三宝伸銅, 산요제강山陽製鋼, 산요조선山陽朝鮮, 산요전기山洋電気, 산요전기궤도山陽電気軌道, 산요펄프山 陽バルブ, 산요피혁山陽皮革, 산요무연탄광山陽無煙炭鉱

し 시코쿠광업개발四国鉱業開発, 시코쿠탄광四国炭鉱, 시시도금속광업猪戸金属鉱業, 시즈카리긴잔静狩金山, 시다도자기志田陶磁器, 시즈가와조선志津川造船, 시토마에도잔尿前銅山, 시나가와하쿠렌가品川白煉瓦, 시나가와제작소品川製作所, 시나노제도信濃製陶, 시노노이탄광篠ノ井炭鉱, 시바우라공동공업芝浦共同工業, 시바우라공작기계芝浦工作機械, 시바우라제작소芝浦製作所, 시바우라터빈芝浦タービン, 시부사와창고渋沢倉庫, 시호로철도士幌鉄道, 시마자키구미島崎組, 시마즈광업島津鉱業, 시마즈제작소島津製作所, 시마바라근로서島原勤労署, 시마후지구미島藤組, 시마무라구미島村組, 시미즈구미清水組, 시미즈항운송清水港運送, 시모카와광업下川鉱業, 시모노세키운송下関運送, 시모노세키가스下関瓦斯, 시모노세키항운下関港運, 조에쓰통운上越通運, 쇼카와광업荘川鉱業, 조쇼화물자동차上小貨物自動車, 조신광업上信鉱業, 쇼다비행기제작소正田飛行機製作所, 쇼난제작소湘南製作

所, 조난조선철공城南造船鉄工, 조반탄광常磐炭鉱, 쇼와화학공업昭和化学工業, 쇼와광업昭和鉱業, 쇼와산업昭和産業, 쇼와자동차昭和自動車, 쇼와제관昭和製缶, 쇼와정기공업昭和精機工業, 쇼와제강昭和製鋼, 쇼와석유昭和石油, 쇼와탄업昭和炭業, 쇼와철공소昭和鉄工所, 쇼와전기제강昭和電気製鋼, 쇼와전극昭和電極, 쇼와전공昭和電工, 쇼와비행기공업昭和飛行機工業, 쇼와방적昭和紡績, 쇼로혼키庶路本岐, 시라이구미白井組, 시라이시기초공사白石基礎工事, 시라이시공업白石工業, 시라네유황광업소白根硫黄鉱業所, 신에쓰화학공업信越化学工業, 신광업개발新礦業開発, 신코산업新興産業, 신슈노부카와탄광信洲信河炭鉱, 신다이도제강新大同製鋼, 신주오공업新中央産業, 신토염료神東染料, 신니혼기선新日本汽船, 신니혼산업新日本産業, 신니혼탄갱新日本炭坑, 신니혼주조新日本鋳造, 신후소금속공업新扶桑金属工業 (스미토모금속공업住友金属工業), 신모토야마탄광新本山炭鉱

す 스이타시청吹田市役所, 스에요시광업末吉鉱業, 스가와라구미菅原組, 스기타구미菅原鉱業, 스기타조杉田組, 스즈키시키직기鈴木式織機, 스즈가사카탄광鈴ヶ坂炭鉱, 스즈코상점鈴興商店, 스미토모알루미늄제련住友アルミニウム製錬, 스미토모화학공업住友化学工業, 스미토모기계공업住友機械工業, 스미토모금속공업住友金属工業, 스미토모광업住友鉱業, 스미토모창고住友倉庫, 스미토모통신공업住友通信工業, 스미토모전기공업住友電気工業, 스미토모특수제강住友特殊製鋼

せ 세이지쓰사盛実社, 세이노제와西濃製瓦, 세키산금속공업石産金属工業, 석재채굴공업조합石材採掘工業組合, 세키모토탄광本炭鉱, 세키야구미関谷組, 세자키구미瀬崎組, 세토다광산瀬戸田鉱山, 세토육상소운반산업협동조합瀬戸陸上小運搬産業協同組合, 제니타카구미銭高組, 센보쿠철도仙北鉄道, 센류광업소潜龍鉱業所, 센센광업戦線鉱業

た 다이엔기선大円汽船, 다이켄산업大建産業, 다이코상선大光商船, 다이쇼광업大正鉱業, 다이쇼광업大昭鉱業, 다이세이광업소大星鉱業所, 다이오산업鯛生産業, 다이토아구미大東亜組, 다이도해운大同海運, 다이도화학공업大同化学工業, 다이도강판大同鋼板, 다이토산업大東産業, 다이도식산大同殖産,

다이도제강大同製鋼, 다이도제철大同製鉄, 다이토탄광大東炭鉱, 제2신오키야마탄광조합第二新沖山炭鉱組合, 다이니치광업大日鉱業, 다이니치전선大日電線, 다이니혼화학공업大日本化学工業, 다이니혼간류공업大日本乾溜工業, 다이니혼광업大日本鉱業, 다이니혼석유광업大日本石油鉱業, 다이니혼셀룰로이드大日本セルロイド, 다이니혼돌로마이트大日本ドロマイト, 다이니혼병기大日本兵器, 다이니혼방적大日本紡績, 다이니혼유지大日本油脂, 다이헤이광업太平鉱業, 다이헤이제작소太平製作所, 다이헤이요탄광太平洋炭鉱, 다이호광업大宝鉱業, 다이요해운大洋海運, 다이요어업大洋漁業, 다이요광업太陽鉱業, 다이요철공소大洋鉄工所, 다이렌기선大連汽船, 다오카염료제조田岡染料製造, 다카오카제작소高岳製作所, 다카오구미高尾組, 다카오철공소高尾鉄工所, 다카키구미高木組, 다카키브러시공업高木刷子工業, 다카코구미高幸組, 다고모리광업田籠鉱業, 다카다알루미늄제작소高田アルミニウム製作所, 다카다산업高田産業, 다카치호제지高千穂製紙, 다카노구미高野組, 다카노정밀공업高野精密工業, 다카하기탄광高萩炭鉱, 다카미즈토목건축공업高水土木建築工業, 다카야마광산鷹山鉱山, 다카야마코잔화학도기高山耕山化学陶器, 다카라하라구미宝原組, 다카라모토구미宝本組, 다키가와공업瀧川工業, 다키비료소多木肥料所, 다쿠마기관제조田熊汽缶製造, 다케우치구미竹内組, 다케나카구미竹中組, 다케나카공무점竹中工務店, 다케무라구미竹村組, 다케야마카이주조철공소武山会寿造鉄工所, 다지리구미田尻組, 다다키화학공업소只木化学工業所, 다다구미多田組, 다타라제작소多々良製作所, 다치아라이항공기太刀洗航空機, 다치카와비행기立川飛行機, 다치야마중공업立山重工業, 다쓰타공업龍田工業, 다쓰노목공제작소辰野木工製作所, 다나카구미田中組, 다나카광업田中鉱業, 다나카항공계기田中航空計器, 다나카차량田中車両, 다나카제강田中製鋼, 다나카함바田中飯場, 다니구미谷組, 다부치전기田淵電気, 다마이상선玉井商船, 다마모구미玉藻組, 단노구미丹野組

ち 지자키구미地崎組, 디젤자동차공업ヂ-ゼル(ディ-ゼル)自動車工業, 지치부시멘트秩父セメント, 지토세광산千歳鉱山, 지토세광업千原鉱業, 주에쓰전기공업中越電気工業, 주오기선中央汽船, 주오공업中央工業, 주오광업中央鉱業,

주오고무공업中央ゴム工業, 주오전기공업中央電気工業, 주가이광업中外鉱業, 주고쿠토목中国土木, 주고쿠도료中国塗料, 주고쿠배전中国配電, 주부경합금中部軽合金, 주부배전中部配電, 조선정련朝鮮精練, 지요다이터닛공업千代田エタニット工業, 진제이운송鎮西運送, 진제이화물鎮西貨物

つ　쓰가미아타카제작소津上安宅製作所, 쓰키야마탄광月山炭鉱, 쓰쿠시공업筑柴工業, 쓰구광업津具鉱業, 쓰지이직포공장辻井織賀海陸布工場, 쓰지구미辻組, 쓰치야구미土屋組, 쓰치야광업土谷鉱業, 쓰쓰미제화공장堤製靴工場, 쓰루가해륙운송敦運送, 쓰루철공소都留鉄工所, 쓰루미조달鶴見曹達

て　데이코쿠화공帝国化工, 데이코쿠광업개발帝国鉱業開発, 데이코쿠광업소帝国鉱業所, 데이코쿠사백금帝国砂白金, 데이코쿠산회흥업帝国産會興業, 데이코쿠산업帝国産業, 데이코쿠차량공업帝国車両工業, 데이코쿠섬유帝国繊維, 데이코쿠주강소帝国鋳鋼所, 데이코쿠특수강帝国特殊鋼, 데이코쿠특수제강帝国特殊製鋼, 데이코쿠마그네슘帝国マグネシウム, 데이코쿠요업帝国窯業, 데이시쓰임야국帝室林野局, 뎃코구미鉄工組, 뎃코샤鉄興社, 철도건설흥업鉄道建設興業, 철도건설대鉄道建設隊, 철도공업鉄道工業, 철도성鉄道省, 전기화학공업電気化学工業, 덴포쿠석탄광업天北石炭鉱業

と　도이규석광업소土井珪石鉱業所, 도이광업土肥鉱業, 도아해운東亜海運, 도아화학흥업東亜化学興業, 도아가사보네공업東亜傘骨工業, 도아금속공업東亜金属工業, 도아공기東亜工機, 도아광업東亜鉱業, 도아광공東亜鉱工, 도아항공東亜航空, 도아합성화학공업東亜合成化学工業, 도아항만공업東亜港湾工業, 도아콘크리트공업東亜コンクリート工業, 도아특수제강東亜特殊製鋼, 도아연료공업東亜燃料工業, 도아밸브東亜バルブ, 도아판금東亜板金, 도아마스오리공업東亜升織工業, 도에이구미島栄組, 도카이기선東海汽船, 도카이강업東海鋼業, 도카이고무공업東海ゴム工業, 도카이산업東海産業, 도카이전극제조東海電極製造, 도쿄아사이토방적東京麻糸紡績, 도쿄이시카와지마조선소東京石川島造船所, 도쿄가스東京瓦斯, 도쿄기기공업東京機器工業, 도쿄계기東京計器, 도쿄경합금제작소東京軽合金製作所, 도쿄광학기계東京光学機械, 도쿄항공東京航空, 도쿄항공계기東京航空計器, 도쿄자동차공업東京

自動車工業, 도쿄시바우라전기東京芝浦電氣, 도쿄제강東京シャリング(도쿄제강東都製鋼), 도쿄중기공업東京重機工業, 도쿄제강東京製鋼, 도쿄제철東京製鐵, 도쿄정단공소東京精鍛工所, 도쿄선박하역東京船舶荷役, 도쿄도위생국청소과東京都衛生局淸掃課, 도쿄내연전기東京內燃電氣, 도쿄비행기제작소東京飛行機製作所, 도쿄부청토목과東京府廳土木課, 도하라제강東原製鋼, 도코정기제작소東興精機製作所, 도시바구미東芝組, 도슌운수東春運輸, 도자이육운東西陸運, 도타쿠탄광東拓炭鑛, 도토제강東都製鋼, 도넨動燃, 도호아연東邦亞鉛, 도호우에노탄광東邦上野炭鑛, 도호가스東邦瓦斯, 도호공업東邦工業, 도호중공업東邦重工業, 도호석유東邦石油, 도호탄광東邦炭鑛, 도호쿠광업東北鑛業, 도호쿠흥업東北興業, 도호쿠채탄東北採炭, 도호쿠진흥펄프東北振興パルプ, 도호쿠전기제철東北電氣製鐵, 도호쿠토건공업東北土建工業, 도호쿠배전東北配電, 도모토규석채굴소堂本珪石採掘所, 도야마카세이흥업遠山化成興業, 도요해운東洋海運, 도요카탄주공소東洋可鍛鑄工所, 도요기선東洋汽船, 도요고압공업東洋高壓工業, 도요공업東洋工業, 도요강재/산키공업東洋鋼材/三機工業, 도요강판東洋鋼板, 도요작재東洋炸材, 도요산업東洋産業, 도요제강東洋製鋼, 도요제철소東洋製鐵所, 도요시멘트東洋セメント, 도요조달공업東洋曹達工業, 도요내화洋耐火, 도요철선공업東洋鐵線工業, 도요연료東洋燃料, 도요베어링제조東洋ベアリング製造, 도요방적東洋紡績, 도로구미騰呂組, 도와기선東和汽船, 도와광업東和鑛業, 도가미전기제작소戶上電氣製作所, 특수제강特殊製鋼, 도쿠야마조달德山曹達, 도쿠야마지방·운德山地方·運, 도쿠야마철판德山鐵板, 도사광산土佐鑛山, 도사석탄공업土佐石灰工業, 도다구미戶田組, 도치기기선栃木汽船, 도치기조선栃木造船, 도나미운수砺波運輸, 도비시마구미飛島組, 토목건축청부업히라니시키구미土木建築請負業平錦組, 도미모토구미富本組, 도모에구미기선巴組汽船, 도요우라탄광豊浦炭鑛, 도요쿠니시멘트豊國セメント, 도요사토탄광豊里炭鑛, 도요시마구미豊島組, 토요타자동차トヨタ自動車

な 나이가이운수산업內外運輸産業, 나이가이제강소內外製鋼所, 나이토농원內藤農園, 나카무라구미中村組, 나카야마제강소中山製鋼所, 나오에쓰항만운송直江津港湾運送, 나카오공업中尾工業, 나카가와기선中川汽船, 나카가와

스테인리스정련中河ステンレ精錬, 나카가와토목건축청부업中川土木建築請負業, 나가쿠라정맥永倉精麥, 나가쿠라탄광長倉炭鑛, 나가사카다카야마長坂高山, 나가사키항운長崎港運, 나가사키광업長崎鑛業, 나가사와탄광長澤炭鑛, 나카지마광업中島鑛業, 나카지마항공금속中島航空金属, 나카지마비행기中島飛行機, 나카철공소中鉄工所, 나카타조선中田造船, 나카노합판中野合板, 나가노채광長野採鑛, 나카노야마탄광中の山炭鑛, 나카하이시모노세키영업소中配下関営業所, 나카하치구미中鉢組, 나카무라기선中村汽船, 나고시광산名越鉱山, 나고야연안하역名古屋沿岸荷役, 나고야조선名古屋造船, 나고야조선하역名古屋造船荷役, 나고야조질공업名古屋調質工業, 나고야철도국名古屋鉄道局, 나고야육군초병창名古屋陸軍造兵廠, 나나오해륙운송토목七尾海陸運送土木, 나니와독浪速船渠, 나무라조선소名村造船所, 나라교통奈良交通, 나리시마구미成島組, 난요해운南洋海運, 난요흥발南洋興発,

に　니가타해륙운송新潟海陸運送, 니가타철공소新潟鉄工所, 니가타전기공업新潟電気工業, 니가타전공新潟電工, 니시우라정련공업西浦精練工業, 니시카라쓰철공소西唐津鉄工所, 니시카와다西川田, 니시다제병공장西田製壜工場, 니시토기석탄수송西時石炭輸送, 니시니혼기선西日本汽船, 니시베쓰西別, 니시마쓰구미西松組, 니시미야화물자동차운송西宮貨物自動車運送, 니시모토구미西本組, 니시야마합자회사西山合資会社, 니치아제강日亜製鋼, 니치난광업日南鉱業, 니치만광업満鉱業, 니치만스냅제작소日満スナップ製作所, 니치로어업日魯漁業, 니치하라광산日原鉱山, 닛치비시구미ニッ菱組, 닛카제유/닛카유지日華製油/日華油脂, 닛카와탄광新川炭鉱, 닛코日興, 닛코제약日興製薬, 닛코토목건축日光土木建築, 닛산화학공업日産化学工業, 닛산기선日産汽船, 닛산자동차日産自動車, 닛산조선소日産造船所, 닛산토목日産土木, 닛산농림공업日産農林工業, 닛산요업日産窯業, 닛산기계공업日新機械工業, 닛신기선日進汽船, 닛쇼흥업日正興業, 닛세이창고日清倉庫, 닛소광업日曹鉱業, 닛시쓰광업개발窒鉱業開発, 닛추광업日中鉱業, 닛테츠기선日鉄汽船, 닛테츠광업日鉄鉱業, 닛토과학공업日東化学工業, 닛토광업기선/닛토기선日東鉱業汽船/日東汽船, 닛토상사日東商社, 닛토상선日東商船, 닛토물산日東物産, 닛토분화공업日東粉化工業, 닛토방적日東紡績, 닛파쓰산업日発産業, 닛포

광업용역日宝鉱業用役, 니혼아연광업日本亜鉛鉱業, 니혼압연공업日本壓延工業, 니혼유조선日本油造船, 니혼알루미늄日本アルミニウム, 니혼에어브레이크/니혼제동기日本エーアブレーク/日本制動機, 니혼해운日本海運, 니혼카이기선日本海汽船, 니혼가이시日本碍子, 니혼카이독공업日本海船渠工業, 니혼카세이공업日本化成工業, 니혼카탄주철소日本可鍛鋳鉄所, 닛폰카바이트공업日本カーバイド工業, 닛폰카본日本カーボン, 닛폰화약제조日本火薬製造, 니혼글라스日本硝子, 닛폰간류공업日本乾溜工業, 니혼근해기박日本近海汽舶, 닛폰경금속日本軽金属, 니혼겐테쓰공업日本建鉄工業, 니혼광학공업本光学工業, 닛폰코칸日本鋼管, 닛폰코칸광업日本鋼管鉱業, 니혼강업日本鋼業, 니혼광업日本鉱業, 니혼공구제작日本工具製作, 니혼고주파중공업日本高周波重工業, 니혼합성화학日本合成化学, 니혼광발日本鉱発, 니혼국제항공공업日本国際航空工業, 니혼국유철도日本国有鉄道, 니혼코발트광업日本コバルト鉱業, 니혼사철강업日本砂鉄鋼業, 니혼산진日本産振, 닛폰차량제조日本車両製造, 니혼소결日本焼結, 니혼상선日本商船, 니혼인조흑연日本人造黒鉛, 니혼인조석유日本人造石油, 니혼신테쓰공업日本伸鉄工業, 니혼수연日本水鉛, 니혼수은日本水銀, 닛폰수산日本水産, 니혼스테인리스日本ステンレス, 니혼제화日本製靴, 니혼정공日本精工, 니혼정광日本精鉱, 니혼제강소本製鋼所, 닛폰세이데츠해운부문日本製鉄海運部門, 닛폰세이데츠日本製鉄, 니혼제분日本製粉, 니혼석면제조日本石綿製造, 니혼석유日本石油, 니혼시멘트日本セメント, 니혼셀룰로이드화공日本セルロイド化工, 니혼섬유공업日本繊維工業, 니혼염직日本染織, 니혼조선日本造船, 니혼조달日本曹達, 니혼내화원료日本耐火原料, 니혼타이어日本タイヤ, 니혼탄업日本炭業, 니혼단공日本鍛工, 니혼단열공업日本断熱工業, 니혼던롭고무日本ダンロップ護謨, 니혼질소日本窒素, 니혼주조日本鋳鋼, 니혼주강소日本鋳鋼所, 니혼주조日本鋳造, 니혼통운日本通運, 니혼전기日本電気, 니혼전기병기日本電気兵器, 니혼전기야금日本電気冶金, 니혼전공日本電工, 니혼전지日本電池, 니혼특수강日本特殊鋼, 니혼특수강관日本特殊鋼管, 니혼내연기日本内燃機, 니혼파이프제조日本 パイプ製造, 니혼발조日本発条, 니혼비행기日本飛行機, 닛폰흄관日本ヒューム管, 니혼펠트공업日本フェルト工業, 니히라탄광二平炭鉱, 니혼마그네슘日本マグネシウム, 니혼무선日本無線, 니혼메탈공업日本メタル工業, 니혼야금공업日本冶

金工業, 니혼우편선日本郵船, 니혼유화공업日本油化工業, 니혼유지日本油脂, 니혼수출日本輸出, 니혼라디에이터日本ラジエーター, 니혼리키日本理器, 니혼수업고무日本輪ゴム

ぬ　누마다구미沼田組

ね　네부토야마광산根太山鉱山

の　노가미광업野上鉱業, 노가미도아광업野上東亜鉱業, 노구치구미野口組, 노나카구미野中組, 노부하라제작소延原製作所, 노부하라창고延原倉庫, 노무라광업野村鉱業, 노무라제강野村製鋼

は　하카타항운博多港運, 하기모리탄광萩森炭鉱, 하기와라구미萩原組, 하쿠요기선白洋汽船, 하코다테항운函館港運, 하코다테독函館船渠, 하자마구미間組, 하세가와타이어상공사長谷川タイヤ商工社, 하타광산幡多鉱山, 하네다정기羽田精機, 핫코운송八紘運送, 핫코기선八光汽船, 핫코산업사八礦産業社, 핫코성냥八興燐寸, 핫토리시계점服部時計店, 하나이목공제작소花井木工製作所, 하나조노주조회사花園鋳造会社, 하보로탄광철도羽幌炭鉱鉄道, 하마다구미浜田組, 하마다공장濱田工場, 하마다철공소浜田鉄工所, 하마네기선濱根汽船, 하야카와철공早川鉄工, 하야시카네조선林兼造船, 하야시광업소林鉱業所, 하야시다쓰노공장林辰野工場, 하라상사原商社, 하라다구미原田組, 하리마조선소播磨造船所, 하리마내화벽돌播磨耐火煉瓦, 반자이도잔광업소万歳銅山鉱業所, 한신내연기공업阪神内燃機工業

ひ　히가시기시마탄광東杵島炭鉱, 히가시데철공소東出鉄工所, 히가시니혼조선東日本造船, 히가시호로나이탄광東幌内炭鉱, 히구치광업樋口鉱業, 히사쓰네광업久恒鉱業, 히시다구미菱田組, 히타치항공기日立航空機, 히타치정기日立精機, 히타치제작소日立製作所, 히타치제철日立製鉄, 히타치조선日立朝鮮, 히타치병기日立兵器, 히노중공업日野重工業, 히노데기선日之ガス出汽船, 히노데공업日出工業, 니오마루기선日の丸汽船, 니노모토산업日の本産業, 히메지합동화물자동차姫路合同貨物自動車, 효고현아탄兵庫県亜炭, 히요시광산日吉鉱山, 히라키광업소平木鉱業所, 히라타제유平田製油, 히라노철공

平野鉄工, 히라야마구미平山組, 히로우미기선広海汽船, 히로시마가스広島瓦斯, 히로시마항운広島港運, 히로시마인견공장広島人絹工場, 히로시마철도국시모노세키관리부広島鉄道局下関管理部, 히로세광업広瀬鉱業, 히로노구미広野組, 히로하타항운広畑港運, 빈고통운備後通運

ふ　후카에탄광深江炭鉱, 후카광산布賀鉱山, 후카사카탄광深坂炭鉱, 후쿠이탄광福井炭鉱, 후쿠시마형제상점福島兄弟商店, 후쿠다구미福田組, 후쿠다제작소福田製作所, 후지가스방적富士瓦斯紡績, 후지화물자동차富士貨物自動車, 후지항공기富士航空機, 후지흥산富士興産, 후지코시압연不二越圧延, 후지코시강재공업不二越鋼材工業, 후지산업富士産業, 후지제조富士製造, 후지타구미藤田組, 후지전기제조富士電気製造, 후지나가타조선소藤永田造船所, 후지비행기富士飛行機, 후지미싱富士ミシン, 후지와라구미藤原組, 후지와라도기제작소藤原度器製作所, 후시키해륙운송伏木海陸運送, 후소석면扶桑石綿, 후타미상점二見商店, 부도광업葡萄鉱業, 후나우키하역船浮荷役船, 후나키철도木鉄道, 후루카와광업古河鉱業, 후루카와주조古河鋳造, 후루카와전기공업古河電気工業, 후루사와구미古澤組, 후루야구미古屋組, 후루야광업古谷鉱業, 분메이정기공업文明精機工業

へ　벳시광업別子鉱業

ほ　호슈야마광업宝珠山鉱業, 호슈광산宝珠鉱山, 호조탄광鳳城炭鉱, 호쇼산업宝生産業, 호넨제유豊年製油, 호라이탱크蓬莱タンク, 호와산업豊和産業, 호쿠에쓰전화공업北越電化工業, 호쿠신흥산/가가토석건설北振興産/加賀土石建設, 호쿠세이광업北星鉱業, 홋카이선박北海船舶, 홋카이전화공업北海電化工業, 홋카이도유황北海道硫黄, 홋카이도광北海道鉱, 홋카이도사광개발北海道砂鉱開発, 홋카이도중공北海道重工, 홋카이도인조석유北海道人造石油, 홋카이도석탄하역北海道石炭荷役, 홋카이도탄광기선北海道炭鉱汽船, 홋코조선소北髙造船所, 호도가야화학공업保ヶ谷化学工業, 호리우치구미堀内組, 혼다건설本田建設, 혼다정기本田精機

ま　마스오카구미増岡組, 마스토미광산増富鉱山, 마쓰이구미松井組, 마쓰우라탄광松浦炭鉱, 마쓰오카기선松岡汽船, 마쓰오구미松尾組, 마쓰오광업松尾

鉱業, 마쓰시타항공공업松下航空工業, 마쓰시타제조松下製造, 마쓰시타조선松下朝鮮, 마쓰시타전기산업松下電気産業, 마쓰시타무선松下無線, 마쓰시마탄광松島炭鉱, 마쓰하마광산松浜鉱山, 마쓰하라구미松原組, 마쓰무라구미松村組, 마부치철공馬淵鉄工, 마루코시탄광丸越炭鉱, 마루쇼해운丸正海運, 마루쇼가마도광업공동조합昭釜戸鉱業共同組合, 마루젠석유丸善石油, 마루타구미丸太組, 마루히코와타나베구미丸彦渡邊組

み    미이케항운三池港運, 미이케석유합성공업三池石油合成工業, 미키구미三木組, 미쿠니상공三国商工, 미즈노구미水野組, 미조구치구미溝口組, 미조타철공소溝田鉄工所, 미쓰이화학공업三井化学工業, 미쓰이광산三井鉱山, 미쓰이광산三井鉱山(마쓰시마탄광松島炭鉱), 미쓰이정기공업三井精機工業, 미쓰이정밀공업三井精密工業, 미쓰이선박三井船舶, 미쓰이창고三井倉庫, 미쓰이조선三井朝鮮, 미쓰이히비정련소三井日比精錬所, 미쓰이목선건조三井木船建造, 미쓰사와구미三津澤組, 미쓰비시기선三菱汽船, 미쓰비시광업三菱鉱業, 미쓰비시공작기계三菱工作機械, 미쓰비시중공업三菱重工業, 미쓰비시제강三菱製鋼, 미쓰비시석유三菱石油, 미쓰비시창고三菱倉庫, 미쓰비시전기三菱電気, 미쓰보시광업三星鉱業, 미쓰미네아탄간류공장三峯亜炭乾餾工場, 미쓰와공업三ッ輪工業, 미나미이쿠치광산南生口鉱山, 난타이헤이요무역南太平洋貿易, 미야가키규석공장宮垣珪石工場, 미야코정련소宮古精錬所, 미야사카구미宮坂組, 미야제철소宮製鉄所(도토제강東都製鋼), 미야지기선宮地汽船, 미야지마상점宮島商店, 묘조시멘트明星セメント, 묘부공업소苗武工業所, 미요시화학흥업ミヨシ化学興業, 미요시광업三好鉱業, 미요시광산三吉鉱山, 민세이산업民生産業

む    무코기선武庫汽船, 무야리탄광武鎗炭鉱, 무로란항운室蘭港運, 무로란석탄항운室蘭石炭港運

め    메이지해운明治海運, 메이지광업明治鉱業

も    모지항운門司港運, 모지조선門司造船, 혼고토광업本後藤鉱業, 모리흥업森興業, 모리나가제과森永製菓, 모리모토구미森本組

| や | 야기구미八木組, 야타카광산弥高鉱山, 야다가와자갈矢田川砂利, 야나이운 반업조합柳井運搬業組合, 야노철공소矢野鉄工所, 야바시공업矢橋工業, 야하 타항운八幡港運, 야하타제철운반청부업공제조합八幡製鉄運搬請負業控除組 合, 야마이치탄광산一炭鉱, 야마오카제작소山岡製作所, 야마오카내연기山 岡内燃機, 야마가타광업山形鉱業, 야마가와구미山川組, 야마구치구미山口 組, 야마구치현화물자동차山口県貨物自動車, 야마구치광업山口鉱業, 야마 구치신조제재소山口新三製材所, 야마시타기선山下汽船, 야마시타근해기 선山下近海汽船, 야마시타특수범선수송山下特殊帆船輪送, 야마신광업山新鉱 業, 야마토광산大和鉱山, 야마토수은광업소大和水銀鉱業所, 야마토제강大和 製鋼, 야마토주조大和鋳造, 야마토피스톤大和ピストン, 야마토방적大和紡績, 야마토목공소大和木工所, 야마분유화연구소山文油化研究所, 야마모토기계 제작소山本機械製作所, 야마노유고쿠타이山湯国泰 |
|---|---|
| ゆ | 유토쿠자동차祐徳自動車, 유바리제작소夕張製作所, 유베쓰탄광·철도雄別炭 鉱鉄道, 유아사축전지제조湯浅蓄電池製造, 유타니중공업祐徳自動車, 유야중 공업油谷重工業, 유라염료由良染料 |
| よ | 요코오판금철공소横尾板金鉄工所, 요코스카시청横須賀市役所, 요코하마고 무제조横浜護謨製造, 요코하마내화벽돌横浜耐火煉瓦, 요시오카광업吉岡鉱 業, 요시자카단공吉坂鍛工, 요시자와석회공업吉澤石工業, 요시지마제림芳 島製林, 요시지마철공소吉島鉄工所, 요시다구미吉田組, 요시다스타킹공장 吉田ストッキング工場, 요시야광업소吉谷鉱業所, 요시토모본사友本社, 요시나 吉名, 요시나벽돌공장吉名煉瓦工場, 요시노광업소吉野鉱業所, 요시하라광 업소吉原鉱業所, 요시하라제유吉原製油, 요시하라법랑철기공장吉原琺瑯鉄 器工場, 요카이치해군연료창四日市海軍燃料廠, 요도시카탄주철공장吉年可 鍛鋳鉄工場, 요도가와제강소淀川製鋼所制 |
| り | 육군군수품지창陸軍軍需品支廠, 육군피복지창陸軍被服支廠, 리켄금속理研 金属, 리켄공업理研工業, 린화학공업燐化学工業, 임야국林野局 |
| る | 루모이석탄항운留萌石炭港運 |

438

자료

| れ | 렌잔광산連山鉱山 |
|---|---|
| わ | 와카센닌광산和賀仙人鉱山, 와카마쓰항운若松港運, 와카마쓰차량若松車両, 와카오키탄광若沖炭鉱, 와카모토제약わかもと製薬, 와카야마탄광若沖炭鉱, 와코공업和光工業, 와타시로운송綿城運送, 와다구미和田組, 와타야제작소綿谷製作所, 와타나베구미渡邊組 |

## 11 한국병합 100년에 즈음한 한일 지식인 공동성명 – 2010년 5월 10일

1910년 8월 29일, 일본제국은 대한제국을 이 지상에서 말살하여 한반도를 일본의 영토에 병합할 것을 선언하였다. 그로부터 100년이 되는 2010년을 맞이하여 우리들은 그 병합이 어떻게 이루어졌던가, '한국병합조약'을 어떻게 보아야 할 것인가에 대하여 한국, 일본 양국의 정부와 국민이 공감하는 인식을 확인하는 것이 중요하다고 생각한다. 이 문제야말로 두 민족 간의 역사문제의 핵심이며, 서로의 화해와 협력을 위한 기본이다.

그간 두 나라의 역사학자들은 일본에 의한 '한국병합'이 일본 정부의 장기적인 침략정책, 일본군의 거듭된 점령 행위, 명성왕후 살해와 국왕과 정부 요인에 대한 협박, 그리고 이에 대한 한국인들의 항거를 짓누르면서 실현시킨 결과란 것을 명백히 밝히었다.

근대 일본 국가는 1875년 강화도에 군함을 보내 포대를 공격, 점령하는 군사작전을 벌였다. 이듬해 일본 측은 특사를 파견, 불평등조약을 강요하고 개항시켰다. 1894년 조선에 대규모의 농민봉기가 일어나 청국 군이 출병하자 일본은 대군을 파견하여 서울을 장악하였다. 그리고 왕궁을 점령하여 국왕, 왕후를 가두고 이어 청국 군을 공격하여 청일전쟁을 일으켰다. 한편으로 이에 대항하는 한국의 농민군을 무력으로 진압하였다. 청일전쟁의 승리로 일본은 청국세력을 한국에서 몰아내는 데 성공하였지만 삼국간섭三國干涉으로 승전의 대가로 획득한 요동반도를 되돌려 놓게 되었다. 이런 결과에 부딪혀, 일본은 그간 한국에서 확보한 지위마저 잃게 될 것을 우려하여 국왕에게 공포감을 주고자 왕비 민씨를 살해하였다. 국왕 고종이 러시아 공사관에 보호를 구하게 되자 일본은 러시아와 협상을 통해 사태를 수습하려 들게 되었다.

그러나 의화단義和團 사건으로 러시아가 만주를 점령하게 된 후, 1903년에 일본은 그 대신 한국 전토를 일본의 보호국으로 하는 것을 인정할 것을 러시아에 요구하였다. 러시아가 이를 거절하자, 일본은 전쟁을 결심하고 1904년 전시戰時 중립을 선언한 대한제국에 대규모의 군대를 진입시켜 서울을 점령하였다. 그 점령군의 압력 하에 2월 23일 한국 보호국화의 제1보가 된 '의정서'의 조인을 강요하였다. 러일전쟁은 일본의 우세승으로 결말이 나고, 일본은 포츠머드강화조약에서 러시아로 하여금 한국에 대한 일본의 지배를 인정하게 하였다. 이토 히로부미伊藤博文는 곧바로 천황의 특사로 서울로 와서 일본군의 힘을 배경으로 위협과 회유를 번갈아 1905년 11월 18일에 외교권을 박탈하는 '제2차 한일협약'을 체결시켰다. 의병운동이 각지에서 일어나는 가운데 고종황제高宗皇帝는 이 협약은 강제된 것으로 효력이 없다는 친서를 각국 원수元首들에게 보내었다. 1907년 헤이그 평화회의에 특사를 보낸 일로, 통감 이토 히로부미는 이에 대한 고종황제의 책임을 물어 그의 퇴위를 강요하고 군대를 해산시켰다. 이와 동시에 7월 24일에 '제3차 한일협정'를 강요하여 한국의 내정에 대한 감독권도 장악하였다. 이러한 일본의 침략에 대하여 의병운동이 크게 일어났지만, 일본은 군대, 헌병, 경찰의 힘으로 탄압하다가 1910년에 '한국병합'을 단행하게 되었던 것이다.

이상과 같이 '한국병합'은 대한제국의 황제로부터 민중에 이르기까지 모든 사람의 격렬한 항의를 군대의 힘으로 짓누르고 실현시킨, 문자 그대로 제국주의 행위이며, 불의부정不義不正한 행위였다.

일본국가의 '한국병합' 선언은 1910년 8월 22일의 병합조약에 근거하여 설명되고 있다. 이 조약의 전문前文에는 일본과 한국의 황제가 두 나라의 친밀한 관계를 바라고, 상호의 행복과 동양 평화의 영구 확보를 위해서는 '한국을 일본제국에 병합하는 것 만한 것이 없다'고 하여 병합이 최선이라고 확신하고, 본 조약을 체결하기에 이르렀다고 서술되어 있다. 그리고 제1조에 '한국 황제 폐하는 한국 전부全部에 관한 일체의 통치권을 완전하고 또 영구히 일본국 황제 폐하에게 양여讓與한다'고 기술하고, 제2조에 '일본국 황제 폐하는 전조前條에 서술되어 있는 양여를 수락하고 또 전적으로 한국을 일본제국에 병합하는 일을 승낙한다.'고 적고 있다.

여기서 힘으로 민족의 의지를 짓밟은 병합의 역사적 진실은, 평등한 양자의 자발적 합의로, 한국 황제가 일본에 국권 양여를 신청하여 일본천황이 그것을 받아들여, '한국병합'에 동의했다고 하는 신화로 덮어 숨기고 있다. 조약의 전문前文도 거짓이고 본문도 거짓이다. 조약 체결의 절차와 형식에도 중대한 결점과 결함이 보이고 있다.

'한국병합'에 이른 과정이 불의부당하듯이 '한국병합조약'도 불의부당하다.

일본제국이 침략전쟁 끝에 패망함으로써 한국은 1945년에 일본의 식민지 지배로부터 벗어났다. 해방된 한반도의 남쪽에 수립된 대한민국과 일본은 1965년에 국교를 수립하였다. 이 때 체결된 양국 관계의 '기본에 관한 조약'(기본조약으로 약칭) 제2조에 1910년 8월 22일 및 그 이전에 체결된 모든 조약 및 협정은 이미 원천 무효already null and void라고 선언되었다. 그러나 이 조항의 해석이 한, 일 양국 정부 간에 서로 달랐다.

일본정부는 병합조약 등은 '대등한 입장에서 또 자유의지로 맺어졌다'는 것으로 체결 시부터 효력을 발생하여 유효였지만, 1948년의 대한민국 성립으로 무효가 되었다고 해석하였다. 이에 대하여 한국 정부는 '과거 일본의 침략주의의 소산'이었던 불의부당한 조약은 당초부터 불법 무효이라고 해석하였던 것이다.

병합의 역사에 관하여 지금까지 밝혀진 사실과 왜곡 없는 인식에 입각하여 뒤돌아보면 이미 일본 측의 해석을 유지할 수 없게 되었다. 병합조약 등은 원래 불의부당한 것이었다. 그런 의미에서 당초부터 null and void였다고 하는 한국 측의 해석이 공통된 견해로 받아들여져야 할 것이다.

현재에 이르기까지 일본에서도 완만하나마 식민지 지배에 관한 인식은 전진해왔다. 새로운 인식은 1990년대에 들어서 고노河野 관방장관 담화(1993), 무라야마村山 총리 담화(1995), 한일공동선언(1998), 조일朝日 평양선언(2002) 등으로 나타났다. 특히 1995년 8월 15일 무라야마 총리담화에서 일본정부는 '식민지 지배'가 초래한 '막대한 손해와 고통'에 대하여 '통절한 반성의 뜻'과 '마음속으로부터의 사과'를 표명하였다.

또한 무라야마 수상은 1995년 10월 13일 중의원 예산위원회에서 '한국병합조약'에 관해 '쌍방의 입장이 평등했다고는 생각하지 않는다.'라고 답변하고 노사까野坂 관방장관도 같은 날 기자회견에서 '한일병합조약은 ...... 극히 강제적인 것이었다.'고 인정하였다. 무라야마 수상은 11월 14일, 김영삼 金泳三 대통령에게 보낸 친서에서 병합조약과 이에 앞선 한일 간의 협약들에 대하여 '민족의 자결과 존엄을 인정하지 않은 제국주의 시대의 조약이었다는 것은 의심할 여지가 없다'고 강조하였다.

여기서 마련된 토대가, 그 후에 여러 가지의 시련과 검증을 거치면서, 지금 일본정부가 공식적으로 병합과 병합조약에 대해 판단을 내리고 '기본조약' 제2조의 해석을 수정하는 것을 가능하게 한다. 미국의회도 하와이 병합의 전제가 된 하와이 왕국 전복의 행위를 100년째에 해당하는 1993년에 '불법한illegal 행위'였다고 인정하고 사죄하는 결의를 채택하였다. 근년에 '인도人道에 반하는 죄'와 '식민지 범죄'에 관하여 국제법 학계에서 다양한 노력이 기울여지고 있다. 이제 일본에서도 새로운 정의감의 바람을 받아들여 침략과 병합, 식민지 지배의 역사를 근본적으로 반성하는 시대가 오고 있는 것이다.

'한국병합' 100년을 맞아 우리는 이러한 공통의 역사인식을 가진다. 이 공통의 역사인식에 입각하여, 한국과 일본 사이에 놓여 있는, 역사에서 유래하는 많은 문제들을 바루어 공동의 노력으로 풀어 나갈 수 있을 것이다. 화해를 위해 필요한 과정이 한층 더 자각적으로 진행되어야 할 것이다.

공통의 역사인식을 더 튼튼히 하기 위해서는 과거 100년 이상에 걸친 일본과 한반도의 역사적 관계에 관한 자료는 숨김없이 공개되어야 한다. 특히 식민지 지배의 시기에 기록문서 작성을 독점한 일본정부 당국은 역사자료를 적극적으로 모아서 공개할 의무가 있다.

죄는 용서를 빌지 않으면 안되고, 용서는 베풀어져야 한다. 고통은 치유되어야 하고, 손해는 갚지 않으면 안된다. 관동대지진 중에 일어난 한국인 주민의 대량 살해를 비롯한 모든 무도한 행위는 거듭 살펴보지 않으면 안된다. 일본군 위안부 문제는 아직도 해결되었다고는 말할 수 없는 상태이다. 한국정부가 조처를 취하기 시작한 강제동원 노동자, 군인 및 군속에 대한 위로와 의료지원 조치에, 일본 정부와 기업, 국민은 적극적인 노력으로 대응하기 바란다.

대립하는 문제는 과거를 성찰하고 미래를 응시하면서, 뒤로 미루지 말고 해결해 나가야만 한다. 한반도의 북쪽에 있는 또 하나의 나라, 조선민주주의 인민공화국과 일본과의 국교 정상화도 이 병합 100년이라는 해에 진전되어야 한다.

이렇게 함으로써 한국과 일본 사이에 진정한 화해와 우호에 기초한 새로운 100년을 열어갈 수 있을 것이다. 우리들은, 이 취지를 한국, 일본 양국의 정부와 국민에게 널리 알리고, 이를 엄숙히 받아들여주기를 호소한다.

2010년 5월 10일

서울

[편집자 주] 한일 공동성명에서 한국 측 서명자는 총 604인으로, 문인으로는 고은, 김지하, 김훈, 신경림, 이문열, 이어령, 황석영 등이 참여했고, 역사학자로는 강만길, 권내현, 김도형, 김용덕, 박찬승, 백승철, 서중섭, 안병욱, 왕현종, 운상원, 이만열, 이태진이, 그밖에 다른 전공 학자로는 김기석, 김문환, 김창록, 김호기, 나종일, 노정혜, 도정일, 박유하, 백낙청, 송호근, 신영복, 신용하, 안철수, 염무웅, 유진룡, 이원덕, 이장희, 이정우, 이효재, 장회익, 조동성, 조동일, 조희연, 최원식, 최장집, 한상진, 허수열, 황동규 등이 함께 했다. 언론계에서도 강천석 당시 조선일보 주필은 물론, 고광헌 당시 한겨레신문 사장, 남시욱 전

문화일보 사장, 오연호 오마이뉴스 대표 등이 참여했다. 일본 측 서명자 총 540인을 포함한 자세한 명단은 『한일 역사 문제의 핵심을 어떻게 풀 것인가? - '한국병합조약' 원천무효 한일 지식인 공동성명 기념논집』(지식산업사, 2013년)을 참조하라.

## 12 [유엔 인권이사회 제출] 전시기 일본으로 동원된 조선인 노동자 문제에 대한 이우연 박사의 의견서 - 2019년 7월 2일

2018년 10월 30일, 전시기戰時期 일본으로 동원된 조선인을 고용한 일본 기업을 대상으로 하여 한국의 관련자들이 제기한 손해배상청구 소송에서 한국대법원은 일본 기업이 한국인들에게 위자료를 지급하여야 한다고 판결하였다.

한국 정부는 이 판결을 지지하고 있고, 그 결과 일본인의 권리가 침해될 가능성이 크고, 또 일본 행정부가 대응하는 과정에서 한국인의 권리가 훼손될 가능성도 크다. 이러한 문제가 발생한 것은 한국 사법부와 정부가 전시 노무동원에 대한 역사적 사실을 파악하지 못하고 있기 때문이다.

일본으로의 조선인 노무동원은 "강제연행"이나 "노예사냥"이 아니라, 자발적 의사 또는 징용이라는 법률적 절차에 의한 것이었다.

이 건의서에서 사용하는 "노무동원"의 "동원"이란 넓은 의미의 개념이다. 전쟁을 수행하는 과정에서 일본은 조선인을 세 가지 방식으로 일본으로 이동하게 하였다. 그 속에는 조선인의 의사와 관계없이 이루어진 "강제적 노동력 이동", 즉 좁은 의미의 "동원"만 아니라, 본인의 자발적 동의에 기초한 이동도 포함되어 있다.

조선인의 일본으로의 노무동원은 1939년 9월 국가총동원법에 따라 일본 본토에서 징용이 실시됨과 동시에 시작되었다. 그 뒤 1945년 3-4월까지 약 72만 5천명의 조선인이 전시 노동력 수요를 충당하기 위해 일본으로 이동하였다. 한국과 일본의 일부 연구자, 언론인 등은 조선인들이 일본 관헌에 의해 "강제연행"되어 일본으로 끌려갔다고 주장하고 있다. 조선인을 대상으로 "노예사냥"을 하였다는 주장조차 있다. 이것은 사실이 아니다.

일본과 달리 조선에서는 "모집"이라는 방식으로 조선인의 동원이 시작되었다. 노동력이 부족한 일본 본토의 기업체들은 직원들을 조선에 직접 파견하여 응모자를 선발하였다. "모집"에 의한 조선인 동원은 1942년 2월경까지 진행되었고, 30만 명가량이 이 경로로 일본으로 간 것으로 추정된다. 특히 1939년과 1940년에는 조선 남부지역에 큰 흉년이 들었고, 많은 청년들이 일본행에 지원한 결과, 지원자 수가 모집 인원을 크게 초과하는 기업이 매우 많았다.

1942년 3월부터 1944년 9월까지는 "관 알선"이라는 방법으로 조선인이 동원되었다. 이는 일본 본토의 사업체에 더 적합한 노동자를 선발하기 위해 조선총독부가 민간의 직업소개소와 같은 역할을 담당하는 동원방식이었다. 이를 통해 약 35만 명가량이 일본으로 이동하였다.

"모집"과 "관 알선"에 의한 조선인의 이동은 본질적으로 자신의 자발적 의사에 의해 이루어졌다. 일본의 기업이나 관헌은 일본행을 거부하는 조선인에게 그를 강요할 수 있는 법률적인 방법이 없었다. 법률적인 강제를 수반하는 노무동원은 일본 본토보다 5년 늦은 1944년 10월 이후에 징용령이 조선에도 적용됨으로써 비로소 개시되었다. 징용에 응하지 않으면 "100엔 이하의 벌금이나 1년 이하의 징역"에 처해졌다.

"징용"은 징용영장 발부, 수령, 정해진 시간과 장소에 맞춰 출두하는 절차에 따라 집행되었다. 여기에서도 급작스럽고 임의적이며 폭적적인 "강제연행"은 없었다. 미국공군이 한일해협의 제공권을 장악한 후, 1945년 3-4월경이 되면 조선인을 일본본토로 수송할 수 없게 되자 징용은 사실상 종료되었다. 노무동원이 실시된 약 65개월 중에서 징용은 약 6개월간 실시되었고, 이를 통해 일본으로 동원된 조선인은 10만 명 이하로 추정된다.

전시노무동원과 관계없이 1939년부터 1945년까지 약 155만 명의 조선인이 일본의 높은 임금을 기대하고 일본으로 도항했다. 합법적인 도항이 불가능할 경우, 조선인은 거금을 내고 작은 배를 이용하여 목숨을 걸고 밀항을 시도하였다. 이러한 상황에서 조선인을 "강제연행"하여 일본으로 끌고 갈 이유는 없었다. 또 그러한 시도가 있었다면 조선인은 강력히 저항하였을 것이다. "강제연행"이나 "노예사냥"에 의한 노무동원은 일을 수 없는 일이었고, 실제 존재하지도 않았다.

II.

조선인의 노동은 민족적 차별하의 "강제노동" 또는 "노예노동"이 아니라, 통상적 노동 또는 일본인과 동일한 조건에서 수행된 전시 노동이었다.

일본으로 동원된 조선인 중 46%가 탄광에서 일했다. 금속광산을 포함하면 광업은 54%를 차지한다. 13%는 토목건축업에, 33%는 공장 등에서 노동하였다. 일본으로 동원된 조선인들은 대부분 농민 출신이었다. 따라서 탄광의 지하노동은 조선인들에게 가장 힘겹고 고된 일이었다. 조선인의 탄광노동을 중심으로 살펴보겠다.

1. 조선인과 일본인은 동일한 환경에서 노동하였다.

일부 연구자들은 조선인을 차별하여 의도적으로 위험하고 고된 작업에 배치하였다고 주장한다. 이것은 사실이 아니다. 전시 노무동원을 경험한 한국인들은 일본인과 함께 작업했다고 증언하였다. 조선인이 일본인과 함께 하나의 작업조를 구성하여 일하는 데 조선인만 위험할 수 없다.

1930년대 초 이후 일본 탄광에서는 4-7명이 하나의 작업조를 구성하고, 수십 개의 작업조가 하나의 탄갱에서 동시에 작업하는 채탄기술을 채택하였다(장벽식(長壁式) 채탄법). 하나의 작업조가 다른 조들보다 작업속도가 떨어지면 탄갱 전체의 작업이 모두 지연되었다. 따라서 조선인만으로 독립적인 작업조를 편성하는 것은 비효율적이고 위험하였다. 조선인의 계약기간은 2년이었고, 계약기간이 만료되면 대부분 조선으로 돌아갔다. 따라서 일본인에 비해 조선인은 경험이 부족했고 숙련도가 낮았다. 그 결과 조선인과 일본인이 함께 작업하는 것이 불가피했다.

1930년대 이후 탄광에서는 기계화도 급속히 진전되었다. 조선인들은 대규모 광산에 배치되었으며, 여기에서는 1인용 기계식 드릴로부터 대형 컨베이어까지 기계가 광범하게 사용되었다. 그러나 조선인은 대부분 무학이었고, 2년만에 기계를 조작할 수 있는 기능을 획득하기 어려웠다. 또 다이너마이트를 일반적으로 사용하는 상황에서 일정 구역을 조선인이 전담하면 한 탄갱에서 일하는 전체 탄광부들의 안전이 위태로워질 위험이 있었다. 따라서 숙련된 일본인과 미숙련의 조선인을 하나의 작업반으로 편성해야 했다. 조선인은 작업환경에 있어서 일본인과 동등한 대우를 받았다.

조선인의 재해율은 일본인보다 높았다. 일본의 노동수요와 조선의 노동공급이 갖는 특성으로 인해 발생한 결과였다. 일본의 산업현장에서 가장 고되고 위험한 작업을 담당한 것은 원래 청장년이었고, 이들이 징병되었다. 동원된 조선인은 대부분 20대 초반의 건장한 청년들이었다. 공백이 된 작업공정을 그들이 메우게 되었다. 인위적인 작업배치상의 차별로 인해 조선인 재해율이 높아진 것은 아니었다.

2. 임금은 정상적으로 지불되었다.

임금은 노동자에 대한 처우에서 가장 중요하며, 기타 노동조건을 대변해준다. 우리는 임금과 그 민족적 격차유무에 주목하고자 한다.

일본으로 동원된 조선인에게 임금은 정상적으로 지불되었으며, 이는 1944년 9월 이후의 징용에서도 마찬가지였다. 징용으로 동원된 조선인에게는 국가의 원호체계가 적용됨으로써, 본인과 조선에 있는 가족들의 수입은 더욱 증가하였다. 그들의 임금은 조선의 임금에 비해서는 말할 것도 없고, 일본에 비해서도 매우 높은 수준이었다. 1940년, 일본으로 동원된 조선인 탄광부들의 월수입은 조선에 있는 남자 은행원의 2.4배, 면직공의 5.2배였다. 1944년, 일본 남성의 초임에 비교하면, 대졸 사무직과 순사에 대해 각각 2.2배, 3.7배였다. 이와 같이 임금이 높았던 것은 석탄 증산이 전쟁을 위해서 절실한 반면, 청장년 노동력은 매우 부족했기 때문이다.

조선인 노동자들의 임금은 매우 높았지만, 그 고수입이 모두 직접 전달되지는 않았다. 그로 인해 오해도 발생하였다. 조선인은 대부분 20대 초반의 젊은 나이에 단신으로 일본으로 이동하였고, 기업이 운영하는 기숙사가 식사와 주거를 제공하였다. 일본인의 경우, 나이가 훨씬 많았고, 사택이나 일반주택에 가족과 함께 개별적으로 생활하였다.

제2차 세계대전 참전국들은 전쟁경비로 인해 대규모 재정적자 문제에 직면하였다. 일본은 증발한 화폐를 강제저축을 통해 회수함으로써 인플레를 억제하였다. 강제저축은 모든 노동자에게 적용되었다. 조선인은 부양가족이 없었으므로 일본인에 비해 훨씬 더 많은 금액이 강제저축으로 임금에서 공제되었고, 식사비도 회사 기숙사에 지급되었다.

월수입의 50% 이상이 강제저축, 식대 등으로 공제되고, 잔액이 조선인의 손에 인도되었다. 조선인들은 이 현금을 조선의 가족들에게 송금하거나, 일상적 소비에 사용하였다. 조선인 노동자들의 손에 인도된 금액이 일본인에 비해 소액이었다는 사실에 주목하여 "민족차별"이 심각하였다는 주장이 있지만, 이는 사실이 아니다.

조선인의 경제관념은 뚜렷하였고, 계약종료와 함께 어김없이 저축과 각종 적립금을 정상적으로 회수하였다. 만약 송금에 문제가 발생하면, 가족들은 조선에 있는 최일선 행정기관에 그 사실을 통지하였고, 조선총독부와 일본 본토의 정부기관은 해당 기업에 시정을 요구하는 문제해결 체계를 갖고 있었다. 기업 또한 노동력을 지속적으로 확보하기 위해 송금 사고를 바로 해결하였다. 정상적인 급여지급 체계하에서, 많은 조선인들이 부채를 청산하고 농지를 마련하는 등 가정경제를 성장시킬 수 있었다.

2018년 10월 30일, 한국 대법원은 일본제철로 동원된 4명의 한국인이 일본 신일철주금을 상대로 제기한 손해배상청구 소송에서 일본 신일철주금으로 하여금 원고 1명에게 1억 원씩의 위자료를 지급하라고 판결하였다. 원고 4명 중 1명은 일본제철 야와타八幡 제철소에서 근무하였고, 그곳에서 해방을 맞이한 조선인은 총 3,042명이었다. 그들이 정산을 거치지 않고 급거 귀국하면서 남기고 간 미수금은 모두 약 27만 엔이었다. 일인 평균 88.6엔이었고, 1개월 임금에 미치지 못하는 금액이다. 이중에서 미불임금은 28.7엔에 불과하고, 나머지는 퇴직적립금, 예금 등이었다. 1945년 8월

15일 전후의 예외적인 혼란기를 제외하면 임금은 정상적으로 지급되고 있었음을 알 수 있다.

3. 임금 등 처우에서 민족차별은 없었다.

탄광의 임금은 성과급체계에 따라 산정되었다. 예를 들어 채탄부의 경우 1톤당 단가는 민족과 관계없이 동일하였다. 임금은 숙련도, 경력, 성실성 여하에 따라 결정되었다. 경력과 숙련에서 앞선 일본인들의 월급이 조선인보다 평균적으로 높았다. 1943년, 17개의 금광을 운영하던 일본광업주식회사의 경우, 갱내부는 15개, 갱외부는 9개 광산에서 일본인의 평균임금이 조선인보다 높았다. 이는 평균값이므로, 일본인보다 높은 임금을 받는 조선인도 많이 있었음을 알 수 있다.

1944년, 재벌기업인 일본질소 계열의 에무카에江迎 탄광의 운탄부 임금을 보면, 직접적 노동임금은 일본인이 70.1엔, 조선인이 62.5엔이었는데, 일본인의 초과근로시간이 더 많았기 때문이다. 월수입은 각각 116.2, 100.0엔이었고, 여기에서는 가족수당의 차이가 중요했다. 공제금을 제외하고 노동자에게 인도되는 금액은 각각 84.0, 41.9엔이었다. 앞서 말한 요인들에 더해 식대가 공제되고 저금 액수가 달랐기 때문에 큰 차이가 발생하였다. 하지만 월수입의 40% 이상이 노동자에게 인도되고 있었다.

1942년, 홋카이도의 한 탄광에서는 50엔 이하의 월급을 받는 조선인은 전체 조선인의 75.0%에 달하지만 일본인은 17.6%에 불과하였다. 그곳에서 조선인의 근속기간은 2년 이하가 무려 89.4%인데, 일본인은 42.8%에 불과하였다. 3년 이상의 경력을 가진 조선인은 전혀 없었지만, 일본인의 45.8%가 3년 이상의 경력을 갖고 있었다. 임금격차는 민족차별의 결과가 아니라, 숙련과 경험의 차이에 의해 발생하였다는 것을 알 수 있다.

1939년 직후에 일부 조선인들이 조선에서 들은 것보다 임금이 낮다며 불만을 제기하는 경우가 있었다. 기업은 임금계산 방법 때문이라고 설명함으로써 문제는 쉽게 해결되었다. 그 뒤에는 임금에 관련되는 문제는 발생하지 않았고, 민족간 임금차별이 분쟁을 발생시킨 경우도 거의 찾아볼 수 없다.

석탄, 철강, 병기 등 군수물자를 생산하는 기업은 넉넉한 현금을 갖고 있었다. 제2차 세계대전에 참가한 다른 나라에서도 마찬가지였다. 노동력과 물자가 부족한 것이 문제였다. 생산량이 증가하면 기업의 이윤은 그만큼 증가했다. 일본인 개인에 의한 일탈적 차별행동은 있었을 것이다. 그러나 제도적인, 조직적·지속적 차별은 존재하지 않았다. 기업은 오히려 그것을 방지하기 위해 노력했다. 민족 차별은 근로의욕을 감퇴시키고 저항을 유발하여 생산과 이윤을 감소시키기 때문이다.

작업현장에서의 큰 실수에 대한 상급자의 일과성 폭행과 같은 전근대적 노무관리의 잔재는 아직 남아있었다. 특히 한 노동자의 부주의한 행동이 다수 노동자의 생명과 신체를 위협할 수 있는 광산에서 그러한 관행은 특히 오래 존속하였다. 그러나 여기에 민족 차별이 있었던 것은 아니다.

조선인에게 가장 큰 불만은 식사와 관련된다. 주식인 곡물의 제공량은 일본인과 동일하였는데, 조선인의 식사량이 더 컸기 때문이다. 종전직전까지는 그리 심각한 문제가 되지는 않았다. 그러나 배급체계가 원활히 작동하지 않자 기업과 노동자에게 할당되는 식량이 감소하였다. 일인당 배급량은 일본인과 동일하였지만, 조선인에게는 더 큰 고통이 되었다.

작업시간 이외의 일상생활은 자유로웠다. "감금상태"나 "강제수용소"와 같은 억압체제는 존재하지 않았다. 조선인의 탈출을 막기 위해 서치라이트가 설치된 망루에서 총을 든 군경이 철조망으로 둘러싸인 장벽을 감시하는 모습을 연상하는 사람들이 있고, 그러한 영화가 제작되기도 하였다. 그러나 그것을 입증하는 역사적 자료는 존재하지 않는다.

조선인들의 도박은 기업의 노무관리에 있어서 중요하고 어려운 문제였다. 많은 노동자들이 도박으로 잠을 자지 못하고, 이는 노동자 사이의 분란을 야기하였을 뿐만 아니라, 다음날의 작업을 곤란하게 하였다. 작업 종료 후나 월 2회의 휴일이면 조선인은 시가지로 외출하여 외식과 음주를 즐기고 기념사진을 찍었다. 대규모 사업체 주변에는 조선인 여인들이 있는 조선인 전용의 "특별위안소"가 있었다.

일본 기업의 입장에서, 조선인을 차별하거나, "강제노동" 또는 "노예노동"으로 조선인을 학대하는 것은 극히 비합리적인 행동이었다. 전쟁승리를 최대 목표로 삼고 "총력전"을 전개하는 일본정부도 조선인의 근로의욕을 감소시키거나 노동력을 훼손하는 행위를 엄격히 통제하였고, 행정·경찰 조직은 조선인을 고용하는 기업을 관리·감독하였다.

요약하면, 일본으로의 조선인 노무동원은 "강제연행"이나 "노예사냥"이 아니라, 자발적 의사나 징용이라는 법률적 절차에 의해 이루어졌다. 노동환경, 임금과 처우, 일상생활을 고려하면, 조선인은 민족적 차별 속에서 "강제노동"이나 "노예노동"으로 고통을 받은 것이 아니라, 통상적인 노동 또는 전시동원체제 하에서 일본인과 동일한 노동을 수행하였다.

유엔인권이사회는 한국정부에 대하여 식민지기 조선인 노무동원과 관련하여 이러한 역사적 사실에 주목하도록 권고하여 주시기 바란다.

[편집자 주] 본 의견서는 이우연 낙성대경제연구소 연구위원이 작성하여 2019년 7월 2일, 스위스 제네바 소재 유엔 유럽 본부, 인권이사회 본회의에 영어본, 일본어본과 함께 제출한 것으로, 이 연구위원은 현장에서 요약본을 육성으로 직접 발표했다.

## 13 1965년 한일청구권협정의 존중을 요구하는 한·일 법률가 공동성명 – 2019년 12월 23일

우리는 1965년 한일청구권협정 존중을 통해 국제적 우호관계 재구축을 요구한다.

1965년 한일청구권협정은 한·일 양국은 물론 양국의 국민들이 정치, 안보, 경제, 문화의 각 측면에서 상호 협력과 우호관계를 다질 수 있었던 기초였다.

그런데 한국 대법원은 전원합의체판결로 2018년 10월 30일, 제2차 세계대전 중 구 일본제철의 한국인 노동자가 신일철주금新日鉄住金(현·일본제철주식회사現·日本製鉄株式会社)을 상대로 제기한 소송에서 1억원 씩의 위자료 지급 판결을 선고하였고 이 판결에 따른 신일본제철의 한국 내 자산에 대한 한국 법원의 강제집행이 개시되었다. 이로 인하여 1965년 한일청구권협정의 바탕이 되어 유지되어 왔던 교류협력의 기초가 흔들리는 결과를 가져오게 되었다.

이 대법원 판결은 한일관계에 큰 균열을 일으키고 전후 최악이라고 평가될 만큼의 한일관계 악화를 가져온 중대한 요인이 되었다. 이러한 현상에 대해 법적·정치적인 적절한 대처가 지연된다면, 한일관계는 결정적인 파국에 이를 우려가 있다. 그것은 한일 양국의 국민에게 있어서 심각하고 중대한 불행을 가져올 것이다. 지금 양국 국민은 이러한 파국을 회피할 수 있도록 지혜를 다하지 않으면 안 된다.

한일 양국의 법률가인 우리는, 양국 관계를 진지하게 우려하는 법률가의 입장에서 양국의 정부 및 사법 관계자에게 현명한 대응과 조치를 요구하고자 아래와 같이 성명한다.

첫째, 제2차 세계대전 중에 한국인 노무자의 손해 등에 관한 청구권은 1965년 한일청구권협정으로 국제문제로서는 완전하고 최종적으로 해결된 것이며 한국 대법원 판결이 인정한 위자료 청구권도 이것과 다른 것이 아니다. 이 입장은 일본 최고재판소 2007년 4월 27일 판결과 이번 한국 대법원 판결의 권순일, 조재연 대법관의 반대 의견과 기본적으로 같은 것이다. 우리는 이러한 입장이 국제법적으로도 정당한 것이라고 생각한다.

둘째, 한국 대법원은 원고들이 일본제국에 의한 "불법이고 반인도적인 식민지 지배"의 피해자이며 이러한 피해에 의해서 원고들이 받은 고통에 대한 위자료 청구권은 한일청구권협정에 의해 처리된 청구권에는 포함되지 않는다고 판결했다. 그러나 역사적 진실은 아편전쟁으로부터 제2차 세계대전에 이르기까지 일세기一世紀에 걸친 기간의 큰 틀 아래 객관적 자료에 근거한 역사 연구에 의해서 해명되어야 할 문제다. 역사적 진실은 자유로운 비판이 보장되는 가운데 냉정한 분석에 의하여 역사가들이 규명해야 할 문제이다. 실제로 일본에서는 물론이고 한국의 역사학자로부터도 이러한 역사 해석에 대해서 유력한 이론異論이 제기되고 있다. 그리고 사법부가 특정한 역사해석을 내리는 것은 법해석의 측면이나 학문 연구의 측면에서도 결코 바람직하지 않다.

셋째, 1965년 한일청구권협정은 그 체결에 이르기까지 한일 양국이 13년간 다대한 노력을 기울인 교섭의 과정을 통해 체결된 역사를 가지고 있다. 이 국제협정은 양국 및 양국 국민 사이의 청구권에 관한 문제가 "완전하고 최종적으로 해결되었다"는 것을 명시적으로 확인하고 있다. 이 협정은 그 후 양국의 우호관계와 발전의 기초가 되었다. 국제 조약은 각각의 입장이나 기대에 입각하면서도 쌍방 당사국이 상호 양보하는 노력에 의해서 성립하는 것이다. 따라서 이 협정도 그러한 예외가 아니다. 우리는 동 협정의 취지를 존중하는 것이 장래에 걸쳐서 양국의 우호 관계와 발전을 보증하는 유일한 길이라고 확신한다.

넷째, 한일 양국은 각국 국민의 국내외의 사유재산권에 대해 보호할 국가적 책무가 있고 양국은 이러한 각국의 입장을 상호 이해하여야 한다. 따라서 한일청구권협정을 무력화하는 대법원 판결에 따른 일본기업에 대한 강제집행에 대하여 한국정부는 1965년 한일청구권협정을 존중하는 입장에서 이 문제처리에 직접 나서야 한다. 따라서 신일철주금을 상대로 소송을 제기했던 원고들이 주장하는 청구권은 한국의 국내문제이므로 한국정부의 책임 아래에 처리되어야 할 문제다. 한국정부·사법당국은 대국적인 견지에서 강제집행을 정지하고 1965년 한일청구권협정의 정신에 기초한 해결의 길을 찾아야 할 것이다. 일본 정부는 한국 정부가 이러한 해결의 길을 찾아낼 수 있도록 가능한 모든 지원을 실시해야 할 것이다.

한일 양국의 정부·사법 관계자는 양국 관계의 파국을 회피하고 진정한 우호 관계를 재구축 할 수 있도록 최대한의 노력을 다해줄 것을 촉구하는 바이다. 우리는, 한일 양국의 법률가들로서 상호 연대하여 이상과 같이 성명한다.

2019년 12월 23일

한국 측   고영주(참여자대표변호사, 전 서울남부지검검사장) 박인환(변호사, 전대일항쟁기강제동원피해조사및 국외강제동원희생자등지원위원회위원장) 김태훈(변호사, 한반도인권과통일을위한변호사모임 상임대표) 석동현(변호사, 전부산지검검사장) 고영일(변호사) 장재원(변호사) 정선미(변호사) 김기수(참여자간사, 변호사, 위안부와노무동원노동자동상설치를반대하는모임 공동대표) 이우연(참여지식인, 낙성대경제연구소 연구위원)

일본 측   타카이케 카즈히코(참여자대표,변호사) 아라키 다오사무(변호사) 오자키 유키히로(변호사, 전쿠시로지검검사장) 카시야에 마코토(변호사) 가쓰마타 유키히로(변호사) 다나카 요시토(변호사) 다나베 요시히코(변호사) 도이 켄조(변호사) 나카시마 시게키(변호사,전후쿠오카현 변호사회부회장) 하라 요우지(변호사) 마수다 지로오(변호사) 마츠모토 토오이치(변호사) 미주카도 나오마사 (변호사) 모리 토오이치(변호사) 요시카와 타카유키(변호사) 오카지마 미노루(참여자간사, 변호사, 전일본변호사회인권위원회부위원장) 니시오카 쓰토무(참여지식인, 레이타쿠대학객원교수)

## 14 한일/일한 법률가 공동성명 1주년 기념 심포지엄 성명
  – 2020년 12월 25일

2019년 12월 23일, 한일 양국 법률가들에 의한 '1965년 한일/일한 청구권협정의 존중을 요구하는 한일 법률가 공동성명'이 도쿄와 서울에서 동시에 발표되었다. 이를 기념하고, 동시에 양국 간의 우호를 더욱 증진 도모하기 위하여 개최한 1주년 기념 국제심포지엄을 오늘 성공리에 마치게 되었음을 매우 기쁘게 생각한다.

1948년 8월 15일 한반도 유일의 합법정부로서 대한민국 정부가 수립되었고, 1952년 4월 28일 샌프란시스코 조약의 발효로 일본은 주권을 회복하였다. 이와 같이 독립을 얻은 한국과, 주권을 되찾은 일본은 양국의 선린과 주권을 존중하면서, 1951년 9월 8일 샌프란시스코 조약의 관계규정과

1948년 12월 12일 UN총회에서 타결된 제195(Ⅲ)호를 상기하여, 1965년 6월 22일 한일기본조약을 체결하게 되었다. 한일기본조약의 바탕이 된 샌프란시스코 조약의 한국 관련 조항은, 동 조약 제2조 (a) "일본국은 한국의 독립을 승인하며, 제주도, 거문도 및 울릉도를 포함하는 한국에 대한 모든 권리, 권원 및 청구권을 포기한다"라는 것이다.

이렇게 체결된 한일기본조약은 1910년 8월 22일 및 그 이전에 대한제국과 일본제국간에 체결된 모든 조약 및 협정의 무효 확인, UN총회 결의 제195(Ⅲ)호에서 명시된 "대한민국은 한반도에 있어서의 유일한 합법정부"라는 점을 확인한다는 내용이 포함되었다. 그리고 기본조약의 부속협정으로 '한일문화재 및 문화협력에 관한 협정' '한일어업협정' '재일교포 법적지위와 대우에 관한 협정' '한일 재산 및 청구권문제 해결과 경제협력에 관한 협정'이 같은 날 동시에 체결되었다. 한일기본조약과 부속 협정들은 체결된 시점부터 지금까지 한국과 일본국의 신뢰와 이익의 증진의 출발점이자, 재건과 발전의 굳건한 토대가 되어 왔다. 한일 양국은 한일기본조약 및 부속 협정을 통해 새로운 국제질서에 순조롭게 참여하여 평화와 번영을 촉구할 것을 약속한 것이다.

그러나 한국 대법원은 2018년 10월 30일에 선고한 판결을 통해 신일철주금新日鉄住金(현 일본제철 주식회사)으로 하여금 구 일본제철 주식회사에 소속된 한국인 노동자들에게 각 1억 원씩의 위자료를 지급토록 하였고, 또한 이 판결에 근거해 일본제철의 한국 내 자산에 대한 한국법원의 강제집행이 개시된 이래, 한일 간의 신뢰와 이익은 심각한 손상을 입게 되었다. 지금 시도되고 있는 한국법원의 강제집행 개시는 '1965년 한일청구권협정의 효력' 및 '국제조약 준수의무의 회피'라는 중대한 국제법상의 문제를 야기하는 것이다. 게다가 이처럼 부속협정의 효력에 의문이 생기게 되면 기본조약의 효력까지도 영향을 미칠 수 있는 것이다. 이러한 사태가 한일 양국의 국익에 심각한 영향을 미칠 것은 자명하다.

한일청구권협정의 효력에 대한 시비가 끊이지 않고 지속된다는 것은, 양국의 상호공존과 협력의 약속, 평화와 번영의 약속 그 자체에 대해서도 시비가 있다는 것을 의미한다. 특히 한국 대법원은 한일청구권협정의 효력이 미치지 아니하거나, 한일청구권협정의 예정하지 않은 손해배상청구권이 존재한다는 취지로 판결을 내렸다. 이는 한국의 사법부가 한일 양국 간에 정산되지 아니한 분쟁이나 청구권의 존재를 인정함으로써 한일 간에 해결되지 아니한 문제가 여전히 존재한다는 점을 공식적으로 인정했음을 의미한다. 한국 사법부의 이러한 판결과 그에 따른 강제집행 절차의 진행으로 인하여 한일 양국은 1965년 한일기본조약 체결 이전의 상태로 돌아갈 위험에 처해있다.

한반도 유일 합법정부인 대한민국은 최근 형식적 법치주의에 따른 위헌적 법률을 지속적으로 제정함으로써 민주공화국이라는 말이 무색할 정도로 법의 지배가 완전히 형해화되어버렸다. 특히 광주5.18사건(광주사건), 제주 4.3사건과 관련하여 역사왜곡금지법이라는 이름으로 제정된 법률은, 비록 형식적으로는 법률의 형태를 띠고 있지만, 국민의 표현의 자유, 학문의 자유, 양심의 자유를 본질적으로 침해하는 것으로, 전체주의 국가가 아니면 상상할 수 없는 궁극의 악법이라고 해야 한다. 이러한 법률이 제정된 경위에 비추어 볼 때, 가까운 장래에 한일청구권협정을 토대부터 흔들고 있는 '위안부' 및 '징용공' 문제에 관한 역사적 사실에 대해서도 학문의 자유와 표현의 자유를 탄압하는 법률이 제정될 것이라는 우려마저 자아내게 한다.

한편, 현재의 국제정세에 있어서는 미국 주도의 전후 국제질서에 대해 공산당에 의한 강권적 독재체제를 선포한 중국의 도전이 거세지고 있다. 이 과정에서 홍콩이 누리던 자유가 박탈되고, 중국과 대만의 갈등이 치열해졌으며, 북한의 핵위협이 현실화됐다. 이처럼 혼란스러운 국제정세에 대응하기 위해서 한국과 일본은 상호 경제협력과 신뢰를 견고하게 유지해나가야 한다. 한일청구권협정에 대한 어떠한 시비나 위협, 그밖에 이 협정의 효력을 상실시킬 우려가 있는 어떠한 행위도 양국의 국익에 반하는 것임을 깊이 인식하고 양국 관계자들의 현명한 대처로 이를 극복해나가야 한다.

한일 양국은 1965년 한일청구권협정의 효력을 존중해야 한다. 또 자유와 민주주의에 근거하는 국제질서를 유지하기 위해서, 동아시아지역에서 이를 파괴하려고 하는 움직임에 대하여 단호한 반대 입장을 견지하고, 자유와 민주주의를 지키기 위해서 몸을 던져서 일어선 사람들과 광범위한 연대관계를 만들어 내야 한다. 그것만이 혼란한 국제정세 속에서 자유와 민주주의 아래 살아남는 유일한 방법이다. 또한 한국은 한일기본조약이 확인하는 대명제인 "한반도에 있어서의 유일한 합법정부"라는 입장을 견지하면서 한반도를 통일하는 시대를 맞이하기 위해서도 일본의 협력을 필요로 하고 있는 것이다.

한일 양국의 법률가와 지식인인 우리는 양국의 정부 및 사법 관계자에게 현명한 대응과 조치를 취할 것을 촉구하며 아래와 같이 성명한다.

첫째, 제2차 세계대전 중에 한국인 노무자의 손해 등에 관한 청구권은 1965년 한일청구권협정으로 국제문제로서는 완전하고 최종적으로 해결된 것이며, 한국 대법원 판결이 인정한 위자료 청구권도 이와 별반 다르지 않다.

둘째, 역사적 진실은 객관적 자료에 근거한 역사 연구에 의해서 규명되어야 하며, 자유로운 비판이 보장되는 가운데 냉정한 분석을 통해 역사가들이 규명해야 할 문제이다. 우리는 학문의 자유를 지키기 위해서 싸우고 있는 한일 양국을 비롯한 동아시아 여러 나라, 지역의 학자, 법률가, 언론인들을 강력히 지지한다.

셋째, 한일 양국은 각각 자국 국민의 국내외의 사유재산권을 보호할 국가적 책무를 지고 있으므로 서로 그 입장을 존중해야 한다. 한국 정부는 한일청구권협정의 무력화를 초래하는, 대법원 판결에 기초한 일본 기업에 대한 강제집행에 대하여 1965년 한일청구권협정을 존중하는 입장에서 문제처리에 직접 나서야 한다.

한일 양국의 정부·사법 관계자에 대하여 양국 관계의 파국을 회피하고 진정한 우호 관계를 재구축할 수 있도록 최대한의 노력을 다해줄 것을 촉구하기 위하여 상호연대하여 이상과 같이 성명한다.

2020년 12월 25일

한일 법률가 공동성명 1주년 기념 심포지엄 참가자 일동

한국 측   김기수 변호사, 이우연 낙성대경제연구소 연구위원, 류석춘 전 연세대
          교수, 이주천 전 원광대 교수

일본 측   다카이케 카츠히코高池勝彦 변호사, 오카지마 미노루岡島実 변호사, 니시
          오카 쓰토무西岡力 교수, 다카하시 시로高橋史朗 교수

## 15  3.1절 맞이 한국 지식인 공동성명 '윤석열 정권은 일본과의 역사분쟁 중단을 선언하라' – 2023년 3월 1일

한국과 일본이 얼마 전 독일 뮌헨에서 조선인 전시戰時 노동자 문제, 이른바 징용공 문제와 관련 장관급 회담을 진행했다. 회담 쟁점은 한국 측 '대위변제'안에 대한 일본 측 호응조치로, 한국은 일본 정부의 사과와 반성, 그리고 관계 일본 기업의 기금 참여를 요구하고 있는 것으로 알려졌다.

회담을 마친 뒤 박진 외교부 장관은 "협상이 막바지 단계다. 정치적 결단만 필요한 상황"이라며 일본의 호응조치를 압박하고 나섰다. 바로 최근에는 윤덕민 주일한국대사도 과거 일본 현지의 전시 노동 현장을 둘러보며 역시 일본의 호응조치를 압박하는 대열에 섰다. 이후 외교부는 2일에 열리는 주요 20개국(G20) 외교장관회의에도 박진 장관이 참석하지 않을 것이라고 전했는데, 이 역시 일본의 호응조치 압박 신호로 보인다.

3.1절을 앞둔 우리 정부 고위급 외교관계자의 대일 강경 제스처는 어쩌면 새삼스러운 것은 아니다. 하지만 우리 '진실 중심 한일우호파'는, 일찍이 국내의 조선인 전시 노동자 논의가 첫 단추부터 잘못 채워졌다고 진단해왔던 만큼, 특히 외교부발로 다시 고조되고 있는 이번 한일 역사인식 갈등에 대

해서 특별히 우려를 표명하지 않을 수 없다.

◇ 일본에 대한 호응조치 요구 '대위변제'안에는 '진실'이 없다

현 정권 성립 바로 직전에 이영훈 이승만학당 교장(전 서울대 교수)은 윤석열 대통령 당선자에게 보낸 '역사분쟁의 청산' 서한을 통해 "전시 노동자 문제는 한국 측의 탈진실적 억지 논리에 발단한 만큼, 외교 문제에 대한 대통령의 고유 권한과 결단으로서 이제 관련 분쟁은 더 이상 존재하지 않음을 선언해달라"고 고언했던 바 있다.

안타깝게도, 이전 정권보다 상대적으로 일본에 우호적인 것으로 알려진 윤석열 정권이 이영훈 교장의 이러한 고언을 전혀 듣지 않았다. 윤석열 정권은 전시 노동자 문제로 이전 정권들의 탈진실적 문제 해결 방법론을 그대로 답습, 이른바 '대위변제'안이라고 하는 사실상 양국의 일부 외교관계자를 제외하곤 누구도 만족시키지 못할 안을 꺼내 들었고, 이후 호응조치 운운하는 식으로 대일압박에 나서며 오히려 이로써 새로운 한일 갈등의 요인까지 만들면서 길을 잃고 헤매고 있는 상황인 것이 서두에서 밝힌 대로다.

우리는 윤석열 정권을 포함해 한국의 역대 정권들이 한일관계에 있어서 역사인식 갈등의 덫에서 헤어 나오지 못하고 있는 이유가 어떤 기발한 문제 해결 방법론을 내놓지 못해서가 아니라고 생각한다. 그것은 이 교장의 진단처럼 우리가 가장 결정적인, '진실'을 도외시하고 있기 때문이다. 한치라도 더 가까이 가겠다고 해도 저만치 달아나 버리는 것이 진실인데, 이를 아예 외면하고서 이 세상에 그 어떤 문제를 해결할 수 있을 것인가.

◇ 조선인 전시 노동자 문제 관련 역사적, 국제법적 '진실'

조선인 전시 노동자 문제로 우리 대한민국이 반드시 직시해야 하는 진실에 크게 두 가지가 있다.

첫째, 일정기日政期 일본으로의 조선인 노무동원은 "강제연행"이나 "노예사냥"이 아니라, 대다수가 자발적 의사, 또는 일부 소수도 '징용'이라는 합법적 절차에 의했다는 것이다. 오히려 당대에 노무동원과 관계없이 수백만 명

의 조선인이 높은 임금을 기대하고 순수하게 자발적으로 일본으로 건너갔다. 또한, 당시 조선인과 일본인은 동일한 환경에서 노동하였고, 임금은 정상적으로 지불되었으며, 처우에서도 민족차별은 없었다. 즉 이 문제로 우리 한국은 어떤 피해자 입장에서 일본의 호응조치를 요구할 수 있는 역사의 실체적 진실이라는 대의명분을 갖고 있지 못하다.

둘째, 국제법적으로 조선인 전시 노동자 문제의 해결은 1965년 한일 협정과 함께 오롯이 한국 정부의 책임이 되었으며 이후로는 완전히 한국의 주권 문제가 되었다는 것이다. 이는 당대 전시 노동자 문제의 역사적 실상에 대한 우리 한국 측 오해와는 별개의 문제다. 현재 우리 정부는 일찌감치 수십여 년 전에 스스로 해결하겠다고 조약과 협정으로 명시까지 한 문제를 두고 이제 와서 입장을 뒤집고 일본 정부에 이런 안, 또는 저런 안을 제시하며 양해를 구하고 함께 해결을 도모해보자고 제안하고 있는 실정이다. 이 경우 설사 일본의 호응조치가 나온다고 하더라도 그것이 되려 한국의 주권 훼손 및 국격상실을 부를 위험이 있다.

전시 노동자 문제와 관련, 한마디로 우리는 잘못 알고 있고, 우리가 잘못 하고 있다. 애초에 우리 정부는 저 두 가지 진실을 중심에 놓고, 멀게는 1948년 건국 과정과 1965년 한일협정 전후로, 가까이는 관련 2012년 대법원 1부 판결이나 2018년 대법원 전원합의체 판결 직후부터 국민적 대토론판을 열고 일정한 국민적 합의를 이뤄내야만 했었다. 하지만 우리 정부는 그때마다 진실은 회피하고 문제 해결 방법론만 고민하다가 한일 갈등의 무거운 짐을 다음 정권과 뒷세대에게 넘기고 말았다.

유감스럽게도, 진실을 대하는 데 있어서는 현 정권의 태도도 이전 정권들과 차이가 없음이 얼마 전 외교부 주최 '강제징용 해법 국회 공개토론회'에서 극명히 드러났다. 이 토론회는 정부가 관련 최종적 여론수렴 절차로 마련한 공청회였음에도 불구하고, 놀랍게도 초청된 그 어떤 논자들의 입에서도 앞서 언급한 가장 중요한 두 가지 진실이 언급되지 않았다. 오로지 보상금 수령 논의만이 판을 쳤다. 어쩌면 윤석열 정권의 호응조치 운운하는 '대위변제'안의 파국적 미래는 이미 이때 정해졌는지도 모른다.

◇ '역사분쟁의 청산' 선언으로 '고르디우스의 매듭'을 풀라

우리는 건국 이후 그 어떤 정권도 풀지 못한 '고르디우스의 매듭'을 풀지 못하고 있다고 하여서 현 정권만을 특별히 탓하고 싶지는 않다. 다만 작금의 대한민국은 한일 역사인식 갈등 문제를 완전하고 최종적으로 해결하는 데 있어서 지적 측면에서는 역대 가장 좋은 조건이라는 점 만큼은 분명히 말해두고 싶다.

2019년에 '반일 종족주의' 등 조선인 전시 노동자 문제와 관련한 진실이 지성계에서 명확히 터져 나왔다. 이 진실은 이후 4년여 동안 치열한 토의와 검증 과정을 거쳤으며, 이승만학당, 펜앤드마이크 등 관련 진실을 지지하는 지식인들과 시민들 중심의 일정한 세력화까지 이뤄냈다. 자유·인권·법치의 가치를 공유하는 우방국 일본과의 진정한 관계 개선에 있어서, 이런 자산과 환경은 대한민국의 역대 어느 정권도 가져보지 못했던 것이다.

마땅히 윤석열 정권은 용기를 내야 한다. 늦었지만 지금이라도 이영훈 교장의 고언을 수용하여 전시 노동자 문제와 관련해 한일간 역사분쟁은 더 이상 존재하지 않는다고 선언하기 바란다.

그리고 그 즉시 일본과의 관련 협상 절차를 중단하고, 아울러 2018년 대법원 판결을 재검토하면서, 진실과 주권으로서 대한민국 스스로 이 문제를 어떻게 정리해 나갈지에 대한 국민적 공론화 절차를 밟아 나가기 바란다.

2023년 3월 1일

서명자 (가나다순)

강석정(공자학원실체알리기운동본부 부산울산경남 대표, 목사), 곽은경(곽은경TV 대표), 김대호(사회디자인연구소 소장), 김병헌(국사교과서연구소 소장), 김용삼(펜앤드마이크 기자), 김정현(반일동상진실규명공동대책위원회 간사), 김채영(영상 분야 감독, 작가), 김철홍(장로회신학대학교 교수), 류석춘(전 연세대학교 교수), 미야모토 후지코(위안부법폐지국민행동 해외협력 단장), 박상후(박상후의 문명개화TV 대표), 박세원(국사교과서연구소 간사), 박순종(펜앤드마이크 객원기자), 박철영(애국용품다이소 대표), 변희재(미디어워치 대표고문), 복거일(작가), 서장우(한미동맹지원단 공동대표), 성당제(국사교과서연구소 연구원), 손기호(한국근현대사연구회 대표), 양준모(연세대학교 교수), 엄형칠(미디어워치 편집위원), 유승희(국사교과서연구소 연구원), 유재일(디지털 크리에이터), 윤자영(반일동상진실규명공동대책위원회 간사), 이강연(반일동상진실규명공동대책위원회 간사), 이귀형(자유역사포럼 오산지부장), 이동진(국민계몽운동본부 대표), 이동환(한반도의인권과통일을위한변호사모임 정책실장, 변호사), 이영훈(이승만학당 교장), 이우연(낙성대경제연구소 연구위원), 이유나(위안부법폐지국민행동 회원), 이인규(위안부법폐지국민행동 대외협력단장), 이주천(원광대학교 명예교수), 정경애(국사교과서연구소 연구원), 정광제(한국근현대사연구회 고문), 정규재(펜앤드마이크 주필), 정안기(낙성대경제연구소 연구위원), 정희일(진실방송 대표), 조우석(전 KBS 이사), 주동식(지역평등시민연대 대표), 주익종(이승만학당 교사), 진명행(작가), 한민호(공자학원실체알리기운동본부 대표), 홍후조(고려대학교 교수), 황승연(경희대학교 명예교수), 황의원(미디어워치 대표이사)

## 색인

*총 10편 논문 내용에 대해서 색인 작업을 하였다.

## ㄱ

가네야마 쇼엔 … 87, 89
가마다 사와이치로 … 107, 181-182
가와사키제철소 … 201-202
가토 고이치 … 300
각의결정 … 47, 66-67, 69, 75-76, 319-321
간 나오토 … 43, 170, 267, 270-271
간키 하루오 … 185
간토대지진(관동대지진) … 63, 398
강만길 … 268
강상중 … 267
강제갱신 … 371
강제공출 … 98, 100, 113, 115
강제노동(강제노역) … 42, 47-48, 146-147, 150, 152, 155-156, 172-174, 176-177, 186, 194-196, 200-202, 208, 213, 274, 298, 304, 323, 330-338, 342, 345-346, 351, 354, 360, 363, 365-366, 370-371, 373, 381
강제노동에 관한 조약 … 47
강제동원진상규명네트워크 … 95-96, 157
강제송환 … 69-70, 320-321
강제연행 … 33-38, 41-42, 47, 60, 95-98, 100, 104-107, 111, 113, 135-137, 141-150, 152-158, 160, 162, 164-169, 172-184, 186-189, 194-196, 199-202, 207-208, 212-213, 254, 274, 281, 295-296, 298-299, 301-304, 332-335, 337, 342, 354-355, 369, 371-372, 393
강제저축 … 174, 179
강제집행 … 194, 216, 286-287, 310, 312
강제징용 … 98, 183, 201, 394-395
강천석 … 268
갱내공 … 341, 349
갱내 노동(갱내작업) … 78, 86, 123-124, 346, 348-349, 373, 376

갱외공 … 341
계속취로 … 346, 351-352
고가 고 … 332, 334, 336
고광헌 … 268
고노 담화 … 299, 301, 303-304, 312
고노 요헤이 … 299
고노마이광업소 … 353
고베학생청년센터 … 156-157
고이소 구니아키 … 182-183
공시송달 … 311
관 알선 … 47, 56-58, 70-71, 79-84, 86, 92, 94, 98, 101-103, 106, 114, 193, 201-203, 219, 322, 333, 346, 360
관부연락선(부관연락선) … 57, 353, 387
관비관허 여행 … 85
광복군 … 386
광주고등법원 … 277
광주지방법원 … 171, 277
구니이 에이이치 … 186
국가무답책론 … 205-206, 213
국가총동원법 … 36, 56, 60, 71, 75-76, 204-206, 214, 217, 219, 221-222, 291, 321, 360, 390
국립일제강제동원역사관 … 282, 382
국민징용령(징용령) … 71, 75, 87, 94, 201, 203-205, 212, 214, 217, 219-222
국제노동기구 ILO … 360
국제법 위반(국제법상의 주권 면제 원칙) … 32-34, 43, 46, 194
국제사법재판소 … 216
군조 … 185-186
군함도 … 146, 379-380, 383-384, 387, 390, 394, 396, 399
귀환원호청 … 63
규범적 인식 … 217, 220-222

규폐감염 … 346-348
규폐증 … 370, 373-376
금요행동 … 273
기무라 타쿠야 … 386
기시 노부스케 … 245
기시다 후미오 … 47
김경석 … 274-275
김구 … 243
김대중 … 268
김두한 … 385
김영달 … 157-160, 164
김영삼 … 241
김영호(전 유한대 총장) … 268, 271-272
김용삼 … 48-50
김종필 … 247
김학순 … 167

**ㄴ**

나가사와 슈 … 370
나가사와 시게루 … 109, 111, 112, 115, 118, 122-123, 125, 129-131, 133, 329
나가사와 켄이치 … 391
나가사키지방재판소 … 203
나가타니 료스케 … 37-39, 42, 48, 164, 183, 375
나가타니 타다하루 … 98
나고야 미쓰비시 조선여자근로정신대 소송을 지원하는 모임 … 273
나고야고등재판소 … 208, 214
나고야지방재판소 … 208
나라토 시즈오 … 329
나오시마제련소 … 372
나종일 … 268
나치 … 354-355, 381
나카소네 야스히로 … 240
낙반사고 … 357-358
낙성대경제연구소 … 48, 96, 148, 180
난징대학살(난징사건) … 167-168
날품팔이 … 83
남양(말레이, 필리핀군도) … 55, 72, 74, 82

내각외정심의실 … 300-301
내무성 … 57, 62, 69, 70-76, 78, 80-81, 99, 115, 132, 134, 158, 320-322, 335
내선융화 … 66, 319
내선일체 … 91
노동과학연구소 … 84, 110-111, 124, 127
노동자 사냥 … 181, 185-187, 189
노무보국회 … 155, 295
노무현 … 35, 43, 260, 262, 265, 284, 382
노예노동 … 35-36, 39, 96-97, 105, 107-108, 110-111, 113, 115, 117, 121, 136-137, 173- 174, 179, 377, 381
노예사냥 … 36, 96, 98, 381, 393
노태우 … 240
니시나리타 유타카 … 189
니시마쓰건설에 대한 일본 최고재판소 판결(2007년 4월 27일) … 41, 194-196, 199-200, 212, 214, 304
니시미카와 사금산 … 364
니시오카 쓰토무 … 36, 38, 40, 42-43, 48-49, 59, 68-69, 73-74, 82, 88, 100, 122, 148, 159, 160, 180, 249, 280-281, 313, 333, 347, 368, 376
니혼TV … 325
닛산 … 281
닛소 데시오광업소 … 111, 124-126, 129, 131, 133
닛테쓰후타세광업소 우루노탄광 … 118
닛폰세이데츠 옛 징용공 재판을 지원하는 모임 … 273
닛폰세이데츠(일본제철) … 42, 94, 99, 170, 191-192, 207-208, 217, 273, 286-287, 310-311
닛폰카바이트 … 126
닛폰코칸 … 201, 275

**ㄷ**

다나베 토시오 … 149, 186-188
다카기 겐이치 … 165-169, 172, 267

다카하시 데쓰야 … 267
다케우치 야스토 … 95, 160, 172-174, 177
다코베야 … 36, 84
다하라 미노루 … 100-101, 114
단노구미 … 126
대동아전쟁 … 39
대만(중화민국) … 197, 255
대법원 … 32, 34-35, 42-46, 49-50, 94, 136, 170-172, 176-178, 180, 191-195, 200, 203, 207, 209-210, 212, 214-224, 226-230, 232, 245, 260-261, 271-273, 276-278, 281, 286-288, 290-293, 306-310, 312-313
대인주권 … 199, 211
대일 민간 청구권 보상에 관한 법률 … 231
대일 민간 청구권 신고법 … 231
대일본산업보국회 … 329
대일항쟁기 강제동원 피해조사 및 국외 강제동원 희생자 등 지원위원회 … 264, 282, 345, 382
대좌부창기단속규칙 … 390
대한민국 임시정부 … 243, 386
대한민국 제헌헌법 … 219-222
대한민국의 재산권에 대한 조치법 … 40, 252
대한제국 … 238-239, 242
도급제도(청부제도, 성과급제도) … 346, 349, 359, 371
도난카이 지진 … 210
도노무라 마사루 … 38-39, 98, 99, 100, 102, 107-110, 113-118, 122, 127-128, 130, 132, 133, 135, 160-161, 163, 165, 183
도야마지방재판소 … 274
도요게이자이신포샤 … 100
도조 히데키 … 186
도쿄 대행동 … 274
도쿄고등재판소 … 206, 304
도쿄광산감독국 … 329
도쿄광산국 … 329
도쿄아사히토방적 … 206
도쿄지방재판소 … 201, 296
도토쿠 공장 … 209
도항소개장 … 320

도항증명서 … 67, 70, 76
동화정책 … 39

ㄹ

라디카 쿠마라스와미 … 393
류렌렌 사건 … 304
류승완 … 384, 395

ㅁ

마쓰다가네보 … 281
만주 … 65-66, 320, 374
메이지헌법(구 일본 헌법) … 205-206, 221
모르핀 … 320
모리 다케히코 … 102-103
모리나가제약 … 281
모리타 요시오 … 59-62, 64, 68-69, 71, 74-75, 148
모시리광업소 … 108, 134-135
모집 … 47, 56-58, 67, 70-71, 75-80, 82, 84, 94-95, 101, 103, 111, 113-114, 116, 122, 125, 193, 203, 207, 215, 219, 300, 302-303, 320-322, 328-329, 333, 335, 346-348, 350-351, 355-357, 359-360, 369-373
무라야마 담화 … 240-241, 266-267
무라야마 도미이치 … 241, 266
문부과학성 … 364-365
문재인 … 35, 261, 310, 382-383, 395, 399
미군정청 … 245
미나미 지로 … 181-183
미쓰비시 … 281, 372
미쓰비시 나가사키 징용공 소송 … 203
미쓰비시 나고야 정신대 소송 … 171, 192, 208, 209, 214-216, 277
미쓰비시 비바이광업소 … 119-120
미쓰비시 히로시마 징용공 소송 … 171, 191-192, 212-213
미쓰비시 히로시마, 옛 징용공 피폭자 재판을 지

원하는 모임 … 273
미쓰비시금속 … 322
미쓰비시중공업 … 170, 191, 203, 204, 212-213, 273, 275-277, 279, 287, 307-308, 310
미쓰이 … 281
미야자와 기이치 … 299-300
미야타 세쓰코 … 163
미지급 임금(미수금, 미지급금, 미불금) … 95, 104, 167, 179, 213, 218, 224, 226, 229, 246, 250, 252, 254, 260, 263-264, 297
민관공동위원회(한일회담 문서 공개 후속대책 관련 민관공동위원회) … 43, 225, 229-230, 261, 288, 308
민주사회를 위한 변호사 모임(민변) … 281

## ㅂ

박경식 … 35, 78, 84, 88, 95, 96-98, 105, 113, 115, 124, 136, 142, 145, 148-150, 156-165, 172-174, 177-180, 182, 184, 295, 371-372
박서작전 … 185, 187
박정희 … 256-258
반인도적인 불법행위 … 43-44, 170, 192-193, 217, 261, 287, 289, 291-292, 308, 309
배인준 … 268
백낙청 … 268
법무성 … 60, 74, 282
법무성 입국관리국 … 74
벳차쿠 카츠히사바 … 102
보릿고개 … 65
보수파 … 147, 149, 180, 186, 266, 399
부산고등법원 … 171, 277, 308
부산지방법원 … 171, 308
부정 도항 … 69-70, 72, 77, 320-321
북조선 … 35, 41, 44, 150, 152-154, 159-160, 241, 265-266, 270, 382, 393, 399
불가사의 탐정단 … 325
불법 통치 도그마 … 290-292, 307-310
브로커 … 58, 67, 70, 84, 87, 320

## ㅅ

사도광업소 … 322, 327, 329, 331, 336-342, 345, 347, 350-352, 358-359, 368-369, 371
사도금산(사도광산) … 47-48, 319, 322-323, 325, 329, 331-334, 336-339, 341, 344-345, 350-351, 353, 355, 358-359, 362-366, 368-370, 372-374, 377
사이토 켄 … 371, 374-375
사타카 마코토 … 267
사토 에이사쿠 … 238, 239
사토 타이지 … 370, 372
사할린(가라후토) … 55, 61, 72, 73-74, 82, 117, 146, 148, 152, 154, 176
산업유산국민회의 … 335, 399
산업유산정보센터 … 313
삼광작전 … 167
삼배구배 … 113
삼성 … 247, 383
삿포로 광산감독국 … 124-125
샌프란시스코 평화조약(강화조약, 강화회의) … 81, 196-199, 210-211, 218, 223-225, 227, 230, 243-245, 248, 290, 293, 296-297, 305
서울고등법원 … 277-278, 308
서울중앙지방법원 … 32, 171, 194, 207, 214, 277-281, 308
성노예 … 393
세계문화유산(세계유산) … 47, 319, 323, 336, 345, 363-364, 366, 394
세이슈 … 117
소구권(소구할 권리) … 196, 199-200, 212, 226, 305
소급 … 219-222
소라치광업소 … 106, 130
소련 … 65, 184
소우아이 기숙사 … 369, 378
소지섭 … 385
손혁재 … 261
송중기 … 384, 386
쇼와 천황 … 240
쇼와시대 … 322

스기모토 소우지 … 335, 348, 359, 370, 372, 373
스미세키머티어리얼 … 279-280
스미토모광업 우타시나이광업부 … 39, 109, 110, 118, 122-123, 128-131, 134
스즈키 슌이치 … 99
시국 범죄 … 119
시이 가즈오 … 333-334
시이나 에쓰사부로 … 238-240, 242
시즈오카지방재판소 … 206
신닛테츠스미킨(신일철주금) … 94-96, 103, 170-171, 191, 207, 215, 217, 219, 273, 275-280, 286-287, 310

## ㅇ

아라 켄이치 … 166-167
아라이 사와코 … 148
아라이 토시오 … 185
아베 신조 … 46
아사히신문의 '위안부 보도'에 대한 독립검증위원회 … 33-34, 143-144
아시아·태평양 지역 전후 보상 국제 포럼(전후 보상 국제 포럼) … 166, 168
아편 … 67
안자코 유카 … 157
안전배려의무 … 206, 210, 213
야나이 준지 … 255
야마구치지방재판소 시모노세키 지부 판결(관부재판) … 298, 304
야마다 쇼지 … 149, 157, 160-162, 165
야마모토 세이타 … 232, 255
야마무로 히데오 … 267
야와라기 … 374
에도시대 … 322
여자근로정신대(여자정신대) … 33, 171, 191-193, 206, 208-210, 214-215, 273, 277-278, 389
역무배상 … 198, 211
역사수정주의 … 312

역사인식문제연구회 … 34, 47, 144, 282, 313, 322, 325, 377-378
연합국 … 34, 188, 196-198, 211, 243, 293
예문기각 … 194, 196, 213
오기 나카시 … 185-187
오노데라 데쓰시로 … 86
오다가와 고우 … 267
오사카고등재판소 … 308
오사카제철소 … 207
오사카지방재판소 … 42, 207, 307
오에 겐자부로 … 266-267
오오모리 노리코 … 168
오오타 후미오 … 134
오오타카 미키 … 155
오자와 유사쿠 … 106
오자키 스스무 … 150-151, 154
오카모토 아쓰시 … 267
오카지마 미노루 … 41, 43-44, 313
오쿠라쇼(대장성) … 59, 71, 73, 81, 237, 246, 249
오토사카 도라오 … 113-114, 135
오하마탄광 … 117
오히라 마사요시 … 247
와다 마모루 … 41-42
와다 하루키 … 35, 43, 159-160, 170, 172, 265-272, 284
왓카나이 국민직업지도소 … 124
외교보호권 … 40, 199, 211, 252-254, 308
요시다 노부쿠니 … 246
요시다 세이지 … 33, 154-156, 181, 188-189, 295-296, 393
요시미 요시아키 … 300
요코하마고무 … 279
우가키 가즈시게 … 181
우에스기 사토시 … 157
워 길트 인포메이션 프로그램 … 188
원호입법의 미비 주장형 소송 … 297
위안부 … 32-34, 43, 141, 143-145, 154-155, 165, 167-169, 181, 188, 194, 254, 256, 261, 295-303, 307, 309, 354-355, 360, 381, 383-386, 390-393, 396-397

위안부 관련 서울중앙지방법원 1심 판결(2021년
  1월 8일) … 32, 194
위안부 사냥 … 295
위안소 … 299-300, 302, 391-392, 396
위자료 … 32, 44, 94, 104, 170, 177, 192,
  206, 218, 225, 254, 270, 287-289, 291
유네스코(유엔교육과학문화기구) … 47, 319,
  336, 363-366, 394
이동원 … 240, 242
이리야마사이탄 주식회사 갱무소 … 109
이마자토 신조 … 101
이마즈 히로시 … 267
이명수 … 281
이병철 … 247, 383
이상덕 … 246
이승만 … 243, 245, 249
이승만학당 … 180
이시도 츄에몬 … 372
이시바시 마사시 … 251-252
이영화 … 160
이영훈 … 42, 45-46, 98, 104, 148, 174, 178-
  180, 291-292, 342-343
이와미자와 신호로나이광업소 … 124
이와키탄광 주식회사 광업소 … 120
이용훈 … 261
이우연 … 42, 47-49, 96-98, 104, 148, 173-
  174, 179, 350, 366
이이지마 신이치 … 187
이익 유도 … 351-352
이재현 … 383
이정현 … 385, 396
이케다 유타카 … 102
이코모스(국제기념물유적협의회) … 364-365
이해찬 … 261
이환율 … 375-376
일본 공산당 … 241, 255, 294, 333
일본 문화청 문화심의회 … 47, 365
일본 사회당 … 251, 266, 294
일본 석탄통제회 동부지부 … 133
일본 통치, 일본 통치 시대 … 32, 39, 41, 63-65,
  95, 220-222, 224, 237-238, 240-243, 257,

266, 270-271, 277-278, 284, 288-293,
  297, 306-307, 334, 385, 390
일본 헌법 제29조 … 251
일본광산협회 … 331, 368, 376
일본변호사연합회(일변련) … 150, 154
일본인 전국연락협의회 … 151
일본제국주의 … 163-164, 175
일본조선연구소 … 257
일본질소비료 … 102, 351
일제 강제동원 현존 기업 … 282-283
일제 강제동원 현존 기업 299개 사 목록 … 281
일제 강점하 강제 동원 피해 진상 규명 위원회 …
  157, 176, 339
일제강제동원피해자지원재단 … 323, 345
일조국교(일본과 북조선의 국교정상화) … 265-
  266
일조국교촉진국민협회 … 265
일중공동성명 … 42, 194, 196, 197, 212, 305
일중국교정상화 … 197
일중전쟁 … 199
일한 법률가 공동성명 1주년 심포지엄 … 314
일한공동성명 … 240
일한국교정상화(일한국교수립) … 32, 35, 41,
  45, 178, 243, 256, 269
일한국교협상 … 230, 243, 250, 260, 262, 270
일한기본조약(일본과 대한민국 간의 기본 관계에
  관한 조약) … 40, 43-44, 145, 178, 192, 199,
  208, 229, 237-239, 242-243, 249, 256,
  269-270, 272, 284, 288-289, 293, 294
일한병합 100주년 간 나오토 담화 … 43, 170,
  270-271
일한병합(한국병합) … 32, 43, 61, 65, 95, 170,
  220-222, 239, 266, 268-270, 277, 291,
  305-306
일한병합조약 … 170, 237-239, 241-242, 266-
  270, 272
일한청구권협정(재산 및 청구권에 관한 문제 해결
  과 경제 협력에 관한 일본과 대한민국 간의 협정,
  일한협정, 청구권협정) … 34-35, 40, 43-44,
  104, 178, 192, 194, 199, 210-213, 216,
  218, 222-232, 237-238, 242-243, 247-
  248, 250-254, 256, 261-263, 265, 269,

272, 284, 288-289, 293-294, 296, 308-309, 311, 362
임태호 … 355-358
입국관리국 … 74

## ㅈ

전범 기업 … 281-282
자유 우파 … 49-50
자유노무자, 자유노동자 … 58, 78, 83, 87, 126
장준하 … 386
재산권 조치법 … 208, 210, 213
재외재산조사회 … 81
재일조선인운동사연구회 … 157, 160, 163
전두환 … 170, 240, 266
전승국(승전국) … 199, 225, 243-244, 255, 293
전시 노동자 관련 한국 대법원 재상고심 판결 (2018년 10월 30일) … 32, 35, 42, 44-46, 49, 136, 170, 171, 178, 191-194, 200, 207, 212, 216-217, 245, 307, 310
전시 노동자 관련 한국 대법원 파기환송 판결 (2012년 5월 24일) … 35, 44, 171, 191, 192, 216, 308, 310
전시 동원(전시 노무 동원, 전시 노동 동원) … 35, 37, 39-41, 55, 57-64, 66, 70, 73-75, 77-80, 83, 92, 98, 100, 136, 141, 158, 162, 183, 282, 319-322, 335, 342-343, 345-346, 355, 359, 360-361, 363-364, 388
전시 동원자 … 83-84, 258, 262, 264-265
전쟁범죄 … 381, 394, 397
전쟁수행과정의 위법행위 추궁형 소송 … 297
전후 보상 … 147, 165, 167, 169, 179-180, 210, 254-255, 296, 298, 301, 304, 389
전후 보상 소송(전후 보상 재판) … 147, 149, 165-170, 179-180, 293, 296, 301, 304
전후보상문제연구회 … 115
정대균 … 142-144, 148, 150, 153, 161, 180
정무총감 … 75, 100
정충해 … 388
정혜경 … 323, 345-350, 354-357

제2차 세계대전 … 94, 142, 196-197, 201, 212
제2차 후지코시 강제연행·강제노동 소송을 지원하는 호쿠리쿠 연락회 … 274
제일제당 … 383
조선 통치 불법론 … 35, 41, 43-44, 170, 172, 177, 180, 220, 245, 265-266, 271, 286, 290, 293, 296, 306, 307, 309, 313
조선노동당 … 150-151, 153-154
조선노무동원원호회 … 133
조선대학교 … 295
조선무연탄 … 101
조선민주주의인민공화국 … 151-153, 295
조선인 강제연행 진상조사단 … 147, 149-152, 154, 156, 355
조선인 강제연행 프로파간다 … 34-35, 38, 41-42, 44-46, 48, 50
조선인 내지 이송 계획 … 36, 56, 60
조선인 중앙본부 … 150-151
조선인·중국인에 대한 강제연행·강제노동을 생각하는 전국교류집회 … 150, 156
조선인노무자관리연구협의회 … 329, 336, 338
조선총독부 … 57, 65, 67-68, 71, 73, 75-76, 79, 81-82, 99-100, 107, 201, 249, 263, 320, 320, 390
조선토건협회 … 102
조약법에 관한 비엔나 협약 … 228-229
조총련(조선총련, 재일조선인 총연합회) … 147, 150-151, 153-154, 294-295
종로파 … 385
종북좌파 … 399
좌익 … 49-50
좌파 … 35, 142, 147, 149, 261, 265, 268, 274, 281, 293, 295, 306, 334, 347, 393
주권 면제 원칙 … 194
주식회사 골든사도 … 323, 325
주오센 … 89
중국 공산당 … 184, 188
중국귀환연락회(중귀련) … 147, 184-185, 187-189
중국인 포로 순국선열 위령 실행 위원회 … 144
중의원 일본국과 대한민국 간의 조약 및 협정 등

에 관한 특별위원회 ··· 251
중화인민공화국 ··· 197, 199
지멘스 ··· 282
징용 ··· 44, 47, 56, 57-58, 71, 77, 79-82, 87,
    92, 94-95, 98, 100, 102-105, 114. 136,
    141, 146-147, 154-155, 175, 183, 192-
    193, 203-205, 213-214, 219-220, 222,
    226, 231-232, 287, 291, 321-322, 333,
    339, 346, 356-357, 360, 371, 381, 385,
    388-390, 394
징용공 ··· 42, 50, 87-89, 94-95, 107, 137,
    171, 191-195, 200, 203, 207, 209, 212,
    214-216, 218, 222, 227, 230, 232, 249,
    273, 286-287, 296-297, 307, 309-310,
    313, 381-390, 394, 397-390
전시 노동자 ··· 32, 34-35, 37, 43, 47, 49, 57,
    71, 73-74, 107, 135-137, 175, 180, 237,
    248, 252, 254-256, 260, 265, 276

ㅊ

참여연대 ··· 261
척무성 ··· 75
청구권 방기에 따른 보상 청구형 소송 ··· 297
청구권자금 ··· 40, 230-231, 254, 257, 259-
    260
청구권자금 운용 및 관리에 관한 법률 ··· 230
청구권자금 운용 및 관리에 관한 법률시행규칙
    ··· 231
촛불혁명 ··· 382, 384, 395
최고재판소 ··· 41, 170-171, 191, 194-196,
    199-200, 203, 206-208, 212, 214-215,
    219, 255, 272, 274-275, 297-298, 304-305
최석영 ··· 104-105, 136
추신구라 ··· 201
춘궁농가 ··· 65
춘천 소양강 다목적댐 ··· 258
치쿠호탄전 ··· 84
친북(친북조선) ··· 153, 266
친북파 ··· 159, 268

친일 ··· 167
친일파 ··· 382-384, 386, 393, 395-396, 398
침략전쟁 및 식민지 지배 불법주장형 소송 ···
    297-298, 304-305

ㅋ

카츠오카 칸지 ··· 33, 41, 154-155
쿠마라스와미 보고서 ··· 393

ㅌ

타관벌이(데카세기) ··· 37, 39, 55-56, 59-60,
    64-65, 76-77, 80, 83, 85, 92, 148, 175,
    320-321, 335
타슬립 라하르조 ··· 166
탄노 세이키 ··· 374-376
태평양전쟁희생자유족회 ··· 274-275

ㅍ

파나소닉 ··· 281
팔로군 ··· 184
펜앤드마이크TV ··· 48
포항종합제철 ··· 258
푸순 전범관리소 ··· 185, 188
프론트조직 ··· 151
피규어론더링(숫자세탁) ··· 158
핑딩산 사건 ··· 168

ㅎ

하나오카 사건 ··· 144, 146
하시마 ··· 146, 381, 384, 386-387, 390-391,
    394, 396-399
하시마탄광(하시마광산) ··· 353, 381, 384, 386-

388, 394, 396
하야시 에이다이 … 372
하야시 요시마사 … 47
하타 이쿠히코 … 141, 299
한강의 기적 … 40, 258, 284
한국병합 100년 일한지식인 공동성명 … 43, 170, 172, 180, 267, 270, 272, 305-306
한국은행 … 246
한승헌 … 268
한일조약특별위원회 … 242
함바 … 89-91, 356-358
합의의사록(대한민국과 일본간의 재산 및 청구권에 관한 문제 해결과 경제 협력에 관한 협정에 대한 합의의사록(1)) … 225-226, 229, 248, 251, 253
해결금 … 274-275
허남진 … 268
헤이그 육전 법규 … 245
호소다 켄이치 … 365
호적등본 … 67, 72
홀로코스트 … 354-355
홋카이도 도립노동과학연구소 … 38, 108
황국신민 … 39
황민화 … 95, 161
황정민 … 385
회사경리응급조치법 … 204-205
후생성 … 57-58, 63, 71-73, 75-76, 81, 83
후지사키 마사토 … 251-252
후지시마 우다이 … 142, 152-154
후지와라 아키라 … 185
후지코시 … 273-276, 278
후지코시 소송 … 214, 216, 274-275, 278
후지타 시게루 … 184-185
후쿠시마 미즈호 … 168
후쿠오카고등재판소 … 203, 304
히구치 유이치 … 151, 157, 162
히다 유이치 … 156-157
히라이 에이이치 … 47, 322-323, 329, 336, 342, 368, 373
히로세 테이조 … 323, 336-340, 344-350, 352, 354, 370-371, 374
히로시마고등재판소 … 212-213, 298, 304, 308
히로시마지방재판소 … 196, 212, 307

히로히토 … 185
히카리 … 90
히타치 … 281
히타치조선 … 276, 280

## 숫자, 영어

1965년 일한청구권협정의 존중을 요구하는 일한 법률가 공동성명 … 313
1992년 1월 강제연행 프로파간다(위안부 관련) … 33, 143
3.1운동 … 220-221
731부대 … 167-168
8항목(대일청구요강) … 224-226, 229, 248-249, 263
Agree to disagree 원칙 … 238
CJ그룹 … 383
CJ엔터테인먼트 … 383, 394
NHK … 267
null and void … 269
RENK(구하라! 북조선의 민중/긴급행동 네트워크) … 160

## 문건 및 사료

"필사'의 사도금산" … 332
'1942년, 1943년, 1944년, 3년간 조선에서의 노무 동원 수' … 82
'9 조선인노무자 사정' … 322
'강제연행 및 순국 상황' … 145
'계약 기간 만료 반도 광부에 대한 귀향 여비 지급에 관한 건' … 109
'계약 기간 연장 반도 광부에 대한 특별 급여금 지급의 건' … 112
'과연 '강제노동'·'노예노동'이었나?' … 174
'국민징용 실시 상황' … 82
'군함도의 진실 - 조선인 징용공의 검증' … 399
'귀국 조선인에 대한 미불 임금 채무 등에 관한 조사 결과' … 368-369

'규폐증의 연구보고·보유' … 375
'규폐증의 연구적 시험·보유' … 371
'규폐증의 정신기능에 대해' … 374
'기간 연장 이입 조선인 노무자의 조선 내 가족 위문에 관한 건' … 133
'기만 만료 이입 조선인 노무자 지도 요령' … 133
'내지 외 대륙간 인원 이동 지도 조정에 관한 건' … 80
'농락당한 징병' … 166
'대동아전쟁에서의 노동 상황' … 63
'도망하는 집단 이입 반도 징용공원의 행동에 관한 건' … 88
'도주 반도인 노무자 인도방법 청원' … 125
'모집 반도인 노무자 도주 수색원' … 111
'모집에 의한 조선 노동자의 상황' … 78
'박경식 선생님을 추억하며' … 163
'박경식 선생님의 재일조선인사 연구에 관하여' … 150, 161, 165
'반도 광부 위안 영화회 개최의 건' … 129
'반도 노무자 근로 상황에 관한 조사 보고' … 124, 128
'사도광산과 조선인 노동자 1939~1945' … 346, 370
'사회운동의 상황' … 69, 73
'새로운 자료 소개: 히라이 에이이치『사도광산사』' … 323
'역사가 퇴장을 바라는 배신적 좌파언설' … 313-314
'외국인 노동력의 여러 문제' … 99
'이입 반도 광부 가동의 실정 및 장래에 이입할 수 있는 전망에 관한 보고' … 122
'이입 반도 노무자 취급 요강' … 129
'이입 반도인 연행 주의사항' … 106-107
'이주 조선인 노동자에 관한 조사 개요' … 134
'일본 세계유산 등재 추진 '사도광산'의 강제동원 역사 왜곡' … 323, 345
'일본지역 탄광·광산 조선인 강제동원 실태 - 미쓰비시광업(주) 사도광산을 중심으로 -' … 345
'일하고도 임금을 못 받았다는 거짓말' … 179
'일한 분단을 준비하는 반일 학자들 - 와다 하루키의 정체' … 159-160
'자료를 통해 본 '사도광산' 조선인 강제동원 실태' … 345
'자료소개 '조선인 노동자와 사도금산, 미쓰비시 광업의 사료 (1)'' … 338
'저명한 한국인 변호사들도 들고 일어나 협력 표명' … 313
'전시 일본의 생활 수준과 인력 활용' … 73
'전시기 일본에 노무동원된 조선인광부(석탄, 금속)의 임금과 민족간 격차' … 96-97
'전시기(1937-1945) 일본으로 노무동원된 조선인 탄·광부의 임금과 민족간 격차' … 97
'전시하에서의 중국인 강제연행 기록' … 142, 145, 184
'전후 보상의 배후 조종자' … 167
'제5차 일한 전면회의 예비회담의 일반청구권 소위원회 회합' … 246
'조선 노무의 결전 기여력' … 38, 101
'조선 농촌의 소요 노동량, 노무 추출력에 대한 시산' … 99
'조선과 일본인 - 극동의 긴장과 일·미 제국주의' … 142
'조선인 노무자 대 일본 동원 수 조사' … 73, 81
'조선인 노무자 모집 및 도항 취급 요강' … 75
'조선인 이주 대책의 건' … 66
'조선인 전시 노동 동원사 연구의 추이' … 161-162
'조선인·중국인 강제연행에 관한 문헌목록' … 146-147
'중국인 노무자 일본 이입에 관한 건' … 186
'직종별 가동연수에 따라 조사한 규폐발생률 및 진전도' … 374-376
'최근의 조선 치안 상황' … 68
'출입국 관리와 그 실태' … 74
'탄갱에서의 노무 사정' … 86
'탄광에서의 반도인 노무자' … 84
'태평양전쟁 하의 조선(5)' … 73
'한국 대법원 징용공 판결과 통치 불법론' … 313
'한일간 조약과 제협정 비준 동의한 심사 특별위원회 회의록[발췌]' … 243
'홋카이도에서의 조선인 강제연행, 학살 조사 - 대외 침략 정책 전환에 다가서다' … 153
'조선인 이렇게 연행 '사할린 재판'에서 체험을 증언' … 154

## 정기간행물

「겐다이코리아」…148, 240
「겟칸하나다」…379
「경성일보」…107
「경제사학」…97
「국체문화」…167
「니가타 국제정보대학 정보문화학부 기요」…370
「니가타 의학회 잡지」…374-376
「니가타일보」…336
「니혼게이자이신문」…280
「다이리쿠도요게이자이」…38, 99, 101, 114
「동아일보」…268
「마이니치신문」…332
「산케이신문」…332-333, 335-336
「세이론」…159-160, 166, 313-314
「세카이 임시 증간호 일한관계 - 그 역사와 현재」
　…267
「세카이」…142, 145, 184, 267
「슈칸긴요비」…116, 267
「아사히신문」…33, 143, 145, 154-156, 166-167, 169, 242, 254-255, 267, 270, 295-296, 299-300
「아카하타」…241
「역사인식문제연구」…146
「연합뉴스」…282
「월간조선」…48
「일본국사학」…313
「재일조선인사연구」…150, 160, 163, 165, 329, 372
「전쟁책임연구」…168
「조선노무」…98, 257
「조선일보」…268, 271, 282
「중앙일보」…268
「특고월보」…39, 109, 115-119, 121, 123, 126, 136, 344, 368-369, 376
「판례시보」…196, 201, 203, 208, 212
「판례타임스」…196, 201, 203, 206, 208, 212
「한겨레신문」…268
「한국경제신문」…396
「한일관계자료 제1호」…243

「홋카이도신문」…153
「후쿠오카대학인문논총」…338

## 단행본, 보고서

『검증 구 일본군의 '악행' - 왜곡된 역사상을 재검토한다』…187
『경제 협력과 한국 105 · 조선인에 대한 임금 미불 채무 조사』…368
『고교 일본사 B』…176
『근대 민중의 기록 10 재일조선인』…106
『김영달 저작집』…158
『날조된 징용공 문제』…46, 48, 335
『노동과학연구소 보고 1부 공업 노동 및 노무 관리 제8권 반도 노무자 근로 상황에 관한 조사 보고』…110
『니가타현사·통사편 8·근대 3』(『니가타현사』) …333, 334, 369, 371-372
『니가타현의 역사』…374
『반도 노무관리에 대하여』…322, 329, 331-332, 336-338, 358, 368, 370, 373, 376-377
『반도인 노무자에 관한 조사 보고』…331, 368, 376
『반일 종족주의』…45-48, 148, 173-174, 178, 180, 291, 295, 312, 350
『반일 종족주의와의 투쟁』…42, 46, 98, 104, 148, 178, 179, 292, 342
『사도 아이카와의 역사·통사편』(『사도 아이카와의 역사』)…333-335, 348, 359, 369-370, 372
『사도광산사』(『사도광산사 제1』, 『사도광산사 제2』) …47-48, 322-325, 327, 336, 342, 368, 373
『사회정책시보』…86
『삼광』…185-186, 188
『석탄 광업 광부 충족 사정의 변천』…108, 113, 134, 135
『숫자가 말하는 재일한국·조선인의 역사』(『숫자』) …59, 61, 62, 63, 64, 68, 69, 70, 71, 73, 74, 80

『시의법령 별책 일한조약과 국내법의 해설』…
237, 249
『아버지의 사죄비를 철거합니다 - 위안부 문제의
원점 '요시다 세이지' 장남의 독백』… 155
『아베 담화와 아사히신문』… 155
『위안부와 전쟁터의 성』… 141, 299
『일본인의 해외활동에 관한 역사적 조사』… 59,
71, 81, 82
『일본제국통계연감』… 61
『일한 '역사문제'의 진실』… 335
『일한 오해의 심연』… 258
『재론 조선인 강제연행』… 156
『재일·강제연행의 신화』… 142-143, 148, 153
『재일조선인 관계 자료 집성』… 78, 84, 88, 115,
124
『재일조선인 처우의 추이와 현상』(『처우』) … 64,
66-67, 72, 75
『전시 외국인 강제연행 관계 자료집 IV 상권』…
372
『전시 조선인 강제노동 조사 자료집 2 - 명부, 미
지급금, 동원수, 유골, 과거 청산』… 95
『전시하 강제연행 극비 자료집』… 109, 111-112,
115, 118, 122-123, 125, 128-131, 133
『전후 보상 문제 자료집』… 115
『조선문제자료 총서 제1집』… 78
『조선신화』… 182
『조선인 강제연행 강제노동의 기록 - 홋카이도,

쿠릴 열도, 사할린 편』… 152
『조선인 강제연행 조사기록 - 관동편』… 355
『조선인 강제연행』… 38, 98, 99, 100, 102, 107,
108, 114, 116, 118, 122, 128, 132, 164
『조선인 강제연행의 기록』… 96-97, 136, 142,
145, 148-150, 159, 161-162, 165, 178,
182, 295, 371
『조선인 강제연행의 연구』… 158
『조선인 연초배급명부』… 368, 377
『조선인 전시 노동 동원』… 162
『조선인 전시노동의 실태』… 335
『조선인 징용공의 수기』… 388
『조선인의 재일 재산 조사 보고철』… 368
『중국인 강제연행 사건에 관한 보고서』… 144-
145
『중국인 강제연행』… 189
『청구권자금백서』(『청구권백서』) … 249, 258-
259
『침략의 증언』… 185
『태평양전쟁 중의 조선인 노동자 강제연행에 대
해서』… 145
『한국 '반일 페이크'의 병리학』… 105
『한국 징용공 재판이란 무엇인가』 … 172-173,
177
『한일회담백서』… 225, 237, 244, 249
『한커우위안소』… 391

## 지은이

**니시오카 쓰토무**西岡力

1956년 일본 도쿄에서 태어났으며 국제기독교대학교를 졸업한 후, 쓰쿠바筑波대학교 대학원 지역연구과 동아시아코스 석사 과정을 수료했다. 한국 연세대학교 국제학과에 유학했으며, 1982년부터 1984년까지 일본 외무성 전문조사원으로 주한일본대사관에 근무했다. 현재 레이타쿠麗澤대학교 특임교수, 모라로지Moralogy도덕교육재단 도덕과학연구소 교수이자 역사연구실 실장, 역사인식문제연구회 회장, 북조선에 납치된 일본인을 구출하기 위한 전국협의회(구출회) 회장을 맡고 있다. 저서로『일한 오해의 심연日韓誤解の深淵』(아키쇼보亜紀書房),『일한 '역사 문제'의 진실日韓「歴史問題」の真実』(PHP연구소),『알기 쉬운 위안부 문제よくわかる慰安婦問題』(소시샤草思社)(한국어판 제목은『한국 정부와 언론이 말하지 않는 위안부 문제의 진실』[미디어워치]),『날조된 징용공 문제でっちあげの徴用工問題』(소시샤草思社)(한국어판 제목은『날조한, 징용공 없는 징용공 문제』[미디어워치]) 등이 있다.

**나가타니 료스케**長谷亮介

1986년 일본 구마모토 현에서 태어났으며 구마모토熊本대학교 문학부 역사학과를 졸업한 후 호세이法政대학교 대학원 정치학연구과 국제일본학 인스티튜트 박사후기과정을 수료했다. 역사인식문제연구회 사무국 차장를 맡고 있다. 석사논문 '일본 학계에서의 '난징사건' 연구 고찰', 박사논문 『전후 역사학戰後歷史学』으로 보는 전후 일본에서의 역사학 변천 - 역사학 연구회를 예로 하여'가 있다.

### 카츠오카 칸지勝岡寬次

1957년 일본 히로시마 현에서 태어났으며 와세다대학교 제1문학부를 졸업한 후 와세다대학교 대학원 문학연구과 박사과정을 수료했다. 메이세이明星대학교 전후교육사 연구센터에서 근무하면서 역사인식문제연구회 사무국장을 맡고 있다. 저서로 『한국·중국 '역사교과서'를 철저히 비판한다韓国·中国「歴史教科書」を徹底批判する』(쇼가쿠칸분코小学館文庫), 『아베 담화와 아사히신문安部談話と朝日新聞』(후타바샤双葉社), 『역사의 급소歴史の急所』(HS세이케이주쿠政経塾), 감수한 책으로는 『일본근현대사의 진실 - 50가지 질문에 답하다日本近現代史の真実 - 50の質問に答える』(덴덴샤展転社) 등이 있다.

### 와다 마모루和田衞

1947년 일본 오사카에서 태어났으며 1970년 도쿄대학교 법학부를 졸업했다. 1973년에 검사로 임명되어 도쿄지검 검사, 일본 법무성 송무국부 검사를 거쳐 1981년에 변호사가 되었다. 기업이나 지방자치단체의 법률고문 및 감사역을 담당하며 컴플라이언스(준법감시) 관계 조사 위원회 회원 역할과 판례지 편집에 종사하고 있다. 강제연행·강제노동 문제의 경우 '하나오카 사건花岡事件'에서 피고 회사 소송 대리인으로 참여해 중국인 강제연행 소송에서의 첫 화해 해결에 관여했다.

**오카지마 미노루**岡島実

1964년 일본 아이치 현에서 태어났으며 와세다대학교 제1문학부를 졸업한 후 2001년 변호사로 등록했다(오키나와변호사회). 2003년부터 일본변호사연합회 인권옹호위원, 2013년부터 2016년까지 인권옹호 부위원장을 담당했다. 저서로 『재판원 제도란 무엇인가裁判員制度とは何か』(세이카쓰쇼인生活書院), 『하에바루사건南風原事件』(공저, 겐다이진분샤現代人文社) 등이 있다.

### 옮긴이

**이우연**

성균관대학교 경제학과에서 '조선시대-식민지기 산림소유제도와 임상의 변화에 관한 연구'로 박사학위(한국경제사 전공)를 받았다. 하버드대학교 경제학과 방문연구원, 규슈대학교 한국학연구센터 교환교수를 지냈고 현재 낙성대경제연구소 연구위원으로 재직 중이다. 지은 책으로는 『한국의 산림소유제도와 정책의 역사 1600~1987』(2010년), 『반일 종족주의』(2019년, 공저) 등이, 옮긴 책으로는 『날조한, 징용공 없는 징용공 문제』(2020년), 『위안부와 전쟁터의 성性』(2022년) 등이 있다.

**박재이**

한국 대학에서 일본어학과를 졸업하였으며, 일본어를 사랑하는 마음으로 번역을 시작했다. 분야에 구애받지 않고 일본의 많은 책들을 한국에 소개하고 싶은 천생 번역가다.

**요시다 켄지** 吉田賢司

1994년 3월 29일, 일본 히로시마현 출생. 일본 게이오대학 부속 고등학교를 거쳐 미국 이스턴메노나이트대학 부속고등학교를 졸업했으며, 프랑스 파리정치대학(Reims 캠퍼스)에서 유학했고, 미국 윌리엄앤드메리대학을 졸업했다. 현재 일본의 영자지 「재팬포워드JAPAN Forward」에서 기자로 활동하고 있다.

**징용공 문제, 일본의 역사인식을 말한다**
일본은 왜 한국 대법원 판결을 받아들일 수 없는가

2024년 04월 22일 초판 1쇄 펴냄

**지은이** 니시오카 쓰토무, 나가타니 료스케, 카츠오카 칸지,
　　　　 와다 마모루, 오카지마 미노루
**옮긴이** 이우연, 박재이, 요시다 켄지
**편　집** 황의원
**디자인** 미디어워치

**발행인** 변희재
**발행사** 미디어워치

ISBN 979-11-92014-11-1　03340

주　소　서울특별시 마포구 마포대로 4길 36, 2층
전　화　02-720-8828
팩　스　02-720-8838

이메일　mediasilkhj@gmail.com
홈페이지　www.mediawatch.kr

값 30,000원